U0330086

莫扎特的女人

他的家庭、朋友和音乐

〔英〕简·格拉芙 著　韩　晓　董维玺　译

华东师范大学出版社

图书在版编目(CIP)数据

莫扎特的女人：他的家庭、朋友和音乐/(英)简·格拉芙著;韩晓,董维玺译.—上海:华东师范大学出版社,2020
ISBN 978-7-5675-9995-6

Ⅰ.①莫… Ⅱ.①简…②韩…③董… Ⅲ.①莫扎特
(Mozart,Wolfgang Amadeus 1756—1791)-生平事迹
Ⅳ.①K835.215.76

中国版本图书馆 CIP 数据核字(2020)第 025551 号

上海市版权局著作权合同登记　图字:09-2018-1151 号

莫扎特的女人：他的家庭、朋友和音乐

著　　者　[英]简·格拉芙
译　　者　韩　晓　董维玺
策划编辑　许　静
责任编辑　乔　健　许　静
责任校对　胡　静　时东明
装帧设计　卢晓红
封面插画　宋　怡
出版发行　华东师范大学出版社
社　　址　上海市中山北路 3663 号　邮编 200062
网　　址　www.ecnupress.com.cn
电　　话　021-60821666　行政传真 021-62572105
客服电话　021-62865537　门市(邮购)电话 021-62869887
地　　址　上海市中山北路 3663 号华东师范大学校内先锋路口
网　　店　http://hdsdcbs.tmall.com
印　刷　者　上海中华商务联合印刷有限公司
开　　本　890×1240　32 开
印　　张　15.5
字　　数　327 千字
版　　次　2020 年 4 月第 1 版
印　　次　2020 年 4 月第 1 次
书　　号　ISBN 978-7-5675-9995-6
定　　价　78.00 元
出　版　人　王　焰

(如发现本版图书有印订质量问题,请寄回本社客服中心调换或电话 021-62865537 联系)

目 录

387...　**身后**

序 章

19 世纪 20 年代末期的萨尔茨堡，三位上了年纪的女性在城中的两个家庭孀居。她们中的一位卧病在床，眼睛看不见了，几乎是隐居在西格蒙德-哈夫纳巷的一处三层公寓里。如果没有失明的话，她透过公寓的后窗便能瞧见粮食巷里的那所房子，当年她出生在那里。另外两位女性是亲姐妹，在各自的丈夫离世后，她们的人生又汇聚到一处。在萨尔茨堡要塞荫翳下的小道依贝格巷，从她们的房子和花园望出去，有壮丽的山景。就在这世界的一隅，她们分享、见证和成就了世间最伟大的音乐天才沃尔夫冈·阿玛迪乌斯·莫扎特的人生。

虽然这个关于莫扎特以及他生命中那些女性的故事，更多的是发生在别处，然而故事却是从萨尔茨堡开始的，并且几度接续，直至（在他过世之后）终结于此。他本人于 1756 年 1 月 27 日生在那里。列奥波德和玛丽亚·安娜夫妇所生养的七个孩子只活下来两个：姐姐名叫玛丽亚·安娜（也被称为"囡诺"〔Nannerl〕），而他是最后那一个。沃尔夫冈很小的时候，父母便意识到他非凡的音乐天赋，他大部分的童年时光便穿行在欧洲的各大城市、首府。在那些地方，这个孩子演奏着、创作着，也成长着。他的姐姐同样颇具音乐的禀赋，所以起初全家人是在一起四处游历，对两个孩子天赋的展示大致也不分伯仲。但等到囡诺接近了成年，家里的两位女性便被留在了萨尔茨堡。

年轻的沃尔夫冈到处展现他炫目的才华,其天分也受到了普遍的认知和赞誉,然而即便如此,他却难以在所到访的任何地方保住一个长久的职位。不到 20 岁的时候他回到萨尔茨堡,追随父亲做了主教公的乐师。21 岁时他在母亲的陪伴下再度出发,寻求更具激发性的工作,而这次旅行却以灾难告终。沃尔夫冈发现自己再度退回了萨尔茨堡,坐困愁城,无人赏识。在主教公手下任职的时候,他曾去维也纳暂住了一段时间,结果令自己屈辱地丢了差事。他便作为一个自由职业的音乐家,由此踏入前途莫测的世界。所幸此时他已经在音乐赞助人和乐界的朋友当中积累了极佳的人脉。此后的十年,他将自己的音乐倾注在维也纳的歌剧院、音乐厅和音乐沙龙里。他娶了来自另一个富有音乐天赋的家庭的孩子——康丝坦瑟·韦伯(Constanze Weber,1762—1842)。她为他生下了一众儿女,却也是只有两个活了下来。18 世纪 80 年代那些里程碑式的成就背后,是无尽的挣扎、艰辛和丧失,这对年轻的夫妇经常囊中羞涩。等到沃尔夫冈在经济上稍有些起色,他素来孱弱的身体又彻底垮掉了。他死在 1791 年 12 月的维也纳,终年 35 岁。

沃尔夫冈走后的那些岁月,他的遗孀康丝坦瑟曾持续得到自己母亲和姐妹的接济。渐渐地她开始整理他那些音乐遗产,并策划演出和出版。1809 年她再婚,第二任丈夫格奥尔格·尼森(Georg Nissen,1761—1826)是个丹麦外交官。1810 年她随他回了哥本哈根,并在那里生活了十年。1820 年,尼森退休之后,他们又搬回到萨尔茨堡,在那里尼森准备写作第一部莫扎特的长篇传记。到1826年尼森去世的时候，这本书未能竟稿，但它却在康丝坦瑟的操持下最终得以出版。她在萨尔茨堡度过了余生，备受尊敬。终于，在19世纪中期，这座城市才开始欣赏这个它自己所孕育又终于失去的超凡天才。康丝坦瑟的访客注意到了她温雅的自尊和淡然的生活方式。人生最后的那几年，她跟自己同样是寡居的妹妹苏菲（Maria Sophie Weber，1763—1846）住在一起。再早些时候，19世纪30年代她和自己唯一在世的姐姐同住，莫扎特在同康丝坦瑟结合之前，恰好跟这位阿露西娅（Maria Aloysia Antonia Weber Lange，1760—1839）有过一段恋曲。

莫扎特的姐姐图诺，从弟弟的光辉中退避之后，便担负起了家庭的责任。1784年，在相对大龄的33岁，她嫁给一位比她年长不少的鳏夫。约翰·巴普蒂斯特·弗朗兹·冯·伯希铎·族·索南博格（Johann Baptist Franz von Berchtold zu Sonnenburg）在圣吉尔根任地方知事，她便随他搬过去，做了五个孩子的继母。直到弟弟在1791年过世，她才回到莫扎特叙事当中来。她为弟弟的几位传记作家提供了早期的回忆和轶闻。1801年丈夫去世以后，她便回到萨尔茨堡生活，靠着教钢琴来养活自己跟孩子们，直到衰退的视力和脆弱的身体令她难以为继。在弟弟去世后，她又活了近四十年。

就这样，在她们人生的终点，这些莫扎特身边最近的女人都回到了他所出生的城市，照旧在交往中彼此关照。莫扎特的一生，曾被多少女性启迪灵感、颠倒神魂、扶助帮衬。她们在精神上愉悦他，在肉体上唤起他，又不时给他带来伤害。在这本女性名册里，居首的便是上述这几位。由于他还是歌剧舞台上那一众被刻画得最鲜活、被传达得最精彩的女性形象的造主,莫扎特丰富的女性相识也有待细细审视。

本书如此着眼在女性身上,并非是要忽视莫扎特的男性伙伴和友情的重要。他天生合群,自小在人多的场合都很自在,无论皇家的宫殿还是地方旅舍。他最亲近的朋友也多是出色的音乐家:单簧管家安东·施塔德勒(Anton Stadler,1753—1812);小提琴家弗朗兹·霍弗(Franz Hofer,1755—1796,此人娶了莫扎特的妻姊约瑟法·韦伯);当然,还有约瑟夫·海顿(Joseph Haydn,1732—1809)。包括这几位在内的许多朋友,他们亦庄亦谐,带给莫扎特温暖的同志之谊。他喜欢男性的俱乐部、社团和兄弟会,在年近三十的时候加入了共济会。而对他一生影响最大的那个人,当属父亲列奥波德了。莫扎特生命最初二十一年的时光,几乎每天都在父亲的陪伴之下度过。父子之间的关系错综复杂,当莫扎特从父亲日复一日的监督下逃离的时候,这种关系痛苦地恶化了。非凡的列奥波德·莫扎特终于成了一个暴君式的、患了妄想症的男人。他对自己的儿子说了不可原谅的话,也做了难以饶恕的事。但是父子间的这种牵缠,终究还是基于深深的爱,以及他们所共有的羁旅和音乐的往事。列奥波德在 1787 年的离世,对于沃尔夫冈而言是重大的亡失,他从未真的从中平复。

莫扎特丰富而多元的女性相识,同样也包括许多极具天赋的音乐家,这当中有歌手,也有器乐家。和她们一道,他享受了最为满足的人生经历和艺术合作。还不止于此,他长久地向女人寻求帮助:以私密的细语袒露心扉,以玩乐的释放去消解持续创作所带来的精神与情感上的压力;她们还供给他家庭里的那些谐谑欢闹,以及肉体的欢愉和性的慰藉。他对待女人的许多态度,他的关心、同情、理解,都可以从他的音乐中察取。对了,还有那些信件。他所写的、写给他的,以及提及过他的那些信件。现存的书信资料不可避免地存在着许多断档,当中一些极具意义的也可能亡佚了。虽如此,留存下来的那些书信仍是丰富的信息来源,比如由莫扎特自己所写的信有时便可洞见他的某些创作意图。他运用文字的时候跟运用音乐语言一样,流畅而富于创意:他的信有步调,有宣叙,有戏剧化的对比,还有洋溢的激情;有时候它们看着就是他在键盘上所作的即兴演奏在文字上的化身;信手拈来一个主题,不管是虚是实,或甚至是屎尿癖(scatological ideas),他都化之以怪诞卓绝的幻想;他热爱玩笑、俏皮话和字谜,有时候会用名副其实的"复调"语言来书写。

这是个自我表达的宝库,莫扎特的人格从中浮现。阳光的、甜蜜的、积极的孩子——对自己的天才全不以为然,心中却又了然——现出一副乐观的精神来,这在他的成长过程中是无价的珍宝。然而,这本性中的欢乐屡屡被消磨,终于化成了某种愤世之情,在他的成年生活中,这些情感结出炫目的成果。这成年的生活只能以挣扎来形容。我们从中觉知的,是巨大的勇气与坚韧,还有令人揪心的脆弱。莫扎特显然是极度渴求情感的支持。这些支持来自他身边的人,来自那些爱着他的女人:他的母亲和姐姐、他的妻子及她的姐妹,还有他置身其中如鱼得水的伶界的同侪。这些好意他都收到了。

家庭

第一章

　　莫扎特不曾见过自己的祖母和外祖母。他的外祖母伊娃·萝西娜·佩特尔（Eva Rosina Pertl，1681—1755），在他出生前几个月，就在怀孕的女儿的看护下去世了。她的祖母安娜·玛丽亚·莫扎特（Anna Maria Mozart，1696—1766），本可以在1763年听到七岁的孙子在奥格斯堡（Augsburg）的演出，可惜那时她早和自己的儿子列奥波德起了无可弥合的嫌隙，令她执意疏离他们。可就是这两个在历史中或主动或被动地缺席的女人，对于他们自己的孩子（也就是莫扎特的父母）的人生和秉性施加了深深的影响，从而也在他们孙辈的早年觉知里留下了印记。

　　莫扎特父母双方的家庭，多少都跟音乐有些关系，虽然或许更多是在母系这一边。外祖母伊娃·萝西娜的父亲，以及她的第一任丈夫，都是萨尔茨堡的教堂乐师。她第二任丈夫，尼克劳斯·佩特尔（Nikolaus Pertl，1667—1724）也懂音乐，且在职业道路的初期，路线也跟他未来的女婿颇为相近。佩特尔进萨尔茨堡的本笃会大学，在圣彼得大寺的唱诗班唱低音，并在修道院学堂做教员。

但他主修的是法律，也因此于毕业后在萨尔茨堡、维也纳和格拉茨谋到些差事。1712年他娶莫扎特的外祖母的时候，已经45岁。接着他便高就了圣安德鲁教区知事（或称Pflege）的职位。1715年他生了场病，几乎要丢了性命，自此就十分衰弱了。佩特尔一家于是搬去相对幽静的阿伯湖区，在圣吉尔根小镇上落脚，尼克劳斯在当地寻到一个职位，只是俸禄比从前少了。随着健康持续恶化，他越发感到自己必须借钱度日。尤其在他两个女儿降生以后。玛丽亚·萝西娜·格特露德（Maria Rosina Gertrud）生在1719年，次年又有了玛丽亚·安娜①。他1724年去世的时候，债务累计到超过了他年俸的四倍之多。他的财物即被抄没，伊娃·萝西娜便带着两个幼女回到了萨尔茨堡，靠一份微薄的救济金过日子。四年以后，1728年，她的大女儿夭折。伊娃·萝西娜跟玛丽亚·安娜，在太过寻常的悲剧轮回中的两位幸存者，自此就相依为命了。

这位莫扎特未来的母亲的人生于是便有了一个颇为艰难的开始。在四岁时，一朝告别了圣吉尔根湖畔的静谧之美，又相继丧父、丧姊，她困惑地被置于城邦国萨尔茨堡。这里独立于其邻国巴伐利亚和奥地利，富庶繁华，一派明灭闪耀的摩登气息。萨尔茨堡自13世纪便在历任主教公的治下，其广袤的辖区有盐矿、畜牧农场和林场，每年刈取大量的岁入。数百年来这里也成长为文化和知识的中心。本笃会大学在1623年成立。也是在17世纪，接连几任当权者的想象力受了意大利巴洛克风潮的激发，整个城市的建

---

① 译注：即沃尔夫冈的母亲，通常写作：Anna Maria Walburga Mozart，娘家姓 Pertl，1720—1778。

筑便脱胎换骨了。建筑师费舍·冯·埃尔拉赫（Johann Bernhard Fischer von Erlach，1656—1723）的头一批主要作品，是四座萨尔茨堡最好的教堂，日后他将相似的风格带去了王朝的首都维也纳。18世纪到来的前夕，萨尔茨堡有近一万六千居民。其教廷是重大社会及文化事务的中心。此地的商人，商路四通八达，获取了巨大的财富。这里还有广泛的公共机构和社会服务：学校、博物馆、图书馆、医院和救济院。萨尔茨堡照顾自己的穷人如同眷顾富户。在18世纪20年代，这样的扶助保全，正是伊娃·萝西娜和她的幼女所需要的。

关于玛丽亚·安娜的成长，除了她有些孱弱的身体，我们所知甚少。她大概没有受过什么正式的教育，或许只和母亲一起，靠编织蕾丝来获取她们的救济金，这门手艺在阿伯湖沿岸一带还算兴盛。在玛丽亚·安娜成年后的一幅肖像中，她被描绘成手拿着一段蕾丝，暗示这是她亲手做成的。但她显然是个活泼乖巧、敏锐聪颖的孩子。一直到1755年母亲辞世，她都在身边侍奉，这令她拥有一副坚强的心智，兼具智谋、同情和责任心。这些品质将会一路支撑她未来的婚姻生活。因为她所嫁的，是个魅力超凡却又极难相处的男人。

在二十出头的时候，玛丽亚·安娜遇着一位年轻的宫廷小提琴手。列奥波德·莫扎特（Leopold Mozart，1719—1787）出生、成长于奥格斯堡。他父亲约翰·格奥尔格·莫扎特（Johann Georg Mozart，1679—1736）是一位生活小康的书籍装订者。母亲安娜·玛丽亚·苏策（Anna Maria Sulzer，1696—1766，约翰·格奥尔格的续弦，在其丧妻后数个星期跟他完婚）是个织工的女儿。列奥波德是九个孩子当中的长子,在奥格斯堡的耶稣会学校接受了极好的教育。1736 年他父亲去世后,实际上是那些耶稣会士在照看 17 岁的列奥波德。他妈妈看上去几乎放弃了对他的责任,全心投在幼子们身上。这极有可能就是母子间的嫌隙日趋严重的发端了。相互间的不信任于是日益恶化滋长。母亲不喜欢列奥波德在事业选择上的反复无常:他先是抛开了家传手艺(她的几个幼子后来继承了书籍装订的买卖),接着又放弃了在耶稣会的前途。1737 年他进了萨尔茨堡的本笃会大学,主修法律。这一回,仅仅过了一年,便以"不配称为学生"[1] 这样听着让人心寒的判语,被学校开除了。于是他转而去追求自己长久的热爱——音乐(他是个颇有天赋的小提琴手、管风琴手和作曲家)。这一回他母亲忍无可忍。结果是他被当成家里的害群之马扫地出门,永不能继承家族的遗产。列奥波德和他母亲都狡黠、小气、固执,又极不肯饶人。可能他们之间敌对的根源在于:两个人实在是太像了。

列奥波德和玛丽亚·安娜是在何时何地相遇的,已无可考。尽管两人之间的爱意日渐加深,无奈时运使然,他们必须等到多年以后才能结合。列奥波德这个愣头青学生,一旦从少年成长为男人,他在钱财上的谨慎也走向极端了。作为小提琴手,他为约翰·巴卜蒂斯特·图恩-瓦拉希那及塔克西斯伯爵(Count Johann Baptist Thurn-Valassina und Taxis)效劳了一段时间,接着在 1743 年,他成了主教公宫廷的第四小提琴手。这个职位薪俸菲薄,再者,失去了家族的那份资产,他只好靠招收额外的学生来贴补。玛丽亚·安娜,可以说是身无分文,带不过来分毫的陪嫁,除了她亲爱的母亲。她去哪里,伊娃·萝西娜便跟到哪里。除了家庭内部种种隐忧,外面还打起仗来,那是巴伐利亚跟年轻的玛丽亚·特蕾萨(Maria Theresa,1717—1780)的哈布斯堡王朝之间的王位继承战争(1740—1748),扰动一方。尽管如此,列奥波德在经济上还是逐渐站稳了脚跟,到后来他感觉就此加入"补丁裤社"倒更踏实一些①。² 列奥波德·莫扎特跟玛丽亚·安娜·佩特尔于 1747 年 11月 21 日在萨尔茨堡的大教堂完婚。他此时 28 岁,她比他年轻一岁有余。

婚礼后的一个月,列奥波德申请保留他萨尔茨堡市民的身份,可能是试图为自己和新婚妻子(还得加上他的岳母)为将来在其他适宜的地方落脚留条后路。在一份充满令人难以置信的无耻谎言的申请书当中,他宣称自己的父亲还健在,并且曾在自己大学求学过程中一路予以资助;而他的妻子生在富贵人家;至于他自己,一向是位杰出的学者,眼下在宫廷里听差。不管是自欺的妄念,或者是有意撒谎,列奥波德就是不能认清这样谵妄的夸张修辞背后的愚蠢(这些事实终归会有人去查实的吧)。然而,他这份申请居然就奏效了,而这也不是他最后一次歪曲事实去粉饰自己的出身。

在婚后列奥波德和玛丽亚·安娜从萨尔茨堡一位阔绰的商人约翰·洛伦兹·哈格诺尔(Johann Lorenz Hagenauer,1712—1792)那里租赁了一处小小的三层公寓,坐落在粮食巷(Getreidegasse)。他们随即搬进去,当然是同伊娃·萝西娜一道。哈格诺尔家将会成为莫扎特家一生的朋友。约翰·洛伦兹帮衬列奥波德打理经济事务,为其提供横跨多个城市和邦国的关系网络,列奥波德借此在旅

① 译注:在当时意为,是时候寻一门亲事,老老实实地牵补度日。

行中收发钱票。他还是列奥波德大量信件的收信人，后者在其中描述了旅途上的种种经历。接下来的二十六年，莫扎特家将会生活在粮食巷的公寓。刚刚完婚的一段时间，玛丽亚·安娜在那里历经了几乎每年一度的怀孕生产。

1748 年 7 月到 1756 年 1 月间，玛丽亚·安娜为列奥波德生了七个孩子，其中五个在婴儿期便夭折了。头三个孩子，在两年内相继出生，自 1748 年 8 月到 1750 年 7 月，他们都死在襁褓中（分别是五个半月，六天和十一周）。所以到了 1750 年的夏天，玛丽亚·安娜前往巴德·加斯坦（Bad Gastein）做为期四周的疗养。莫扎特家难以负担这笔花费，但这又是她所急需的，事后证明也确实有收效。她的下一个孩子在一年内出生。玛丽亚·安娜·沃布尔嘉·伊格娜蒂雅（Maria Anna Walburga Ignatia），一向被叫作"图诺"，在 1751 年 7 月 31 号出生，将会活到 79 岁。可丧子之痛又接踵而至：1752 年到 1754 年间，又有两个孩子一出生便夭折了。1755 年，伊娃·萝西娜去世，终年 74 岁。她被葬在圣塞巴斯蒂安墓园，成了这个未来混乱聚合的家族坟茔的第一位墓主。来年年初，1756 年的 1 月 27 日，玛丽亚·安娜在凶险的困境中诞下了自己的第七个、也是最后一个孩子：约翰·克里索斯托慕斯·沃尔夫冈·提奥菲勒斯（Johann Chrysostomus Wolfgang Theophilus）（这最后一个名字，将会以诸多不同形式的同义词出现在莫扎特的一生当中，比如歌特利布〔Gottlieb〕，或者尤其是：阿马蒂乌斯〔Amadeus〕）。

列奥波德开始对玛丽亚·安娜的孕产所引发的家庭动荡感到厌烦了。18 世纪 50 年代中期，基于他为人称道且明显是极为成功的教学经验，他决意出版一本关于小提琴演奏的根本原则的论著。

他的《琴学刍议》(*Versuch einer Grundlichen Violinschule*)是一本谨小慎微然而又绝不肯通融的书,带着那学者腔调的前言和权威主义的口吻,最终得以由约翰·雅科布·洛特(Johann Jacob Lotter,1726—1804)在奥格斯堡出版。就在沃尔夫冈出世两周后的 1756 年 2 月 12 日,列奥波德在信中向洛特吐露:"我向你保证我有太多事要做了,有时候忙得晕头转向……你同我一样清楚,当妻子在产床上的时候,总有人跳出来夺走你的时间。这种事情是既赔上时间又花了钱。"³ 尽管列奥波德因新降生的孩子而抱着显而易见的坏脾气,他很快便会判若两人了。他和玛丽亚·安娜不久就意识到:他们的两个孩子天赋过人。

多年以后,图诺自己成了他们姐弟童年生活信息的主要来源。那是沃尔夫冈死后,惯以结集出版讣文的文人弗里德里希·施利希特格罗①找到她,为了他的《1791 录鬼簿》(*Nekrolog auf das Jahr 1791*),他罗列了些问题给图诺。他问到她弟弟幼年生活的信息,图诺热忱地提供给他许多细节资料(图诺拥有超过四百封家书,另有她自己的日记,她是个出色的日常事件记录员)。见图诺

---

① 译注:Friedrich Schlichtegroll,1765—1822,慕尼黑的教师和学者,在他集结 1791 年十二位死者的讣文集子《1791 录鬼簿》(*Nekrolog auf das Jahr 1791*)当中,莫扎特的条目有六千言,被看作莫扎特的第一部"传记"。施利希特格罗从未见过莫扎特,简短的"传记"的素材来自图诺为首的莫扎特身边的亲友,但他们都只熟悉或亲历了 1781 年莫扎特离开萨尔茨堡之前的生活,这与另一本内梅切克所作的传记正相对,后者的资料主要来源于莫扎特的遗孀康丝坦瑟。康丝坦瑟曾买断并销毁了施利希特格罗那本包含莫扎特列传的讣文集子,因为对文中事关自己的部分感到很气愤。尽管如此,施利希特格罗的小传还是囊括了不少值得研究的莫扎特姐弟的童年纪事,另外,诸如"天使与野兽的合体""永恒的孩子"的传说,也可以说是滥觞于此。

《琴学刍议》初版中作者列奥波德·莫扎特的版画像

如此配合,施利希特格罗进而又追加了一份问卷给她。图诺于是拉来一位家族旧友相助。那是宫廷小号手和诗人约翰·安德里亚斯·沙希特纳(Johann Andreas Schachtner)。有了这两位提供的回忆和轶事,这不同寻常的家族生活史就此得以展开。

跟他们的母亲一样,图诺和沃尔夫冈没受过任何正规的学校教育。他们是完全在家里念书,在不辞劳苦的父亲卓越的指导下学习。凭着想象力和善巧,他教他们读写、算术,还有一些基本的历史地理知识。两个孩子都文从字顺,能写善画,且读诵清朗。除此之外,当然还有音乐。孩子们在襁褓中就获得音乐的滋养,因为在粮食巷的公寓里,列奥波德那些宫廷乐师同事进出不绝,在那里排练、演奏、授课。图诺 7 岁的时候,开始跟着父亲学习钢琴。不久,颇具创意的列奥波德就集成了一本音乐册子(*Pour le clavecin*〔为拨弦钢琴而作〕)送给她,并怀着情感标注:"此为玛丽亚·安娜·莫扎特之书,1759。"这本册子包含几个由列奥波德及几位同时代作曲家所作的小曲子,由浅入深地排下来。显然当时年近 4 岁的小沃尔夫冈也开始演奏这些小曲,图诺回忆道:"这孩子立刻显露出他那神赐的超凡的禀赋。"[4] 她的音乐册子布满了这位惊奇的父亲所写的按语:"这一曲,沃尔夫冈盖尔(Wolfgangerl)学于1761 年 1 月 24 号,离他 5 岁生日还差三天。晚间 9 点到 9 点半。"并且,像图诺在回忆录中所写的,沃尔夫冈"进展神速,5 岁就已经开始作些小曲子,他弹奏,父亲记录。"

沙希特纳也回忆起沃尔夫冈的早慧。据他说,一次列奥波德从教堂回家,发现这个 4 岁的男孩正在写下一些音乐,并宣称这将是一部钢琴协奏曲。当被逗笑了的父亲抄起这篇满是墨污、书法稚气的手稿时，"他久久地望着谱纸，随即泪水便涌出了眼眶，那是快乐和惊奇的眼泪"。[5] 沙希特纳还回忆起这个孩子异乎寻常的听音能力（"沙希特纳先生，如果您的小提琴的定弦跟我上回演奏它的时候一模一样的话，那它比我现在用的琴低了半个四分之一音"）。更奇的还有，他害怕沙希特纳自己的乐器——小号。"仅仅当着他的面拿着这个乐器，就好像是用一把上了膛的枪指着他的心脏一样。他爸爸想要把他这种孩子气的恐惧治好，有一回就教我别去管他，就冲着他吹我的小号。结果，天呐！我真不应该答应这么干。小沃尔夫冈一听到这种刺响，立刻脸色煞白，瘫倒在地。如果我继续的话，他一定要痉挛了。"没过多久，这孩子好像克服了对于小号的恐惧症；尽管成人之后，他的写作里仍不时反映出这种年幼时的恐惧。

在两个孩子的迷人技艺日渐提高的时候，列奥波德和玛丽亚·安娜开始筹划向比萨尔茨堡的听众更具鉴赏力的人群去展示他们的才能。1762年，当图诺10岁，沃尔夫冈6岁的时候，他们向着更广阔的世界踏出了试探性的第一步。这一年的深冬，他们一家旅居慕尼黑三个星期，为选侯马克西米连三世陛下演奏。受了这次旅行成功的激励，来年9月份，列奥波德带着一家人来到了维也纳。两个孩子被四处展览。在美泉宫，他们在女皇玛丽亚·特蕾萨御前演奏，如图诺日后回忆，陪在女皇身边的还有"成年的大公和女大公们"。[6] 他们还见到了年少一代的大公和女大公们，他们同两个孩子年龄相仿。莫扎特姐弟甚至获赠了这些王子公主穿过的衣装，后来还穿着被画了像。尽管旅程一时被莫扎特的患病（这无疑只是个预演而已）打断了，维也纳之旅仍然称得上是一次凯旋。列奥波德把他们的繁忙计划于百忙中寄给哈格诺尔。他罗列了每一位参加他们演出的维也纳贵族，描述了他的孩子们唤起的普遍赞誉（"尤其是这男孩子"[7]）。同时他的荷包也鼓起来，到达维也纳还不到一周，他寄回家的钱比他此前两年的收入还要多。

琴岑多夫伯爵（Karl von Zinzendorf und Pottendorf，1739—1813）时任宫廷的司库，也是众多到场听众之一，作为一个积极的记事人，他在日记里写道："……这个萨尔茨堡来的小孩，和他的姐姐，演奏拨弦钢琴。这可怜见的小家伙演奏绝妙，他是个灵性、活泼、迷人的孩子。他的姐姐技艺纯熟，他也为她鼓掌。"[8] 沃尔夫冈显然是众目的焦点。但是，琴岑多夫注意到，他对姐姐有令人感动的慷慨。维也纳之旅为两个孩子巩固了一种基础，并基于此，在日后家庭的旅行中逐渐形成了一种模式。在漫漫长旅中，他们被置于彼此的陪伴之下，以及姐弟间游戏与幻想的世界当中。在众多达官显贵跟前的那些携手亮相，或许仅仅是这个世界的一次延伸外化。他们非凡的能力、他们漫不经心而达成的完美，以及他们由创造音乐所生发的快乐（他们两个永远都不曾失去这样的快乐），也不过是他们两个共同世界的一隅而已。这两个孩子应当是视彼此为同袍了。

第二章

陶醉在这些社交和生计的大彩头里,列奥波德开始寻思着向外扩张。为了一次空想中的全胜之役,凭借几乎是军队般精准的充分准备,他计划向北部欧洲的三个重镇进发:巴黎、伦敦和海牙。洛伦兹·哈格诺尔的贸易触手能够在沿途各大城市为他们提供有效的金融服务,而且列奥波德可以动用他自己在贵族中的人脉,为莫扎特一家写举荐信给他们自己的同侪和朋友,后者再向他处传递这样的举荐。列奥波德的道路就此铺平了,他那著名的家庭得以逐个进入新的城、镇,大张旗鼓,招徕众人。虽然他对于旅程有着大体的设想,但纷繁的事件会导致变局,无论行进的方向还是逗留的长短。于是便少不了即兴成分在里头。然而这次长途旅行的主要目的,终归还是对欧洲的最上流社会炫耀冈诺和沃尔夫冈,如此看来,列奥波德此番努力是极为成功的了。

1763 年 6 月 9 号,莫扎特一家自萨尔茨堡出发。这时候沃尔夫冈 7 岁,冈诺即将 12 岁。他们意气风发:当时正值孟夏时节,乡下无论干道还是小路,瞧着都无比新奇。"我妻子在乡间获得了极大的快乐。"⁹列奥波德写道。他们乘自家租赁的四轮马车旅行,随行的还有他们的仆人塞巴斯蒂安·温特①。他们一路上主要在旅社里留宿(列奥波德则时刻都留心着省钱的下处),他们会要一个两张床的大房间,一张给列奥波德和沃尔夫冈,另一张给玛丽亚·安娜和图诺。在这每天颠簸数小时的长旅中,两个孩子进入了他们自己创造的幻想天地。他们叫它"颠倒国"。沃尔夫冈是国王,图诺是王后,有时候他们的仆人塞巴斯蒂安也加入进来,为他们这个平行世界画上几幅小画。他们随停随演,收入颇丰。三十年以后,图诺将会回忆起那场大巡游所历经的每个城镇。

第一站是慕尼黑,他们再度为选帝侯马克西米连三世演奏。目光都聚焦在 7 岁的沃尔夫冈身上,只有在选帝侯的要求下,在沃尔夫冈初次亮相的两天后,图诺方才上台演奏,并获得了热烈的掌声。在图诺而言,这一次慕尼黑之旅的经验毋宁说是设定了一种模式。几乎可以确信,图诺开始感受到自己多少被边缘化了。她的父母大概也有所察觉这一层。列奥波德后来在给哈格诺尔的信中说:"图诺已经不为和弟弟的攀比所困扰了,因为她演奏得如此美妙,所有人都在谈论她,赞叹她的音乐处理。"¹⁰ 然而,这样的处境对图诺来说却并非易事。对这个被人宠爱的弟弟,从年龄上她时常要降格去将就他,来创造他们秘密的世界和游戏,然而在音乐

---

① 译注:Sebastian Winter,莫扎特一家的仆人,后来在多瑙艾辛根做了主公的贴身跟班。日后莫扎特在维也纳自由执业,生存艰难,曾经寄了包括著名的第二十三钢琴协奏曲,K488 在内的一套乐谱给温特的主公,想求得长期的赞助。随信叮嘱温特向上禀报:这些作品虽然不是专为您写的,但是此前只在一个极封闭的行家圈子里给人听过。结果莫扎特因此获赠了一笔赏赐,够得上付三个月的房钱。然而赞助的事情终没有下文。

上，他却飞速地超越了她那本已不凡的成就，并且获取了所有的注目。尽管她天分过人且勤于用功，可就是跟不上他。

慕尼黑之后，一家人去到列奥波德的故乡奥格斯堡。在那里他们停留了两个星期。他一向疏离的母亲，仍旧介意列奥波德那应受谴责的生活态度，对他们这次到访置若罔闻。虽然两个孩子开了三场音乐会，他们的祖母没有参加过一场。这种固执的不肯容忍，使得她不幸摒弃了天下祖母大都梦寐以求的经历。此外，这些音乐会也没赚到什么钱。列奥波德在信中向哈格诺尔抱怨，他们的所得都付不起昂贵的旅社费。尽管如此，他仍从制琴师施坦因①那里买了一架便携的键盘乐器，成年后的沃尔夫冈将和此人有更多往来。而且，他们还得以跟至少一位列奥波德的家庭成员恢复了联系。继承了家里装订手艺的弟弟弗朗兹·阿洛伊丝（Franz Alois Mozart，1727—1791）欢迎了他们。还有弗朗兹极为兴奋的 4 岁女儿，玛丽亚·安娜·苔克拉（Maria Anna Thekla Mozart，1758—1841），人们昵称她"芭思乐"（Bäsle②）。她也会颇为高调地在沃尔夫冈日后的人生中再度出现。

这次巡游的第一个主要目的地是巴黎。经过法兰克福（在那里歌德的父亲聆听了孩子们的演出）和布鲁塞尔，莫扎特一家于 11 月中旬来到了法兰西的首都，并在那里停留了五个月。以极端的执迷，外加一堆自吹自擂（列奥波德毫不犹豫地把自己冠以萨尔

---

① 译注：Johann Andreas Stein，1728—1792，著名键盘乐器制作师，其本人及其女儿制作的 fortepiano，以及因之发展出来的标准和风尚，跟莫扎特、海顿和贝多芬的创作都颇有关联。
② 译注：意为"小堂妹"。

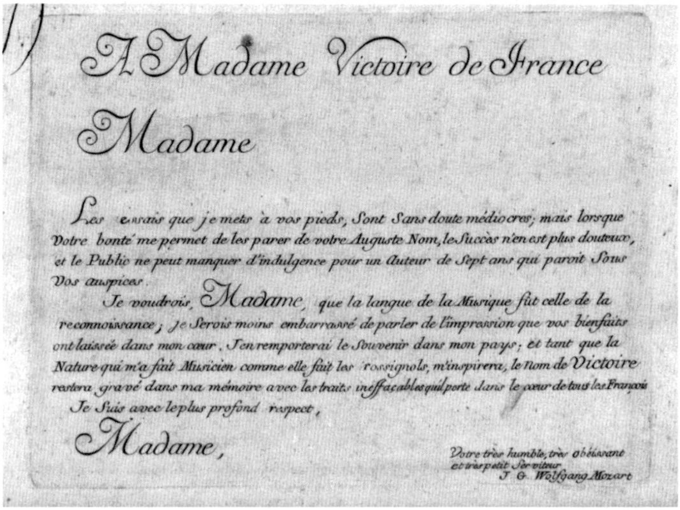

A Madame Victoire de France

Madame

Les essais que je mets à vos pieds, Sont Sans doute médiocres; mais lorsque Votre bonté me permet de les parer de votre Auguste Nom, le Succès n'en est plus douteux, et le Public ne peut manquer d'indulgence pour un Auteur de Sept ans qui paroit Sous Vos auspices.

Je voudrois, Madame, que la langue de la Musique fût celle de la reconnoissance; Je Serois moins embarrassé de parler de l'impression que vos bienfaits ont laissée dans mon cœur. J'en remporterai le Souvenir dans mon pays; et tant que la Nature qui m'a fait Musicien comme elle fait les rossignols, m'inspirera, le Nom de Victoire restera gravé dans ma mémoire avec les traits ineffaçables qu'il porte dans le cœur de tous les François

Je Suis avec le plus profond respect,

Madame,

Votre très humble, très obéissant
et très petit Serviteur
J. G. Wolfgang Mozart

沃尔夫冈人生第一部出版作品
初版里扉页上的花体献辞

茨堡主教公的"宫廷乐正"之名,而实际上他任的是副职),以及好友们的竭力相助,列奥波德得以敲定了孩子们在法国国王御前以及公众面前的亮相。沃尔夫冈也有了第一套出版作品①。格林男爵(Friedrich Melchior, Baron von Grimm,1723—1807)是一位评论家,《文学通讯》(*Correspondance Littéraire*)的主笔。他成了列奥波德重要的人际资源和支持者。格林跟他的情人,迷人的德埃皮奈夫人(Madame d' Epinay,1726—1783),对莫扎特一家以朋友相待,将他们介绍给对路的人群,在规矩礼貌、交际手腕和公众宣传(格林为沃尔夫冈的第一部出版作品集撰写了花体的献辞)上处处帮衬,还馈赠各色的礼物给他们。玛丽亚·安娜从德埃皮奈夫人那里收下一条红色缎子裙(大概就是她 1775 年画像上的那身?)、一把扇子和一枚紫水晶戒指。格林则向卡蒙泰勒(Louis Carrogis Carmontelle,1717—1806)委约了一幅列奥波德和孩子们在一起的画像,画像的翻刻版画在接下来几个月成了莫扎特一家的拜帖名片,或者说宣传照。

他们还四处观光游览。圣诞期间,两个孩子被带去凡尔赛宫。列奥波德素来是颇具启发性的老师,囡诺见到园林中那些神话故事的雕塑,一经他的解读,她的想象力即被唤起。对于这次出游,12 岁的囡诺在日记中记下了她自己对拉托那(Latona)喷泉的认读:"拉托那何以把一众农夫都变作了青蛙,海神尼普顿(Neptune)如何勒马,狄安娜的沐浴,冥王普鲁托强掳少女普洛塞尔皮娜,极

---

① 译注:指的当年在巴黎出版的键盘与小提琴的奏鸣曲 K. 6 与 K. 7,列奥波德命名为沃尔夫冈的作品第一号。

美的白色大理石和条纹大理石的花瓶"¹¹（她该会多么享受佛罗伦萨和罗马啊）。就在这一天，两个孩子接受了绝妙的教育。他们说着新的外语，聆听和吸纳着新的音乐（芭蕾和歌剧），他们在学习欣赏艺术和建筑之美，常常还包括蕴含其中的历史和神话渊源。并且他们也在培养对精致衣装、上好布料，还有珠宝及发式的眼光。在未来的岁月，每当分处两地的时候，囡诺跟母亲之间的多数通讯都是关于时尚和饰物的。沃尔夫冈后来也曾向一位女性朋友坦承："我希望我的东西都精制、纯正而漂亮。"¹² 而他们的技艺，也无时无刻不在绽放着。直到 1764 年夏天，列奥波德在给哈格诺尔的信中说："这等于是说，我的小女儿，尽管她才 12 岁，已经是全欧最具技巧的演奏者之一了。不只如此，一言以蔽之，我 8 岁的儿子所了解的，寻常之人在 40 岁上或能有所得。"¹³

1764 年 4 月，一家人离开了巴黎，动身去这次大巡游的核心所在：伦敦。他们人生头一次看到了大海，完全被迷住的囡诺在日记里描述了海浪："在加莱，我看到了大海如何退去又再回来。"¹⁴ 这种迷恋很快也退却了，因为在穿越海峡到多弗尔的途中，一家人都严重地晕船。但显然他们恢复得不错，因为刚到伦敦几天，他们就在乔治三世和他年轻的德国皇后夏洛特面前演奏了。他们在伦敦盘桓了十五个月。这段时间内，两个孩子，尤其是沃尔夫冈的技艺和认知，继续着惊人的长进。他们学习了另一种语言①，认识了新

---

① 译注：在列奥波德的家庭教育之外，沃尔夫冈一生只付钱学习过两门知识：对位法和英语。

朋友（包括约翰·克里斯蒂安·巴赫〔Johann Christian Bach，1735—1782〕，大作曲家巴赫的幼子），也听见了完全不同的音乐（交响乐和清唱剧）。列奥波德继续着他对孩子们非正统但天才的教学，而且，最起码在访问的初期，获得了一笔可观的收入和更多的礼物。

在伦敦的日程很疯狂。起初的六个星期，两个孩子在宫廷演奏了两次（每次都带走慷慨的 24 个基尼），也去了各色的公共场所，那些地方的招贴称囡诺和沃尔夫冈为"自然的神迹"。一些私人场合，比如伦敦的王公贵胄的客厅，孩子们也都轻车熟路。在演奏之外（曲目包括他自己的和别人的创作），沃尔夫冈被送去接受各种各样的测试。测试中他可能会收到一段旋律，缺失的低音伴奏他要补充完成；他可能会被要求听出各种乐器的音高，有时候甚至都不是乐器（铃铛或者钟表）；或者是对着常常是包含五个或更多声部的总谱即刻视奏；或者是被织物盖住双手，在看不见的情况下演奏；当然，更有其他种种即兴的挑战。沃尔夫冈全都顺利通过了（其实凡此种种，对于一个有绝对音高的技巧天才和他志在必得的偏执父亲来讲，也都算不得什么问题）。起初，伦敦为这个小男孩神魂颠倒，也私下赞叹囡诺的钢琴技巧，列奥波德于是将更多的钱汇给了萨尔茨堡的哈格诺尔。

这时候事情却有了逆转。首先，夏天来的时候，伦敦成了空城，更多私人场合的演出机会跟着消失了。再者，列奥波德病了。他罹患风寒，或许因为对某种处方药的不良反应，传染到了全身及神经系统。整个家庭便从伦敦市中心搬离到乡下（在今天切尔西的埃布里街），在那逗留了两个月。并且由于列奥波德危险的状况,两个孩子被要求在房间里保持绝对安静,甚至不允许演奏键盘。而且,因受了同 J. C. 巴赫相遇的激发,并听了他的几部交响乐,8岁的沃尔夫冈决定创作一系列自己的交响乐。由姐姐执笔相助,沃尔夫冈向乐队写作迈出了第一步。"在他作曲、我抄录的时候,"图诺回忆道,"他曾对我说'提醒我给圆号写点精彩的!'"15 这次欣然而就的里程碑式的迸发,对他俩来说,是姐弟间分享的另一个刺激的游戏。

在这个艰难的夏天,玛丽亚·安娜想必是无比焦灼,但她显然扛起了家庭的责任,组织大家搬去切尔西,照顾她生病的丈夫,最后又接过厨娘的角色。她形容消瘦,但从渐愈的丈夫那里赢取了难得的赞许。列奥波德在寄回萨尔茨堡的信中写道:"因为我的病,我妻子近来承担了许多……在切尔西,起初我们是叫一家饭铺送餐,饭做得太糟糕了,我妻子便自己下厨了。如今我们状态不错,回城之后,我们要自己打理家务。如此我妻子或会丰腴起来一些,最近她瘦了不少。"16 但在经过了一个夏天的医药开销和收入停滞以后,眼下的当务之急是挽回一些损失。列奥波德绞尽脑汁在计议他们冬天的营生。有位珂内里斯夫人①在苏荷广场(Soho Square)的卡莱尔大宅②举办预售联票的系列娱乐活动,列奥波德

---

① 译注:Teresa Cornelys, 1723—1797,生于威尼斯,或说维也纳。伦敦著名的交际花,登徒子卡萨诺瓦的情妇,娱乐业主。1760年以年租180英镑租下卡莱尔大宅,预售联票,开始以牌戏和舞蹈为主,后来开始音乐会演出,参演的有 J. C. Bach,Stephen Storace 及 Carl Friedrich Abel 等巨匠。萨克雷和狄更斯等人对其人及当时的盛况都有述及。后破产入狱。

② 译注:Carlisle House,其原址离如今的查令十字街不远,1791年,即莫扎特去世之年,这座大楼也毁弃了。

想要让孩子们在那里出场。作为伦敦交际圈最显赫的女主人之一，生于意大利的特蕾萨·珂内里斯曾是卡萨诺瓦（Casanova）的情妇（他视其女为己出）。现在她组织超过六百人的化妆舞会，列奥波德精明地认定她那里的人脉无与伦比。然而，即便莫扎特姐弟真的为珂内里斯夫人演奏过，其记录也丢失了。春天即将来临，列奥波德筹划着一家人离开伦敦。这回他想要孤注一掷了。

列奥波德在报纸告白栏里广告道："两位少年天才每日 12 时至午后 3 时公开表演，好事者莫失良机。"这种筋疲力竭的展览始于 1765 年 3 月，半个基尼①一票。快到 5 月份，他将孩子们演奏的时间由三个小时缩减至两个小时，然而票价也减半到五个先令了。7 月份，到了玩最后一把的当口，列奥波德在康希尔（Cornhill）一个叫"天鹅竖琴"的小酒馆租了一间屋子，让图诺跟沃尔夫冈在那里演出，也是一日一次。票价也屈辱地再度减半。

最终莫扎特一家在是年 7 月告别了伦敦，向荷兰去了。在去往多弗尔的途中，他们在坎特伯雷逗留了一整天，观看了赛马。所幸这回从多弗尔到加莱穿越海峡的时候，一家人安然无恙。在里尔（Lille）他们得到了女皇玛丽亚·特蕾萨的丈夫弗兰西斯的死讯。她刚被自己 24 岁的儿子约瑟夫二世（此人日后将在成年莫扎特的人生中扮演重要角色）任命为共同执政。当一家人到达荷兰，图诺染上伤寒，病得很厉害。整整两个月，列奥波德和玛丽亚·安娜足不出户，日夜照料女儿（玛丽亚·安娜总是一个人值夜）。但是到了 10 月 21 号，图诺病情太重，以至于接受了临终祈祷。列奥波德

——————

① 译注：一个基尼时价二十先令。

信中向萨尔茨堡森然讲述道:"任何人只要听到我妻子、我及我女儿三人这几个夜晚的谈话,没有不凄然垂泪的。谈话中间我们劝服她说,人世空虚浮华,而早夭对孩子倒是一大幸事。"[17] 可图诺才刚刚开始好转,沃尔夫冈的身体又垮了。这才真的造成了莫扎特一家经济上压倒一切的大窘迫,因为此时的沃尔夫冈已俨然是家里的收入支柱了。幸好他也逃过一劫,恢复的过程倒比他的姐姐还轻描淡写。图诺自己在 1792 年对这段可怕日子的回忆,清晰地点出了两个孩子谁的病情更危险些:"当女孩从她**极为**严重的病情中好转的时候,男孩也患了**甚为**厉害的病。"[18]

两个渐愈的孩子终于又可以演出了。他们在乌得勒支、阿姆斯特丹、安特卫普和布鲁塞尔表演。最后,一家人踏上了向萨尔茨堡的归途。路上他们又在巴黎停留了两个月,格林男爵注意到自上次分别后孩子们在两年间的变化:"莫扎特小姐,现在 13 岁了,出落得更加标致,在拨弦钢琴上作最美妙最绚烂的演绎……她的弟弟则能凭一己之力夺了她的头筹。"[19] 他同时也注意到沃尔夫冈"几乎不曾长大",于是担心起这个孩子的健康来。当一家人动身去瑞士的时候,德埃皮奈夫人写信给她的友人、作家和哲学家伏尔泰,建议他去听听孩子们在日内瓦的音乐会。惜乎伏尔泰当时正患病,与他们失之交臂。最终,经过了一番苦旅,路上大概停留了一两晚,他们再一次在慕尼黑见到选帝侯马克西米连三世。他们于 1766 年 11 月 26 号回到了萨尔茨堡。这一别已经是三年半了。

尽管有那近乎灾难的焦虑一再复发,莫扎特家族仍然从这次大巡游中获取了丰厚的回报。两个孩子在音乐上得到了成长,沃尔夫冈的表现超出了可以想见的认可乃至期待,他们的声名在整个北部欧洲的宫廷间传颂。虽然因为患病而屡屡有令人烦扰的流失，他们还是大大赚了一笔，列奥波德对萨尔茨堡最亲密的朋友所透露的数字都及不上他们的真实所得①。并且他们还收到了大量的鼻烟盒、怀表和珠宝。因为两个孩子此番和真的宫殿、真的国王、真的王后及真的奢靡华丽多相触受，存在于他们幻想中的那个"颠倒国"也日渐丰满实在起来了。他们可以用他们这些真实的传说来取悦身边被惊得目瞪口呆的小朋友们了。他们现在还以好几种不同的语言互相喋喋不休。然而，这一切还是付出了身体上的代价：图诺和沃尔夫冈的身体底子都很虚弱，在余生里都持续陷入感染和疾病，似乎他们的抵抗力自小就没有机会得到健全。这些在当时确然是被察觉到了。格林甚至担心"如此早熟的果实怕会提早凋零"[20]，在海牙的英国大臣多弗男爵相信这两个孩子会"命不久长"[21]。列奥波德也在伦敦生过重疾。玛丽亚·安娜是否也为疾病所苦，没有人特别回忆或者提起，除了讲到她曾经一度形容消瘦。即便如此，这次巡游对他们所有人来说，都是意义重大的经历。特别对玛丽亚·安娜和图诺来说，这其实称得上是一生一度的际遇了。

---

① 译注：列奥波德曾得意忘形地跟近人炫耀过巡游中的收入，可后来为避税以及不触犯目前的金主，开始故意隐瞒收入，乃至夸大路上的支出和困难。

第三章

贝达·许伯纳神父（Beda Hübner）是萨尔茨堡圣彼得大寺的图书馆馆长，作为一位杰出的记事者，他记录了莫扎特一家的这次凯旋。

> 今天誉满世界的列奥波德·莫扎特先生，宫廷副乐正，携妻子和两个孩子，男孩 10 岁，女孩 13 岁，他们回到了家乡的慰藉和欢乐当中……过往的两年间，此地的报章讨论最多的莫过于莫扎特家两个孩子的绝妙技艺。他们都弹奏拨弦钢琴，或击弦钢琴。女孩子事实上比她的幼弟更加具备艺术和圆熟，但弟弟则更精妙更有创造力，别具无比美妙的灵感。以至于一个极佳的管风琴师都要惊叹：这个在 6 岁便已经是一个出色艺术家的孩子，何以会凭一己之力掌握如此震动世界乐坛的艺术。[22]

全城都为这个孩子的改变而兴奋不已，他如今的技艺已够得上一位宫廷乐正了；他们还关心他们挣到的那些财富，以及下一站会去到哪里。许伯纳本人完全陶醉其中，他揣测莫扎特一家接下来"很快会游历整个斯堪的纳维亚，以及俄罗斯全境，或许他们会去到中国"。列奥波德喜欢成为关注的焦点，更难以克制自己庸俗的表现欲。他把此次巡游的战利品在屋子里满满当当地排开，邀请仰慕者前来参拜，许伯纳便是其中之一：

> 我随后看到了（如前所述的）莫扎特先生和他的孩子在这次代价高昂的旅行当中，一路上从王公贵胄那里领纳的所有进献和馈赠。金怀表他带回来九块，黄金鼻烟盒十二个，镶嵌珍稀宝石的金戒指太多了，他自己都不知道有多少，给女孩的耳环、项链、金刃刀、瓶架、文具、牙签盒、给女孩子的黄金物什、写字板，及诸如此类的饰物，数不胜数。如同查点教堂的宝库那样心无旁骛地看，就算浏览一过都得花上好几个小时。

当兴奋消退，粮食巷的小公寓里发生了些许改变。玛丽亚·安娜和列奥波德终于又睡在同一张床上。但囡诺此时已经15岁了，各方面都在成长（她甚至被父亲认为是"可以婚配"的了）。让她跟已经10岁的弟弟共处一室，已经很不妥当。但条件所限，他们只好为她做了一张特别的床，周遭被帘子围起来以保证私密。列奥波德回到宫廷，继续从事他谦卑的职务，但心里惦念的却是他的那两枚"逍遥丹"：旅行以及普遍的崇拜。在回到萨尔茨堡九个月之后，又一次机会显现出来，他便一把抓住。

维也纳正在筹备一场婚礼。玛丽亚·特蕾萨的女儿，女大公玛丽亚·约瑟法即将嫁给年轻的那不勒斯国王费迪南四世。出于保护疆域并联结邻邦的强烈决心，玛丽亚·特蕾萨无情地四处遣发她的孩子们。1737 至 1756 年间，她共生养了十六个孩子，那些活下来并进入了青春期的，凡身体壮健，便被打上标记备着，随时为她那些政治联姻作牺牲。她的长子也是共同执政——约瑟夫——曾娶了帕尔马的伊莎贝拉，随后由于伊莎贝拉的早逝，又娶巴伐利亚的玛丽亚·约瑟法（为约瑟夫所不喜，即被打入冷宫）做继室。玛丽亚·特蕾萨的幼子们也将派上类似的用场：列奥波德将迎娶西班牙的玛丽·路易斯；费迪南将因娶到玛丽亚·贝阿特丽斯·德埃斯特而掌控摩德纳家族。而年轻的女大公们也在她的棋局里：玛丽亚·克里斯蒂娜嫁给了泰申公国的阿尔伯特，以网罗上西里西亚地区；在长子约瑟夫的妻子伊莎贝拉死后，帕尔马公国曾一度疏离，后来女儿玛丽亚·阿玛莉亚则借联姻把它收了回来；而这里面最为显耀夺目的，是女王的小女儿，玛丽亚·安朵尼娅。日后她改名叫作玛丽·安托瓦内特（Marie Antoinette，1755—1793），并嫁给了法王路易十六。然而，此时的政治权谋当中，玛丽亚·特蕾萨眼里看的，唯有这个波旁家族的那不勒斯国王。原本她是想通过玛丽亚·约瑟法的姐姐约翰娜·加布里埃拉来猎获两西西里王国，但这个女儿于 1762 年死了，年仅 12 岁。所以现在轮到拿玛丽亚·约瑟法去套住毫无魅力的费迪南了，他俩同是 16 岁。

在萨尔茨堡，列奥波德·莫扎特听说这次皇家婚礼将会有一个精心制作的庆典。他很可能是相信，他在女皇身边的旧相识会说服女皇邀请他的孩子们加入庆典的演出。于是，离开了一向对其纵容、支持的雇主大主教施拉顿巴哈（Schrattenbach），莫扎特一家再度整顿行装，向维也纳进发。列奥波德或许能意识到，此时的玛丽亚·特蕾萨还处于丧夫之痛，几乎闭门谢客，绝不会像1762年那样乐意接纳他们。然而即便是他也无法预见，还另有严峻的问题在等着他们：维也纳爆发了天花。起初莫扎特一家对此一无所知，在空等着女皇召见的那段时间，他们忙不迭地去欣赏歌剧和戏剧。可就在大婚的前夜，女大公玛丽亚·约瑟法竟因天花死了。坊间有阴森可怖的风传，说这孩子是在和她母亲一起去嘉布遣会教堂的家族墓穴时感染的。（玛丽亚·特蕾萨通过第三次尝试，终于成功将自己13岁的女儿玛丽亚·卡罗莱纳嫁给了目不识丁的小青年费迪南。）没有华丽的婚礼庆典，维也纳再一次陷入了哀悼。

当意识到时，天花已经到处流行传播，列奥波德深感恐慌。光在他们所居住的那一栋房子里就发生了三起感染。他随即另寻他所，但由于找不到足以容纳四个人的地方，而相比之下玛丽亚·安娜和图诺更可以牺牲，列奥波德便把她们留在了疾病肆虐的公寓，自己带着沃尔夫冈逃走了。不过后来他还是决意把全家都带离维也纳。一星期之后他们先来到布尔诺（Brno），投奔大主教施拉顿巴哈的兄弟，接着去奥洛穆茨（Olmütz）。然而这还是太晚了：沃尔夫冈已经被感染。虽然沃尔夫冈和同样染了病的图诺后来都痊愈了，但一家人发现，身处这个陌生城市的两个月，他们再度陷入致命疾病的重围之下。于是他们在圣诞的时候回到布尔诺，投靠施拉顿巴哈家，最终在来年1月初返回了维也纳。

此时，帝国的皇室终于答应接见他们。图诺后来回忆了当时的情境："1月19号两个孩子在约瑟夫皇帝御前演奏；唯有女皇玛丽亚·特蕾萨、萨克森的阿尔伯特亲王和女大公们列席。"[23] 对于这次历时两小时的堂会的尊贵的听众,列奥波德给哈格诺尔的信中有更生动的描述。只有当女皇得知莫扎特的家庭连同两个天赋极高的孩子也染上了这个曾给她本人的家庭带来巨大伤害(女皇和她的女儿伊丽莎白都刚从疾病中痊愈)的疾病时,她召见了他们。"她一经得知我们在奥洛穆茨的遭遇并且已经返回,便派人告知我们觐见的日期和时辰。"列奥波德对这次拜见期待已久,然而结果却令他极其失望。除了一枚徽章("固然漂亮,但却值不了什么钱,我实在懒得提起它的价值"),他们没得到任何回报。玛丽亚·特蕾萨把场面上的事情交给约瑟夫二世去处理,而后者仅仅是显示出了"令人赞叹的和蔼"而已。列奥波德尖刻地总结道:"皇帝……把这些归入他的《笑忘录》了吧,他无疑相信,他已经用平易近人的谈话当报酬付给我们了。"[24]

而对于玛丽亚·安娜来说,这次访问一定称得上是她人生中的高光时刻了。当约瑟夫聆听孩子们演奏的时候,正是她,被拉去和玛丽亚·特蕾萨坐在一起。这两个年龄相若的女人,彼此交换经验并分享近来的经历。正如列奥波德所描述的:"你绝对无法想见女王陛下同我太太交谈的时候表现得多么熟络,一面说起我的孩子们所患的天花,一面谈论我们的大巡游;你同样也无法想象她如何轻抚我太太的双颊,并将手搭在她的手上。"[25] 这次皇家堂会,或许令列奥波德感受到一种挫败的不平,而玛丽亚·安娜却度过了一个绝妙的下午。

然而那段"平易近人的谈话",确有一根救命稻草埋在里头。皇帝"问了这男孩子两次,他想不想创作一部歌剧并自己指挥。沃尔夫冈答道,是的"。列奥波德从帝王家的只言片语中抓住机会,并且将其解读成一种邀约。他先接触上城堡剧院（Burgthcater）的经理朱塞佩·阿弗利基奥（Giuseppe Affligio），随后安排了一系列会面。会谈的结果是12岁的沃尔夫冈得到了一本戏文：《弄痴记》（*La finta semplice*①），由剧院的诗人马可·科泰里尼（Marco Coltellini）创作。列奥波德现在借此来重拾自己的希望。在维也纳歌剧活动的腹地，沃尔夫冈一旦亮相，一定能长久占据一席之地，如此，他们全家就可以从萨尔茨堡移居到这里了。但是沃尔夫冈虽写出了他的《弄痴记》（K51〈46a〉），此剧却没有能够上演。有风传列奥波德试图把自己写的歌剧安到他儿子名下；剧院的乐师也对演奏一个小孩子的作品颇有抵触。周遭遍布各种阴谋诡计。如此，折腾了整整一年，其间莫扎特一家停留在维也纳。列奥波德大概把自己弄成了一个讨厌鬼，他写了篇冗长任性的陈情书给约瑟夫二世，而这事实上却令他们跟宫廷疏远了。他这么做等于是在拿自身的安全孤注一掷。萨尔茨堡命令他回来述职，因为自他离开，薪俸一直没有断过，现在是时候报偿了。然而列奥波德无视这些召回，果然，他的俸禄给停了。在这混乱的一年里，至少有两部作品问世。这年秋天，沃尔夫冈的《牧人与牧女》（*Bastien und Bastienne*，K50〈46b〉）在颇具争议的弗朗茨·安东·梅斯莫尔医生②的私宅上演，医生的"魔力磁石"多年后将会在沃尔夫冈的歌剧《女人皆如此》里再度登场。12月，在孤儿院教堂，当着席间五位皇

---

① 译注：莫扎特创作的喜歌剧，也译为《善意的谎言》，大意是一位女士扮成花痴，假意爱上固执的厌女者，以善巧规劝疏导，最终成全了几段姻缘的故事。

② 译注：Franz Friedrich Anton Mesmer，1734—1815，医生与"魔法师"。主张一种普遍存在的"动物磁场"理论。19世纪中期，该理论衍生出一种催眠术。

室成员,他指挥了他的《孤儿院弥撒》(*Waisenhaus-Messe*,K139〈47a〉)。"五位",想到这背井离乡一年多的时光,这个数字确有些教人失望了。1768 年末他们折返萨尔茨堡,同两年前的那次衣锦还乡比起来,真是恍如隔世。

图诺 1792 年的回忆,尽管照例是一种电报式的记录,却极信实地记下了这个颠沛流离之年。"皇帝跟男孩子说,他应该写一部喜歌剧(opera buffa)。[26] 皇帝也告知了承租剧院的经理人,经理人跟父亲打理一切事务。男孩子写出了这部歌剧,但却没有上演……尽管宫廷乐正哈瑟(Hasse)和诗人梅塔斯塔西奥(Metastasio)对此极尽褒赏。这部歌剧叫作《弄痴记》。"[27] 她儿时对弟弟的忠诚跃然纸上,她还回忆起那些显赫人物对作品的赞扬。如果图诺还记得列奥波德那添乱的沟通方式造成的紧张和困境的话,她对父亲也算是守住了臣道。她并没有把他供出去。

列奥波德在萨尔茨堡的薪俸终于给恢复了,前提是他为此提交了申请,并服服帖帖捡起了自己从前的差事。沃尔夫冈的许多作品也得以上演(教堂音乐和室内乐)。1769 年秋天,他被任命为宫廷乐团的无俸首席。然而,尽管如此顺服,夏天这几个月,列奥波德在萨尔茨堡却没有闲着。他在策划下一次的出逃,这一回是他多年萦怀的国家——意大利。他动用了新近获得的许多可靠的关系,比如维也纳的哈瑟。他请这些人写了许多推荐信。在他的安排下,沃尔夫冈同此前某些萨尔茨堡音乐家一样,获赠了一笔120 杜卡(ducat)的奖金,以此来贴补旅行的支度。出发的日子定在 12 月 13 号。但这次旅行却和以往的都不一样:只有列奥波德和沃尔夫冈会上路。玛丽亚·安娜和图诺不得不留在萨尔茨堡。

1768 年歌剧《弄痴记》的手稿

第四章

　　把女人留在家,从而第一次把家庭一分为二,这显然不是个轻松的决定。然而为了缩减开支,列奥波德轻易便下了决心。玛丽亚・安娜和囡诺就郁闷了。她们两人被排除于一向是全家平等分享的经验之外;在囡诺,更是要看着自己的天赋被完全忽略了。1760 年代中期,当莫扎特一家还在大巡游的时候,萨尔茨堡有三个十几岁的女孩被送去威尼斯,在音乐上深造。到 1765 年归来的时候,她们都被任命为宫廷歌手。由于有着相类似的旅行经历,囡诺定然是以极大的兴趣审视过这三个比她大不了几岁的年轻女性。而且她或许自然会设想,在威尼斯学习一段时间也将是她接下来面临的人生选项之一。毕竟,在 1763 年卡蒙泰勒为列奥波德、沃尔夫冈和她自己的画像里,她是作为歌者出现的。然而终究事与愿违。相比歌唱,囡诺的技艺无疑是在钢琴上,故而学习歌唱的愿望或许从来就是不适宜的(她顽皮的弟弟一次以典型的姐弟间的嘲弄提到她"令人无法忍受的噪音"[28])。但更为可能的是,列奥波德从来就没想过囡诺应该出国去求学:一个更伟大的天才有待他去栽培呢。

　　接下来的四年,沃尔夫冈跟他父亲三度造访意大利,一次也没有带上家中的女眷。就如同周遭这些萨尔茨堡人,她们也只好享受二手的意大利的经历。玛丽亚·安娜如今成了列奥波德描述他们海外活动的信件的收信人,而沃尔夫冈写在信后的附记,是给囡诺看的。就在沃尔夫冈动身去意大利之前,他和囡诺在哈格诺尔位于南塔尔(Nonnthal)的乡间别墅的私人聚会上一起演出,这次演出事实上是给他们两个分享的星光熠熠的童年作了个了结。对于沃尔夫冈和他父亲来说,即将展开的几次意大利之旅,意味着重温他们生命中最好的那些经历:有旅行,有音乐,有成长、认可和巨大的成就。对于玛丽亚·安娜和囡诺来说,它们则像一个节点,她们自此不再直接介入沃尔夫冈的发展了。在玛丽亚·安娜,这只是个暂时的停顿。而对于囡诺来说,却是永久的终止。

第五章

"1769 年 12 月 12 号，父子二人独自往意大利去了。"[29] 图诺在二十三年后回忆道。这第一次意大利之旅，历时十五个月，直到 1771 年的 3 月才告结束。沃尔夫冈照例见到了新的作曲家，聆听新的音乐（大量的意大利歌剧，也有在意大利最辉煌的几处大教堂的教堂音乐）。在受纳这些影响的同时，他自己继续着令人惊叹的进展。图诺 1792 年对这次旅行的追述又一次显示出她那令人动容的姐弟之间的骄傲之情。二十多年过去，以一种年轻女孩般的天真的狂热，她回忆起当时那些印象深刻的点滴。

在较早的一站维罗纳，沃尔夫冈"在圣托马斯教堂演奏管风琴，太多人蜂集在那儿，以至于他们都无法挤到管风琴边上，只好从修道院的回廊穿过去"。在米兰，有"费尔米安（Firmian）宅邸中举办的大量演出"，费尔米安时任总督，是实际的掌权人（费尔米安的叔叔曾是萨尔茨堡大主教，继任者是现任主教公施拉顿巴哈，也就是列奥波德的雇主。所以费尔米安乐意栽培年轻的沃尔夫冈，为 1771 年的狂欢节向他委约了一部歌剧）。在佛罗伦萨，他们"立刻被大公爵召见,在 起待了五个小时"。也是在这里,"这孩子同一个英国人结交,此人叫托马索·林利(Tommasso Linley,1756—1778),是个 14 岁的男孩,跟沃尔夫冈同年。他是著名的纳尔迪尼①的弟子。其小提琴演奏颇具魔力。这个英国男孩和年轻的沃尔夫冈轮番演奏,与其说是孩子,倒跟成年人一般无二"。

在罗马,沃尔夫冈在西斯廷礼拜堂做下一件闻名遐迩的创举:在聆听了阿莱格里(Allegri)的作品《垂怜》(Miserere)的当日,即默写出了整个作品。圉诺的叙述则对这一事件提供了更为人性化的细节:"第二天他再度去聆听,带着他自己的写本,想看看他默写得是否正确。"在那不勒斯,"当男孩子在圣怜音乐学院(Conservatorio alla Pietà)演奏的时候,每个人都认为这神技是源自他手上的戒指,[于是]他就脱掉戒指演奏,所有人目瞪口呆"。在博洛尼亚,为准入精英的爱乐学会(Accademia Filarmonica),伟大的教师和复调家马尔蒂尼神父(Padre Martini,1796—1784)对沃尔夫冈做了测试,"他被独自锁在房间里,必须写出一个四声部的圣咏,他半个小时就完成了任务",圉诺也以大量篇幅记述了列奥波德的一次严重的脚伤,他们为此淹滞在帕拉维奇诺(Pallavicino)伯爵位于城外的府邸,一直到他痊愈(其间他备受优待)。令留在萨尔茨堡的玛丽亚·安娜和圉诺至为忧心的,就是列奥波德的健康。甚至在二十二年之后圉诺的记述中,这只受伤的脚在篇幅上甚至盖过了对此行所获得的最高荣耀的描述,后者只有寥寥一行:"教皇

---

① 译注: Pietro Nardini,1722—1793,意大利著名小提琴家、作曲家。曾和塔尔蒂尼学习。和列奥波德交好。

另一位早夭的神童托马索·林利1771年的肖像

要求接见这孩子了，并授予他金马刺骑士徽章及一纸证书。"但囡诺却记得沃尔夫冈的第一部在意大利创作的歌剧所获得的巨大成功。这出歌剧叫作《米特利达特——本都王》（*Mitridate，re di Ponto*，K87〈74a〉），在米兰上演："这出歌剧相继上演了二十余场。沃尔夫冈当即便获得了 1773 年的又一部歌剧委约，由此可以想见这部歌剧受欢迎的程度。"她还自豪地补充道："创作这部歌剧的时候，他 14 岁。"

囡诺的回忆无疑一部分来自跟归来的旅行者的交谈，还有就是来自于她和母亲不时收到的来信。这些来信的头一封，写于出发后仅仅一天，当中有所暗示：囡诺在他们出发那段时间一直病着。（"你喉咙疼得怎样了？"[30]）这样的状况在日后那些离别当中屡见不鲜，且有时会比较严重。列奥波德坚持所有这些通信不得丢失或遗弃。如同他早先给哈格诺尔去的信，他们是专为在萨尔茨堡流布的，俨然成了面向社会大众的事迹简报了。甚至在他们才离开一天的那封信中，他写道："你务必保留所有的信件。"[31] 一个月之后，他又写道："为希望你细心地收集我们所有的通信。"[32] 他汇报事件的风格便具有了某种不具人情的品质，仿佛时刻留意着来自后世人们的检视。列奥波德也曾毫无廉耻地在信中说谎，以求得一己之便。在那不勒斯，他自豪地写道：

　　在所到之处我宣称自己是帝国大使的执事，因为在这些地方，给这种要人做事的，定会受极高的礼遇。我因此不单可以确保旅行的平安，还能获得良马和快捷的服务。在罗马我不必去到海关接受例行检查，在关口我是备受礼遇的。[33]

通信中也不乏夫妻间私密的交流（"以下写给你自己看"），他以某种偏执，表现出须臾不曾懈怠的控制欲，无论在萨尔茨堡还是在旅途当中。比如，在他们离开的两天后，他寄回了钢琴的钥匙。钥匙是他自己不小心随身带走的。他随信粗暴地附上了一句："把钥匙看好，别再弄丢了！"[34] 几个星期之后，在一封信的附言中，他要求获知（明显是主次有别）："我们那两把枪擦拭过了没有？囡诺每天都在练琴吗？"[35]

列奥波德定期写信回家，也命令妻子给他回信，经常为了她没有照办而责骂她（"你太懒惰了"[36]）。有时她其实是写了信的，事后他也从来没有为当时草率的指责而道歉。1770 年 11 月 17 号，他因为妻女没有在他的命名日送上祝贺而大加责备。但其实她们在 9 号那天已经在信中专门祝贺过了，而他直到几星期之后的 12 月 1 号才收到信。父亲对妻女这种凶暴的责骂，连沃尔夫冈都看不过去了（"沃尔夫冈……感到悲哀，并说道：'我真为妈妈和囡诺难过，因为上封信里爸爸的言语太尖刻了。'"[37]）。但是，当列奥波德或沃尔夫冈每每对她们有所疏忽，他们却绝无任何悔意，"我们忘了在囡诺的命名日祝贺她了"，[38] 列奥波德轻描淡写地写道。之后还有一回，"沃尔夫冈读囡诺的长信读得津津有味，但是他要和伯爵夫人出游，就不便回复了"。[39] 除此之外，更有关于销售《琴学刍议》的没完没了的教训和指责。如今显然是玛丽亚·安娜在承担这本书的销售任务，而列奥波德觉得有必要时不时地对之加以鞭策。

对玛丽亚·安娜来说，凡此种种一定是特别伤人。一方面她得读着那些自己已然被排除出局的旅行中的见闻、快事和荣耀；另一面她还要因为什么事情做错了、什么事情没有做而遭责骂。有时候，实在是急于知道亲人的个人情况，她会询问某些具体的事项，而列奥波德在回复中极不耐烦，好像在应付一份死板乏味的调查问卷："你想知道沃尔夫冈是否还在唱歌或者拉琴吗？他还拉琴，但不在公开场合拉了。他也唱歌，本子拿给他的时候会唱一唱而已。他长大了一点。我呢，没胖没瘦。还有，我们对意大利菜挺习惯的。"[40] 与此同时，列奥波德还持续无情地撩拨折磨玛丽亚·安娜和囡诺。他一边分享给她们旅行中的见闻，一边在赞叹自己把她们两个留在家中的决定是多么英明："虽然我很高兴这次你们两个都没有随我们旅行，但还是带点遗憾的，你们没能目睹意大利这些城镇，尤其是罗马。以只言片语加以形容的话，我看是并无小补，况且言语也形容不出来。我得再次建议你们读一读凯斯勒（Johann Georg Keyssler，1693—1743）的《旅行述记》。"[41] 他一面夸大旅行的危险性，对罗马和那不勒斯道上的匪类加以恐怖的描述；可是另一面，对于他们在路上所接受的那些奢华礼遇却轻描淡写地带过。除了以惯常的语调结束写信，列奥波德极偶尔也会对妻子表示出真实的爱意（"我们亲吻你和囡诺一千次，我是你的老MZT"）。通信中为数不多的密语之一，是他向她坦承自己在歌剧《米特利达特》首演临近时那极度的紧张："在圣史蒂芬日……你自己想象一下，阿玛迪欧大师先生（Maestro Don Amadeo）就在乐队里，端坐在钢琴前，上头包厢中的我，作为观众和聆听者，祝愿演出得以成功，并为他诵念祷文。"[42]

跟父亲本性里的阴沉吝啬正相反，整个意大利之旅，沃尔夫冈总是极其明朗欢快的。"我就是爱旅行，"[43] 他从那不勒斯写道。

他写给囡诺的那些信是生气勃勃、慷慨而积极的。他乐于显示自己的多重语言能力，有一次他用了至少三种语言（德语、意大利语和法语）和两种方言（萨尔茨堡和斯瓦比亚方言）来书写。他和姐姐之间继续着文字游戏和字谜，并且，在言语中表达那些由身体官能所引起的刺激时，表现得旁若无人。在这件事上，这家人谁都不怎么含蓄（比方说，他们之间的一句亲热话是"在你床上拉泡屎再搅一搅"[44]），跟他音乐上的即兴创作一样，基于这个主题的即兴，沃尔夫冈干起来更加投入，效果也尤为惊人。他在一个句子里数次重复了"上（thun）"字，这个字还可以表示解手，乃至交媾。这句话来自沃尔夫冈写给囡诺的信，前面的内容里，明显有他对于囡诺的仰慕者之一冯·希登霍芬先生（Herr von Schiedenhofen）的问候。在下面这个句子里星布其间的窃笑的双关语，无疑是他有意为之：

…und *thue* gesund leben，und *thue* nit sterben，damit du mir noch hanst einen brief *thuen*，und ich hernach dir doch einen *thun*，und dan *thuen* wir immer so vort，bis wir was hinaus *thuen*，aber doch bin ich der，der will *thuen* bis es sich endlich nimmer *thuen* last，inzwischen will ich *thuen* bleiben.

（……要保持<u>上</u>佳的健康啊，小心可别<u>上</u>了西天，这样你才能再写<u>上</u>一封信给我，我也好回<u>上</u>一封给你，咱们就这么互<u>上</u>问候直到无可奉<u>上</u>，只因我就是这么个男人，总想着更<u>上</u>层楼，直到没得可<u>上</u>。）[45]

在给囡诺写了这封信的十天以后，沃尔夫冈还在为之得意。（他坏笑着写道："我希望你收到我的信了。"[46]）

除了这些狎戏，他和囡诺的通信里贯穿始终的毕竟是一种温情。如同他一向所做的，他愿意跟囡诺分享所有的一切，无论是描述一个独特的歌手那惊人的宽广音域，还是在博洛尼亚听见的糟糕的小号演奏，抑或是一个新的游戏（"午餐后我们玩地滚球。我是在罗马学的。回到家我就教你"[47]），还有关于罗马本身（"我只希望我的姐姐能在罗马，因为这个城市一定会让她高兴"[48]）。他有时也会泛起思乡之苦（"每到邮递日，当信件从家乡寄过来，我的胃口都远比平时要好"[49]）。他继续鼓励并支持囡诺自己的音乐创造，包括作曲（"你的低音设置得特别棒，而且一点错误也没有。你得经常像这样练练手"[50]）。他还对她的异性仰慕者极其关注（"迪博〔Diebl〕①有没有经常找你？他还用他有趣的谈吐取悦你吗？还有，那位尊敬的卡尔·冯·弗特〔Karl von Vogt〕呢？他还在听你那让人受不了的噪音吗？"[51]）。

与此同时，沃尔夫冈自己已经是个十几岁的少年，也在经历着身体上的变化了。他老是睡不够也吃不饱。这一来是由于他持续的兴奋状态，还因为那耗人的精神压力；但还有一样，很简单：他正在发育。他自己也意识到了这些变化，并向囡诺吐露了他的戏谑无状。当时他在威尼斯，跟维德（Wider）一家在一起。维德家和莫扎特家通过约翰·巴卜蒂斯特·哈格诺尔的介绍认识，他家里有四个女儿，沃尔夫冈把他们昵称为"珍珠"。和她们一起，沃尔夫冈

---

① 译注：此处应指跟囡诺两情相悦的 d'Ippold 上尉。

加入了形形色色神秘的狂欢节活动：

> 告诉约翰尼斯①，维德家的珍珠们，特别是嘉塔莉娜小姐，
> 总是谈起他，他必须尽快赶回威尼斯接受"阿挞科"（attacco），
> 就是卧在地上，屁股挨一巴掌，然后他就是个真威尼斯人了。
> 她们试图对我们这么干，她们七个女人一块儿上阵，可她们还
> 没把我扳倒呢。[52]

虽然列奥波德喜欢并尊重维德一家，但他随后却把威尼斯称
为"全意大利最危险的地方"，[53] 在那里青年男女需要严加监管。
显然他不怎么认同这类少年人的兴致。

沃尔夫冈每每谈及囡诺的仰慕者，也证明了她也在享受着一
定的社交生活。她现在 19 岁，已出落成十分惹眼的年轻女性，对
时尚的眼光敏锐，发式精巧，还有着笃定的、睿智的眼神。1770 年，
有两个青年对她投以关注，一位是宫廷大臣之子冯·莫尔克先生
（Herr von Mölk），还有那位冯·希登霍芬先生（Herr von
Schiedenhofen）。这两位皆出自萨尔茨堡的名门，而且他们的属意
令囡诺和她妈妈都很高兴。在列奥波德的首肯下，1770 年秋天希
登霍芬邀请她们去他在特里本巴赫（Triebenbach）的乡间别墅。就
是这样一个小小的旅行，对母女俩来说也算是一种款待了，并且也
能稍解她们因长期同家人分离而造成的伤感。

1771 年 3 月，列奥波德和沃尔夫冈回到萨尔茨堡，与玛丽亚·

---

① 译注：此处指哈格诺尔。

安娜和囡诺重聚。但由于自米兰获得了一出新歌剧的委约，他们便又计划着返回意大利了。玛丽亚·特蕾萨的儿子，费迪南大公（仅比沃尔夫冈年长两岁）将要迎娶贝阿特丽斯·德埃斯特，这将是 18 世纪欧洲最受瞩目的婚礼之一。这是来自哈布斯堡王朝的一份精明的委约，据囡诺回忆，他们小心翼翼遴选作曲家："陛下已经委托了最年长的宫廷乐正哈瑟先生（Hr Hasse）写一部歌剧，他还选择了最年轻的来创作一出短歌剧（serenata）。"[54] 约翰·阿多弗·哈瑟（Johann Adolph Hasse）时年 72 岁，这位来自汉堡的作曲家，当初是在意大利奠定了他的自信和立身的行当，实际上还赢得了一个妻子（著名的女高音歌唱家福斯蒂纳·波尔多妮〔Faustina Bordoni〕）。他将时间分配在维也纳和威尼斯两地。在维也纳他教玛丽亚·特蕾萨学习音乐，而他本人 1783 年则终老在威尼斯。哈瑟才华横溢，备受尊崇，而这一切都体现在作曲家的职业生涯和生活格调的点滴之间，列奥波德对此甚为羡慕。哈瑟曾在 1767 年在维也纳见过列奥波德父子，在《弄痴记》惨败之际与他们结交，随后替他们向自己在意大利的同侪写过热情洋溢的推荐信。如今，哈瑟跟莫扎特父子将会在米兰并肩工作。

图诺记下了她的父亲和弟弟踏上第二次意大利之旅的详细日期：1771 年 8 月 13 号。无疑她也记得他弟弟（如今已经 16 岁）在信中重重加密的请求，都是关于他自身那不断滋长起来的痴迷。炎热的天气、路上初夏的时令水果，埋在这么一堆寻常的描述里，他写道，"你答应过我的（你知道是什么啊，亲爱的），你会做的，而我一定会感激你的"；[55] 接着，在一周以后，"如果没什么要紧事等着完成，我求你记得那件事。你知道我说的哪件"。[56] 然而待他收到了短歌剧《阿斯卡尼欧在阿尔芭》（*Ascanio in Alba*，K111）的戏文而着手为之谱曲，他就鲜少写家信了。一如既往，列奥波德传递给家里那些令人兴奋的细节以及他们满满的日程，还有欧洲的王公贵胄齐聚米兰参加庆典时本地人因之而起的兴奋之情。在庆典中，《阿斯卡尼欧在阿尔芭》明显盖过了哈瑟的歌剧《鲁杰罗》（*Ruggiero*）。尽管着力克制，列奥波德还是难掩其幸灾乐祸之心（"我是着实地不忍，但沃尔夫冈的短歌剧毕竟是完胜了哈瑟的歌剧，其情状真难以言表"[57]）。对他年长的同行，沃尔夫冈则静静地报以好意，他反复去观赏《鲁杰罗》的演出，自然也将之熟记于心。

再一次，玛丽亚·安娜和囡诺因为被排除在这一切之外而极为不快。虽然 10 月份她们再度跟随冯·希登霍芬先生一起去了特里本巴赫（Triebenbach），但这毕竟远远比不上身在米兰。第二次意大利之旅的魅力及其步调更为精彩，她们对此获知越多，便感觉自己错过越多。而列奥波德又戒心极重，特别是当萨尔茨堡来人捎给他一些（玛丽亚·安娜请医生开的）药丸并且转达了妻女也想去到米兰的渴望的时候，他勃然大怒。他对她们迎头回击："特罗格教士跟我说你和囡诺想要跟我们一起来这里。这样的话，仅在外头的开销跟回程的盘缠这两项，我们至少要多出 60 个杜卡。如果你真是这么想的，又不和我明说，那你就大错特错了。"[58] 接着就反复提到他要考虑向第三方透露她们这种背叛之行。在讲述他自己辉煌的经历的间歇，他极不情愿地（在附记中）首肯她们为自己添置一点新衣服："如果你们需要些新衣服，那就拣必要的买，毕竟你和囡诺都不是不能将就。该怎样就怎样。还有就是别买低等的面料，买劣质的东西反倒是不划算。"[59] 他对女性情感的这种令人难以置信的麻木不仁，只能是加重了她们的苦楚。

在他的母亲和姐姐看来，此时的沃尔夫冈保持了一向的迷人可爱。偶尔她们会注意到他思乡的老毛病（"我有时候会放声吹口哨，但没人回应我。"[60] 他对图诺这么写，这大概是姐弟间联系的暗号？），还有他的疲惫（"我挺好的，就是总觉得困"[61]）。但总的来说，他精神饱满，尽管压力巨大，他仍然坚守着本分。他充满生气地写到他们所住的乐师的社区，里头的嘈杂声响何以会带给他灵感："我们的楼上是一位小提琴手，楼下是另一位，隔壁一位声乐教师在教学生，对门是个吹双簧管的。当你在作曲的时候，这太有意思了！这能给你一大堆想法！"[62] 虽然图诺现在已是个 20 岁的女人了，他们私密的姐弟的游戏世界和那些秘密一如从前。刚刚离开萨尔茨堡，他攒起一连串热烈的同义词给她："你可以相信、确信、保持、主张你的主张，怀着始终如一的希望，以为、设想、想象并确信我们都会安好如常。"[63] 他的身体发育也在继续着，以至于连列奥波德都在一个腔调怪异的小句子里坦承："感谢上帝，我们就像两头鹿。但我得说明白，我们可没在发情！"[64]

《阿斯卡尼欧在阿尔芭》大获成功之后，列奥波德延迟了他们离开米兰的日期。他始终焦灼地在意大利寻找一个长期任职的机会：这毕竟是所有这几次意大利之旅的终极目的。在给玛丽亚·安娜的信中，他捏造了一系列罹患严重风湿病的故事，以及其他一些病症，他因此而无法上路（这些说辞，其实都是故意写下来给萨尔茨堡方面知道的）。与此同时他在米兰苦等着好消息。显然他没意识到自己已经恶名在外，反而相信他在米兰和佛罗伦萨的这些哈布斯堡王朝的关系，将会给他和沃尔夫冈带来重要的任职。

至少有一位大公也的确有过这方面的考虑。无疑被他的婚礼短歌剧所取悦，费迪南大公对他母亲玛丽亚·特蕾萨建议，他应该在米兰赐给沃尔夫冈一个差事。女皇在 1771 年 12 月 12 日对此的回复是尖刻的：

> 你要求我把这个年轻的萨尔茨堡人送到你那做事，我不明白为什么。难以置信你竟然需要一个作曲家，或者说竟需要这么个无用之人。如果无论如何这能取悦于你，我也不想横加阻拦。我说这些，意图是防止你被无用之人所累，还让这种人得了功名。如果他已经在任上了，他只会因为像乞丐似的四处流窜，因而辱没了这个职位。况且，他的家庭人口众多。[65]

不出所料，费迪南果然放弃了这个打算。

虽然列奥波德和沃尔夫冈带着些残存的乐观踏上归途（"事情还没到那么绝望的地步。"[66] 列奥波德写道），事实上他们已全无希望。1771 年 12 月 15 日他们回到了萨尔茨堡，次日，大主教施拉顿巴哈离世了。恩主的时代结束了。

第六章

接下来是十个月的家庭生活。沃尔夫冈和囡诺重拾了他们的音乐活动，他写了人生第一部钢琴上的二重奏（duet）①，D大调四手联弹奏鸣曲（K381〈123a〉），他们可以一起弹奏。这种最基本的室内乐形式，两个演奏者坐在同一架钢琴前，他们的躯体相接触，手缠结在一起，后来的莫扎特将之化用成一种媒介，不仅仅能承载共同的情感表达和精湛技艺，还有调情和勾引的成分在里头（舒伯特便是对这一层尤为热衷）。对于囡诺和沃尔夫冈来说，身体的亲近是全然狂放不羁和驾轻就熟的。他们整个的童年都一起弹琴、一起演出，这首D大调二重奏可以看成是他们成年阶段姐弟关系的动人的肖像画。除了沃尔夫冈所享受的用四只手（而非两只）来覆盖键盘的音域的演奏行为，以及他在色彩、织体及调性探索上的持续发明，这首二重奏具有活泼的对话风格，加上聪明机巧和放肆的幽默（末乐章的再现部，那些窃笑清晰可闻），还有一个饱含温柔的

---

① 译注：包括为一台钢琴上两个演奏者的四手联弹，及双钢琴的钢琴二重奏。

辛酸的慢乐章。值得注意的是,第一(Primo)和第二(Secondo)两个分部之间是绝然对等的。作为演奏者,囡诺跟沃尔夫冈是对等的。他们从演奏自己的新奏鸣曲当中获得了极大的乐趣,在一旁聆听的父母无疑也是如此。

在宫廷,施拉顿巴哈的继任者已经认定。新任的大主教是希罗尼穆斯·弗朗茨·德·保拉·科罗雷多伯爵(Hieronymus Joseph Franz de Paula Colloredo,1732—1812),帝国宫廷副相之子。同约瑟夫二世皇帝一样,科罗雷多也是个拥抱启蒙时代的人,他奖励学术,倡导学术自由,同时也抵制奢华的宗教建筑,对于教堂音乐,他也同样倾向于简单朴素。因为在施拉顿巴哈治下的最后几年,规矩和标准都十分的废弛了,所以科罗雷多上任后的要务之一,就是整顿他所继承的这些宫廷乐户。多米尼科·费斯奇埃蒂(Domenico Fischietti)被任命为第二宫廷乐正(Kapellmeister),其地位几乎和现任的正职朱塞佩·弗兰西斯科·洛里(Giuseppe Francesco Lolli)相当。列奥波德极其反对这个任命。虽然他已经在萨尔茨堡任上缺席经年,却莫名地认定这个升迁的名额就该是他的。列奥波德再没有从这种被忽视的感觉中恢复,并且自此对于科罗雷多及费斯奇埃蒂、洛里之辈,乃至于整个意大利作曲家群体,抱着无法掩饰的蔑视。在他眼里,他跟这位新雇主的关系从一开头就不顺。列奥波德这种沸腾的怨恨一定在粮食巷狭小的公寓里制造出了一种不安的空气。

尽管对这些僭越的意大利人抱持敌意,列奥波德跟沃尔夫冈还有一次意大利之旅尚待完成。为1771年的狂欢节谱写的歌剧《米特利达特》成功之后,沃尔夫冈收到另一份委约,他要为1773

年度的狂欢节创作另一部歌剧。于是父子二人于 1772 年 10 月第三次(也是最后一次)踏上了经由多洛迈茨前往米兰的长旅。两个女人照例留在家里。

比起前两次造访那意气风发的兴奋,这最后一次的意大利之旅可谓相当的悄无声息。沃尔夫冈因创作歌剧《卢齐奥·西拉》(*Lucio Silla*, K135)而倍感压力,而列奥波德的求职的热忱也从信念上着实地被消磨了。玛丽亚·安娜一定注意到了她丈夫败坏的心气。11 月他曾暗示出思乡之情和沮丧失望:"……现在我已经到这里快要两周了,一些琐屑的混乱又开始折磨找;我的确在想萨尔茨堡,我一度陷入了郁闷。"[67] 一个星期之后,在一次可谓昙花一现的对妻子的温柔交接当中,他坦承:"今天是我们的结婚纪念日。二十五年了,我想,当初我们作了明智的决定,这是真的,多年来我们珍视这段婚姻。所有美好的事物都需历经时间啊!"[68]

如果说玛丽亚·安娜注意到了丈夫的些许变化,那因诺却还没有从他弟弟那里察觉到什么。几乎是出于习惯,他继续着那些姐弟间的秘密("谢谢你,你知道因为什么"[69])以及游戏("我在米兰这儿学了个新游戏,叫作'市集上的商人',等一回到家,12 月 5 号那天,我们就玩"[70])。还有一些字谜。1 月 16 号他写信告诉他姐姐一次委约的事(我必须要为首席男歌手写作一部经文歌,明天将于梯廷〔Theatine〕教堂上演),那是他的一部经文歌(motet)《喜悦欢腾》(*Exsultate, jubilate*, K165〈158a〉)。只不过他搅乱了词语的顺序:"我为必首席一部男歌手经文歌写作须明天于教堂梯廷演上将。"[71] 他仍然有意在因诺面前卖弄。在 12 月 18 号的一封信中,每隔一行他就颠倒过来写,里面有漫画涂鸦,大量重复着"亲爱的姐姐"及"我的孩子"这样的词组,几乎像是在处理一个音乐动机。如今像这样的丰沛华丽并不常有,偶尔为之,或许是为疏解压力找一个渠道(这封12月18号的信恰写于《卢齐奥·西拉》首演前夕),就像他随后的人生中越来越常出现的情况那样。他的无礼的肉体性也还在那里("求你了,我亲爱的姐姐,什么东西在咬我。快过来帮我搔一下痒。"[72]——不管那指的是什么)。还有,就是那令人动容的思乡和脆弱。"我们亲吻妈妈100000遍(我随身没带更多的"0"),我亲吻妈妈的双手,并想要亲身拥抱我的姐姐,而不是在想象里。"[73]

也许沃尔夫冈也对为米兰所写的那些付出了巨大劳力而始终未获报偿的歌剧不抱希望了。同时他也为前景的渺茫而惶然,因为实在也没什么前景可言。一家人在1773年3月13号之前,在萨尔茨堡重聚,他们一定是面面相觑,对前途莫衷一是。列奥波德的俸禄少得可怜,尤其和品级高于他的那些同侪相比。他怨恨"每个花在萨尔茨堡的银币"。囡诺无论如何也得开始教学了。列奥波德曾在12月12号给玛丽亚·安娜的信中说:"我问候囡诺,并带信给她,敦促她努力练习,还有认真教小策齐(Zezi)。我很明白,如果她习惯于极为全面和耐心地教导他人,她自己也会从中受益。我并非随便这么一说而已。"[74]对沃尔夫冈来说,既然他无法成功在意大利锁定一个职位,那也许是时候在维也纳再试一把了。

第七章

"1773 年 7 月，父子二人短暂造访维也纳，10 月份他们回来。"[75] 虽还是以那惯有的电报式的写作风格写就，因诺 1792 年这份直白的记述也是很有意义的。他们一无所获。是时机不对：在夏天的几个月里，人们纷纷离开首都。然而列奥波德无论如何还是决意要去，和往常一样，他下了决心，如果带上家里的女眷，开销就太大了。于是玛丽亚·安娜也只能从信中得知，他们住在老朋友（梅斯莫家）提供的可爱住处，见到其他的朋友，他们深情地问候她和因诺的健康，对她们没有同来维也纳表示惊讶。又一次，列奥波德凉薄地草草为自己的行为开脱："早知道冯·梅斯莫夫人境况这么好（你当初也是存疑的哦），我就把你们两个一块带来了。不过我不仅没法未卜先知，而且还有好些别的难处。"[76] 当他得知玛丽亚·安娜并没想到利用从萨尔茨堡来维也纳的人，给他捎上一些他或会需要的东西，他的乖戾又发作了（"就没有哪怕一闪念，提醒你去抓住这种便利，给我带一件旅行用的外套吗？"[77]）。当女皇又一次安排了寡淡的听众给他们父子，列奥波德的坏脾气又上来了："陛下对我们还真是平易啊。不过她也就只剩这个了。"[78]（女皇对于他们的真实观感，列奥波德浑然不觉。）可怜的玛丽亚·安娜像往常一样，成了列奥波德焦虑和沮丧的终极回收站。

但如今沃尔夫冈至少保持了快活的心态，他现在不在萨尔茨堡，也可以以他惯有的怪诞的方式跟他姐姐分享这些快乐。他经常在音乐作品中戏弄听众的耳朵，迟迟不取完满收势（perfect cadence），反而去编织越来越诡谲的对主调的远离；他的书信也同样地轻易散出各色烟幕、各种迂回，迟迟不作结语。这里有个好例子：在 8 月 14 号的信里，他把她称作"王后"，这显然是对应了他们童年幻想中的王国——"颠倒国"：

> 我的王后，愿你无论现在、将来、时不时地，最好是一直、偶尔（啊还是一贯吧），或者像意大利人说的，"qualche volta"①地享有无上的健康，为此请你（权当是看在我的分上）献祭你那重要而私密的思想的一絮，在你的美丽之外，这思想出于你精致澄明的理性之力，虽然是妇人的理性力量，而且又来自这柔软之年，但没什么比它更值得敬重的，哦，王后，你拥有太多这样的力量，直教男人甚至长者都自愧不如。喏，这样你便拥有一个措辞精巧的句子了。再会吧。[79]

他会把自己的署名颠倒过来（"Gnagflow Trazom"）②，或者以

---

① 译注：意大利文，"有时候"。
② 译注：和他的名字"Wolfgang Mozart"互成回文。

四种语言写一行字给他姐姐："Hodie nous avons begegnet per strada Dominum Edelbach, welcher uns di voi compliments ausgerichtet hat, et qui sich tibi et ta mère empfehlen lässt. Addio."[80]（今天我们在街上碰见艾德巴赫先生，他带来你们的致意，他也要我们别忘了你跟你母亲。再会。）他问候家中的狗，替"女皇陛下"传达致意。并且据他父亲讲，他自始至终都在卖力作曲，其中一些得到了演出，包括列奥波德在耶稣会的教堂所指挥的《多明我弥撒》（*Dominicus Mass*，K66）①。虽然没有得到一份长期任命的迹象，在维也纳，他显然觉得充满活力，如鱼得水。

1773 年 9 月，列奥波德和沃尔夫冈空着手回到了萨尔茨堡。随后，这个家庭做出了他们人生中一次重大的改变，这几乎让素来喜欢哭穷的列奥波德所撒的那些谎不攻自破了：他们搬离了粮食巷上的小公寓。他们想要搬家已经有一段时间了。早在 1765 年，当他们年幼的孩子们正进入吵闹的年纪时，列奥波德就总是为家里缺乏空间而发愁，不但一家人住得局促，也不太好安置那次大巡游所积累的那些收获。但随着沃尔夫冈和列奥波德在 1769 年到 1773 年间的频繁出游，玛丽亚·安娜和囡诺两个人住在粮食巷的公寓里倒还挺舒服。直到 1773 年，第三次的意大利之行结束，同年又去维也纳，原本有希望谋得职位，全家自然会搬离萨尔茨堡，可这几次谋职都铩羽而归。如今看来，搬进一处更大的住所不仅是大家想要的，也是必要的了。于是列奥波德开始跟一位安娜·

---

① 译注：这部庄严弥撒是为哈格诺尔之子的圣职受任仪式而作的，"多明我"是小哈格诺尔成为教士的时候给自己更的名，是以这部作品和多明我修会无关。

玛丽亚·拉伯(Anna Maria Raab)商量,后者在河对岸的汉尼拔广场(Hannibalplatz,今天的市集广场)拥有一处房产——舞师之家(Tanzmeisterhaus),他从她那里租下了一层的一套八个房间的公寓。这套公寓有宽敞的主厅(过去是舞蹈教师的大厅)可以作为音乐室,后身另有一个小花园,在那儿他们可以玩九柱戏(skittles)或者标靶戏①,莫扎特一家定期在这儿邀请至交和相识来娱乐。既然他们不得不待在萨尔茨堡,至少他们如今的生活是颇具格调的。

新家里的家庭生活只持续了一年多一点。这期间沃尔夫冈写了另一部钢琴四手联弹,K358(186c),降B大调,他自己和囡诺一起弹奏。而且同他父亲一样,现在他也在宫廷听差,写作那些能取悦新雇主的音乐:协奏曲、夜曲,以及端正守成的弥撒曲。但他也收到了他极为乐见的一份委约:为慕尼黑即将到来的狂欢节写作一部歌剧(《假园丁》La finta giardiniera,K196)。科罗雷多准许他和他父亲赴慕尼黑,甚至计划亲自出席观看演出。终于,列奥波德同意一直希望再度旅行的囡诺也加入他们,参与歌剧的首演。如此,当其他家庭成员离家出游的时候,玛丽亚·安娜将只身留在萨尔茨堡。

沃尔夫冈和列奥波德于12月9号到达了慕尼黑。沃尔夫冈对他这次新机会跃跃欲试,也恢复了高昂的心气。以惯有的绚丽方式,他把这些告诉囡诺,同时还有他对漂亮姑娘们的感觉(他现在快要 19 岁了):"Johannes Chrysostomus Wolfgangus Amadeus

---

① 译注: Bölzlschiessen, 时兴的一种飞镖射击游戏,六至十人一起玩,用气枪射击其实距离很近的标靶,靶上通常绘有参加人等的漫画像,配以谐谑的诗歌。列奥波德常请朋友参加游戏,但几乎没有请过宫廷里的同事。

Sigismundus Mozartus Mariae Annae Mozartae matri et sorori, ac amicis omnibus, praesertimque pulchris virginibus, ac freillibus, gratiosisque freillibus. "[81]（约翰尼斯·克里索斯托慕斯·沃尔夫冈古斯·阿马蒂乌斯·希吉斯门杜斯·莫扎图斯向玛丽亚·安娜·莫扎特们——母亲和姐姐——致以问候，并向所有朋友——尤其漂亮女孩子、小姐及淑女们——并致问候。）三个星期之后，囡诺也加入了她的父亲和弟弟一行，此时列奥波德已经寻到一处适合她的住处。这件事比他想象的麻烦，他自然又大惊小怪起来，甚至一度提出，囡诺根本不该来慕尼黑（可怜的囡诺读到这些的时候一定是急坏了）。但最终列奥波德解决了住宿的问题，接下来就忙于在剩下的所有细节上对她指手画脚。"囡诺在路上必须得有一条毛毯，否则在半敞开的马车上她根本没法御寒。她得把头包好，而且就穿毛毡鞋的话，也保护不了她的脚，时间一长毛毡鞋抵不住寒气，她得穿上毛皮靴，就在屋顶下面的行李箱里。"[82]诸如此类。（他真的觉得玛丽亚·安娜和囡诺自己想不到这些问题吗？囡诺此时已经 23 岁了。）他告诉她应该做什么发式，上什么样的妆，带上哪些乐谱，哪些音乐她要特别练习——他显然是期待她也能在慕尼黑登台演出。最后一刻，他还提醒她带上"五六张我们巴黎肖像的版画副本"。[83]这份卡蒙泰勒（Carmontelle）创作的肖像自然已经是十一年前的了，那时候两个孩子分别只有 12 岁和 7 岁，这和沃尔夫冈及囡诺如今的能力、人品也没什么关联了。然而对于可悲的列奥波德来说，也许正是这幅画，仍然可以定义他自己在儿子生命里的位置。于是他要了好几幅，去分发给慕尼黑当地的相识。

卡蒙泰勒绘制的列奥波德、沃尔夫冈和囡诺的水彩肖像。画中囡诺是作为歌唱者出现的

1775年1月4号这天,囡诺到了,带着她鼓鼓囊囊的行李箱,以及两位女朋友。能见到她,沃尔夫冈十分高兴,列奥波德告诉玛丽亚·安娜:"相见的那一刻,沃尔夫冈和她一起喝了咖啡。"[84] 她仍是她弟弟最好的朋友,而他有太多事情要跟她分享。她寄了极简的字条给母亲,确认到达,但同时也写了日记(已经佚失了),记下她的活动,以便在回去的时候可以读给玛丽亚·安娜听。这段时间她仅有的另一封信写于离开之前,问候了她养的那几只鸟,以及她的学生们(没错,正是按着这样的顺序)。至于她在音乐上事无巨细的准备和练习,却没有任何证据表明她曾参与了任何音乐活动,无论公开的或私下的。但她确实度过了一段激动人心的时光。她去听了沃尔夫冈的首演,游览了城堡和宫殿,又参加了许多舞会(她在其中扮成亚马孙女战士的样子),基本上是遍览了整个慕尼黑的狂欢节。列奥波德记述:"我们整日都不着家。"[85]

还是沃尔夫冈将他的歌剧成功的盛况写信告知了他母亲。只有他一个人看出,她一定是感觉从这一系列荣耀的家庭事件中被遗弃了,所以他在详尽描述这一切的时候,把她也加了进去。

感谢上帝!我的歌剧在昨天,13号,首次上演了,它太成功了,以至于我不可能向妈妈形容它所获得的掌声。首先,剧场人满为患,好多人还被拒之门外。而且,每首咏叹调唱毕,都声响雷动,那是鼓掌和"大师万岁"(Viva Maestro)的欢呼声。选侯妃殿下和太妃(她们坐在我对面)也向我喝彩。歌剧结束到芭蕾表演开始的间歇通常是安静的,但人们始终不停地鼓掌,喊"好"(Bravo)。就这么周而复始。演出结束后,我跟爸爸到了一间特定的屋子,选帝侯和整个内廷要从那经过,我亲吻了选帝侯、选侯妃及其他王族的手,他们都很和蔼。今天一大早,基姆塞主教(Bishop of Chiemsee)大人给我带信,祝贺我的歌剧的非凡成功。恐怕我们不能很快地回到萨尔茨堡了,妈妈一定也不希望我这就回去,因为她知道,能够自由地呼吸对我有多么好。[86]

这份记述中所流露的蜜意,一定是深深打动了玛丽亚·安娜,因为她越来越多地收到的,是来自她丈夫尖酸刻薄的信(科罗雷多真的决定到慕尼黑去,这极大地引起列奥波德的不快)。2月到来之前,列奥波德声称所有这些图诺务必享受的无休止的活动令他"实在太累了",他希望狂欢节结束。尽管获得了成功,但《假园丁》没有给沃尔夫冈在慕尼黑带来任何委任。列奥波德感到旧事重演了。当归期临近,他给妻子寄去了如往常一样的、冰冷的需求目录,如此她可以根据他的指示整顿家务。

第八章

从慕尼黑归来的两年半时间，莫扎特家所有家庭成员都待在萨尔茨堡。这是自大巡游以来，一家人相聚时间最长的一次，也是他们的最后一次，囡诺如常记着她的日记，[87] 保留下来的关于这些年的篇章，是他们在"舞师之家"的家庭生活最重要的史料。由她写就的书信，仅有很少一部分留于后世。跟这些书信一样，囡诺向来吝于表达自己的感触（这点和她的父亲及弟弟大大不同，跟她妈妈也有小异）。囡诺是实际情况的编年作者、真实事件的报道人，也是表单和数据的保管员。但是也正因为她在主观情感上的这种逡巡难言，她的日记却为 18 世纪 70 年代中期萨尔茨堡中产阶级的生活世界，提供了令人神往的烛照。

囡诺记下她每日参加的早弥撒、她的教学、对他人的造访或接待、她们在周遭的散步（包括带或不带她们的猎狐梗"宾贝尔"），她们玩的纸牌游戏和标靶戏，还有天气。她报道主要的公共事件，包括主教的出访和归来，以及他的访问者（其中很有趣的是一位"英格兰国王的侍从武官，埃洛尔先生〔Herr v. Eyerer，或为 Ayre 之误〕)……以及他的太太和随行"——或许这个人令她回想起十多年前她本人跟乔治三世的见面?)。日记里还写到各种列队和游行,某些街坊的死讯,好几个不同的教堂中的弥撒曲目。这里头还有好多异域风情的事件,比如有一次,城里来了一头大象(图诺在这遇到点拼写问题:把"Elephant"拼成"Elopfant"),大象十二天以后又离开了。她的日记中提及过一百七十余人。莫扎特家的朋友当中,有基罗夫斯基一家(Gilowskys):约翰·文泽尔·安德里亚斯(Johann Wenzel Andreas)是宫廷外科医生,他的孩子加特尔和弗朗茨·哈维尔·文泽尔跟图诺和沃尔夫冈年纪相若;巴里萨尼一家(Barisanis)也是医生;罗宾尼格一家(Robinigs)的两个女孩子曾经跟图诺去慕尼黑参加《假园丁》的首演;还有布林格神父(Abbé Bullinger),一位服务于萨尔茨堡贵族家庭的耶稣会教师。图诺也指名道姓地提到了一些宫廷乐师,包括双簧管兼大提琴手菲亚拉(Fiala);小号手沙希特纳(Schachtner),当初他的乐器曾经让小莫扎特深感恐惧,不过在日后他们两个还将要在一个戏剧项目里合作,那是歌剧《扎伊德》(Zaïde,K344〈336b〉)。日记里四处可见的还有对"爸爸"跟"兄弟"的提及,实际上还有她的小狗宾贝尔。她从没提到过她的母亲。

沃尔夫冈常常会劫持图诺的日记,并擅自在里头添油加醋。他贡献的条目总能引人入胜。偶尔他会评价演奏者("可怕的屁股!"是给一个小提琴家的),有时会把图诺给出的主题演变成一支小小的幻想曲。跟他写给她的意大利来信相似,他以一种诡秘的心照不宣的幽默来书写,常常是低级粗俗的,他模仿并取笑她,发明新的、经常是意义含混的词。他实际上是在继续着他们完全日常的姐弟关系。但是，从他们双方的信件中，完全看不到关于他这些年所创作的作品的信息（这段时间实际上作品频出，并且越发的不可思议），也看不见他们共同的音乐创造。

有个名字，囡诺并没有写进她的日记，那就是约瑟法·杜塞克（Josefa Duschek，1754—1824）；但她无疑将会在整个莫扎特家庭留下印记。这位年轻的捷克女高音刚刚嫁给了她的老师，弗朗茨·哈维尔·杜塞克（Franz Xavier Duschek，1731—1799），并同她丈夫一起到萨尔茨堡看望她的外祖父。莫扎特一家很可能是通过他们过去的房东和朋友约翰·洛伦兹·哈格诺尔认识的杜塞克家，因为约翰的妻子是约瑟法外祖父同父异母的妹妹。遇着这样一位对戏剧生活视野广阔的伶人（而不是萨尔茨堡那些受雇于宫廷的乐户）让沃尔夫冈特别兴奋。根据一份取自齐尼亚·桑提（Cigna-Santi）的《安德罗梅达》（*Andromeda*）的片章，他为约瑟法写了一首颇宏大的音乐会唱景（scena）《啊，曾经……》（*Ah，lo previdi*，K272）。约瑟法广博多元的技艺反映在莫扎特对作品才情喷薄的处理当中：先是一段伴奏宣叙调，继之以轻快的咏叹调，再以短歌（cavatina）作结，当中有勾魂摄魄的双簧管独奏。通过它，沃尔夫冈几乎是在这个连剧院都没有的城市中操练他的歌剧手段。十年以后，他跟约瑟法·杜塞克将在布拉格重聚，两家人保持了情感上（如果不是地理上）的亲近。

除了写给约瑟法·杜塞克的唱景，沃尔夫冈这些年在萨尔茨堡的创作多是为器乐而非声乐所写的。那是交响乐（symphonies）、嬉游曲（divertimentos）和夜曲（serenades）之年，也是他几部重要的小提琴协奏曲诞生的时间（这些小提琴协奏曲甚至有可能是写给列奥波德来演奏的)。这段时间,他也为一个音乐品类——钢琴协奏曲——打下了让后人仰之弥高的基础。后来他会亲自演奏这些协奏曲。然而眼下在萨尔茨堡,这些音乐似乎常常是为女性演奏者所写的,其中当然包括他的姐姐。1776年早些时候,他写了两部钢琴协奏曲,降B大调(K238)及C大调(K246)。后者是写给主教公科罗雷多的外甥女吕佐夫(Lützow)伯爵夫人的,她是一位颇有才具的钢琴家,新近才到萨尔茨堡。他还创作了一首为三台钢琴的协奏曲,K242,写给洛德隆(Lodron)伯爵夫人及她两个十几岁的女儿。两个女孩后来一度成为列奥波德的学生(她们的几个妹妹后来又跟因诺学习)。随后,他又收到一份来自于老朋友的协奏曲委约。维克图瓦丽·茹娜米(Victoire Jenamy)是著名的法国-瑞士舞蹈家和编舞让-乔治·诺弗莱(Jean-Georges Noverre)的女儿,1771年沃尔夫冈在米兰举行的费迪南大公的婚礼上和她相识,1773年又在维也纳相遇。沃尔夫冈为才华横溢的"茹诺米小姐"(Mademoiselle Jenomy,或"吉诺梅"〔Genomai〕,或如她后来为人所称道的"茹讷获梅"〔Jeunehomme〕)谱写了他在钢琴协奏曲上的第一部真正的杰作。钢琴跟乐队的对话,从开篇第一小节就开始明灭闪熠,接着是无比崇高的慢乐章,加上那个闯入乐曲终章的额外的小步舞曲(或是借此向茹诺米小姐父亲的专业致敬),在他的独创和发明的世界里,莫扎特做出了又一次跃进。还是在降E大调上,莫扎特又写了一部为双钢琴的协奏曲,K365(316a),很可能是为他自己和因诺所作。他们发乎自然的二重奏合作,在这里愉快地探出身来,去拥抱整个乐队。

这段时间尽管是快乐而高产的,沃尔夫冈还是清晰地感受到萨尔茨堡的工作带给他的深深的窒闷。闪亮的童年成功经历，时常令他感到挫败和沮丧。他渴望在更广阔的世界里寻求更多的挑战。绝望之中他写信给博洛尼亚的马尔蒂尼神父，告知他《假园丁》最近在慕尼黑的成功，还有他为选侯所创作的经文歌。随信他附上了经文歌的一份抄本，征询神父的意见（"我乞求您最诚恳地告诉我，坦诚而无需保留，您对这作品的看法"[88]）。但是这封信的主要目的实则是提醒马尔蒂尼，他现在正在寻找一份工作。他如此写道："我是那么常常地想要离您近一点，最敬爱的神父，如此我便能够和您交谈并和您探讨切磋。因为我所在的城市，音乐这件事实在是举步维艰。"如是，他接着抱怨萨尔茨堡的音乐现状，那里没有剧院，加上他父亲，他们已经"为宫廷服务了三十六年，并且明白现在的大主教不能也不想跟与时俱进的人相处"。最后他献上他"对爱乐学会所有成员的诚挚的想念"，尤其是对于马尔蒂尼神父本人，"世界上所有人当中我最爱、最敬仰、最敬重的一位"。

这封信以意大利文写就，由列奥波德执笔，其实干脆就是列奥波德自己的作品。信中满怀热忱地提及了列奥波德本人对萨尔茨堡宫廷无私地服务（当然忽略掉了其间他多年的缺席），大体上是一种令人不快的怨怨不平和谄媚奉承的混合，这种风格跟情绪看上去是来自这个父亲，而不是儿子。沃尔夫冈自然对这个举动未持异议。但是事实上它也终归于枉然。尽管马尔蒂尼写了精彩的回信，赞佩沃尔大冈的经文歌，并鼓励他继续作曲，却也仅止于此。马尔蒂尼想必也看穿了这背后整个的设计。

莫扎特一家在舞师之家度过了又一年的家庭生活。随后他们再进行了一次尝试。在另一封由列奥波德代笔的信中，沃尔夫冈向科罗雷多申请出游。同给马尔蒂尼信中小心翼翼的奉承不同，这份申请多少透着一种任性的语气。它不仅历数之前列奥波德或沃尔夫冈寻求类似申请却被拒绝的旧事，还提起他们新近遇到的障碍（"殿下近来以拒绝他人为乐啊"）。在这最近的一次努力当中，列奥波德不仅拉上他的整个家庭以及他们的安全和稳定来为论据增加砝码，更搬出了《圣经》中的经文：

> 父母总是不遗余力地把孩子带到能让他们得以存身糊口的地方，同时也确保他们自己和家国的利益。孩子们从上帝那获得的天赋越多，他们就越有责任利用它来改善他们自己及父母的环境。如此他们或可协助父母，并思考他们自己未来的进步。圣经教导我们，当如此使用我们的天赋。我的良知也告诉我，感谢神，我能对我父亲怀有感恩之情。他不倦地花时间在我的教育上，如此我也可以减轻他的负担，照顾好自己，并在日后也能扶助我的姐姐。因为想到她花费那么多时间去练习弹琴而未尽其用，我就感到难过。[89]

主教公可无法忍受臣下对着自己布道。或许同哈布斯堡王室一样，现在他打心里讨厌莫扎特家。他先让他们空等了将近一个月，然后冲着列奥波德，对他所引征的《圣经》，摔出一纸回复："……以圣经之名，这对父子获我的准许，到别处高就去吧。"[90] 他这是把他们解雇了。

莫扎特一家一定是被这一系列事件给抛入了动荡。一份俸禄都没有的话，他们真是活不了。于是列奥波德忙把傲气收了，总算

是给自己保住了薪俸。虽如此,大主教训令中的措辞却无疑跟他这位极能惹麻烦的雇员的恶名有关:

> 申请人听示:殿下希望他的乐户之间存有真正的和谐之音。唯有以礼让、互信端正其行止,申请人才能以平和的态度与乐正及其他乐户相互交接。如此,殿下便将之留用,并以仁慈之心命他尽心服侍教堂及殿下本人。[91]

与此同时,列奥波德决意,沃尔夫冈还是应该出去游历,但不可以独自出行。(沃尔夫冈时年 21 岁。)于是这个家庭只好再度分开,但是采取了同以往相反的方式:玛丽亚·安娜将跟儿子一起走,而因诺则随父亲一起留在萨尔茨堡。这个决定下得快,履行得也快。离科罗雷多的宽赦不足一个月,玛丽亚·安娜跟沃尔夫冈就出发了。他们计划重访三个音乐重镇:慕尼黑、曼海姆和巴黎。年轻的作曲家当然能在这三者之中获得一个工作。然而这趟旅程却是在混乱、不和谐、错愕的背景下酝酿出来的,也许未及开始就注定了失败。出发的前夕,列奥波德病了;到 1777 年 9 月 23 日,旅行者的马车从舞师之家颠簸着上路时,因诺也病倒了。在第一封写给妻儿的信里,对这"可怕的一天",列奥波德描绘了其阴郁愁惨:

> 你们两个离开后,我极为虚弱地上了台阶,把自己栽倒在椅子里。当我们告别的那一刻,我压抑自己,不使离别太过悲痛。慌乱之际我忘记了送给儿子父亲的祝福。我跑向窗户想

要对你们致意，但是没看到你们驱车通过大门。我明白，我刚刚头脑空白地坐了那么久，此刻你们已然是离开了。囡诺悲痛地哭泣，我必须想尽办法安慰她。她说头疼、恶心，最后干呕并吐了出来。我拿布包裹好她的头，扶她上床并合上了百叶窗。可怜的宾贝尔（Bimbes，他们的狗）卧在她旁边。我这边则是先回了房间，念过晨祷，随后在八点半的时候躺下读书，方才稍微平静地入睡。狗来到我身边，我就醒了。她冲我示意，要我带她出去跑一跑。我估计这时候快要到午间了，所以她想着该被放出去跑跑。我于是起身，穿上皮毛外套，发现此时囡诺正在熟睡。钟显示此时是 12 点半。遛狗回来，我把囡诺叫醒，然后传了午餐。但她没有胃口，宁愿什么都不吃，即刻又上床。于是……我躺在床上，祈祷，读书，消磨些时间。晚间她感觉好了一些，也觉得饿了。我们玩了一会"皮盖"纸牌（piquet），并在我房间用了晚餐。之后我们又玩了一些游戏。然后呢，上帝保佑，我们去睡觉了。以上就是我们如何度过的那难过的一天，我当时想，再也不要面对这样的一天了。[92]

不解内情的，差一点就要同情他了。

第九章

跟舞师之家里的荒凉凄清相反，两位旅人此刻心情极佳。多年以来，玛丽亚·安娜都盼望可以和沃尔夫冈再度踏上旅程。现在总算轮到她了。尽管不喜欢离开丈夫和女儿，但她很可能觉得自己十分胜任即将到来的任何任务。她的童年渗透着艰辛和丧失，成年后她要照看年迈的母亲，而后又撑起一个新家，并且在历时三年半的游历中照顾所有人。她收拾家务、料理三餐、在那些陌生的城市应对几乎致命的疾病。所以，她务实、沉稳、经验丰富。而且，她崇拜自己的天才儿子，对他抱着完全的信心。她很可能是想象着，短期内他就能获得一个显赫的职位，她的家庭于是就可以重聚了。9月26号她从慕尼黑愉快地写了一封信给丈夫："感谢上帝，我们状况很好，只盼望上帝眷顾，哪天你们也可以和我们在一起。你们也别担心，把烦恼都甩开。车到山前必有路，最后事情都会好起来。我们在这儿的生活很惬意，早起晚睡，访客整天络绎不绝。再见，我爱（Addio ben mio）。"[93]

毫无疑问，沃尔夫冈因为离开了萨尔茨堡而特别高兴。"我一直都兴致甚佳,"他写道,"自从我离开了这些虚伪欺诈以后,心轻盈得就像羽毛。"[94] 他同母亲一样,对应付旅行当中的实际问题满怀信心。他跟父亲保证:"我简直就是第二个爸爸,因为我料理一切。我央告妈妈让我来跟车夫付钱,对付这帮家伙我比妈妈可强多了。"[95] 母子双方的高昂的兴致反映在他们游历初期所写那些信件中亲热的结语里。沃尔夫冈反复提及"姐姐那头畜生"。玛丽亚·安娜则抄起家族习以为常的低俗脏话小辞典,让她阴郁的丈夫高兴一点:"亲爱的你要保重身体,记得把屁股塞进嘴里。我祝你晚安,我的爱人。但在此之前还要在你床上拉泡屎再搅一搅 。"[96]

图诺最终振作起来了,9 月 29 号之前,两位旅人出发还不到一周,她勇敢地尝试以同样的口气回复这些谐谑聒噪的信件(她已经26 岁,但是她的信读起来像是来自一个小女孩):

> 听说妈妈和杰克布丁①都那么快乐,兴致高昂,我很欣慰。唉,像我们这种可怜的弃儿就只能出于无聊,郁闷地四处晃悠;或者这样那样打发时间。对了这倒提醒我了,宾贝尔②,你要乖一点,尽快写一个短小的前奏曲寄过来。这次你要从 C调写到降 B 调,这样我能一点点背奏着练习。

> 我这边没什么家里的新闻给你们。所以我就亲吻妈妈的双手,还有对你,你这个淘气包! 这个坏蛋! 我送上一个湿吻,我还是妈妈的乖女儿和你的姐姐,她正活在期盼里头——

---

① 译注:意为舞台或街头表演中的丑角。
② 译注:他们家养的小狗的名字。

玛丽·安讷·莫扎特。

> 宾贝尔小姐也在期望里活着，她这半个小时以来一直在门口站一会儿坐一会儿，想着下一刻你们就回来了。她一样也很好，能吃能喝，能睡能拉。[97]

得知他们在慕尼黑深受好评然而谋得长期职位的希望寥寥，图诺继父亲之后（或许就在他的授意下）建议他们继续向曼海姆进发，在一段附言里令人动容地肯定了她的弟弟："如果你能在其他的伟大领主那里求得一个职位，这将给我们带来更多的荣耀。你当然会得到的。"[98] 在母亲缺席的时候，她负担起整个家庭的日常运行，当中不乏一些家庭内部的紧张情形。列奥波德对此有较为生动的描述：

> 我们的女仆特蕾赛尔（Thresel）觉得，如果让图诺永远这样下去，就会有点奇怪了：她总爱探进厨房指手画脚，为糟糕的卫生情况责骂她的女佣。图诺是明察秋毫的，特蕾赛尔每每撒谎，图诺立刻便指出她所说非实。总之，特蕾赛尔是越发错愕了，图诺跟她说什么事都毫无遮拦，虽然过后她也能就这么复归平静。[99]

但对于她自己的事情，图诺却始终鲜有提及，就算说起，也无非是照本宣科地誊抄她日记里的内容。

于图诺和她父亲而言，最主要的乐趣仍旧是在一起玩音乐。每晚他们都一同演奏好几个小时。每当沃尔夫冈寄回新作品的时候，他们尤为欢喜。10 月 15 号他们收到了图诺之前索要的那些曲子。列奥波德对儿子写道:"你寄给囡诺的那些前奏曲极为优美,为了它们她亲吻你一百万遍。那些曲子她已然演奏得很好了。"[100]三天以后,又一批作品(这次是一些二重奏)到了以后,他写道:"我们即刻便燃起蜡烛,我欣慰地听着囡诺奏响它们……没有一丝犹豫,并且……颇具品味和情感。"[101]

直到这个月底,列奥波德还在盛赞囡诺:"她尽可能多地弹奏,且是个极佳的伴奏者。每晚,我们都至少练习两小时到两个半小时。"[102]也许囡诺正像许多音乐家一样,只有当沉溺在她的音乐时才能真正感到快乐。

此刻在慕尼黑,两位旅人陶醉在朋友和音乐中间。然而他们的支出不菲,也不见任何进项。沃尔夫冈发现,像他和囡诺还是孩子的时候那样,去到一个地方,继而轻松地举办音乐会,这样的事已经没那么容易:一个神童(两个更好)或可吸引眼球,但一个成年人就不同了。他们在慕尼黑有些朋友,可以去征询些意见。比如波西米亚的作曲家约瑟夫·迷思理维切克[①],莫扎特父子此前在几度意大利之旅当中曾多次遇见他。迷思理维切克此前也答应在那不勒斯尽力为沃尔夫冈找一份歌剧的委约。不幸此刻他正为梅毒所苦,来慕尼黑也是为接受特殊治疗的,脸上也因此而丑怪变形。听到这个消息,列奥波德立即宣称"人人都应该对他回避、离弃"。[103]估计,不单在身体上,还在道德领域——这无疑反映了他自己的思想。他又荒唐地试图劝止沃尔夫冈去见这个人:"如果……

---

① 译注: Josef Mysliveček, 1737—1781,捷克作曲家,崇尚自由,未曾服侍过任何贵族金主,穷困潦倒地死在罗马。自1770年相识,他便是莫扎特家的挚友,在艺术上给予沃尔夫冈许多扶助,直到1780年二人反目。

迷思理维切克听见或已经听说你在慕尼黑了,你的说辞呢……必须说你妈妈禁止你去见他。"[104] 但沃尔夫冈不理会这些说辞:"如果我知道迷思理维切克——我这么好的一个朋友——正在这里,或哪怕是在世界上我所同在的任何一个角落,而我又不去见他,不同他讲话? 这不可能! 所以我决意去找他。"[105] 迷思理维切克的样貌着实让他吓了一跳,几天过去了还在脑中萦绕,夜间都难以入睡。但在离开慕尼黑的前一天,他又去看望他。并且这一次,或许是为了反抗列奥波德的建议,他还要带上他妈妈。玛丽亚·安娜,素来务实而颇富于同情,从容地接受了。她写信给列奥波德:"他真是很可怜。我同他交谈,平生至交一样。他真的算是沃尔夫冈的挚友,四处在为他美言。"[106]

还有一些细小的迹象表明,初到慕尼黑,当沃尔夫冈在城里匆匆穿行的那些时间,玛丽亚·安娜会借饮酒来面对深深的孤独。10月6号,沃尔夫冈提到他母亲因为头疼而无法写信,过了五天(对迷思理维切克的探访之后)他汇报,他们去了一个咖啡聚会,但玛丽亚·安娜"没喝咖啡,却喝掉两瓶提洛尔葡萄酒"。[107] 当她努力整理行装,准备去到奥格斯堡的时候(此时沃尔夫冈正在剧院),她在沃尔夫冈未完成的家信中插入了一小段,给人感觉是酒还没有完全醒:

> 我的汗水顺着脸颊留下来了,主要是因为装行李太过辛苦。这个破事要跟着我们一路。我累垮了,累得四脚朝天。希望你和因诺都好。我向亲爱的小萨莉(Sallerl)和布林格先生(Monsieur Bullinger)致诚挚的问候。请告诉因诺别给宾贝尔吃太多,不能让她长得太胖了。我向特蕾赛尔致意。亲吻

你们两个百万遍。玛丽亚·安娜·莫扎特（MARIA ANNA MOZART）慕尼黑，11 日，晚间 8 点，1777 年。[108]

诚然，在萨尔茨堡的时候她对酒精便已然是习以为常了。那里每个人都在豪饮，这很大程度上是由于宫廷的雇员被慷慨地赠予葡萄酒，充了他们部分的薪资。酩酊大醉甚至成了乐师们在工作时出丑丢人的原因（米夏·海顿①就多次肇事，他的太太——宫廷歌手玛丽亚·玛格达蕾娜·利普——也是如此）。这或许也解释了主教公科罗雷多何以要整顿废弛的规矩。

玛丽亚·安娜和沃尔夫冈便从慕尼黑去了奥格斯堡，在那里他们停留了两周。沃尔夫冈演了两场音乐会，收入菲薄。然而对此地的造访，却对莫扎特家发生的化学变化极具意义。沃尔夫冈同他做书籍装订商的叔叔弗朗兹·阿洛伊丝重聚，还有年轻的玛丽亚·安娜·苔克拉（就是那个"芭思乐"）。截至目前，沃尔夫冈对女孩子的兴趣是欢闹的、少年式的，并且间歇发作。威尼斯维德家那些"珍珠"曾令他兴奋，之后他还通过图诺向萨尔茨堡的一些小朋友致意，可能还奉上过一些小礼物。但还没有哪一个女孩子令他在情感上当真留意过。他最好的朋友，也是最亲近的女性知己，仍是他的姐姐。

等到搭上了"芭思乐"，这些都改变了。童年时期他们曾见过两次。一次是 1763 年 6 月，莫扎特家的大巡游才开始的时候，沃尔

---

① 译注：Johann Michael Haydn，1737—1806，大作曲家约瑟夫·海顿的弟弟，沃尔夫冈曾为其作过"影子写手"。沃尔夫冈最后的作品《安魂曲》中的某些乐思，也从米夏之前几年的同类作品当中有所借鉴。

夫冈 7 岁,芭思乐 4 岁;另一次是在三年后巡游结束。如今,已经21 岁的沃尔夫冈被他 19 岁的堂妹深深吸引了。他写信给父亲:"我得说我们的小堂妹是美丽、聪明、迷人、机灵和快活的。那是因为她和人群多相交接的缘故,另外她还在慕尼黑度过了大量时光。我们实在是相处得极好,因为她和我一样,是个顽劣的家伙。我们在一起取笑每个人,乐趣无穷。"[109]

在奥格斯堡,沃尔夫冈忙着会见朋友及乐界同行,特别是试奏那些他日后极为推崇的施坦因(Stein)钢琴。尽管他一如既往地繁忙亢进,然而在和堂妹共处时,他却十分松弛。他们化了大量的时间待在一起,不仅在肉体上,他们在许多层面都被彼此迷住了。他们家族那种借身体官能的类比来表达亲热的习惯,也自然延伸,将"芭思乐"也纳入进来。两人看上去变得不可分离了。她陪伴他午餐、访友、去音乐会,或许别具意味地,同玛丽亚·安娜一起去酒铺。

沃尔夫冈对堂妹的迷恋被家人谨慎地察觉了。离家不过几个星期,玛丽亚·安娜旅行开始时那种意气风发的乐观主义,到奥格斯堡的时候变得有所收敛。在列奥波德和沃尔夫冈长篇大论的通信中,她越发缄默,有时会笼统加上一句,如 10 月 14 日的信中那样:"向我所有朋友奉上我种种近况。"[110] 她对"芭思乐"全未谈及,自然也不提沃尔夫冈行为中的任何变化。她越来越少地涉入日常活动,以"寒气令我胃疼"[111]为由回掉对她的访问。然而,图诺却似乎察觉到弟弟身上发生的变化了。她写给他的信显得愈发不安乃至气恼(如 10 月 27 号的"一封信也没有!"[112]),或许已经开始感到,她正在失去他了。在列奥波德这边,"芭思乐"主动写了封信给他,这也很可能是来自沃尔夫冈的授意(在跟未来的妻子康丝坦瑟·

韦伯恋爱的初期,他也曾同样要求女友写信给他父亲)。尽管拼写和风格颇为怪异,她的信却传达了正确的态度。

我至亲的伯父,

言语无法表达,我的伯母和这位如此亲爱的堂兄的安全到来,对我们而言是多么巨大的快乐。只恨这些向我们示以如此好意的朋友这样快就要离开了。在这里不能见到您同伯母一起,只令我们感到无比遗憾。我的伯父和图诺堂姐、我父母向你们致以谦卑的敬意,希望你们一切都好。请向图诺堂姐代为转达我的问候,恳请她视我为挚友,因为我自诩有一天会赢得她的垂青的。我荣幸地向您敬礼。

您忠诚的臣仆和侄女

M.A.莫扎特

奥格斯堡,10 月 16 日,1777 年

我父亲忘记了是否曾告知您,在 1777 年 5 月 31 日,他送去四套您的《琴学刍议》给洛特先生(Herr Lotter),1777 年 8 月 13 日又送去两套。[113]

列奥波德有所保留地予以回复。他古怪地警告自己的儿子,这个堂妹"在教士当中朋友众多"[114](这句话实际上是一语成谶,几年以后他这位堂妹就诞下一个私生女,当地大教堂中一位神职人员后来对这女孩视若己出)。沃尔夫冈气冲冲回应了这一警告。在他眼中,"芭思乐"不会做什么错事。

事实上列奥波德所忧心的,在于大局,在于他的儿子是否会在谋财或(仍是重中之重)求官上全然溃败。他海量的信件(满是湍流涌动的思绪,此刻也无暇顾及后世的观众了)变得越发刚愎跋扈。他发号施令,在细枝末节上抓住不放,训斥儿子为什么不写信来,也因此不能回答他的问题。他还发起了一系列内疚感诱导实验。他经常以卑鄙的手段利用妻子和女儿去强化自己的论证。"好好尊重并照顾你妈妈,她上了年纪,有太多焦虑。"[115] 他在 10 月23 号写道(此时玛丽亚·安娜 57 岁)。对于道德绑架他也没觉得于心不安:"囡诺和我,尢论死活,无非是上了年纪的忠贞的弃儿、离异寡居的男子,或者不管是什么可悲的东西而已。"[116] 尽管他敦促沃尔夫冈去曼海姆,他却预见了这个城市的不利之处:

> 现在你必须处处小心,因为说到钱的话,曼海姆可是个危险地界。那里每样东西都亲切迷人。你得上穷碧落下黄泉,好容易等到了召见,接着就遥遥无期地等着领赏,大概到最后你也就能得到十个卡洛林(carolin),或者一百古尔登(gulden),那时候估计你的开销都不止这些了。宫廷里挤满了对外来者疑神疑鬼的人,他们会对能力卓著的人脚下使绊、背后捅刀。财务可是最要紧的。[117]

诸如此类的话语当中那些负面的预言,对于这两个旅人来讲,可说是毫无帮助。

1777 年 10 月 16 号,沃尔夫冈和玛丽亚·安娜出发去曼海姆,在那里他们将会度过接下来的四个月。欧洲最显赫的宫廷当中,巴拉丁（Palatinate）的选帝侯之位素有盛名。1742年起，选帝侯成了卡尔·提奥多（Carl Theodor）。他笃爱音乐，不断扩展他的乐队，到1778年的时候，已达到九十人之多。乐师都是一流的，乐队也以其声音及技艺著称。1763年，莫扎特家两个孩子曾在选帝侯位于施韦青根（Schwetzingen）的夏宫演奏。沃尔夫冈和玛丽亚·安娜一定迫不及待想要见到故人，希望能在这样一个兼备了音乐水准和演出机会的避风港，求得一份长期的任职。

但有一线机会，沃尔夫冈便策划同选帝侯见面。卡尔·提奥多这个人雍容典雅，但难于接近，且自有其对人不暇一顾的态度。（实则他是心思在别处：他正等候从巴伐利亚传消息过来，那里的选帝侯行将离世，将遗产及名位交由卡尔·提奥多继承。来年夏天，他将会把自己的整个宫廷自曼海姆移至慕尼黑。）很简单，不管多么出色，他的宫廷不需要再多一位音乐家。他名下已拥有全欧最杰出的一众人马了。沃尔夫冈很享受跟这些作曲家和器乐家在一起，尤其是乐队首席克里斯蒂安·康纳毕希（Christian Cannabich），和长笛手约翰·巴卜蒂斯特·温得龄（Johann Baptist Wendling），他们的家眷极其欢迎沃尔夫冈和他母亲。同这些人的友谊，也绝不止于停留在曼海姆的日子。求职未获的沮丧，有时候会在他身上变现为傲慢和轻蔑的态度。除了最亲近的朋友，他也开始同他父亲一样，得了讨厌鬼的恶名。初到曼海姆第一天，他就被康纳毕希带去看一个排练。有些乐师对他"非常有礼，极为恭敬"，[118] 而那些对他一无所知的，则对其"瞪视着，不如说是带有轻蔑的态度"。在沃尔夫冈这寄自曼海姆的第一封信（10月31号）中，他不快地加上一句："他们应该是觉得，因为我矮小而年轻，拿不出什么伟大或者成熟的东西。但他们很快就能看见了。"别具意义的是,为缓和自己的紧张及沮丧之情,他就写信给"芭思乐",日后这成了一种固定模式了。写给"芭思乐"的三封信如今已经极为著名,前面所说是第一封。虽然还没像他后来给她那些信一样,遍布屎尿癖,这第一封信,署了一个错乱的日期,满是诙谐的胡闹——这就是一封他惯于写给囡诺的那种信。他的姐姐,就像已经被废黜了。

当获得长期任职的希望化为泡影,沃尔夫冈的境况很快变得莫测起来。对于儿子的失意,列奥波德大为恼火。他的来信再度交夹了长篇大论、指责、训示和情感绑架。他接着以玛丽亚·安娜和囡诺来支撑他的论证。比如在 11 月 13 号,他不厌其详地阐述留在曼海姆去追逐那个飘渺的任职是多么明智,他建议儿子"可以向选帝侯妃祭出你母亲的年迈以及冬日旅行的艰难,这对于上了年纪的妇人来讲实在是太辛苦了"。[119] 随后又补充道,"女人会相互同情的,殿下明白年老意味着什么"。这冗长的信件,整个的口气是不堪忍受的专断。尽管沃尔夫冈轻松地装作一切都好,他父亲的这些信也开始烦扰他了。它们也一定令囡诺很难过,因为她从列奥波德写信的时候就要开始忍受他的坏心绪了。玛丽亚·安娜也是如此,她也收到并读过了那些信。父子间意愿的对峙逐渐升级,而可怜的旁观者也无力阻止。

玛丽业·安娜和囡诺两人之间沟通很少,即使有的话,所关注的主要也是实务和居家方面的事。(沃尔夫冈在 11 月 4 号写道:"妈妈让我告诉囡诺外套的衬里在右手最下面的大盒子里。缝缝补补的,她能在那儿找到各色的布,黑、白、黄、棕、红、绿、蓝,诸如此类。"[120]唯有当图诺感到被沃尔夫冈从情感上搁置一边的时候，她才开始更多地转向母亲，和她分享她们在时尚和发式上的兴趣。她说得更明确，这些都是"女人的闲聊"。[121]

玛丽亚·安娜的思乡越来越重。她渴望萨尔茨堡的朋友们的消息，还有她的爱犬宾贝尔的。11 月 13 号，她发了另一封等于是调查问卷的信：

> 萨尔茨堡的事情你不怎么跟我说。那儿没有新来什么演员吗？有没有歌剧要上演？巴里萨尼医生仍然在皇室跟前失宠吗？咱们的东家还在留意冬内尔小姐吗？我想了解所有这些事的细节……这个时刻图诺会放下手里任何事，吻宾贝尔的两个小爪子，然后拍打它，那声音我在曼海姆都听得见。替我问候哈格诺尔家（Hagenauers）、罗比尼格家（Robinigs）、冯·格尔里希夫人家（Frau von Gerlichs）、巴里萨尼家（Barisanis）、荣格弗·米策尔（Jungfer Mitzerl），还有嘉特尔·基罗夫斯基（Katherl Gilowsky），我们祝贺她即将到来的命名日。问候特蕾赛尔。现在我想我向所有人都送出问候了，还包括我们的赞美和感谢。[122]

随着列奥波德的炮轰越来越猛烈，玛丽亚·安娜开始对这些指责感到愤怒了，并予以回击。当列奥波德提出继续留在曼海姆完全是浪费时间浪费钱的时候，她冷静并有理有据地捍卫了他们的决定，并显示出在经济实务上她是无比明澈的。还没到 12 月，她就弄清楚了曼海姆所有人的薪酬（"同萨尔茨堡大不一样：多得令人垂涎"[123]）。她收到列奥波德的信，狂躁地抱怨没人跟他汇报在曼海姆所有应用的东西要花多少钱。她遂坚定地予以回应，事无巨细地开列出单子给他。他指责他们没有效率，而且不信任他在这类实务上丰富的经验，于是她反驳道："因为现在样样东西都变得金贵，旅行开销也就比原先提高了好多。现在跟过去不同了，你见了也得大吃一惊。"[124] 他们都在考虑下一步计划：沃尔夫冈随两位曼海姆的乐师去巴黎，而她应该独自回到萨尔茨堡。她同意这个计划，不管她多么惧怕深冬时节的旅行（"我都不敢去想"[125]）。虽然她觉得寒冷和悲戚，但总是忠诚、无私和勇敢的（她可能也继续在酒精里找慰藉。在庆贺列奥波德命名日的信里，她写道"我们应该为你的健康喝一瓶莱茵的葡萄酒"[126]）。然而她不仅仅是想要回家；她是由衷地觉得孤独。在另一篇她对萨尔茨堡旧友的问卷里，她在末尾处加上一句："沃尔夫冈到现在还没有回家……他必须要在一个地方进他们的正餐，再去另一个地方作曲和教学，想睡觉了才回到这里来。"[127] 换句话说，她被实实在在地弃置了。

沃尔夫冈确实在做这些事。父亲长期的喋喋不休令他难受。每每结束了给父亲冗长而颇具乐观精神的回信时，他会通过给"芭思乐"写信来疏解。1777 年末，那三封给"芭思乐"的信（分别写于 11 月 5 号和 13 号，以及 12 月 3 号），都是在他对付完自己的父亲之后即刻写就的。对于他，将自己解放到他的堂妹无需作态的、幼稚的世界里，解放到他们对粗俗的、肉欲的事物的迷恋当中，成了一个主题，他可以借之施展浩大的精力、喜悦以及不羁的想象力，去即兴发挥。他仍然对这个刚刚才与之分别的堂妹着迷。在这三封信中的第二封，他在开篇甚至暗示，对他来讲，她就是所有女人的化身："我最亲爱的侄女！堂妹！小妞儿！妈妈、姐姐和老婆！"

(Ma très chère Nièce! Cousine! Fille! mère，soeur et épouse!)[128]
这些绚烂的词语杂技和文字游戏的大爆炸，内含性的影射（"一人
有钱袋，另一人有金子"——暗示你把一个东西放入另一个；还有
"那么你将用什么抓住它呢？你的一只手，不是么？"[129]）他们在奥
格斯堡对彼此身体的探索看上去是颇为深入的。玛丽亚·安娜很
可能知道这一切。沃尔夫冈在 11 月 13 号给"芭思乐"的信中明确
引述了他母亲对他说的话："现在给她写封正经点的信吧，哪怕就
一次。"[130] 所以，他通常对堂妹使用的那些个语言，她颇有察觉，却
对此并不很惊讶。

"芭思乐信件"中的粗俗十分令人困惑，也绝难同一个创作无
比崇高的音乐的作曲家相对应。但就像莫扎特家庭通信中惯常展
示的那样，对身体官能的探讨是完全寻常的事。易于冲动而肉欲
被唤起的莫扎特将这件事做到如此惊人的境地，说实话也不足为
奇。因为这似乎同他在键盘上所作的那些充满光华和创意的即兴
演奏别无二致。在所有这些"污秽"和胡话当中，他确实制造出了
真正的诗意的幻想：

> 请继续爱我，就像我爱你。我们永远不要停止相爱，纵然
> 有狮子在墙边伺服，"怀疑"那无情的伟力也难以估量，僭主的
> 狂暴也归于沉寂；但是明智的哲人科德鲁斯（Codrus），常常不
> 吃粥而吃煤灰，而罗马人，那些我的屁股的支持者，一向也永
> 远都是——混血的杂种。[131]

如同他爱过的所有女人，"芭思乐"当然也曾激发过沃尔夫冈
那辉煌的创造力。

现代复原的莫扎特一家在舞师之家玩的"标靶戏"中的靶子。图文内容是戏仿莫扎特同"芭思乐"带着伤感告别的场景

第十章

当1777年过去,1778年来临之际,巴伐利亚发生了一系列戏剧性的事件,选帝侯马克西米连三世在12月30号去世,卡尔·提奥多(玛丽亚·安娜赞同地称之为"我们的"选帝侯)被宣布为继承人,即刻赴慕尼黑继任。慕尼黑和曼海姆同时陷入悲悼,所有事情都停了下来。"现在没有歌剧,这个让我真的难过。"玛丽亚·安娜写道,"戏剧、舞会、音乐会、滑雪橇,所有东西都停了……一片死寂,彻底的无聊……今年冬天萨尔茨堡会是个快活得多的所在。"[132]

莫扎特家的成员互致了新年的问候,而玛丽亚·安娜和图诺却表现出对近来未能改善的境遇深深的不满。玛丽亚·安娜希望新的一年能够"比往年要好",[133] 图诺的新年愿望则是能够"在萨尔茨堡以外的地方"[134] 也可以再见到她的母亲和弟弟。她始终萦怀的是她那个原初的目的:沃尔夫冈能够在一个称心的宫廷里找到一份如意的工作,如此他们就可以一起搬离萨尔茨堡去投奔他。("我们两个都希望你能成功。"[135])她在"这个沉闷的萨尔茨堡"的生活仍然要靠玩音乐得以保持生动鲜活。尤其是那些沃尔夫冈寄来的音乐。她非常崇拜他新近的一部钢琴奏鸣曲，K 309（284b），敏锐地发现"可以从风格上看出你是在曼海姆创作的"[136]（她想必是说奏鸣曲中那些情绪和力度的突变，以及它整个感觉当中那乐队化的色彩和织体）。而列奥波德一面气恼地对作品的"曼海姆风度"存保留意见（也许他现在确定地以为曼海姆在各方面皆是负面的），一面骄傲地汇报在舞师之家他那些乐师同行如何为沃尔夫冈的新作及因诺无瑕的演绎而惊叹。因诺和父亲及萨尔茨堡的同行一道，首度一首地演奏她弟弟的作品，这些在家中演奏音乐的晚上，于因诺而言真的就是她最快乐的时光。

以某种奇怪的方式，沃尔夫冈的音乐带给因诺的那种释放，正和与堂妹的通信带给他的一样。在列奥波德一手营造的家庭暴政中的生活，变得愈发窒闷。（"因诺患了感冒，"列奥波德在1778年1月12号写道，"我现在不让她出门。"[137] 如今她已经26岁了。）

列奥波德照例对即将到来的旅程安排大惊小怪，估量着玛丽亚·安娜所提出的回程方案的每一种排列组合。对于下一段旅途，她显得更为坚定沉着，她鼓励丈夫："别担心，我会想到最好的方案来安排的。"[138] 对于沃尔夫冈这边的行程，列奥波德写信给他在巴黎那些可能对儿子有用的旧关系，对旅程也做了更为周密的安排。两位曼海姆的木管乐师，双簧管家弗里德里希·拉姆（Friedrich Ramm，1744—1813）和长笛家温得龄（Johann Baptist Wendling，1723—1797），将会陪他同行。由于这两个人他都没见过，列奥波德又烦心起在巴黎将要包围着沃尔夫冈的那些诱惑来了，在那里他无论如何将会脱离家长的看顾。此前他儿子在威尼斯的时候跟维德家女孩子们的那些胡闹，曾令列奥波德极为不快。或许是对此有所警觉，他直言不讳地说起了法国女人这个话题。"你应该克制自己，不要去结交任何法国的年轻人，"他在 1 月 29 号写道，"尤其是女人。为了钱，她们会以令人发指的方式缠着那些有天赋的人，把他们骗到她们的网里去，甚至困住他们，令其做她们的丈夫。"[139] 一星期以后他又执迷地回到了这个话题："对女人我没什么可说的。每每想到她们，极大的保留和谨慎是必要的，自然女神本人就是我们最大的敌人。自己的判断能力，如果不去尽力用来对她们敬而远之，及到试图从迷宫中脱身的时候，也皆是枉然了。这种不幸常以死亡收场。"[140]（尽管列奥波德有一位忠实本分的妻子，从根本上他却充满着厌女情结。）然而，尽管有这种种的焦虑，玛丽亚·安娜和沃尔夫冈的计划看上去却最终得以成形。莫扎特一家已经在商议两个人的行李应该往哪送出了。可这时候，沃尔夫冈忽然变了主意。他爱上了另外一个女人。

阿露西娅·韦伯（Aloysia Weber）是弗里多林·韦伯的女儿。弗里多林在曼海姆宫廷做歌手，靠在歌剧院给人提词来贴补菲薄的薪水，另外也做些乐谱誊抄的活计。他的四个女儿，时年 15 到 19 岁，都是有天赋的音乐家，尤其是 17 岁的阿露西娅。在 1778 年 1 月 17 号的信中，沃尔夫冈首度提到她，那时他正准备着同阿露西娅和她父亲一道，去科海姆-波兰登（Kirchheim-Bolanden）为奥兰治（Orange）公主演出。"她唱得极令人佩服，而且有纯美的嗓音。"[141]他写道。于是他们将她要唱的咏叹调和他的几部交响乐打包在一起，出发去挣大钱了（他们是这么希望的）。玛丽亚·安娜一个人被留在曼海姆。

因为官方服丧期未满，一切娱乐仍旧在关闭中，整个城市有种诡异的沉默。"在这里什么都听不见，"玛丽亚·安娜在 24 号写道，"静得仿佛步入了幽冥。"[142] 每每有年轻人上门探访，"为了看看沃尔夫冈不在的时候我过得如何"，她便笑纳对方的好意；也会欣然接受跟房东的家庭玩各种游戏来打发晚间的时光，她尽量让这些时间变得有趣："我们做些针线活，直到光线暗下来。晚餐之后，我们玩'火与谋杀'（这个游戏是我教他们的）。"收到沃尔夫冈寄来的那首极为活泼的诗歌，她无疑是很高兴的，诗里头和新朋友在一起的快活劲头历历在目。但其中核心的信息想必令她吃惊。在那些他惯常的家庭的秽语中间，她应该可以发觉，儿子正在酝酿着一个新的计划：

> 真的，我发誓这更加好玩
>
> 跟韦伯一家浪迹天涯
>
> 好过陪着这些无聊旅伴，你知道我说的是谁
>
> 当想到他们的脸，我只感到不满
>
> 但是该怎样还得怎样，我们得蹒跚上路
>
> 虽然比起拉姆的脑袋，我更偏爱韦伯的屁股
>
> 一片韦伯的屁股就像鸡油菌
>
> 我当然更愿意吃它而不吃温得龄[143]

他们深思熟虑的战略部署，由曼海姆跟萨尔茨堡之间长篇大论的通信费力达成的共识，即将被废弃了。

那一个星期愉快的旅行才刚刚结束，沃尔夫冈即刻就宣布了

他的新决定。（他们在一起那么开心，以致在回程路上多玩了几天。）1778年2月4号他写信给父亲，先详述了他们在科海姆-波兰登的经历，在这个过程中继续盛赞阿露西娅的歌唱和演奏。他历数了他们为公主演出的曲目，并抱怨对方付的薪酬。接着，"重磅炸弹"就来了。他在这里拉上母亲作背书（"这事妈妈跟我已经商量过了"[144]）。此时温得龄和拉姆已经被看作是反面角色（"放浪之人"，"没有任何信仰"），当然再不能相托。就像他的小诗里头暗示的，如果干脆不跟这二人去巴黎，而随韦伯家游访意大利的话，会好得多。沃尔夫冈为自己的主题预热："我变得非常喜欢这个可怜的家庭，我最为珍视的愿望就是让他们快乐。"接下来，他不谙世故的失算简直无以复加，他补充道："（弗里多林·韦伯）就像您。他想问题也和您完全一样。"他于是请求父亲写信给他们在维罗纳、威尼斯等地的所有相识，请他们帮助阿露西娅登上意大利的舞台。在去意大利的路上，他们当然也会在萨尔茨堡经停，那样的话（在此又拉上了图诺助阵），"我姐姐也可以交到像韦伯小姐这样一个朋友和玩伴，她在此地的名声跟我姐姐在萨尔茨堡一样好"。

当晚晚些时候，当沃尔夫冈出去了，玛丽亚·安娜在这封信后面增加了附记，开头略带讽刺："从这封信你能看出来，沃尔夫冈每每结交新朋友，便立刻要把身家性命相托付。"但是令她至为惊讶的是儿子完全抛弃了此前他们协商好的事情。她继续道：

> 不错，她（阿露西娅）唱得特别好。尽管如此，我们也不能忽视自己的利益。我从来不喜欢他跟温得龄及拉姆在一块，但从没有冒昧对此提出异议，说了他也不会听我的。

但他一朝结识韦伯一家，即刻就变了主意。简而言之，比起我，他更倾向于其他人，因为我对他管东管西，于我不喜欢的事也多有指摘。他对此反感。所以接下来应该做什么，你自己应该三思。我不认为他跟着温得龄去巴黎是明智之举。接下来我宁愿自己陪着他。乘邮件马车也不会花费太大。或许你还是得从格林先生(Herr Grimm)那儿讨个回复。同时，我们在这里也没失去什么。我现在写这些，是颇为隐秘的，这时候他出去吃晚餐了。我得结束了，不想被他抓到。

正当沃尔夫冈写下他这封爆炸性的信件，他母亲又加之以焦虑的附记的时候，身在萨尔茨堡的列奥波德自己也正在写信。虽然他相信，这封信是沃尔夫冈动身去巴黎前从他这里收到的最后的消息了，他仍旧对儿子在没有家长监督的情况下只身前往深感不安。于是他试图一点点渗透，灌输给儿子一些成年人的责任意识。他搬出家族史来强化自己的论证，还捎上早夭的婴儿，(像前述中写给主教公科罗雷多的申请一样)更请出了上帝。他施加了骇人听闻的压力：

我们开门见山地说吧，你年迈的父母和全心爱你的好姐姐，他们的未来完全握在你的手里了。自从你出生，不如说自从我的婚姻开始，以我的月薪养活一个妻子、七个孩子、两个女佣以及你妈妈的母亲就极为艰难……接下来还有婴儿的出生、死亡和疾病……当你们两个还是孩子，我为了你们牺牲了自己所有的时间，只希望你们将来不仅可以自食其力，我也能安享晚年，可以在上帝面前汇报我对子女的教育，也可以远离焦虑，将灵魂付诸平静安宁，于是能够从容平和地面对大限之日……我亲爱的沃尔夫冈……我把所有的信任和信心寄托在你的孝心上。我们的未来也都仰仗你充分的理性了。[145]

在一段给玛丽亚·安娜的附言里，他承认他是眼含热泪写下这些恳请的，他甚至不愿让囡诺读到。

这两封令人不安的信件，在曼海姆和萨尔茨堡之间擦身而过。待到它们分别送达的时候，无可避免地在双方激起了波澜。列奥波德将自己置于颓唐的境地，他夜不能寐，两天以后方能动笔回复。2月11号，当他真的坐下来写信，就像打开了泄洪闸："我带着惊恐读过了你4号写的信。"[146] 他如此开始，继而洋洋洒洒不止三千言——算是迄今为止标志性的一封信了。他以最强烈的口吻提醒沃尔夫冈，他此行的目的所在，是获得一个好的工作，从而养活他母亲和姐姐，当然还有他的父亲。他也列举了沃尔夫冈在这决定的时刻，因一步之差可能会面临的两种不同结局：要么在历史上赢取最荣耀的宫廷乐正之名，要么（带着情节剧似的夸张）"完全被世界遗忘，被某些女人俘获，在挤满了饥饿的孩子的阁楼，死在一堆稻草上"。他历数了那些沃尔夫冈爱慕的女孩，包括"你那个小罗曼史……跟我兄弟的女儿"。对于截至目前的旅途中儿子在计划和行动双方面的无可救药，他加强了批判。一个经验不足的18岁德国女孩能在意大利歌剧舞台占一席之地，对这个想法他大加嘲讽："告诉我，你见哪个头牌女伶，在德国都没有多次登台压场，倒能在意大利当上头牌的？"（其实，颇有一些不足十八岁的外国优伶正是这么做的。)如果沃尔夫冈把自家的财路拱手让与贫穷的韦伯家,那莫扎特一家就成了萨尔茨堡的笑柄了。所以摆在沃尔夫冈眼前的路就一条:那就是照计划去巴黎("给我滚到巴黎去!马上!不为恺撒,宁为虚无!〔Aut Caesar, aut nihil!〕")。谈及阿露西娅·韦伯,他充满了轻蔑("她应该听听有经验的歌手的意见,比如年长的曼海姆男高音安东·莱夫(Anton Raaff, 1714—1797)")。最后列奥波德又回到这一切给他自己带来的影响:"想想你离开的时候你看见我是什么样子,站在马车旁,何其颓丧。病成我这样,仍然为你收拾行李直到凌晨两点,早晨六点我又站在马车旁帮你料理一切了。你就伤害我吧,如果你能这么残酷的话。"直到附记的部分他才想起妻子和女儿,但照例找到办法对之加以利用。囡诺在此成了情感工具,对于玛丽亚·安娜,则要从健康上切入,"过去的两天,囡诺都以泪洗面";在信的封面上还有生硬的训示:"妈妈将会和沃尔夫冈一起去巴黎,所以你们最好安排妥当。"

不出所料,列奥波德的来信让沃尔夫冈和他母亲崩溃了。沃尔夫冈极为小心地予以回复,撤销了自己大部分的计划,但还是保留了焦土下的一点点尊严。他以自己写的一小段来回应列奥波德的附记:"告诉她(囡诺)不要为什么事都哭,否则我再也不回家了。[147]"写完他艰难的回信之后(莫扎特家面临压力的时候常常如此),他病倒了,在床上待了两天。玛丽亚·安娜无疑是站在了儿子这一边。"那封信令你如此惊恐,我们都极为抱歉。但在我们这边,你12号的来信也深深地令我们痛苦。"但她平静地继续道,"一切都可以重新做好的。"[148]她同意和沃尔夫冈一起去巴黎。但如此她显然就必须放弃自己归家的热切愿望了。对此她只字未提。在出发前的这四个星期里频繁的书信往来中，玛丽亚·安娜的确是最为沉稳坚定的那个人。在这整个的家庭危机中，列奥波德歇斯底里、自怜自哀，经常是非理性的、夸张的，且絮絮叨叨，喜欢摆布他人。沃尔夫冈则是受了伤，且退且守，当中不乏坏脾气的时候，但现在基本上是审慎克制的（虽然他确实出于逆反，继续把阿露西娅·韦伯的音乐才能捧到天上）。因诺是绝对地沉默了。然而她却慷慨地寄给沃尔夫冈五十古尔登，都来自她自己的积蓄。沃尔夫冈为此认真而温情地向她致谢，事实上几乎有歌剧的腔调："快乐莫过于一个弟弟有个这样好的姐姐。"[149] 玛丽亚·安娜平静而务实，从没有直接表达她的思乡之情。她现在寄望于自己的家庭可以在巴黎重聚："我真的希望沃尔夫冈能尽快在巴黎打开局面，如此你和因诺就可以来找我们了。有你们在身边我将会多么高兴，没什么比这更好了。"但是她关于爱犬的那段附记却暴露了她深深的孤独："这个吻给宾贝尔，再见面她应该已经忘了我，以后也认不出我了。"[150]

于是沃尔夫冈和她母亲准备出发。列奥波德恢复过来了，他训导他们，照例地忧心所有的细节。玛丽亚·安娜迫不及待想结束这个过渡时期（"摆脱这些我会特别高兴[151]"）。而沃尔夫冈则抽出时间，又给"芭思乐"写了一封信，以疏解过往这可怕的几周当中的紧张和压力。字里行间仍是他惯用的胡话、妄想和低俗幽默的混合体。"也许你认为，或者甚至确知我已经死了？故去了？嗝屁了？都不是"[152]，他这么开始，而后继续，"我求求你别相信这个。'相信'跟大便可是完全不同的两回事。要是我死了，能用这么漂亮的手给你写信吗？能够吗？我不应该用这么长的句子道歉，因为你不会相信我。但真的假不了。你看看，我这阵子有太多事情要忙了，我有心想你但无暇写信。"

很快他的信就退化成了幼稚的叠句（"大粪！——大粪！——啊，大粪！——甜蜜的词儿！——大粪！扔大粪！"诸如此类）。但是接下来，他又回转过来，为她杜撰了一个长长的、欢闹的、真正超现实的故事，关于一个牧羊人和一万一千只羊的传说。他的理智与情感或许已经转向了阿露西娅·韦伯，但和他的堂妹（虽是一位家庭成员，但又和凶诺不同，她已被列奥波德安全摘除）的情欲驱动的友谊，在沃尔夫冈灵魂的平衡中仍然举足轻重。

第十一章

1778 年 3 月 14 号，沃尔夫冈和玛丽亚·安娜离开了曼海姆。因为必须同他的阿露西娅及其家人分离，沃尔夫冈心神烦乱。到达巴黎后，在给家里的第一封信中，他详述了在曼海姆的康纳毕希家里举行的由他的音乐构成的"告别"音乐会。音乐会上阿露西娅演唱并演奏钢琴，此后是同韦伯一家一起度过的两个小时。适逢他要离开的前夕，几个人相顾垂泪。玛丽亚·安娜的信一如既往地比儿子的要简短，更直接地记述旅程的情况："八天来我们赶上极佳的天气，早上是刺骨的寒冷，中午和下午都很温暖。然而过去两天我们顶风冒雨，所以就待在马车里，浑身湿透了，几乎不能呼吸。"[153] 到 3 月 23 号他们到达巴黎的时候，已经筋疲力竭，而且玛丽亚·安娜的健康状况很可能不大好。

尽管如此，他们决心对沃尔夫冈的前景保持乐观。当他还是孩子的时候，曾在巴黎轰动一时，况且莫扎特家在此地还有关系极好、路子极佳的旧相识：著名的格林男爵和他的情人，德埃皮奈夫人。这里有两个系列音乐会沃尔夫冈有望参加，还因为巴黎是他的作品第一次付梓的地方（那时候他 7 岁），他也期待能够出版一些自己新近的作品。刚到的几天，他在城里匆忙穿梭，重访旧友，结交新朋，几周之内算是建立起来一个关系网。家庭的紧张气氛终止了。列奥波德的来信变成一派轻松的气象，赞许他的家庭如今得以在一个帝都亮相，这里提供的机会比曼海姆多得多了。"感谢上帝，囡诺和我都好，我现在也不再担心，心情大好。得知我们卓越的朋友格林男爵对你垂青，且你现在所在的地方，只要努力上进（你天性如此），便能教你蜚声世界。"[154] 想起 1766 年，一家人上一次离开巴黎的时候德埃皮奈夫人送给玛丽亚·安娜的那些礼物，列奥波德愉快地说到："如此我亲爱的妻子再度见到了巴黎，还有德埃皮奈夫人那缎子长袍和折扇。"[155] 继而对于妻子和儿子的膳食、健康和支出，他方方面面提出了意见。他也以很长的篇幅向他们通告了萨尔茨堡的新闻、他和囡诺的日常音乐活动（"囡诺伴奏……像一个第一流的宫廷乐正"[156]）、他们两人各自的学生的情况，另外还有关于他们在萨城的许多朋友——绝对是些家常闲话，玛丽亚·安娜一向乐此不疲。

但就在父子关系好转的时候，玛丽亚·安娜却依旧心神不宁。在 4 月初，她还能自豪和积极地介绍沃尔夫冈的活动（"言语无法表达我们的沃尔夫冈是多么的著名和受人欢迎"[157]），但却无法掩饰她对于菲薄收入持续的焦虑。她也无法掩藏因她自己的境况所引发的积聚的忧伤："至于我自己的生活，却并不快乐。整个下午我都坐在房间里，就像坐牢，屋子里非常昏暗……终日见不到太阳，我甚至不知道外头天气如何。趁着溜进来的一缕阳光，我勉力做一点编织的活。"[158] 她的消沉无疑是因身体的不适而恶化了。这次湿冷的旅程正在消磨她的健康。到了5月1号,在她三个星期以来的第一封信里,她承认自己"被牙痛、喉咙痛和耳痛所苦"。[159] 她的那种沉着镇定刚恢复了一点,但是基本上还是悲伤的:"我的确不怎么出门,房间非常冷,甚至生起火来的时候也是如此。你必须要习惯这些。"她忧心地打听有没有人从萨尔茨堡来可以给她带些黑药粉(pulvis epilecticus niger——每当不管什么病征初现,莫扎特家会采取的退烧措施),因为她已经"几乎把我们带来的用完了"。显然她已经用药用了好几周了。

列奥波德在一周后予以回复。信中大部分内容都照例在训导和规劝他的儿子,只有在附记的部分,终于对他的妻子加以关注。他敦促她去接受放血治疗,并且建议她"在一些药剂师的店里"弄些黑药粉。果然,在5月14号,玛丽亚·安娜下一封信里,她愉快了一些。对钱上的事情她也稍为平静,因为沃尔夫冈的前景有所改善,尤其当清淡的暑期过去的时候。她有个极为务实的计划:可以做二房东,将某些房间出租,自购家具,并且由她来做饭,这样支出就可以减半。像巴黎其他人一样,她因为玛丽·安托瓦内特的怀孕而兴奋不已。她曾在美泉宫见过小玛丽。("王后有喜,虽然还未公开宣布,法国人都极为高兴。"[160])她对于萨尔茨堡街坊新闻长期的渴念促成了她的又一篇热切的调查问卷:"阿德勒嘉瑟夫人怎么样了?小维多利亚还和她在一块吗?还有,芭芭拉·艾柏林和柏兰茨基如何了?他们有时还来我们家吗?囡诺还像往常那样每周去安德莱特家吗?小安德莱特仍在纽奥汀吗?我的意思是当巴伐利亚有了这些变数以后。冯·希登霍芬小姐和囡诺·克拉纳赫仍来玩标靶吗?"玛丽亚·安娜着迷于自他们上次到访这十二年间巴黎的变化("我有张新的城市地图,跟我们那张旧的不一样")。对她的女儿("这里有些东西给囡诺"),她有太多巴黎的时尚新闻。她细致入微地描述此地的珠宝、发式、帽子和领口,还教囡诺应该给自己找一根"漂亮的手杖",因为所有的巴黎女人都有一根。到了5月末,她对近来的政局产生了极大的兴趣(此时正值奥地利和普鲁士的巴伐利亚继承战争,而另一场战争可能在英法之间展开),她简要而精妙地总结了俄罗斯、土耳其、瑞典、丹麦和普鲁士之间错综复杂的关系。她对于物价也同样明白,列举了一些数字之后,她向丈夫总结道:"每样东西都比过去要金贵一倍。"[161] 在这所有点滴之间,也透露出她身体状况仍旧不大好,并且极度地想家:"沃尔夫冈和我越来越频繁地提起我们在萨尔茨堡的朋友们,在我们坐下来一起用晚餐的时候。"而沃尔夫冈的附记也确认了他们共同的消沉:"我常想弄明白人生是不是值得。"母子两人都十分悲伤,却也都勇敢地努力让自己快乐起来。

　　然而在萨尔茨堡,列奥波德和囡诺却都心情极佳。列奥波德由着自己,明摆着幸灾乐祸:科罗雷多正在找一位新的宫廷乐正,在欧洲遍布消息而未获。自从自己被无视以后,列奥波德对这件事一直冷眼旁观。如今看似乎没人想要这份工作,他不禁失笑。他同新任主教公一开始便交恶,后来关系也没有真正缓和,但他跟主教公的妹妹却有些交情,她看起来能够对哥哥有所影响。列奥波德相信可以借她来为沃尔夫冈在宫廷谋个更好的职位,前提是他自己想要。与此同时,他跟囡诺同以往一样,继续沉浸在音乐演奏当中。(他们两个完全忘了付给女佣特蕾赛尔工钱,自从玛丽亚·安娜离开,已经拖欠了九个月。6月11号,列奥波德不得不询问"特蕾赛尔应该拿多少钱呢?"[162] 他显然是完全不知道。)

在巴黎,春去夏至,事情有了些起色。尽管玛丽亚·安娜和沃尔夫冈目前借贷度日,沃尔夫冈却在 6 月完成了两场重要的演出:为他的老朋友诺弗莱(Noverre)的芭蕾创作的音乐《小东西》(*Les Petitis Riens*,KAnh. I〔299b〕),11 号在歌剧院上演;接着在 15 号那天,他的 D 大调"巴黎"交响乐〔K297(300a)〕得以在圣灵音乐会①演出。

当日天气极佳,玛丽亚·安娜据说感觉不错。她很享受安东·莱夫的陪伴。这位曼海姆的男高音现在也正在巴黎,他每天来看望她,叫她作"妈妈"(其实他比玛丽亚·安娜还大六岁),而且经常唱歌给她听("我真是爱上了他的歌唱"[163])。另一位朋友是圆号手弗朗茨·约瑟夫·海纳(Franz Joseph Heina),列奥波德和他初识是在 1763 年。他跟妻子也常常来看望玛丽亚·安娜,6 月 10 号那天还邀请她进午餐,并参观了卢森堡公园的一个画廊。然而这一天的出游却令她筋疲力竭。虽然她的下一封家信是颇有生气、智慧和涉猎广泛的(包括一段严谨地解释避雷针的内容),她却也承认就在她跟着海纳夫妇出游的第二天,她放了血,随后她突然地结束了写信("我必须停了,我的胳膊跟眼睛在疼")。这是她这辈子写的最后一封信。据沃尔夫冈讲,那之后没过几天,她"诉苦说自己在颤抖,并且在发烧,伴随着腹泻和头疼"。[164] 黑药粉他们当

---

① 译注:此处指 1725 年到 1790 年的原初版本的 Concert Spirituel,这是欧洲最早的几种公共音乐会之一,意义重大。

然是早就用光了,也没有买到新的。玛丽亚·安娜的状况迅速恶化,她失了声,继而又听不见了。但她不让沃尔夫冈叫医生来,因为他们付不起钱。还是格林男爵跟德埃皮奈夫人惊闻了她的境况以后,派了自己的医生过来。沃尔夫冈此刻过于担心他母亲而停止了作曲("一个音我都写不出来"[165])。6月26号,他被告知,她应该做临终告解了。30号的时候她做了临终告解。7月3号的晚间10点21分,在一位护士、海纳和她挚爱的沃尔夫冈的陪伴下,玛丽亚·安娜离开了人世。

玛丽亚·安娜·莫扎特这58年的寿数,几乎形成了一个环形。她出生在一个贫病交加的家庭,早年就经历丧亲和屈辱,靠他人的周济存活。她人生最后几年也是交织着忧郁、疾病和离丧,而她最后的日子,称得上是孤悬在一个陌生的城市度过的。这一切有着太多纯粹的悲剧的标志。然而正像她自己无疑也会认同的那样,她的人生也因其所是而充满着光华。在早年最为艰难的时刻,她有了一个好婚姻,求得了家庭的安全。她生养了不是一个,而是两个惊人的天才,并且借由他们,她获得了一种同时代的女性绝少可以经历的际遇,无论地位高低、何种背景。她四处游历,住在不同的城市,吸取它们的语言和文化。她曾进过最显赫的人际圈子,跟一长串不凡之人相交接,其中有女皇玛丽亚·特蕾萨、法王路易十六,以及英格兰国王乔治三世。1773年一家人搬到舞师之家以后,她发现自己处在了萨尔茨堡社会和音乐生活中那个令人敬仰的枢纽之中。她享受这些好朋友的陪伴。最为重要的是,她的其中一个孩子是沃尔夫冈·阿马迪乌斯·莫扎特。当她参与他穿越欧陆的演出并见证他所唤起的愕然的崇拜时,或者很可能仅仅是听他在家里演奏,她定然感知到的那种快乐和骄傲,是难以想象的。玛丽亚·安娜是极富坚韧、忠诚、耐心和爱意的女性,她的奋斗和痛苦大概多过她所有的女性相识。但是归根结底,她的人生是格外幸运的。

莫扎特一家 1780 年的画
像,此时玛丽亚·安娜在画
像中以画像的形式同家人
在一起

第十二章

　　玛丽亚·安娜去世的当晚,沃尔夫冈即刻便坐下来写了两封信。第一封写给他父亲,告知他这个"悲伤和痛苦的消息",[166] 但是并没有原原本本地详述。他只是说母亲"病得很重",然后,虽经各种尝试,尽力抢救,她最终的命运还是归于上帝。令人惊讶的是,在这种情况下,他接下来转而事无巨细地去描述6月18号他交响乐演出及排练的种种细节了;他在歌剧上的前景;还通报了伏尔泰的死亡①;对女佣特蕾赛尔的工资给出了建议;另外还解释了他对凡尔赛宫管风琴师这个职位觉得勉强。从意图和目的来看,这简直是一封日常的信。但是接下来,在凌晨2点的时候,他写信给在萨尔茨堡的好朋友布林格长老。在这封感人至深的信件中,他告诉布林格完整的事实("她的生命就像是明灭摇曳的烛火"[167]),并恳请他因为这次打击而照看好列奥波德和图诺("请替我关心我的父亲和亲爱的姐姐")。7月4号当天晚些时候,玛丽亚·安娜

----

① 译注:伏尔泰死于同年的5月30日,比玛丽亚·安娜早一个多月。

被葬在圣尤斯达什（Saint-Eustache）的墓地，沃尔夫冈跟海纳都在现场。

沃尔夫冈的计划奏效了。7月13号，当列奥波德收到沃尔夫冈来信的时候，他正在给巴黎写信，讽刺的是，这封信正是在祝贺他太太即将到来的命名日（7月26号）。他和因诺两个人都受了重击。因诺哭泣并呕吐，卧床不起；列奥波德则一度陷入癫狂。尽管如此他回到了刚才正在写的信，语言中混杂了悲伤、绝望和指责，直到停下来接待过来进午餐和玩标靶戏的朋友。布林格是其中的一位，在其他人离开之后，他独自留下来，跟列奥波德确认了这噩耗的前因后果。而后列奥波德再度回到了他的信，请沃尔夫冈给他讲明白他的玛丽亚·安娜之死的所有细节。然而就在这难以承受的丧亲之痛，他没有给儿子任何安慰，没有对他见证的可怕的折磨给予任何同情。他反而发起了一连串责难，指出沃尔夫冈对母亲的死亡至少负有部分的责任。在沃尔夫冈的余生当中，他或多或少会带着愧疚屡次地回到这件事上。

接下来几个星期，沃尔夫冈依从父亲的指令，反反复复、事无巨细地交代玛丽亚·安娜之死的疾病情况。他也通过一些别的见闻跟纪事，试图转移父亲的注意力。但他却阻遏不了责难的洪流。而沃尔夫冈本人无疑还处在悲悼、惊愕和丧失感当中（"我一直都在可怕的悲伤和沮丧里面，"[168] 他在7月20号的信中坦承）。他的朋友们帮了大忙：海纳安排了葬礼，格林男爵和德埃皮奈夫人随即将他带离放置着临终床榻的公寓，接到他们自己家里。事实上，沃尔夫冈很可能确实觉得内疚。他显然是更加直接而深情地想到他的姐姐，写信祝贺她的命名日（当然，和他们妈妈的命名

日在同一天①),信中不带一点他们交流当中惯常的姐弟间粗劣的调笑。这封信写得甜蜜温存,像他写过的那些音乐:

> 最亲爱的姐姐!
>
> 你的命名日到了!我知道你跟我一样没那么在意言辞,而且你也了解不仅今天,每一天我都由衷希望你享有自己渴望的欢乐。这些祝愿之真挚,因为来自一个真诚地爱着他的姐姐的弟弟。
>
> 我很抱歉不能送你一份我的作品作为礼物,像我几年前所做的那样。但是让我们怀抱希望,幸福的未来不会很远了。因为这样一对携手同心、彼此深爱的姐弟,会向对方倾诉所有他们最亲密的思想和感触。同时,再会了,要爱我,像我爱你一样。我用我全部的心和灵魂拥抱你,永远都是你的真挚的——真诚的弟弟。
>
> W. 莫扎特[169]

十天之后,当他真的给她寄去了一首前奏曲(她在收到的当天就背奏下来)的时候,再次跟她说:"记得你有一个全心爱你、永远在意你的幸福和快乐的弟弟。"[170]

从许多方面说,21岁的沃尔夫冈在这艰难的环境当中表现得令人钦佩。向家里送去噩耗的时候他审慎地找到最好的方式。在

---

① 译注:命名日在天主教和东正教国家流行,通常是人们因之得名的圣徒的纪念日,在某些时代和地区,相比生日更为重要。莫扎特母女的名字得自同一位圣徒,因而共享一个命名日。

热心的海纳的帮助下,他安置好母亲的遗体,并参加了她的葬礼。他整理好母亲的遗物,将它们发回萨尔茨堡(这中间唯一的疏漏,在东西到达萨尔茨堡的当天就被列奥波德查到了,那是德埃皮奈夫人在玛丽亚·安娜生前送给她的紫水晶戒指。沃尔夫冈后来才解释说,他从母亲手上把戒指取下来了,将它给了那个护士,大概充当了报酬)。在他饱受丧乱之苦的时候,潜伏许久的事业上的失意懊丧也突然恶化了。对于巴黎人的漠然,他明显变得极为恼怒。在 7 月 31 号给列奥波德的信中,他带着些许尖刻:"特别烦扰我的一点是,这些愚蠢的法国人好像觉得我现在还是 7 岁,因为当初他们见到我的时候我就是这个年纪。"[171]他开始和离他最近的那些人争吵,尤其是他最大的支持者格林男爵。事实上,他的心思同时被另一件事占据着,这件事很可能在他母亲临终的那段时间也在令他分心。他又和韦伯家取得了联系。

马克西米连三世驾崩,卡尔·提奥多继任了选帝侯,曼海姆宫廷的结构和日常工作陷入了混乱。多数宫廷的雇员迁到了慕尼黑,乐师们不得不面临抉择,要么跟着迁走,要么留在这个业已废置的音乐中心。弗里多林·韦伯和沃尔夫冈显然就这个问题在整个 6 月进行了活跃的书信往来。迁往慕尼黑显然符合所有人的利益,但是弗里多林坦言,他在曼海姆还有旧债未了,不能脱身。他于是征询建议。沃尔夫冈此时仍被"我挚爱的韦伯小姐"(他轻率地在给他父亲的信中如此提及她)迷得神魂颠倒,他就此给出了一些真诚但是全然不切实际的方案。其中之一就是,他将会照顾他们所有人(而那时他可说是身无分文,靠德埃皮奈夫人的善意接济活着)。他也试图从列奥波德那里征求一些帮助,这只有把事情弄得更糟。那些贯穿了整个1778年盛夏的父亲给儿子的去信,在他们互相的通信当中属于最盛气凌人、最自怜自哀,也最令人苦恼的一类。

最终沃尔夫冈于9月26号离开了巴黎。他人生中头一次真的孤身一人,不用考虑身边的父母。虽然他不可避免地收到了一连串来自父亲的建议和指令("自己要小心!不要在旅行当中和任何人交朋友!谁也不要相信!药包里得装好药,说不定你会需要。上车下车,要看好你的行李",[172] 诸如此类),他还是要完全由自己来安排一切,决定一切。于是在漫长的归途中,他游逛了一段时间。先是在南锡徘徊了一周以上,使得列奥波德(此时已经好几天没有儿子的消息)见到可怜的布林格就无比担心("我极其认真地盯住他看"[173]),唯恐又有什么灾难已经发生了。沃尔夫冈又在斯特拉斯堡耽搁了三个星期,在那儿开了两场音乐会,但是却赔了钱。他随后继续到了曼海姆,住在康纳毕希家里,和许多朋友愉快地重聚。康纳毕希夫人和他"成了最好最真的朋友",[174] 他跟她待在一起好几个小时:或许他终于找到了一个令他稍能敞开心扉的人了。此时,韦伯一家已经离开了曼海姆。在康纳毕希的帮助下,弗里多林已经解决了债务问题,如今他和阿露西娅正在慕尼黑重整的宫廷乐队里领着不错的薪水。于是,即便列奥波德持续发来训示和谴责,沃尔夫冈还是赶去了慕尼黑。如果说沃尔夫冈的主要意图是跟阿露西娅团圆的话,他其实还计划着另一场重聚。他写信给堂妹,就是那个"芭思乐"。他要她在慕尼黑跟他相会。

"芭思乐"没让沃尔夫冈失望,然而阿露西娅却正相反。她对他彻底改变了态度,表现得冷漠而高傲,令他深受打击。他成功地当着阿露西娅的面摆出一种挑衅的漠然态度,可同时期的那些家信却暴露出了他的苦闷:"我真的没办法创作,我的心里充满了泪水。"[175] 阿露西娅对他的拒绝便是压倒他的最后一根稻草。他已然经历了丧亲之痛(包括亲身料理这一切的时候伴随而生的那些创痛);还经历了在巴黎的失意以及耻辱的逃离,并且得罪了那些对他最为支持的人;更有来自父亲的怒气及情感压力。痛苦也来源于耻辱:唯一摆在眼前的出路,竟是回到那个他明知道不愿意回去的地方,并接受一个低微的职务。他反反复复地表达他对萨尔茨堡的乐师们的蔑视,认为他们懒散而放浪。这些人如他在写给布林格的带着咒骂的信中所说:"有的是无用而多余的东西,该有的倒极为贫乏。不可或缺的那些素质,他们是一样都没有。"[176] 他显然是把自己带入了强烈的偏见里面。在星光熠熠的童年,他曾混迹于最为显赫的人群,如今竟然要委身于此吗?沃尔夫冈真的是触到了情绪的最低点。

他的拯救者还是他的堂妹。"芭思乐"的确使他振作起来了,以至于在 1779 年初他们两个联名给列奥波德写了封信,提到她将要跟沃尔夫冈一起回到萨尔茨堡(作为一个声名狼藉的叛徒重回这座城市,他真的需要一个同盟者)。列奥波德满心不情愿地对他的侄女(或不管是什么东西,只要能把沃尔夫冈带回来)表示了欢迎,并对这次旅行做了最后的指示。沃尔夫冈——一个全然改变了的人——在 1 月中旬回到了萨尔茨堡。列奥波德在宫廷里的朋友(他确实也还有一些)遍查了职务空缺,那里果然有一个工作在等着沃尔夫冈:宫廷管风琴师,外加一些乐队上的任务。诚然这份工作远低于他所追求的,但他如今好歹要接下来,并且开始挣些工钱。抛开其他不提，这一次同玛丽亚·安娜一起游历德、法，是一次财务上的灾难。在家里待一段时间是有必要的，如此列奥波德便可以看住他败家的儿子。沃尔夫冈的任命在 1779 年 1 月 17 号确认了，他随后将会在萨尔茨堡待上将近两年。

第十三章

这个破碎的家庭的重聚,以及他们何以在舞师之家适应没有玛丽亚·安娜的生活,还有在和解的表象下隐现的那些责难和怨恨,我们对这些所知甚少。"芭思乐"中立的存在一定对这样的状况有所缓解。尽管列奥波德从根本上不同意她对沃尔夫冈施加影响,她毕竟是家族的至亲,而且可以跟她的堂兄和堂姊同时在一起。她回奥格斯堡之后,沃尔夫冈给她写了另一封胡话连篇的信,里头有滑稽的诗歌和性的暗示(再一次用了"一个人有荷包,另一个有黄金"[177]的典故)。差不多一年以后,在一封稍微清醒点的信里,他提起了她跟他们共处的时光,以及那时候他俩加上图诺一起做的那些事。很可能她的存在对他们两个都是好的。

显然,兄妹间的关系也有所恢复了。图诺1779年的日记大部分都得以留存,它们仍旧附加着每日事件的流水账,而且这些日记也因沃尔夫冈的添枝加叶而活泼起来。她很可能对他这些注释感到高兴(她显然没有阻止他这么做),因为她借此寻回了他们童年时那种恣意嬉笑的姐弟之情。一开始沃尔夫冈在模仿她的写作风格，开列出他们的客人、汇报天气。但是，像他在给她或其他人的信里那样，他逐渐地开始歪曲这些内容。比如1779年4月20号，他在天气播报上诗意地即兴发挥："太阳在一个麻袋里睡着了——10点钟，下了雨，带着一种喜人的恶臭；——臭气；——云彩找不见它们自己了，月亮令自己现身，一个屁不慎给人听到，这是对明天好天气的一个承诺。"[178]

然而有这么一条，生动地体现出沃尔夫冈在萨尔茨堡漫长的几个月间弥漫心头的情绪。1780年5月27日，他用一句"诸如此类"来强调每个想法以及日常流水账中的每个事件："7点半我去望弥撒，或诸如此类的事；然后去洛德隆宫（Lodronpalais），或诸如此类的地方……在维卡伯爵夫人那玩牌，或诸如此类……"[179] 他笔下的这种乏味，正是在萨尔茨堡压抑而循规蹈矩的日子的一种映射。虽然他可以用作曲来逃避（这段时间他创作了多部交响乐、协奏曲和一些教堂音乐），但即便是这些也都被限制着，这个是他郁闷的根源所在。如此过了一年多，沃尔夫冈几乎要在幽闭恐惧中嘶喊了。

一个令人高兴的进展出现了，城里来了剧团。1775年科罗雷多在萨尔茨堡开设了一家剧院，从舞师之家穿过广场就是了。游访的戏班不时造访，演出戏剧、轻歌剧、芭蕾和音乐剧。其中一个戏班，由约翰·伯姆（Johann Böhm）带领，此前在维也纳的宫廷剧院演出过多次。莫扎特家经常在舞师之家招待他们，两厢变得熟络起来。1780年到1781年那个冬天，另一个戏班来了，班主叫埃曼努埃尔·希卡内德①。他跟沃尔夫冈很快结下深厚的友谊，这也成了未来他们合作的基础。近在坊间吕巷的频繁的戏剧活动不仅对沃尔夫冈来说成了某种训练，戏班的到来也让囡诺的这个冬天变得有了生气，她在日记中罗列了她看过的那些戏，以及款待过的那些艺人。到戏班在春天离开的时候，萨尔茨堡看上去又变得格外沉闷了。

1780年秋天，囡诺病得很重，似乎是一种严重的支气管感染。她父亲尽心地看护她，像她小时候一样，更加精细和耐心地照看她每一顿饭、每一次药。待到她痊愈的时候，沃尔夫冈已经离开了萨尔茨堡。他向主教公告了六周的假，去慕尼黑完成歌剧《伊德梅尼欧——克里特国王》(*Idomeneo，re di Creta*，K366)的委约。戏文的作者，吉亚姆巴蒂斯塔·瓦雷斯科(Giambattista Varesco)也常驻萨尔茨堡，所以在整个夏天，他们已经着手搭建歌剧的框架了。1780年，沃尔夫冈出发的时候，挥别他的是他的父亲和新朋友希卡内德。

这一重大的歌剧委约是个大好的消息。它来自巴伐利亚选帝侯，乐师和歌者也跟沃尔夫冈早就相熟，是日前从曼海姆迁过来的那些。经过了近两年的灰心沮丧和百无聊赖，沃尔夫冈觉得，一朝逃离了讨厌的雇主，并伙同自己喜欢的这些人回归歌剧的创作，他的精神翱翔起来。《伊德梅尼欧》将会由全欧最好的乐队来演奏，

---

① 译注：Emanuel Schikaneder，1751—1812，剧场经理、戏班班主、编剧、演员、歌手和作曲家，莫扎特生命后期的好朋友和合作伙伴，一起制作过《魔笛》。莫扎特死后，他也曾在剧院为年轻的贝多芬提供过暂住的房间，并想委约一部由他作词的歌剧，但最终未果。

后者无疑会激发光芒四射的乐队创作。沃尔夫冈如常积极地同他父亲书信交流，列奥波德成了他和身在萨尔茨堡的瓦雷斯科的中间人。他很乐意帮忙，而且他在音乐上给出的建议颇有见地。图诺偶尔也会加入进来，每当她提出了明智、可行的建议而促进了一个决断的时候，列奥波德会骄傲地告诉沃尔夫冈："你的信到的时候我正在外面，你姐姐就读了，查找了梅塔斯塔西奥的章句，而后把你的信和她找的书，派人给我和瓦雷斯科送过来。"[180]

列奥波德和图诺都计划要去慕尼黑参加《伊德梅尼欧》的首演。列奥波德尤其为了能听到这个乐队而兴奋不已（"你能想象我以孩子般的快活在盼望聆听这个卓越的乐队"[181]）。但他常年的专制独裁却积习难改。一开始在信中他似乎是想要回到他惯常的独断专横的角色，对几乎所有与音乐无关的事给出令人生畏的训示，甚至又祭出了感情牌。他抱怨自己和图诺的健康状况；他描述了自己在结婚纪念日前夕的忧郁；更糟的是，他再度提起玛丽亚·安娜的死，暗示说他如果当时在场的话，本可以救她一命。在工作的重压和对这部歌剧志在必得的心态之下，沃尔夫冈本该是十分脆弱的（甚至他看上去经历了某种创作的瓶颈，这在他极为少见，尽管最终他胜利地跨越过去了），但是面对来自父亲的压力，他已经皮实多了。"请别再写忧郁的信给我了，"他写道，"因为此刻我真的需要乐观的精神、明澈的头脑和工作的意愿，一个人心怀悲伤的时候可没有这些。"[182] 当首演临近，列奥波德仍然在给他找麻烦，沃尔夫冈对付他的时候便更为坚定了："快点来慕尼黑跟我会合吧，来听我的歌剧，然后告诉我，一想起萨尔茨堡就觉得难过，这是不是我的错！"[183]

沃尔夫冈在曼海姆的旧相识的环绕下备受鼓舞。曾在巴黎善待玛丽亚·安娜的那位年长的男高音安东·莱夫当了这部歌剧的主角,在自己的分谱中遇到一些小麻烦;主要的女歌者则由温得龄家的两位女性担当:沃尔夫冈的长笛手朋友约翰·巴卜蒂斯特的妻子多萝塔(Dorotea)饰演伊丽娅(Ilia);约翰的弟弟弗朗茨·安东的妻子伊丽莎白·奥古斯塔(Elisabeth Augusta)则饰演哀莱特拉(Elettra)。这支出色的乐队则由克里斯蒂安·康纳毕希领衔,他们一家都对他们年轻的朋友极为支持。1780 年 12 月 1 号,沃尔夫冈向列奥波德报告:"康纳毕希一家,以及常去他家的那些朋友,是我的真朋友。每当我结束排练跟康纳毕希回家的时候……康纳毕希夫人出门迎接我们并拥抱我,因排练进行得顺利而高兴……这位好夫人——我的好朋友——一直独自在家陪伴他们患病的女儿萝萨,却因我的缘故百般地担忧。"[184]

第十四章

　　说回到萨尔茨堡，囡诺此时已经从耗人的疾病中痊愈了，可以应付出行。1780 年 11 月 30 号，应沃尔夫冈的要求，她寄给他一份清单，历数了自他离开以后希卡内德的戏班在萨尔茨堡演出的所有曲目，并描述了她大病初愈后第一次出去听戏的经验，那是一场彻底灾难性的演出，剧目是乌伊泽尔（Uezel）的《以牙还牙》（ *Rache für Rache* ）（这出剧目历时四个小时，演绎乏善可陈；主教公中途就退场了，希卡内德被人粗暴地起哄）。距离上次因参加《假园丁》的首演而离开萨尔茨堡外出旅行，已经快要五年了，如今囡诺对再次的出游极度期待，以至于她竟然为那场威胁女皇玛丽亚·特蕾萨生命的疾病助阵。"你大概也知道了，女王病得很重，可能随时都会跟我们开个大玩笑，"她在信中继续道，"如果她现在死，你的歌剧或许还能如期上演；但是如果她死得晚一些，我的好事可就全坏了。"[185] 事实上，在囡诺写这封信的头一天晚上，玛丽亚·特蕾萨已经知趣地离世了。而囡诺接下来要操心的就是她的丧服。她请人做了一件非常昂贵的黑长裙（列奥波德认为钱应该由沃尔夫冈来出，既然他是现在家里挣钱最多的那个）。她还像往常一样对自己的发式极为在意，因为莫扎特一家正再一次请人绘制家庭肖像。12月30号，她写给弟弟："写这封信给你的时候，我头上凸起一大块，我真怕头发被烫焦了。让莫克家的女佣来给我做头发，是因为明天我第一次为了这肖像坐下来给画家画。"[186] 这段时间她也一定在温习钢琴技巧，因为她也将会在慕尼黑演出。沃尔夫冈此前在11月曾在信中半开玩笑地撺掇她："我的姐姐可不能懒惰，要刻苦练习啦，人们已经迫不及待要听她演奏了。"[187]

列奥波德和囡诺于1781年1月26号到了慕尼黑，次日，也就是沃尔夫冈生日那天，是《伊德梅尼欧》的带妆彩排。1月29号歌剧进行了首演。还有一些朋友也从萨尔茨堡赶来了，有巴里萨尼家和罗比尼格家，然而囡诺的好朋友嘉特尔·基罗夫斯基虽很想来，却最终没能成行。沃尔夫冈在巴伐利亚宫廷的庆功宴之后，接着一定还会有一个真正的家庭庆祝会。他们都留到了整个狂欢季结束，囡诺上一次来的时候曾经对此特别喜欢，这一次她还按计划参加了一些音乐演出。狂欢节过后，莫扎特一家去了奥格斯堡，沃尔夫冈和囡诺在那儿一起演奏。对于囡诺来说，这一定是无比珍贵的时光。她找回了童年的些许辉光，和她的弟弟一道再度在最为杰出显赫的人群面前演出，并且经过了过去几年可怕的紧张气氛，他们重拾了家庭的和谐。然而，这也只是昙花一现。列奥波德和沃尔夫冈两人都是告了假才离开的萨尔茨堡，现在他们在外停留都远远地超过了时限。主教公科罗雷多已经把家搬到了维也纳，一部分是为了对玛丽亚·特蕾萨的离世和她儿子约瑟夫二世的登基表达敬意，一方面也是因为他自己的父亲鲁道夫·约瑟夫亲王的重病。他宫廷的随员跟来了大半,现在他希望从总惹麻烦、懒散旷工的莫扎特父子那里看到些许顺从之心。当莫扎特一家从奥格斯堡返回慕尼黑,严厉的命令正等着他们。沃尔夫冈迅速去维也纳述职;列奥波德也即刻带着囡诺赶回萨尔茨堡,回到自己的职守。

刚到达维也纳,沃尔夫冈便如主教公的家仆一样立即扑到工作上。《伊德梅尼欧》仍在他脑际回响。在他 4 月 4 号家信一段附记中,对此有清晰的呈现:"把我的致意献给他们所有——所有——所有。"[188] 这显然是对剧中的合唱"沉静如海"(Placido è il mar)当中不断重复的"所有,所有,所有"(tutto, tutto, tutto)的直接引用。在凯旋之后,他深深地厌弃自己灰姑娘一般的处境。这种处境在进餐的安排上展露无遗。据他带着厌恶的描述,在饭桌前他不得不坐在"厨师之上,但在那些跟班之下"。[189] 慕尼黑之后这种屈辱的急转直下,让沃尔夫冈的怒气和挫败感在三个多月的时间里不断压抑升温、趋近沸腾,最终爆炸了。他跟主教公及其手下发生了一系列冲突,先是言语相向,而后干脆拳脚相加。1781 年 6 月 8 号,沃尔夫冈被人从科罗雷多在维也纳的住所"踢"了出来(并非是修辞而已),被解了职,永不录用。"在尊敬的主教公的命令之下,一脚踹在了屁股上",[190] 沃尔夫冈次日向父亲报告说。

发生在维也纳的这一系列事件,使得萨尔茨堡这边的气氛之紧张令人难以消受。如同巴黎的事再度重演了,只是这一次整个莫扎特家族未来的安全都受到了威胁。列奥波德无法令自己心怀恻隐,更别说对他这个儿子。这一切都岌岌可危。他收到了沃尔夫冈对这场冲突的长篇的讲述("我对主教公恨疯了"[191])以及对两边交换的辱骂的逐字逐句的报告。列奥波德大惊失色,他的回复一定充满了歇斯底里的爆发。他在这段时间所写的信如今都已经佚失,但是它们的内容我们却不难通过沃尔夫冈的回信猜出来("最亲爱的父亲,我不知道该怎么开始这封信,因为我到现在还没从震惊当中平复。如果您继续这样想、这样写的话,我看我永远都恢复不过来"[192])。当他不无理智地建议他父亲当机立断,为减少更大的损失而搬来维也纳(这里能给他们三个都提供好的生计)的时候,他显然也是把囡诺考虑在内的。然而列奥波德就是不能赞同这样的一种剧变。沃尔夫冈的被解雇,是如此令家族蒙羞,列奥波德和囡诺绝不会离开他们在舞师之家残留的那点安全。囡诺自己却很可能是被这种意向吸引了,尤其当她弟弟寄给她裙子上用的缎带,并答应给她找到她想要的任何东西的时候。然而她显然在家庭当中没有发言权。

这真的是莫扎特家所有成员人生转折的当口。沃尔夫冈同萨尔茨堡宫廷的切割,实际上也意味着同暴君父亲的了断。他们还定期地通信,但连接他们的脐带终归被切开了。沃尔夫冈真的在维也纳获得了独立,建立起新的生活,以及属于自己的新的家庭。在某种程度上,囡诺开始从他的人生图景中淡出了。她作为一流演奏家的人生事实上也终结于那些在奥格斯堡的夜晚。她跟弟弟保持了适度的书信往来,字里行间倒如往常一般饱含深情,一开始他还热切地要求她寄一些如她日记那般的文字过来,他对此甚感亲切:"你就是萨尔茨堡的活记录,因为你写下发生的每一件事。"[193] 他继续赞赏和鼓励她的演奏。比如在 1783 年,听说她正在练习克莱门蒂(Clementi,被沃尔夫冈蔑视并称之为假行家)的几首奏鸣曲,他写道:"我求求我的姐姐,别太多地去练习这些段子,以免破坏了她平和均匀的触键,她的手也不至于因此而失去其轻柔、灵动和流畅的迅疾。"[194] 他是真的欣赏她的才能。

但沃尔夫冈最感兴趣的,还是她那些追求者。尤其是当他自己经历了恋爱和结婚之后,他希望图诺能够得到快乐,就像他所得到的那样。1780 年末,她的一位重要的仰慕者,第一个出现在了她的日记当中,并且他们还有许多书信往来。弗朗茨·阿曼德·迪波(Franz Armand d'Ippold,或 Diepold)是前陆军上尉,如今在萨尔茨堡主教公开设的学堂里教书。他比图诺大二十二岁,所以说他的年龄同列奥波德反而更加接近。在 1781 年那个糟糕的夏天,他显然跟图诺走得很近,沃尔夫冈那时不希望既失去父亲又失去姐姐,他写信祈求她的信任:"我非常乐意知道你和你那个好朋友的进展,你知道我说的是谁。请写信跟我说说这些! 我是不是在这件事上失去你的信任了?"[195] 同年的 9 月,他听说图诺又病了,就甚为直率地给她开药方:"对你来说最好的治疗就是一个丈夫。"[196] 他继而说到迪波,指出他们在萨尔茨堡不会有前途,因此鼓励他们来维也纳,在那里她也可以"挣很多钱……通过在私人音乐会演奏,以及教学"(他仍旧对作为音乐家的她充满信心)。他继续说:"在我知道你跟迪波的关系是认真的以前,我本有相似的想法要告诉你的。我们亲爱的父亲是这里头唯一的障碍。"但接着他又建议他们一起来维也纳,"我们就又可以快乐地生活在一起了"。这看上去真的是他所希望的,"我们"包含他们所有人。

但这一切都没有发生。不管是何原因,上尉消失在图诺的视野里(虽然并没有完全在她的家庭面前消失,因为他在列奥波德死后参与了对遗产的处置）。此时，身在萨尔茨堡的图诺似乎比以往任何时候都更加被她的父亲所束缚。就和那时许多未婚女性一样，她顺从那个时代的妇道，为他人之所需而牺牲自己，过着一种虔诚而克制的生活。就像经历过童年辉煌的沃尔夫冈在萨尔茨堡感觉深陷囹圄一样，图诺也对她自己的处境生出一种复杂的心绪。她卓越的才能，曾经在欧洲的宫廷巡回展示，如今竟无人问津了。她的教学、她在家里的演奏，以及她偶尔向萨尔茨堡音乐界更为广阔的圈子的进发，这些仍然都要由她父亲操控和授权，要在他的命令下实现，也都是为了他的欢娱和满足。萨尔茨堡其他具有音乐才能的女性都被鼓励走出去，到意大利或维也纳去施展她们的天赋，但她不行。这位神经过敏的年轻女性，"为了一丁点琐事哭泣"，对下人喊叫，每当危机来临就陷入疾病，记录每日的事件如同面无表情的新闻报道，并且迷狂般地收集各种表单。她更多地是随了列奥波德。如果说她也从母亲那继承了面对困境的一种苦行的精神，她却缺乏玛丽亚·安娜的热忱和同情。自从母亲去世，弟弟远走，图诺可能发现她注定要在余生中充当列奥波德的出气筒了。这前景称不上喜人。

也许最令人痛苦的是，图诺正在失去她最好的朋友、童年的伴侣、他们的"颠倒国"的共主、她四手联弹的搭档，那些音乐是他专为愉悦他们自己而作的。她正在失去她迷人的、荒唐淘气的、才华横溢的弟弟。因为事实上，沃尔夫冈已经在维也纳找到了他的另一个家庭。

另一个家庭

第十五章

1777 年下半年,沃尔夫冈在曼海姆遇到韦伯一家的时候,几乎不敢相信自己的幸运。韦伯家的四个女儿,方方面面都让他想起曾在威尼斯令他无比开心的维德姐妹(他的那些"珍珠")。她们都很年轻:约瑟法(Josefa)18 岁,阿露西娅(Aloysia)17 岁,康丝坦瑟(Constanze)15 岁,而苏菲(Sophie)14 岁。她们活泼、好看、热心肠,还极有天赋。

女孩们来自一个颇具色彩的家庭。父母自 1765 年就到了曼海姆。弗里多林·韦伯(Fridolin Weber,1733—1779)是宫廷的低音歌手,同时在歌剧院做提词员,也做些抄谱的工作。他的妻子嘉齐丽娅(Cäcilia,娘家姓 Stamm)比他大六岁,就出生在曼海姆。或许因此,他们在突然离开了弗里多林的家乡塞尔(Zell)之后,便顺理成章地住在了这里(弗里多林在故乡因贪污被指控。颇为奇怪,这罪名和他父亲当初的一样。父子二人显然都是无辜的,但在这样的指控面前,选择在一个陌生的环境重新开始,似乎更为可取)。弗里多林的弟弟,弗朗茨·安东·韦伯(Franz Anton Weber,1734—

1812)此时刚刚从科隆选帝侯的财政大臣和地方法官的任上被裁撤，转而在几个游访的戏班里当上了经理人（impresario）。弗朗茨的妻子本有笔可观的财产，却被他挥霍殆尽。妻子死后他又娶了16岁的歌手盖诺维娃·布鲁纳（Genoveva Brunner 或 Brenner，1764—1798）做续弦。他们的第一个孩子正是卡尔·玛丽亚·冯·韦伯（Carl Maria Friedrich Ernst von Weber，1786—1826），将来会是19世纪早期最进步的作曲家之一，也是个伟大的钢琴大师。而盖诺维娃，比她丈夫的几个侄女年纪都要小，在未来会以颇为复杂的曲线同莫扎特家族牵缠在一起。

弗里多林和嘉齐丽娅事实上生养过六个孩子，其中两个儿子分别生于1759和1769年，都夭折了。不过他们的女儿们却都非常健康，并且都将拥有长寿、圆满的人生。她们大概是在圣母院会众学堂受的教育。在曼海姆这所天主教学堂里，她们学习读写，并学说法语，也接受宗教教育。她们很可能是跟父亲学的音乐和歌唱，当中的三位后来成了技巧超凡的花腔女高音。同列奥波德一样，弗里多林显然也是一位出色的老师，沃尔夫冈也没有罔顾对这两者的比较（"她父亲跟我父亲相类似，而她的整个家庭就像是莫扎特家。"[1] 他在1778年2月4号给列奥波德的信中这样说）。这两家另有一处相似：韦伯家的某一个孩子，同样是注定在不大的年纪就要成为一家人的经济支柱。作为键盘演奏者和歌者，她们当中最有天赋的一个便是阿露西娅。自打19岁起，她职业上但有任何变迁，都会决定整个家庭的去向。她同沃尔夫冈有太多共同点了。

沃尔夫冈对阿露西娅一见倾心。1778年初，他筹备同阿露西娅父女两人同去科海姆-波兰登拜见奥兰治的卡洛琳公主，那时他便被她的歌唱技巧、音乐素养以及她未来那令人兴奋的前景迷住了：

> 她完美地演绎了我为德·阿米契丝（Anna De Amicis，1733—1816）写的咏叹调中那些极为艰深的段落，并且她会在科海姆-波兰登再度演唱它。她自学能力极强，能很好地为自己伴奏，她演奏的嘉兰特舞曲令人佩服。对她而言最幸运的是，在曼海姆她广受良善之辈的赞誉，甚至选帝侯夫妇也对她善待有加。[2]

"为德·阿米契丝所写的咏叹调"指的是极需巧力的"残酷的险境"（Ah, se il crudel），选自他 1772 年的歌剧《卢齐奥·西拉》。当初沃尔夫冈为了安娜·德·阿米契丝的音域和技巧而兴奋，因敬佩她的专业能力而获得了对方温厚的友情。如今，阿露西娅令他深深地着迷。她那延伸至钢琴演奏的天赋是个意外惊喜，在信中对阿露西娅盛赞一番之后，沃尔夫冈接着要求他父亲"尽快……将两部四手联弹奏鸣曲的乐谱寄来"。显然在姐姐之外，如今有人来分享他那些亲密的音乐体验了。

沃尔夫冈、阿露西娅、弗里多林在科海姆-波兰登度过恣意欢闹的一周，在一行人返回之际，沃尔夫冈的计划却迎来了大逆转。即便在不顾一切地说服他父亲同意他放弃巴黎之旅，转而随韦伯一家去意大利的当口，他仍不停地以音乐来灌溉阿露西娅。2 月 4号他写道："我写给德·阿米契丝的几首咏叹调，除这个炫技咏叹调，还有'我将离去'（Parto, m' affretto）及'在漆黑的海岸'（Dalla sponda tenebrosa)"。³ 三天之后，还有更多："我给了她……我为杜塞克夫人写的场景……还有《牧人王》(*Il re pastore*)中的四首咏叹调。我还答应给她一些家里寄过来的咏叹调。"⁴ 终于，他特意为她写了一些东西。在 2 月 28 号写给父亲的信中(信里包括他那著名的信条："我喜欢为一位歌手量身制作一首咏叹调，就像定制考究的套装")，他描述了自己的新作品：

> 我也为咏叹调"我未曾感受过"(Non sò d'onde viene
> 〔K294〕)谱了曲……为韦伯小姐……当写作完毕，我跟韦伯小姐说："你自己学唱这首咏叹调吧。你认为它应该怎样唱便怎样唱。然后让我听听，我会坦白告诉你哪里令我满意而哪里我觉得不好。"几天之后我上韦伯家去，她便自己伴奏着唱给我听。我必须承认她唱得正合我的期待，正同我想教给她的一模一样。这是迄今为止她最好的一首咏叹调，不论走到哪里，凭这个她应该可以所向披靡。⁵

这首咏叹调的文本(选自梅塔斯塔西奥的《奥林匹克》)，以及沃尔夫冈为之谱曲的手法，恰是他对阿露西娅感情的最生动的表达。沃尔夫冈已然熟悉此前约翰·克里斯蒂安·巴赫基于这个本子所谱的音乐，并对之崇敬备至，但这并没有妨碍他创作自己的版本："正因为我对巴赫的配乐十分熟悉和喜爱，它也时常在我脑中响起，我才想看看尽管如此，我是否可以写出与他全然不同的版本来。结果是，我的这个版本的确同他的没有一点相像。"⁶ 他所选取的章句，不能不蕴含深意(Non sò d'onde viene/Quel tenero affetto——我未曾感受过如此的柔情）。沃尔夫冈对这些诱人的辞句所赋予的温柔和肉欲的配乐里头，有着令人难以置信的私密。从文本的布局看来，这是个两段式的咏叹调，包含一个慢乐段，快板则紧随其后。在慢乐段中沃尔夫冈确然地展示了阿露西娅的柔唱①技巧。对阿露西娅的此种能力沃尔夫冈曾在给列奥波德的信中大加溢美之词。乐曲由慢及快的一刻，歌者和伴奏倏然趋入了更为庄重的呈现，就仿佛一次私密的交流忽然间被置于大庭广众。然而此时沃尔夫冈又将起首的双行诗句寻回，音乐也随之舒缓，只不过是带着更为温存同时又更为强烈的表述。就在这一段（而非快速的中间段落），阿露西娅得以展现她非凡的音域、技巧，以及控制力。咏叹调终结于乐队带着静谧的欢乐的尾声。"我未曾感受过"的确可以被看作沃尔夫冈在声乐写作上的一个转折点。这倒不仅是因为，他这是在为他找到的一个一流的伶人创作，这在他也不是头一回了。这一次，他是将他本人和音乐演绎者的人格注入了作品。从此以后，他所有的声乐写作，尤其为他所认识、喜爱甚至爱慕的歌者的写作，无不具备这一强烈的特质。

来自萨尔茨堡的列奥波德的如潮的讥讽、责难和训令得到了期待中的收效。沃尔夫冈让步了，放弃了他带着阿露西娅去意大利的计划，并终于同意出发去往巴黎。在他和母亲出发前的两天，康纳毕希夫妇在家中安排了沃尔夫冈作品的音乐会。多才多艺的阿露西娅成了演出的焦点。她不但再度演唱了"她的"咏叹调（此番是新近配器的乐队伴奏版本），还在演出中担任了沃尔夫冈为三

---

① 译注：cantabile，在器乐演奏中常译为"如歌的"。

架钢琴的协奏曲(K242)的其中一个钢琴独奏。另两位独奏者也是十几岁的女孩,她们在曼海姆作过沃尔夫冈的学生:萝莎·康纳毕希(Rosa Cannabich)是主人家14岁的女儿,另一位特蕾瑟·皮埃隆(Therese Pierron)15岁(特蕾瑟是宫廷检察官塞拉利斯先生〔Herr Serrarius〕的继女,当初沃尔夫冈和他母亲曾寄住在他家中,以教授特蕾瑟来充抵房租。莫扎特曾把她叫作"我们的家养仙女"[7])。

音乐会由康纳毕希夫妇和此时还算极为帮忙的宫廷乐师们细致操办,这令沃尔夫冈十分的高兴。然而离开阿露西娅和她的家庭,则让他深感凄凉。弗里多林免费为音乐会抄写了全部分谱,并送了沃尔夫冈大量的空白谱纸和一卷莫里哀的喜剧,对行将去往巴黎的旅人来说,这真是一份十分有心的礼物了。他还把玛丽亚·安娜叫到一旁跟她说,她的儿子一向是他们的"贵人",对他的好意,他们无以为报。而阿露西娅本人,则"出于好心"织了两副连指手套,来"作为纪念,也是她的感激之情的小小象征"。离别的前夕,沃尔夫冈在韦伯家待了两个小时。"他们一再感谢我,在我离开的一刻,他们都哭了。原谅我,可我一回忆起这个场景,眼里就充满了泪水。"[8]沃尔夫冈和韦伯一家是全然牵绊在一起了。

在1778年的巴黎度过的多灾多难的六个月里,沃尔夫冈始终将阿露西娅放在心里。那不曾间断的失败、惨祸和丧乱,都无法完全将他从对阿露西娅的渴念中抽离。通过保持跟弗里多林定期的通信(留存下来的极少),他实际上是在跟阿露西娅维持着联系。他甚至说他在7月3号也写了信,那正是在他母亲去世的当天。这封信或许就是在那个可怕的夜晚,他在母亲死后即刻写就的那第三封信,前面两封分别是写给列奥波德和布林格的。在这第三封信里,他得以向最爱的人吐露这个噩耗。由于邮政惯常的怪异,韦伯一家没能直接从沃尔夫冈那里得知玛丽亚·安娜的死讯,要待到几周之后,才间接从曼海姆的社交圈子得到消息。但当时的谣言说玛丽亚·安娜是死于"某种传染病",而沃尔夫冈于此也未能幸免。就像沃尔夫冈热忱地向列奥波德汇报的那样,韦伯一家"一直在为我的灵魂祈祷,那个可怜的女孩[此处指阿露西娅]为了这个事每天都到嘉布遣会教堂去。对此你或许会失笑吧?我却没有。我深为感动,不能抑止"。[9]

沃尔夫冈给阿露西娅本人及她父亲分别去信。他如今会寄更多的乐谱给她,还会建议她应当如何自己着手学习这些音乐。他对这些文本及其情感内容的专注,以及对整个剧场风格和戏剧完善性的投入,在写给阿露西娅的这些建议中,为后世留下了吉光片羽。他要她试一试"啊,曾经"(K272)。这首咏叹调是头一年写给约瑟法·杜塞克的:"我建议你看一看表情记号,对歌词的意涵和动势深思熟虑一番,从而把你自己置于安德罗梅达(Andromeda)严峻的处境当中,设想你就是她本人。"[10]他央求她也写信给他("你不知道你的信带给我多大的快乐……请别让我就这么等着,别令我受这么长时间的煎熬"),并且以放纵的激情作结:"我亲吻你的双手,用我的心拥抱你。我是,也永远将是,你真诚的朋友,W. A. 莫扎特。"

无可避免地,敏锐的列奥波德立刻就察觉了儿子处于热恋状态。直到确保了沃尔夫冈宫廷乐队首席和管风琴师的职位,他的怒气才稍加缓和。当确信(像他所认为的)沃尔夫冈将要归来,他对阿露西娅的反感方才开始平复。"至于韦伯小姐(Mlle Weber),"

他在 9 月 3 号的信中嘟囔道,"你不该觉得是我反对你跟她结交……你可以继续同她做迄今为止的这种书信往来。"[11] 他更令人讶异地加上一句说,他不会试图去读这些信。然而这种宽容大度不过是昙花一现。一周以后的 9 月 11 号,沃尔夫冈给父亲写了一封困扰而优柔的长信,抱怨近来跟自己发生争执的冯·格林男爵,并可悲地为自己的归程征询意见("我目前还不知道您希望我怎样上路"),而后他请求父亲的许可,看看自己在回家途中能否绕个路:"还有另外一个请求,相信您不会拒绝的。如果——我希望,也相信其实不会如此——韦伯一家没去慕尼黑,而是还在曼海姆的话,那我乐于到那里见见他们。我知道,这样的话我就有一点绕远了,但也不会差太多吧。"[12] 列奥波德的回复也不难想见:"你绕道曼海姆的想法完全是不切实际。"[13] 然而,当接下来他听说韦伯家时来运转——他们最终迁到了慕尼黑并且涨了可观的一笔薪资(阿露西娅收入 1 000 古尔登,弗里多林收入 600)——的时候,列奥波德的态度又一次软化下来,再度声称"完全不反对"沃尔夫冈对阿露西娅的爱。但他心里却对韦伯一家保持着深深的怀疑。"我亲爱的沃尔夫冈,我总会想,这个韦伯先生大概就同他那一类人一样,他们起于贫贱,一朝得意便忘乎所以了。需要你的时候他殷勤备至,现在呢,估计他都不会承认当初你给过她、教过她任何东西了。穷人乍富,往往就会目中无人。"[14](这话若是讲的列奥波德自己,似乎更为允当。)对韦伯家这种根深蒂固的敌意,未来将再度涌现,且危险地激化了。

沃尔夫冈的确绕道(事实上颇费周折)去了曼海姆,结果却扑了空,韦伯家已然不在那里了。在素来热心的康纳毕希家里,他多少寻得了一些宽慰，而后就动身去慕尼黑了。终于，在他的大灾之年的最后一个星期，他跟阿露西娅得以重逢。他于1778年的圣诞当日来到了慕尼黑，随即住到了韦伯家里。然而，不知什么原因，阿露西娅对他的态度彻底变了。家里人目睹了这次不适的重聚。多年之后，他们中的一位，也就是阿露西娅的妹妹康丝坦瑟，对她的第二任丈夫——莫扎特的传记作者格奥尔格·尼森（Georg Nissen）——讲述了当时的情况。尼森在书中描述道：

> （韦伯一家）因宫廷机关的变迁而搬到了慕尼黑，莫扎特从巴黎回来，穿着红下摆缀着黑纽扣的衣裳，那是为悼念他母亲而穿的法国习俗的丧服。然而他发现阿露西娅对他的感情变了。那曾为他哭泣的人，如今在他走进来的时候却装作不认识他。莫扎特于是在钢琴前就坐，并高声唱道："我很高兴离开那个不想要我的姑娘。"[15]

尽管沃尔夫冈滞留慕尼黑的时候故作无事，他在家信中却终就难以掩盖自己巨大的悲哀：

> 25号我平安到达了这里，但直到现在我方才可能动笔给你写信。为了我们愉快的重逢，我正在整顿心情，但今天我只有垂泪……我天生写字就不好看，你知道，我从没好好学习书法，但我这辈子都没有写得像今天这么难看。只因我真的无法下笔——我心里充满泪水。[16]

安慰他的,还是他的堂妹"芭思乐"。她应他的要求从奥格斯堡来到慕尼黑,并将他拉回到他们仍能共同建构的玩乐世界去。当沃尔夫冈最终于1779年初回到萨尔茨堡的时候,他需要她,以及因诺和他在萨尔茨堡的老朋友们,帮助他将阿露西娅从心里抹去。当终于在萨尔茨堡宫廷无趣的工作上安顿下来的时候,他大概觉得永不会再见她和她的家庭了。

阿露西娅·韦伯的肖像

第十六章

对于韦伯一家来说，1779 年是意义非凡的一年。夏末的时候，不满 20 岁的阿露西娅受聘于维也纳城堡剧院（Burgtheater），一家人于是随她从慕尼黑搬了过来。自 1776 年起，城堡剧院就是德语歌剧和戏剧的官署，阿露西娅于 1779 年的 9 月在那里完成了首演，在讲唱剧（singspiel）《萨兰齐的罗森菲斯特》（*Rosenfest von Salency*）中饰演菡申（Hännchen），前景一片光明（这部剧由包括翡利多〔Philidor〕在内的多位作曲家集体创作）。她在维也纳戏剧界的职业生涯有了一个极为不凡的开始。然而几个星期之内，这个家庭如此光明的崭新一幕却迎来了悲剧的中止。10 月 23 号，弗里多林·韦伯去世了，年仅 46 岁。他的四个女儿于是转由约翰·冯·图沃（Johann von Thorwart）监护，他是奥地利宫廷的官员，执掌城堡剧院的财务。阿露西娅于是继续扮演她守寡的母亲和几位姐妹的主要经济支柱了。

城堡剧院的第一个乐季，阿露西娅遇见了一位 28 岁的德国演员约瑟夫·朗格（Joseph Lange，1751—1831）。凭着极俊美的相貌和出了名的动听嗓音,他自打 1770 年首演(同阿露西娅一样,时年 19 岁)便在维也纳工作。朗格将会发展成为他那一代最为出色的演员之一,饰演哈姆雷特和罗密欧等众多角色,广受公众的赞誉。他还是个天赋颇高的画家,经常被委约肖像作品以及戏剧的场景。1775 年他娶了 18 岁的歌手安娜·玛丽亚·伊丽莎白·辛德勒,但她在 1779 年 3 月,年仅 22 岁就过世了。六个月之后,阿露西娅·韦伯加入了城堡剧院的戏班,不出一年,她在 1780 年 10 月 31 号那天嫁给了约瑟夫·朗格(他们是奉子成婚,1781 年 5 月 31 号,第一个孩子——玛丽亚·安娜·萨比娜在她婚后七个月出生)。他们的婚前协议很可能是由监护人图沃起草的,确保约瑟夫向他的岳母每年缴纳 700 古尔登的年金。阿露西娅在未来会为他生养六个儿女。

结婚和生子并没有影响阿露西娅的职业生涯。在维也纳的伶界,他们夫妇始终不曾居于人后。自 1781 年开始,她便卷入了同维也纳最当红的女高音嘉特莉娜·卡瓦利埃里[1]的竞争。嘉特莉娜比阿露西娅年长五岁,是宫廷作曲家和未来的乐正安东尼奥·萨列里[2]的门生和情妇。阿露西娅的几个姐妹,大概也涉入音乐和戏剧的活动里。长姊约瑟法师从城里最炙手可热的声乐教师。温琴佐·理吉尼(Vincenzo Righini,和沃尔夫冈在同一周出生)1780 年被约瑟夫二世从意大利带过来,将会成为符腾堡的伊丽莎白公

---

[1] 译注:Caterina Cavalieri,1755—1801,奥地利女高音演员,1775 年在安佛西版的《假园丁》初登舞台。曾首演和参演多个莫扎特的宗教和戏剧作品。一生未婚配。

[2] 译注:Antonio Salieri,1750—1825,意大利作曲家和教师,在古典歌剧的发展中至关重要,贝多芬、舒伯特和李斯特等人曾作过他的学生。

主（皇帝的侄子弗朗西斯的未婚妻）的歌唱教师，也是意大利戏班的教习。如果约瑟法在跟他学习，那么康丝坦瑟甚至苏菲很可能也是。17 岁的苏菲确实在 1780—1781 乐季被聘为城堡剧院的女演员。于是，虽然经历了弗里多林之死的震荡，在短短一年之内，韦伯一家便重整旗鼓，并在维也纳音乐与戏剧生活的中心寻得了出路。

1781 年的夏天，沃尔夫冈被醉人的环境所包围。在主教公科罗雷多跟前逐渐失势之际，他在韦伯一家的陪伴下找到了越来越多的慰藉。5 月 9 号之前，他搬去跟她们同住，对此他颇为小心地向父亲汇报："老韦伯夫人好意接纳我，在她们家里我有了一间漂亮的房间。"[17] 阿露西娅的近在咫尺（如今她正待产），仍旧令他感到不安。并且在她择夫这件事上，他也显得不怎么大度。但无论如何，在这样艰难的时刻能够跟老朋友们在一起，令他深感宽慰。5 月 16 号他在给列奥波德的信中说：

> 我跟你保证，你所说关于韦伯家的那些事不是实情。在阿露西娅·朗格这件事上，我承认自己曾经很傻，但是一个陷入爱情的人又能如何呢？确实，我是真的爱她，甚至到今天我对她也不能全然无动于衷。所以她的丈夫作为一个善妒的傻瓜，哪里都不让她去，对我才恰恰是件好事，我因此才鲜有机会看到她。相信我，老韦伯夫人是个特别热心的妇人，对她的好意我不知何以为报。[18]

列奥波德对于沃尔夫冈这个新的家庭安排作何回应，我们仅能想象了，因为他在这段时间的所有信件都已佚失。但想必他是极为愤怒的。他的儿子不仅正罔顾自己的生计，从而令列奥波德蒙羞，他还住到了一个带着三个年轻未婚女儿的寡妇家里，而沃尔夫冈过往跟这个家庭的交集，最终导致的是毁灭性的失去，紧跟着的是长达数月痛苦的不确定性。沃尔夫冈纵然幼稚，也不至于真的期待会平安无事。然而列奥波德暴怒的表态还是带给他深深的痛苦："我不知道该怎么开始这封信，因为我到现在还没从震惊当中平复。如果您继续这样想、这样写的话，我看我永远都恢复不过来。我必须承认，从你信中的字里行间，我怎么也认不出我的父亲！"[19]

但是谣言自维也纳散播至萨尔茨堡，最终传到了列奥波德耳朵里。据传，沃尔夫冈如今并非渴望得到阿露西娅，而是深深地爱上了另一个韦伯家的女孩。他甚至打算娶她吗？沃尔夫冈大怒，试图把这些"无稽之谈"顶回去。他在7月25号的信中说："因为我住在她们家，所以我要娶她们家的女儿。倒没人提起我们相不相爱的话。他们把这一段直接跳过去了。对，我租了间房，然后就结婚了。如果说有哪段时间我最不要想到结婚的事，那就莫过于现在了。"[20]他还坦承，目前他正打算搬到别的住处去，但他在此前的信中也提起过这种可能性，只是并未置于行动。并且，无风还真的不会起浪。尽管沃尔夫冈没有明确到底是韦伯家哪个女孩把他迷住了，但很明显，的确是有些情况发生："跟一位小姐——大家已经把她许配给我了——同在一个屋檐下，我不会说自己会多么没有教养，话都不同她讲；但是我也没有爱上她啊。时间允许的话，我只是和她开开玩笑而已。"他随即带着一阵逆反的情绪补充道："如果开开玩笑就得结婚,那我现在至少有 200 个老婆了。"事实上他继续在韦伯家("这些友好而热心的人")借住到 8 月初。他们对他关照备至,收拾停当等他吃饭,而他上桌进餐时"不必穿戴齐整"。他完全感觉跟在家中一样。

然而没过多久,沃尔夫冈还是迫于压力搬了出去。一开始他住进一间闹老鼠的阴郁的屋子,这是奥恩哈默家替他找的,他家富有天分的女儿约瑟法正跟着他学习。对于分散列奥波德对韦伯家难以释怀的敌意来说,这个糟糕的小插曲其实是不无帮助的。约瑟法·奥恩哈默(Josefa Auernhammer)爱上了沃尔夫冈。沃尔夫冈在家信中无情地记述了这件事,一上来就残酷地对他这位学生做了一番描述:

> 如果一位画家想要给魔鬼画幅肖像,那么他应该会选她的脸。她胖得像个村姑,身上的汗味让你想吐。她衣着暴露地走来走去,其中的意思昭然若揭:"来啊,瞧这里。"对,这里还真是有够瞧的,事实上能把人看瞎。谁要是特别倒霉往她那里瞧上了一眼,这一天都要不好了——唯有塔塔粉可以救他![21]

他继续说:"但是,更糟的是,她狠狠地爱上了我!起初我还以为是开玩笑,但现在我才知道这竟然是真的……全城的人都在说我们要结婚了,而且他们都对我相当震惊,我的意思是,居然选了这么一张脸。"

事实上约瑟法和沃尔夫冈成了要好的朋友并维持了长期的友

谊,而这份关于她的痴恋的无情描述,很可能是对事实的过度发挥,是用来掩护沃尔夫冈同韦伯家持续来往而造的烟雾弹。到 9 月初,他搬离了那间肮脏的屋子,在格拉本大街找了一个好点的住处,正在韦伯家的左近。

在这个艰难的夏天,与父亲书信交接的时候,沃尔夫冈小心翼翼地保持着与囡诺的联系。由于知道他写给父亲的信件囡诺也会读,他便把她也纳入自己的计划,并给出诱人的可能性。"我姐姐也……一定会觉得维也纳比萨尔茨堡更好,"他在 5 月 18 号写道,"这里有许多显赫的家庭,他们对于聘用男教师相当犹豫,定会相当大方地接受女性。"[22](这很可能是个颇为精到的观察。)在直接写给她的信里,他会贴心、机智地诉诸一切她所爱的事物。7 月 4 号,带着满满的爱意,他提出她想要的那些缎带,要多少他就会给她找到多少。知道她热衷于剧院,他就讲述他自己去看戏时候的快乐。他继续间接打听她的追求者(弗朗茨·迪波),并持续告知自己在键盘上的新创作,承诺他"当然"会把所有新作品寄给她。如果这算是一封处心积虑的信,意在争取姐姐的支持,那么它无疑是非常成功的。[23]

1781 年夏天,即便正在因新近的安排而冒着父亲的猛攻负隅顽抗的时候,沃尔夫冈的心情大好起来。同萨尔茨堡宫廷的切割,并非就此令他被置之荒野,事实上他正吸引着大量的目光。他常常现身于王公贵胄的厅堂、沙龙,维也纳社会为这个来自萨尔茨堡的才华横溢的叛徒深深着迷。借韦伯一家在城堡剧院的活动,他结识了剧作家和戏文家歌特利布·施台芬尼(Johann Gottlieb Stephanie,1741—1800),此人这时候正主理城堡剧院的德语歌剧。

沃尔夫冈曾试图以自己未完成的讲唱剧《扎伊德》来引起他的兴趣,虽然施台芬尼回绝了他,却默默将沃尔夫冈考虑进随后的 些项目中去了。7月底,叶卡捷琳娜大帝(Cathering the Great)的儿子,俄罗斯的保罗大公爵宣布要在9月份访问维也纳(他是被母亲派来寻求结盟,以对抗土耳其人,从而推进她与哈布斯堡王朝的关系)。为了筹备这次重要的到访,将有一连串的艺术活动发生,施台芬尼便想到了莫扎特。沃尔夫冈在8月1号对父亲写道:

> 好了,在前天小施台芬尼给了一本戏文让我作曲……主题是关于土耳其的,题目叫作《贝尔蒙特与康丝坦瑟》(*Belmonte und Konstanze*),或者《后宫之诱惑》(*Die Verführung aus dem Serail*)。我想把序曲、第一幕的合唱以及最后的合唱以土耳其音乐的风格来写……时间确实紧迫,因为它计划在9月中旬上演;但是它上演那段时间周遭的条件,以及总的来说我所有的前景都激励我马上以最大的热忱坐到书桌前,并以最大的快乐持续去工作。[24]

接下来几个星期,沃尔夫冈全心投入了这项令其兴奋的任务。这正是他所期待的突破,并且从多方面讲都是他迄今得到的最满意最成功的一份委约。首先,是因为它的主题。施台芬尼的戏文(源自布雷茨纳〔Bretzner〕的戏剧)是个营救故事,其高潮在于一个伟大的宽容之举(一位年轻的西班牙贵族来到土耳其帕夏〔Pasha〕塞里姆的后宫去拯救他的爱人,故事中另有他爱人的英国侍女和他自己的仆人。当他们再度被捕获的时候,帕夏宽宏大量地赦免并释放了他们）。这出戏不仅因视土耳其人为敌而关系到保罗大公爵，对于主人一方的约瑟夫二世，也算是度身订制：他想要德语的文艺作品，并拥护启蒙运动价值观所倡导的勇气、和解和宽宥。这部歌剧在公众领域收获了极大的成功，并在沃尔夫冈的余生及身后，在多个城市、多种语言文化中轮番上演。它还标志了沃尔夫冈生命中两股支流——个人和创作——的超凡的汇聚。

拿作曲家的真实人生去平行对照他的作品，永远是一种危险的尝试。有些艺术家的确会在作品中反映他们的某些境遇，但沃尔夫冈大概不能归于此列。在他作品中有数不清的例证（比方说"朱庇特"交响曲，其丰沛恢宏恰诞生于他的生活中无比凄清的时刻）。但是在这里，他的艺术和人生的平行对照却如此引人注目，没办法把它们看作绝不相干，抑或是纯属巧合。沃尔夫冈接受了《后宫诱逃》(*Die Entführung aus dem Serail*，此时名称修改成如此)的委约，恰逢他对一位韦伯家的女孩敞开心扉，并且在不久之后娶了她。她的名字同这部歌剧的女主角一样，也叫作康丝坦瑟。在写出这部歌剧，并亲自监督它的筹备和排练的那几个月，他也在试图说服他的家庭同意他对配偶的选择。《后宫诱逃》在 1782 年 7 月 16 日上演，刚过了三个星期，到 8 月 4 号，沃尔夫冈和康丝坦瑟结了婚。无论从现实还是譬喻的维度，她都"染指"了这份开创性的乐谱；而他的心，以及他对她情感的力度，也注入了乐谱的每一个小节。

第十七章

在创作《后宫诱逃》(K384)的时候,沃尔夫冈向父亲发送了进度报告。8月22号之前,就在施台芬尼将戏文带给他三周之后,他已经完成了第一幕,不久他便预备寄一部分给列奥波德。他后来所寄出的是剧中人康丝坦瑟演唱的第一首咏叹调"我曾多么幸福地爱过"(Ach, ich liebte, war so glücklich)的副本,抄写者是康丝坦瑟·韦伯。列奥波德还不知道这是谁的笔迹。他是否也曾一时动念,想到职业抄谱员的女儿康丝坦瑟或许抄写了这份手稿呢? 或者是沃尔夫冈在实施另一个策略,去展示韦伯家这个女孩在音乐上有多么识文断字、大有助益? 在下一封信里,沃尔夫冈详细解释了他的创作程序,他觉得这是父亲所感兴趣的。对于年轻贵族贝尔蒙特(Belmonte)第一首咏叹调"我相思成疾的心是这样热切地在跳动"的分析,他或许巧妙地绕开了那心悸的开篇,在那里贝尔蒙特轻声呼出那个名字"康丝坦瑟",向后在极为温存的弦乐和弦之上,唱出:"马上可以再见到你了,你!"(dich wiederzusehen, dich!)有自己未来的妻子陪在身边,沃尔夫冈在解释这一音乐抉择的时候,对自己创作之时的心理状态描绘得极为生动。

现在让我说说贝尔蒙特 A 大调的咏叹调,"哦,多么渴望,哦,多么热切"(O wie ängstlich, o wie feurig)。你是否想知道是如何表达它的——甚至是如何表现他悸动的心的?两组小提琴在八度上合奏……你看到这颤抖——这支吾犹豫——你看到他起伏的心胸开始汹涌,我以一个渐强(crescendo)来刻画。你听到那轻叹和低语——我以弱音的第一小提琴组加一把长笛的同音齐奏来表现……听过的人都说这是他们最爱的一首咏叹调,对我也是如此。[25]

俄罗斯的保罗大公爵的访问被延迟了:他直到 1781 年 11 月才来到维也纳,而在此之前为取悦他而做的种种计划已历经了多个阶段。《后宫诱逃》要到来年夏天才制作完成,沃尔夫冈的音乐能量于是转移到其他许多事务上,包括教学和演奏。12 月末,他参与了同克莱门蒂那次著名的竞赛,列席的有女大公玛丽亚·菲奥多罗夫娜(Maria Feodorovna)。他赢了这次比赛。他还和出版公司阿塔利亚(Artaria)达成了一个协议,于是在 1781 年底,他在维也纳出版了第一份乐谱,是一套六首小提琴和钢琴的奏鸣曲。他将这套作品集题献给约瑟法·奥恩哈默,她也是他的双钢琴奏鸣曲 K448(375a)第一度表演时的搭档。如今她真的成了他的好朋友。但如果纵观 1781 年最后这几个月,沃尔夫冈身上发生的最主要的事情,莫过于他跟康丝坦瑟的关系热烈的进展。眼看要到 12 月,他意识到必须要迈出这冒险的第一步,去告知列奥波德了。12 月

15 号,他给父亲写了一封极度小心的长信,其审慎论证的结构,几乎如交响乐一般,其中有步调跟话音上的对比,并不时安插幽默和秽语来软化严肃的内容。在沃尔夫冈个人生活的一大节点,他的意识之流从满怀的激情和蜜意中涌出。像他许多的音乐作品一样,这封信在轻松而就且完美无瑕的形式结构中宛然呈现。[26]

信的开头平淡无奇,历数了他寄到萨尔茨堡的那些音乐,而后抱怨了一下萨列里(Salieri),最近沃尔夫冈刚刚输给了他(在符腾堡公主音乐教师的竞聘中,萨列里最终被看中)。这两桩事,等于是一个慢速的引子,继之以一个快板(allegro)的主题,接着,进入了主题的呈示:"我颇为焦虑地试图在这里确保一份卑微但确定的收入……然后……就结婚!"预见到在这几个小节里父亲的错愕,沃尔夫冈的音调一转而成了问答体:"您被这个想法吓到了? 即便如此我也乞求您,最敬爱的、亲爱的父亲,您要听我说。我必须向您透露自己的意图,您也应该相应地允许我向您揭示我的理由,它们是相当充分的。"接下来便进入他的精心排序并详加解读的"理由",一共三条。第一条十分简单,关系到生理问题。"如同对待其他人一样,自然之声对我的呼唤是那么响亮,或许更强过许多精壮的年轻汉子所听到的。"但是尽管俗话说"人孰能无过",他也不能任凭自己"便同娼妓苟且"。第二条,他宣称自己的性格是"比起寻欢作乐,更倾向于平和安分地过生活"。这第二条甚至可说是接近事实的:尽管他喜欢欢宴和聚会,然而经过了二十五年马不停蹄的旅行、动荡和劳碌,如今他想要进入的是一个相对安定的新世界。他的第三条理由是:他真的需要一个人来照顾他,打理他的"财物、织品、衣服以及其他"。这些历来都有人代劳的(他指的是他妈妈),失去这样的看顾,他会花销太大(这一论证切中列奥波德的要害)。于是他总结说,自己"有个妻子会过得更好",会过上"井然有序的生活"。他还另外补充了一条颇为动人的评注:"一个独身者……无非是抱残守缺而已吧。"

当沃尔夫冈趋近他的点睛之笔的时候,语气由演说腔转而回到了问答体。"但谁是我所爱的对象呢?"他发问道,"我请您先别慌。不会是韦伯家的某人吧? 对了,正是她们中的一位——但并非是约瑟法,也不是苏菲,而是康丝坦瑟,居中的那个孩子。"接着,几乎像是听到了对面的厉声发难一般,他发表了一篇对康丝坦瑟的颂辞。颂辞以对其姐妹们声色俱厉的驳斥作为起首(就像对待可怜的约瑟法·奥恩哈默那样):

> 我从没有在别的家庭遇到如此显著的性格差异。老大是个懒惰、粗俗且不诚实的女人,狡猾得像只狐狸。朗格妇人则为人虚伪、存心不良,而且好卖弄风情。最小的那个——因太过年幼而了无个性——只是个温和厚道但头脑简单的小众生罢了! 但是中间的那个,就是我的亲爱的好康丝坦瑟,她是家中最为舍己从人的一个,或许也正因为如此,她最体贴也最聪明,总之她是她们当中最好的一个。

轮到描述康丝坦瑟的时候,他采取了一种置身事外的实用态度,还是指望列奥波德或能被其打动:

> 我必须让您进一步了解一下我亲爱的康丝坦瑟的人品。

她样子不丑，但同时也绝谈不上美艳。她全部的美都在那一双小小的黑眼睛和好看的身段。她算不上机智，但她有着足够的常识来尽一个妻子和母亲的本分。说她倾向于奢侈，那是一派胡言。恰恰相反，她习惯了不那么讲究的穿着，因为她母亲为孩子们力所能及的那一点照顾，都给了另外两个姐妹，从来不曾放在康丝坦瑟身上。诚然，她愿意穿戴得干净整齐，但是从来不是漂亮入时的，而且一个女人所需要的，她自己都可以打理好。她每天是自己做好发式。

（这最后一条，似乎沃尔夫冈在夸赞康丝坦瑟的同时，对他自己的姐姐有点不厚道的挖苦，因为囡诺从来不会自己打理头发。）在这一系列细节之后，沃尔夫冈言简意赅地为颂辞作结，像极了他自己的音乐："我爱她，她也全心爱我。那请告诉我，夫复何求呢？"

在沃尔夫冈能够收到列奥波德对这份名副其实的重磅炸弹的反应之前，他必须追加一封不那么克制的长信。维也纳的流言蜚语正搞起它们的恶作剧。关于沃尔夫冈在维也纳社会的声誉，以及他对康丝坦瑟·韦伯的爱情，列奥波德已经听到了种种贬抑之辞。12 月 22 号，沃尔夫冈开始写一封信，至少用去四天才完成，信中他试图驳斥所有对他不利的言辞。[27] 散布这些"无耻谎言"的"坏人"是一位彼得·冯·温特①，曼海姆-慕尼黑宫廷乐队的小提琴手，此时正在维也纳。列奥波德听到的这些故事当中，首要的就

---

① 译注：Peter von Winter, 1754—1825，曼海姆出生的小提琴神童，跟萨列里学习过作曲。1798 年，温特曾同莫扎特的搭档希卡内德一道创作了莫扎特生前所作歌剧《魔笛》的续集。

是：康丝坦瑟就是个荡妇，而且她妈妈和她的监护人图沃先生骗沃尔夫冈签了一份婚前协议，规定他必须在三年之内迎娶康丝坦瑟，否则每年要付给她300古尔登。另外，他还听说沃尔夫冈在宫廷已经失宠，并且遭其"厌弃"。带着他在萨尔茨堡的解职危机时渗透字里行间的那种濒临爆发的狂怒，沃尔夫冈在信中驳斥了所有这些无稽之谈。虽然韦伯夫人也曾为他辩护，但是事实上图沃先生的确让他签过一份荒谬的婚前协议，因为图沃先生本人也曾从"某个好事者，同时也是独立的绅士，就像温特先生"的人那里听到了一些故事。再一次，沃尔夫冈以问答体询问他的父亲：

> 我还能怎么办呢？对我来说，世界上再没什么事比这个更容易下笔说明的了。因为我知道我绝不会付那300古尔登，因为我不可能放弃她。另外，就算我极为不幸地改变了自己的想法，那花300古尔登甩掉她，我高兴还都来不及。然而我所认识的康丝坦瑟太有尊严，绝不会这么把自己卖了。

接着，沃尔夫冈以不折不扣的歌剧式的辞藻将康丝坦瑟本人拉入了叙事："但是当监护人离开的时候，这个善良的姑娘做了什么呢？她向母亲要来那份文件，并对我说：'亲爱的莫扎特，我不需要你写下什么保证，我相信你所说的。'随即便把那张纸撕掉了。"（于是列奥波德就可以看出康丝坦瑟有她自己的主张，明显不仅仅是沃尔夫冈此前所形容的舍己从人的娴静女子而已。）

沃尔夫冈接下来还要瓦解那些关于他失宠于宫廷的流言："如果你真的相信我为宫廷和那些新老贵族所厌恶，那你只要写封信给冯·施特拉克先生(Herr von Strack)、图恩(Thun)伯爵夫人、伦贝克(Rumbeck)伯爵夫人、沃德施塔顿(Waldstätten)男爵夫人、冯·索南菲尔斯先生(Herr von Sonnenfels)、冯·特拉特纳夫人(Frau von Trattner),总之,写给任何你选定的人。"出于信手拈来的编剧才能,他制造了他的主要证人:"同时我也可以明白告诉您,那天皇帝曾给了我极高的赞誉,同时留下这么一句话:'这才是天才,真实不虚!'(C'est un talent, decidé!)"

沃尔夫冈随后要对付温特给康丝坦瑟贴上"荡妇"标签的事:

温特说过所有刻薄的话语当中,唯一激怒我的就是他把我亲爱的康丝坦瑟称作荡妇。她是什么样的人,我已经原原本本跟您讲过了。如果您想要听听别人的意见,可以写信给冯·奥恩哈默先生,她到他府上去过几次,并用了一次午餐。或者写给沃德施塔顿男爵夫人,她让康丝坦瑟到她家里住,可惜因为男爵夫人患病,就只住了一个月。现在康丝坦瑟的母亲不愿意跟女儿分开,就叫她回家来了。但愿上帝恩准我很快就能娶她。

随后,几乎像是一个完结部(coda),对于列奥波德的那位线人温特先生的人品,他加上一段引人入胜的洞见:

还有件关于温特的事情我必须告诉您。他曾跟我说的话里,有这么一句:"你是傻瓜才要结婚。养个情妇吧。你挣的钱足够了,支付得起。是什么阻止你这么做的?那些该死的宗教禁忌?"现在该信什么,您自己定夺吧。

沃尔夫冈所有这些充满激情的严正声明,以及雄辩的解释,列奥波德不出所料地一概不予接受。接下来几个星期乃至几个月,大量愤怒的信件在维也纳和萨尔茨堡之间往复。虽然保存至今的只有沃尔夫冈的去信,但从他应对父亲回信的态度,不难猜出列奥波德信中的内容。沃尔夫冈继续写到其他的事情——他见过的人、演奏过的音乐以及维也纳社会中的故事。但他从来都没忘了带上"我亲爱的康丝坦瑟"的近况,以及他希望列奥波德能够见她的意愿。他为此还把图诺扯了进来,信赖她,寄给她康丝坦瑟奉上的别具意义的小礼物(她亲手制作的两顶帽子),还有来自他自己的 C 大调幻想曲和赋格,K394(383a),为键盘而作。他声称之所以创作这部作品是因为康丝坦瑟央求他写一首赋格:

> 我亲爱的康丝坦瑟真的是这首赋格问世的原因。凡·施维登男爵①——我每周日都上他那里去——把他所有亨德尔及塞巴斯蒂安·巴赫的乐谱都给我,让我带回家(在我给他演奏过这些之后)。当康丝坦瑟听到那些赋格的时候,她完全爱上了它们。现在除了这些赋格她什么都不听,特别是(在这种音乐里)那些亨德尔和巴赫的作品。好了,当她听到我弹出那些在脑中即时构思出来的赋格的时候,她问我是否曾把它们

---

① 译注:Gottfried, Freiherr van Swieten, 1733—1803,生于荷兰的奥地利外交官、图书馆长、官员、业余演奏者、作曲者,曾资助过海顿、莫扎特、贝多芬等音乐家,雅好"古乐",为人怪诞。

"造谣者"温特 1815 年的肖像

写下来，当我回答说我没有写过，她严厉地斥责我为什么没有把这些属于一切音乐体裁中最具艺术性、最优美的音乐作品记录下来，并且从未停止恳求我，直到我为她写了一首赋格。这便是这部作品的缘起了。

如此向囡诺(等于也向列奥波德)展示康丝坦瑟不仅仅是个好主妇和做帽子的，同时还具有极为专业的音乐品味，这在沃尔夫冈来说实在是下了一步好棋。于此同时在他的劝说下，康丝坦瑟自己也给囡诺写了封信。这封信多少有些客套和正式，旨在于他生命中的两位女性之间缔结一个纽带。在写给列奥波德的信中他偶尔会加入康丝坦瑟写给囡诺的内容(比方说关于时尚)。有一次由于急着出门，他甚至让康丝坦瑟接着完成他写给父亲的信。1782年上半年，在努力拆解萨尔茨堡所有那些对他婚姻计划的反对之行的时候，他显然是继承了，或者说至少研究过一些他父亲摆布他人的技巧。

正是在这期间，有那么一个阶段沃尔夫冈和康丝坦瑟两人之间升起了紧张的关系，他们连婚约都取消了。情绪用事的康丝坦瑟又搬去沃德施塔顿男爵夫人那里住。男爵夫人此时年近四十，在维也纳的列奥波德施塔特(Leopoldstadt)区离开丈夫独自居住，是这对小情侣的好朋友。1782年4月她家里办了一个热闹的聚会，有很多淑女在场，也包括康丝坦瑟和男爵夫人本人，她们让一个小伙子拿着丝带测量她们的小腿。康丝坦瑟回到自己家里的时候，兴高采烈地把聚会的事讲给姐妹们和沃尔夫冈听，让他们也乐一乐。沃尔夫冈大惊，并讲了下面的话，主要说的是：她告诉他，自己不过就是做了别人也在做的事，并且宣布（已不是第一次了），她跟他再没什么关系了。沃尔夫冈深深地受了伤，如今他给康丝坦瑟写信都十分小心。信的语调仍旧是坚定的，甚至过分拘谨，他先阐发了关于合理性的看法，紧接着便央求她在回绝他这件事上能改变主意："我（失其所爱，对于此人远比对于你来说更要严重）现在不那么气急败坏、草率和毫无益处地接受你对我的拒绝。我是太爱你了才会作此决定。"[29]他对着她做了一番甚为偏执的演讲，关乎她的名节（倒是跟列奥波德可能会说的不无相似之处），为此还甩出了可怜的男爵夫人，已经 38 岁，可说是"芳华已逝"的了。然而，他却以激情和温柔作结：

> 如果你终究要向自己的感情投降，那我知道就在今天我可以绝对自信地说：对于她的坦诚而忠实的莫扎特，康丝坦瑟是最贤淑、自重和忠贞的爱人。

如同世间任何婚姻一样，对于沃尔夫冈和康丝坦瑟，上述这种情况应该是数不胜数的。对于他所说的那些话，她当然是招架得住，并能够以其人之道还治其人之身。然而他们彼此间真挚的爱慕又一次次令他们复合，这些和解总是甜蜜的。在此刻还放在沃尔夫冈书桌上的音乐作品《后宫诱逃》当中，甚至可以隐隐看到这对恋人之间此类纷争的影子。歌剧第二幕结尾处的四重唱，随着男人们前来搭救他们的恋人，两对爱侣——康丝坦瑟与贝尔蒙特，以及他们的仆人布隆德（Blonde）和佩德里洛（Pedrillo）——终于两两相拥在一起。但是两个男人几乎是即刻便责备起女人对他们的不忠，这里针对的是康丝坦瑟和土耳其的帕夏塞里姆，而布隆德是跟塞里姆的仆人奥斯敏（Osmin）。康丝坦瑟和布隆特十分错愕，痛苦和惊惶随即降临到这四个人身上。布隆德盛怒中打了佩德里洛一巴掌，而康丝坦瑟却悲伤地质问贝尔蒙特："你还需要问我是否对你是真心么？（Ob ich dir treu verblieb?）"布隆德向康丝坦瑟抱怨佩德里洛对她的不信任，在乐队两小节紧张的疾奏之后，康丝坦瑟回答他，贝尔蒙特也对自己存疑。接着又是两小节的乐队疾奏，佩德里洛声言，布隆德打了他，她一定是爱他的。而贝尔蒙特这边，等不及乐队那两小节的过门，单刀直入地唱出"康丝坦瑟对我是真心的，这毫无疑问（Constanze ist mir treu，Daran ist nicht zu zweifeln）"。原谅跟和解——这出颇为轻松的讲唱剧中两个宏大的主题——将恋人们的紧张关系转化为喜乐，而沃尔夫冈在这整场戏中的音乐形象刻画，切中了真实人类经验中的实质。

《后宫诱逃》最终于 1782 年 7 月 16 号在城堡剧院上演。歌剧收获了巨大的成功，尽管如沃尔夫冈向萨尔茨堡所汇报的那样，此时此地正酷热当头，但随后安排的演出也是场场爆满。[30] 如今沃尔夫冈变得极为忙碌，不仅仅是歌剧的关系，还有其他的委约（给哈弗纳家族的一首交响曲，以及《后宫诱逃》的管乐重奏改编版），为此他经常熬夜工作（"我必须彻夜忙活这个，没有别的办法"[31]）。他耽误了在 7 月 26 号及时向图诺奉上命名日的祝贺，但他仍然期待他的家庭对康丝坦瑟能够垂青，便说服她在他的家信中附上她颇有些扭捏的文辞。到了 7 月 27 号，沃尔夫冈对结婚已经迫不及待，他再度向列奥波德直接要求对方的祝福：

最敬爱和亲爱的父亲，我恳请您以您在这世间所珍重的一切，来成全我和我亲爱的康丝坦瑟的婚姻。别认为这仅仅是关乎结婚而已。如果那只是唯一的考量，我是乐意去等待的。但我意识到这绝对是关系到我自己以及我的姑娘的名誉，还包括我的健康和精神。我的心焦躁不安，头脑充满困惑；这样的状态下，一个人怎么能向着正确的目标思考和工作呢？[32]

然而，接下来他只是从列奥波德那里收到一封"冰冷而漠然"的回信，对他去信中所汇报的《后宫诱逃》引起的轰动避而不谈，甚至对沃尔夫冈随信寄去的总谱看都不看，只对他没有完成哈弗纳家族委托的交响曲加以训斥，并责难他说，"满世界都声称"他在自己的行当内四处树敌。沃尔夫冈大怒："请问你说的'世界'是哪个'世界'？如果说的是萨尔茨堡这个世界，那在维也纳，每个人看见的和听见的，足以证明事实正好相反。这便是我对此的回答了。"现在，他对父亲的恳求更加急切，更加不耐烦了：

您找不到任何理由去反对我们的结合——您也的确没找到。您的来信已经说明问题了。因为康丝坦瑟是位可敬的忠贞的女子，有着良好的教养，而我又绝对可以养活她。我们彼此相爱，并且彼此渴望。所有您所写下的和将要写下的那些反对意见，我姑且视其为好意的谏言，然而无论它们多么精到多么有裨益，对于一个跟爱人已经深深牵缠的男人而言，这些好意也不再是有用的了。事已至此，也就不能再拖延。对一个男人而言,最好是理顺自己的事情,做个挚诚的人,上帝对此终归会有报偿。我也没什么可以自责的。[33]

如果说,紧张的空气弥漫在莫扎特家两代人之间,那在韦伯家里也同样如此。在维也纳灼热的夏日,康丝坦瑟再度逃离母亲的家,来到沃德施塔顿男爵夫人在列奥波德施塔特的避风港,在那里她或可以跟沃尔夫冈做私下的会面。然而这个安排却激怒了韦伯夫人,甚至扬言要叫警察把女儿给抓回来。可怜的苏菲,也就是康丝坦瑟的小妹妹,不得不经受所有这些事情的冲击。一个仆人被打发去给沃尔夫冈送些乐谱,苏菲在里面附上了一封泪汪汪的便条,叫康丝坦瑟回家去。如此,不管有没有来自列奥波德的祝福,时事逼得沃尔夫冈很可能要采取极端的行动。他写信给男爵夫人,告知她那些来自韦伯夫人的威胁("维也纳的警察有权进入任何人家里么?"[34]),并且征询她的建议,他们是否应当就这么往前更进一步,把婚结了?

8月2号,沃尔夫冈和康丝坦瑟一同去告解,还领了圣餐;第二天他们签下一纸婚约,并做了公证。接着,在8月4号,他们在圣施台凡(St. Stephen)大教堂举行了婚礼,在场的有韦伯夫人和苏菲,康丝坦瑟的监护人图沃先生,沃尔夫冈的儿时玩伴弗朗茨·基罗夫斯基(此时在维也纳做外科医生)做伴郎,另有一位地方议员到场。这是个动人的场景:"当我们结成连理,我妻子和我都哭了起来。在场的人,甚至是教士,无不动容,都含泪去看我们的心如何被此情此景所打动。"[35]婚礼之后,沃德施塔顿男爵夫人在家中以盛宴款待众人,"相比男爵,这倒更具公爵的排场了"。沃尔夫冈在婚礼上给妻子的信物是一只小巧的金怀表，这是童年在巴黎的时候，他人生所得的第一只表。不管后来再收到什么样的礼物，她终生都带着它（在她年近八旬的时候，一对英国夫妇——文森特和玛丽·诺维罗〔Novello〕——登门造访，她将这只表拿给他们看过。她"时时刻刻都将它放在胸口"，并且它仍然"走时极为精准"[36]）。

事情便如此做下了。婚礼刚过，沃尔夫冈就收到列奥波德的来信，仍然拒绝赐予他们祝福，并抱怨说，康丝坦瑟只不过是在追求莫扎特家族的钱财，这一点上，很可能是沃尔夫冈给了她错误的导向。沃尔夫冈平静而坚定地予以回复："如果您认为您的儿子能够实施诡诈，那是您对他误解太深。我亲爱的康丝坦瑟——感谢老天，她终于是我的太太了——了解我的状况，也早从我这里听闻了从您那里我所能期待的一切。"[37]

他描述了婚礼，以及他们的快乐，接着他如常对父亲献上来自康丝坦瑟的深情问候。并且，从信的末尾处看，这就好像完全是一封寻常的信件：他宣称《"哈弗纳"交响曲》（K 385）的首、末乐章应该演奏得"尽可能地快"（这清晰地表明了在那个重大的时刻，他所具有的能量），并且轻松地谈到格鲁克（Gluck）对《后宫诱逃》甚为喜爱，因而邀请他和康丝坦瑟共进午餐。然而，这终归不是封寻常信件。沃尔夫冈做出了一次违逆父亲意愿的重大抉择，而列奥波德最终败下阵来。在《后宫诱逃》的结尾处，帕夏塞里姆对贝尔蒙特说道："你自由了。带康丝坦瑟走吧（Nimm deine Freiheit. Nimm Constanze）。"沃尔夫冈带走了他的康丝坦瑟，并且最终从父亲那里挣得了自由。

第十八章

　　沃尔夫冈和康丝坦瑟婚后的一整年，都还继续着恋爱时期的那些兴奋和起伏。在短短九个月内他们就住过不下四处不同的公寓——这几处之间实际上只相隔几百米的距离，但这么持续地搬家令他们无法有安定的感觉。韦伯太太也仍旧麻烦不断，轻易便能让康丝坦瑟哭出来。到8月末，在他们婚礼仅仅几个星期之后，沃尔夫冈决意不再让他妻子见到她母亲了，除非不得已要庆祝家庭成员的生日或命名日（康丝坦瑟两个未婚的姐妹，约瑟法和苏菲，此时仍旧住在家里）。而且来自列奥波德的压力始终存在，他希望儿子带康丝坦瑟来萨尔茨堡。尽管一再声明他们迫不及待地想要见到列奥波德和囡诺，沃尔夫冈和康丝坦瑟却始终在拖延。8月末，沃尔夫冈以沙俄访问团行程未定为理由，来解释自己为何没有给出确切的归期。在10月，"维也纳盈利的最旺季"[38] 才开始，人们在这段时间有教学和音乐会的需求，并且在这个月，沃尔夫冈确实是终于要给保罗大公爵演出《后宫诱逃》了，当初这出歌剧整个的计划便是因他而起的。到了11月中旬，沃尔夫冈抱怨起天气来,另外还有康丝坦瑟"严重的头痛"[39]耽误了行程。一周之后,他终于承认,开春之前他无法动身,因为"我那些学生断不会放我走"。[40]更有一个最佳的借口:康丝坦瑟现在怀了孕。

这对新人实际上是极度开心的。尽管有这些动荡,他们从彼此的爱意、他们的好友,以及沃尔夫冈在乐界的金主当中激增的名望里汲取了力量。他们有极好的朋友,特别是沃德施塔顿男爵夫人,以及夫人的新住客约瑟法·奥尔哈默。如今沃尔夫冈和康丝坦瑟已经言归于好,对于阿露西娅之前对他造成的伤害,他终于也可以释怀了:朗格夫妇和莫扎特夫妇时常到对方家中做客。朗格不久之后将会为他的妻妹画像,并且将要开始(可惜没有完成)次尔夫冈所有画像中最动人的一幅。9月,朗格家新添了第二个女儿,斐丽毗娜(Philippina)。阿露西娅跟康丝坦瑟确实一直在彼此的数次孕产中相互帮衬(她们两个也确实很少有同时不在孕期的时间:十年内,她们俩总共诞下了十二个婴儿,这还不算那些可能出现的流产)。1783年1月沃尔夫冈和康丝坦瑟在魏普林格街(Wipplingerstrasse)的小赫贝斯坦大屋(Klein-Herbersteinhaus)住过一段时间,这处宽敞的公寓是另一个好朋友莱蒙德·魏兹拉尔男爵借给他们的。有两个巨大的空房间毗邻他们所住的公寓,所以有天晚上,莫扎特夫妇在此举办了一个私人舞会。舞会从晚间6点一直到次日早上7点,他们邀请了所有的朋友参加。跟父亲和姐姐描述舞会盛况的时候,沃尔夫冈宣称,他不可能尽数到场的宾客,但他特别点山了沃德施塔顿男爵夫人,以及他慷慨的房东魏兹拉尔一家,他萨尔茨堡的朋友同时也是婚礼伴郎的弗朗茨·基罗夫斯基;还有《后宫诱逃》班底的众人,包括戏文家约翰·施台芬尼夫妇,饰演贝尔蒙特的约翰·亚当贝格(Johann Adamberger)夫妇,当然还有朗格夫妇。在同一封信中,沃尔夫冈请父亲将他自己的丑角行头寄过来(这是否是他们 1772 年在威尼斯的时候弄到的呢?):因为这是狂欢时刻,沃尔夫冈感觉到解放。不管在不在孕期,莫扎特夫妇都自得其乐。

莫扎特夫妇在维也纳新近结识的朋友之丰富,特别还有他跟阿露西娅的修好,为他带来了作曲能量的新浪潮。此时为了音乐会,他正在研发改良一种神奇的新载体——钢琴协奏曲,由他自己独奏并指挥。1782 年到 1783 年的那整个冬天,他写了三部协奏曲:F 大调的 K413(387a),A 大调的 K414(385p),以及 C 大调的 K415(387b),加上一部新的 D 大调回旋曲 K382,作为他早前的 D 大调协奏曲 K175 备选的末乐章。他也没忘了寄乐谱或者相关的消息给他姐姐,对于她在他的钢琴音乐上所抱的热切需求,他一向是十分敏感的。

沃尔夫冈也为阿露西娅写了更多壮观的咏叹调。首先是回旋曲式的"你不知何为痛苦"(Ah, non sai qual pena, K416),是为 1783 年 1 月在维也纳梅赫赌场的宏大音乐会而作的,在此沃尔夫冈令人激动地重拾了同一位音乐伙伴的合作,这个人在五年前曾同样唤起他的灵感。再一次,他的创作考虑到了阿露西娅杰出嗓音的每一面,她极具控制力的柔唱(cantabile)、她超高的音域(此次他将她带到高音 F)、她的辉煌的花腔以及戏剧化演绎的力量,在此勾画出一个伤心的情人在柔情与凄凉之间的摇摆。沃尔夫冈在调性关系上的延展,也带给梅赫赌场的听众极为新鲜与摩登语汇的音乐。他和阿露西娅两人无疑在这个晚上大显了身手。两个月以

朗格在 1782 年绘制的康丝
坦瑟的肖像

后,在她第三度怀孕的早期,阿露西娅在城堡剧院自己的音乐会上再次演唱了这首作品。在演出中她还加入了他俩当初在曼海姆合作的曲目,"我未曾感受过"(K294,所以他们之间没有无法克服的不适记忆了)。他则在音乐会上指挥了自己的《"巴黎"交响曲》,并以新作的回旋曲作为末乐章,还演奏了自己的 D 大调钢琴协奏曲。格鲁克到场聆听,且对音乐会极为满意,再次下了同他们午餐的邀请,这一回除了莫扎特伉俪,还带上了朗格夫妇。列奥波德一定被这样的描述打动了,这种感动在沃尔夫冈的下一封信中还要更进一步,因他在信中提到了自己的音乐会,驾临的不是别人,正是皇帝陛下:"但最令我高兴的是陛下也出席了,而且,我的天!——他是多么的高兴,为我极力喝彩!"[41] 阿露西娅再次作为独唱者出现,音乐会大获全胜。凭着蓬勃生发的演出活动,和在乐坛与伶界广阔延展的人脉(他跟列奥波德顺口提到过城里新来的诗人,"一位达蓬蒂长老"[①][42]),沃尔夫冈充满了能量和灵感。

但最重要的是,沃尔夫冈喜欢他崭新的、私密的欢乐。如果他早上在康丝坦瑟起身前离开家,他会写个便条给她:

> 早安亲爱的小娘子!希望你睡得不错,没什么事打扰到你,你也没有起来得太急,没有着凉,没有扭到或抻到,没跟仆人发脾气,没在隔壁的门槛跌倒。我回来前别操心家务。愿

---

① 译注:Lorenzo Da Ponte 1749—1838,生于威尼斯公国的犹太人,著名诗人和戏文家,莫扎特最重要的合作者,二人合作过三部意大利歌剧《费加罗的婚礼》、《唐·乔万尼》和《女人心》。中年被迫远走美国,1828 年成为美国公民,终老在纽约。

你什么事都没有！我到点就回家。[43]

他跟列奥波德和囡诺汇报康丝坦瑟怀孕的进程，规律而带着骄傲。1月份他记述他的"小妻子有点肥胖（但仅仅局限在肚子）"。[44] 4月，康丝坦瑟是"那么的健康，她变得如此精力充沛，以至于所有女人都要感谢上帝了，如果她们有幸怀了孕的话"。[45] 在5月，他们享受着普拉特公园盎然的春意，在户外进了午餐，沃尔夫冈心满意足地写道："陪伴我的只有我怀孕的小妻子，而于她而言，也只有她的小丈夫，他倒是没有怀孕，但是肥胖而茁壮……为了我的小妻子，我不能错过这好天气。活动活动对她有好处。"[46] 他们刚刚又搬了家，这是五个月中第三次了。如今他们住在犹太广场一个一层的公寓，在这里，他们的第一个孩子诞生于1783年6月17号，他被命名为莱蒙德·列奥波德（Raimund Leopold），取自他们慷慨大方的房东之名，当然还有孩子的祖父。

孩子出生带来的焦虑和兴奋，也使得夫妻二人同韦伯家的关系进一步和解，因为康丝坦瑟的母亲也过来帮忙了。照顾自己的女儿和新生的外孙的时候，韦伯夫人乖谬的过往也得到了原谅。沃尔夫冈6月18号的信中带有每个新晋的父亲都有的那些欢欣和疲惫：

> 恭喜您当上爷爷了！昨天，也就是17号，早上6点半，我亲爱的妻子安全诞下了一个壮实的婴儿，圆鼓鼓得像个球。她的疼痛始于凌晨1点半，所以我们整晚不曾休息和睡眠。4点钟我派人去叫我的岳母，接着是产婆。6点钟的时候婴儿开

始冒了头，到 6 点半，一切折腾方才结束。凭着对待女儿的好心，我岳母消解了她在女儿婚前所施加的所有伤害。她整天都陪着女儿。"[47]

作为一个对最基本的身体官能从不讳谈的人，沃尔夫冈进而透露了他对母乳喂养的担心：

从她乳房的状况来看，我有些担心产乳热。如今罔顾我的意愿，孩子被交给一位乳母喂养，或者这更是符合我的愿望的。因为我心意已决，不管有没有能力，我太太都不应该自己喂养孩子。并且我还决定我的孩子绝不会喝陌生人的奶水。我希望这个孩子喝水长大，就像我跟我姐姐一样。然而，产婆、我的岳母及这里大多数人都央求我别这么做，如果其中的理由仅仅是多数靠着喝水养活的孩子无法存活的话，那是这里的人不知道适当的方法而已。

三天以后，他在家信中的相关汇报显得周到、快乐而详尽（这段描述夹在他为阿露西娅创作新的几首咏叹调以及一部新歌剧的计划之间）：

感谢上帝，我妻子熬过了要命的两天，昨天跟前天。目前来看，她状态不错。我们现在希望一切能够顺利。孩子也很茁壮健康，他有大量的事情要忙活，我指的是：喝水、睡觉、叫唤、撒尿、拉屎、流口水，等等。他亲吻他外祖父和小姨的双手。[48]

当然，沃尔夫冈和康丝坦瑟感到非常幸福："小莱蒙德长得太像我，所有人见了都立刻这么说。这就像把我的脸做了个副本。我的小太太非常高兴，这是她一直以来所渴望的。"[49]

小雷蒙德的姨妈，阿露西娅，那段时间也常常出现在莫扎特家里。她将会在城堡剧院参演安佛西①的歌剧《好奇之苦》(*Il curioso indiscreto*)，而沃尔夫冈将会专为她创作两首咏叹调，填入安佛西的乐谱当中（当一个歌剧角色并非专为某一歌手而设计，而此歌剧在进入最终制作阶段的时候，这算是十分寻常的操作）。"上帝，我想告诉你！"(Vorrei spiegarvi, oh Dio! K418)以及"不，你不能"(No, che non sei capace, K419)，这两首咏叹调以各自的方式，巩固了沃尔夫冈和阿露西娅之间那惊人的音乐合作。如今没有了深深的个人纠缠的痛苦，沃尔夫冈为她的创作触及了她的超凡能力和他们共享的情感经验的深远疆界，制造出的音乐具有令人屏息的特质。

"我想告诉你"的唱词（来自一位佚名作者）本是循着再平常不过的方子：

> 我想要告诉你，哦上帝
>
> 是什么在困扰着我

---

① 译注：Pasquale Anfossi, 1727—1797，意大利歌剧作曲家，其大量优秀歌剧，在后世被萨列里和莫扎特等人的作品所遮蔽，直到 20 世纪末方又被人注意。

但是命运却责罚我

在沉默中哀泣

然而沃尔夫冈的配乐令它直通天界。他的调性选择——A大调——十分有趣，因为在他的音乐当中，这个调性常常与诱惑相关；而他为歌者安排的必备对奏（obbligato）的双簧管，在他也经常是代表诱惑的乐器。所以这段悲伤的小唱辞，几乎化作了一首爱情二重唱。沃尔夫冈再一次善用了阿露西娅那著名的具控制力的慢速演唱，以及她对唱辞的情感融入，和那现象级的高音。这可以说是他迄今所作最好的咏叹调。加上电光石火般的"不，你不能"，这两首咏叹调不可避免地遮蔽了《好奇之苦》的其余部分。据沃尔夫冈所说，安佛西的歌剧"彻底地失败，除了我那两首咏叹调……为我的妻姊和我本人增添了难以言表的荣光"。[50] 这联袂的家庭的成功，在维也纳乐界引发了妒忌，沃尔夫冈和阿露西娅各自提防他们的"敌人"，特别在阿露西娅这边，有位近在咫尺的年轻歌手，18岁的"斯多拉齐小姐"（Mlle Storace）。1783年7月，当沃尔夫冈第一次跟列奥波德提到此人的时候，他还没有意识到，这个南希·斯多拉齐①也将成为他阵营当中一位重要的爱将。

但所有这些令人兴奋的事，继续拖延着说好的对萨尔茨堡的探访。列奥波德和囡诺还没有见过康丝坦瑟，列奥波德再一次开始指责沃尔夫冈根本就没有意愿回来。面对这样的强迫，沃尔夫

---

① 译注：Anna（或 Ann）Selina Storace，常被称为 Nancy Storace，1765—1817，英国歌唱家，莫扎特《费加罗的婚礼》的女主角苏珊娜的音乐形象，便是作曲家为其度身定做，并由她首演。

Sᴮᴬ STORACCE.

London Pub. April 21, 1788, by M. Sené & Edwards, No 78, St. Pall Mall. & Paris Aux Esters Torino et Cie Quay des Augustine. 1892.

1788 年的南希·斯多拉齐

冈和康丝坦瑟无疑都极度的紧张。除去家庭的原因,对沃尔夫冈来说,还有政治上的疑虑:现在,离他被踢出萨尔茨堡宫廷已经过去两年多了,他不知道自己在那里会受到怎样的待遇;而在康丝坦瑟这边,则要面对跟麻烦的婆家人初次见面的严峻考验。她在萨尔茨堡的确至少拥有两个年少的同盟者。海因里希和格蕾特·马尚是曼海姆的德意志宫廷剧院总监提奥多·希拉里厄斯·马尚(Theodor Hilarius Marchand)的孩子,而马尚一家在曼海姆就跟韦伯一家相识。1781年列奥波德带着图诺到慕尼黑听《伊德梅尼欧》的时候,他也见过马尚一家,并曾提出带马尚的两个孩子回萨尔茨堡加以教导。(几乎可以肯定,列奥波德一直在寻找下一代的可造之天才。)现在海因里希和格蕾特分别是14岁和15岁,跟列奥波德和图诺住在舞师之家;当沃尔夫冈和康丝坦瑟写了一系列信件,向父亲和姐姐保证他们真的会去萨尔茨堡的时候,康丝坦瑟也曾附上一个小便条给格蕾特。当炎夏中的萨尔茨堡几乎成了空城,年轻的莫扎特夫妇再也无法推迟他们的访问了。将他们六个月的婴儿留给了一位保姆,同时也告别了阿露西娅(她正要动身去法兰克福,在《后宫诱逃》中扮演康丝坦瑟),夫妇俩在7月底出发去了萨尔茨堡。自1780年11月,沃尔夫冈就没到过那里,一晃快要三年了。

第十九章

还是由于没有留诸后世的书信，沃尔夫冈和康丝坦瑟在萨尔茨堡的这三个月，关于这次期待已久的造访的情况，传世的资料乏善可陈。事件的主记事员，照例还是囡诺。她继续以简洁的笔触在她的日记中记录她每日活动的基本事实：教学委托、访问、访问者、教堂活动、天气报告，等等。然而这些内容，的确揭示了她跟沃尔夫冈在某种程度上恢复了姐弟间的关系。再一次，沃尔夫冈潜入了囡诺的日记，在其中添加自己的条目。通过借题即兴发挥，他温和（同时也不那么温和）地取笑她那不带感情的流水账："本人7点钟去米拉贝尔宫的花园散步的时候，在米拉贝尔宫花园散了个步。正当本人去散步的时候，本人散了个步。眼看要下雨但没下雨，逐渐地，老天绽放了笑脸。"[51] 沃尔夫冈在日记中的有些夹注，实在太像囡诺的口气，几乎像是她在一旁口授。另有一些则显然是来自他自己的语气和腔调，照例充满着双关、变位、字谜和笑话。不管是否是有意为之，沃尔夫冈是在和姐姐一道重回童年时的天真与丰沛。

经过数月的累积,可怜的康丝坦瑟很可能遭到了列奥波德和图诺的冷遇。然而,面子上该有的款待似乎也还是有的。图诺的日记记录了他们乘马车去观光的事,在萨尔茨堡去别人府上的多次造访,尤其还有在舞师之家大量的音乐活动。毕竟算上颇具天赋的马尚家的孩子,现在共有六个音乐家住在那里;况且还有许多萨尔茨堡的宫廷音乐家,同平素一样,不时地加入进来。

如同大多数的家庭聚会一样,特别是当其中的成员具有明显的情感的无常,就难免发生人际的摩擦。多年以后,康丝坦瑟向英国来的访问者们描述了那些音乐之夜当中的一个。正当他们一同演唱《伊德梅尼欧》当中的四重唱的时候,沃尔夫冈变得非常懊丧:"他突然哭起来,并从屋里告退,她花了好长时间去安慰他。"[52] 因为那首四重唱聚焦的是:伊德梅尼欧的儿子伊达曼泰(Idamante)不得不因父亲一直以来针对他的乖戾无状而远走他方,这还牵扯到伊达曼泰爱着的伊利娅(Ilia)公主,公主由于政治的关系,实际是他父亲的敌人。辛酸苦痛的潜流层层错综,一定影响着在场的各方。尽管如此,这些音乐活动也带来了巨大的快乐,尤其对图诺,这一定是又一段珍贵的时光。在萨尔茨堡的这些日子,沃尔夫冈很可能写出了几部钢琴奏鸣曲:C大调的K330(300h)、A大调的K331(300i),以及F大调的K332(300k)。而图诺一定是它们最初的演绎者之一。此行最主要的音乐活动在行程即将结束时到来了:那是沃尔夫冈浩大的新作c小调弥撒K427(417a)的演出。主要的独唱者便是康丝坦瑟。

这部未完成的教堂音乐巨制的缘起,坊间流传着两个不同的版本:一个来自沃尔夫冈,一个来自康丝坦瑟。令其真相有些暧昧不明。沃尔夫冈的版本出现在1783年1月给列奥波德的信中,此时正值他父亲为了他们到访萨尔茨堡的确切日期再度施压的当口。为了驳斥对他根本无意造访的指控,沃尔夫冈提呈了一部写完一半的弥撒作为证据,证明他确实是要到萨尔茨堡去的,同时也暗示他也一直计划着带上自己的妻子,连同一部为她而作并对其致敬的弥撒:"这半部弥撒的总谱正待完成,这就是我言出必践的最佳的证据。"[53]

而康丝坦瑟的故事版本却是另一个样子,她还讲了两次。头一回是在19世纪20年代讲给格奥尔格·尼森(Georg Nissen)的,他那时正策划莫扎特的传记,故事中这部弥撒是"在他妻子顺利分娩之后,郑重承诺给她的"。[54]康丝坦瑟后来在1829年向她的英国访问者诺维罗夫妇(Novellos)重复了这一说法:这部弥撒的写作是"缘于他所下的一个誓约,为了祝贺在他们第一个孩子出生之后,母亲的康复——比较而言,他一直以来对她更为牵挂"。[55]事实上这两种说法也并不矛盾。沃尔夫冈很可能一直想为康丝坦瑟写点什么,就如同他为阿露西娅所写的那些音乐,从而在大庭广众展示他们夫妻二人的能力。在康丝坦瑟怀孕期间,跟所有新晋的准父亲一样,为了即将诞生的孩子他甚为紧张,此时他发誓,孩子诞下、母子平安的时候,他会完成这部弥撒。虽然沃尔夫冈其实并没有完成这个作品(在那次首演中,他一定是用了早先的教堂音乐来顶替),这个弥撒宏大的构想和为康丝坦瑟"度身定制"的独唱声部写作,也是他对新婚妻子挚爱的特别见证,并且证明了他对她喜爱并可以演唱的音乐的觉知,顺带着也昭示了他的强烈的愿望:想对整个萨尔茨堡展示如今他的写作是如此的多元化。

当然, c 小调弥撒跟同时代的任何教堂音乐作品都很不相同。它需要分编两组的合唱队(在"除免世罪者"〔Qui tollis)和圣哉经(Sanctus〕中),还有那些强力的合唱赋格("与圣灵同在"〔Cum sancto spiritu〕);它的独唱写作常常是绚丽和华饰的;要求宏大的乐队编制(弦乐、双簧管、巴松管、圆号、小号、长号、定音鼓和管风琴),里面还有显著的器乐独奏的部分。所有这些都与近来的风气相抵触,因为在维也纳约瑟夫二世业已将带有器乐伴奏的教堂音乐限制在宫廷礼拜堂或者圣·施台凡大教堂:在其他任何地方,宗教音乐必须朴素,并合乎教众法度。在萨尔茨堡,主教公科罗雷多也施行了它自己的规矩,要求在音乐中禁断繁复(不能有赋格)和炫技(无独唱和独奏段落),并诏令任何弥撒音乐的时长不得超过四十五分钟。在 c 小调弥撒当中,沃尔夫冈打破了这所有的"规章",几乎像是故意在顶撞他的前雇主。他所构思的,是呼应巴赫或亨德尔风格的旧式的复调音乐的庞大作品,他和康丝坦瑟深深仰慕这些前辈;这作品中有着更为摩登的独唱写作;以及那浑然的乐队音响,它将会令人毛骨悚然地充盈在萨尔茨堡的圣·彼得大寺,沃尔夫冈知道那里将是这弥撒演出的场所。

沃尔夫冈在写作中从不会超出他的表演者的能力(这一点与贝多芬不同),但他总会富有挑战意味地将他们的能力逼至极限。从 c 小调弥散的独唱写作来判断,康丝坦瑟当是一位颇有才具的歌手,有着和她姐姐阿露西娅相同的许多属性。这倒不特别令人意外,因为这四位韦伯家的女孩都接受过她们父亲的杰出教导,她们的技术是格外牢靠的。为了帮助妻子准备这一非常特别、备受瞩目的演出,沃尔夫冈写了一些练习给她,特别针对她将要演唱的曲目来锤炼她的技巧。康丝坦瑟的初次亮相发生在《垂怜经》（*Kyrie*）乐章，当女高音独唱唱出"基督慈悲"（Christe eleison）一节。就像阿露西娅，康丝坦瑟一定具有广阔的音域和举重若轻的花腔能力。尽管这部作品整体庄严肃穆，但是其演绎效果却总是颇为耸动、夺人耳目。在下一个独唱乐章，《荣耀经》（*Gloria*）中的"我等赞美您"（Laudamus te），他更进一步：康丝坦瑟音域中的高低两端被开发到极致，花腔的写作也被自信、辉煌地加以延展。但康丝坦瑟此次演出的点睛之笔，也是任何弥撒配乐的题眼，便是《信经》（*Credo*）中的"道成肉身"（Et incarnatus est）一节。虽然沃尔夫冈传世的这部作品不全，但歌唱分谱和与之配合的独奏器乐——如长笛、双簧管和巴松管——分谱却仍存世。最终构成的这部咏叹调，同他当初写给阿露西娅的那些一样，具有徐缓从容、收放自如的炫技，同时还有一种异常的静谧和虔敬。尽管相比两个姐姐，康丝坦瑟的音域显然略有不及（阿露西娅，以及后来的约瑟法，都将冲到高音 F，而康丝坦瑟却从未超过高音 C），然而她却同样拥有许多她家族的绝活，沃尔夫冈在写作中对其扬长避短。

在访问萨尔茨堡的最后一个星期，沃尔夫冈的新弥撒得以在圣·彼得大寺排练；并于 10 月 26 号在同一地点（并没有在主教公的大教堂）演出，正是他和康丝坦瑟动身离开的前夜。他所有朋友和萨尔茨堡乐团的旧时同僚都到场参与，而主教公则知趣地退避。图诺典型的简明日记，仅仅记录了演出的发生，以及她的弟媳参与演唱的事。然而她和她父亲一定被沃尔夫冈创作所能及至的深刻和多元深深折服了。虽然 c 小调弥撒没能完成，故而招致了这样的揣测：这次首演给人留下的印象不过是一次失败，但是却没有哪个音乐家不对之投以欢欣感佩。此番萨尔茨堡之旅固然有其紧张不安的部分，但却不得不让人下此定论：它名副其实地以"高调"圆满收场。

于是沃尔夫冈和康丝坦瑟便到了这次旅程的终点了。离开舞师之家的时候，康丝坦瑟斗胆问列奥波德，她是否可以从沃尔夫冈早年那些旅行中所获的礼物中带走一件，这个要求被拒绝了。对沃尔夫冈妻子的接纳，显然还没到过度慷慨去赠予纪念品的程度。沃尔夫冈从此再没能回到他的出生地，也没能再见图诺一面。回家的路上，他们在林茨（Linz）住了几天，在那里他有些生硬地给父亲和姐姐写了信："我妻子和我吻你们的手。叨扰那么久，我们在此乞请原谅。对我们收到的好意，再次对你们表示感谢。"[56] 不过他们在林茨感到大受欢迎，图恩家族（维也纳一位好金主的亲戚）对他们极尽慷慨殷勤。沃尔夫冈则报之以一场音乐会；另外，由于他身边不巧没有带着交响乐，便"疾速狂飙"，随手为他们写了一个（《C 大调"林茨"交响曲》K425）。

沃尔夫冈和康丝坦瑟刚回到维也纳，便迎来了噩耗。他们的幼子莱蒙德在 8 月 19 号那天夭折了。一连几个星期，他们二人完全垮掉了。12 月 10 号，在一封讲述近闻和讨论生计的正常信件中，沃尔夫冈忍不住写下极度痛心的一段："我们俩都非常悲伤，为了我们那个可怜的、肥肥胖胖的、可爱的小男孩。"[57] 尤其对康丝坦瑟，这绝对是在经历过一次不那么愉快的旅程后，一次苦痛的、彻底凄凉的归家。此刻她一定需要来自她自己家庭的支持，而韦伯一家的重聚看上去也确实是快乐而富有成效的。阿露西娅的事业蒸蒸日上，她即将外出巡演几个月。临走之前，为了自己筹资，她还将参演一部歌剧,她忠实地选了《后宫诱逃》。她同自己的妹夫,继续在为彼此带来巨大的声誉。几乎像是在补偿家庭中姐妹间的平衡一样,沃尔夫冈在12月10号的家信中,以写给囡诺的附记作结:

我们俩送给囡诺:

1. 两记耳光

2. 两记脸掴

3. 面颊上敲两下

4. 下巴上打两拳

5. 腮帮上拍两拍

6. 脸蛋上扇两扇

对于他妻子的姐妹,如今他与之相互交接的,是崇高的音乐;而对他自己的,则是幼稚的逗弄。

对莫扎特夫妇来说,1784年将会大有好转。他们先是搬入了格拉本(Graben)一处崭新建筑中的宽敞公寓,房子的主人和建造者是维也纳杰出的书店的业主,约翰尼斯·托马斯·冯·特拉特纳(Johannes Thomas von Trattner)。特拉特纳的妻子玛丽亚·特蕾莎是沃尔夫冈的学生,两个家庭彼此成了挚交。康丝坦瑟几乎即刻便又怀了孕,于是她跟沃尔夫冈重拾了壮大人丁的希望。即使在新居中足不出户,沃尔夫冈也可以发展他的音乐活动。在今天被称为特拉特纳庭院(Trattnerhof)的地方,有个后堂,可以举办音乐会,沃尔夫冈抓住这个机会,在1784年3月推出了三场联票音乐会。他收集了一份有178名订票听众的名单,全部抄录给列奥波德,他还为每场音乐会各写了一部新的钢琴协奏曲（降 E 大调的 K499、降 B 大调的 K450，以及 D 大调的 K451）。由于他同时也参与其他人的系列音乐会，令他看上去几乎每天都在表演。但是他仍然记得将这些新的协奏曲寄到萨尔茨堡，周到地建议列奥波德和囡诺："降 E 大调的协奏曲……可以四声部（a quattro）弦乐编制协奏，不带管乐器。"[58]——这是说，囡诺可以在家中以单人弦乐编制的室内乐版本演奏它①。他继续努力维系囡诺和康丝坦瑟之间的良好关系："我妻子向我的姐姐奉上她的爱意，并且下次邮政马车发车，她会派上一件入时的三角披肩给姐姐。她会自己亲手缝制，如此多少能更加实惠一些，同时更会格外的美观。"[59]康丝坦瑟的手很巧，而沃尔夫冈也不曾错过机会去褒扬她优秀的家务能力。他还同囡诺分享康丝坦瑟孕期里种种动人的细节（"她发觉长久坐着很困难，因为我们未来的儿子和继承人不给她安生"[60]）。或许这是知道囡诺大概和天下大多数女性一样，会想要了解这个过程当中的每个阶段。

---

① 译注：指莫扎特将协奏曲的乐队总谱改编为第一小提琴＋第二小提琴＋中提琴＋大提琴配器的室内乐版本，暗示囡诺可以四声部演奏者各取其一，完成演奏。

第二十章

其实，在 1784 年的夏天，图诺对于婚姻的喜乐以及新生婴儿的兴趣，比起那种代入他人生活的怀想，还要更近一层。终于，她自己也要结婚了。她未来的丈夫，并不是那位近年来最为热情的仰慕者迪波（d'Ippold）上尉，尽管在沃尔夫冈夫妇来访的那些日子，他仍旧出现在她日记里舞师之家的访客名单当中，但他忽然间便从故事中淡出了。1783 年 4 月，她在日记中记录了一位珍妮特·玛丽亚·伯希铎（Berchtold）的死讯。仅仅十六个月之后，在 1784 年 8 月 23 号，她嫁给了这个年轻女子身后的鳏夫，约翰·巴普蒂斯特·弗朗茨·冯·伯希铎·族·索南博格（Johann Baptist Franz von Berchtold zu Sonnenburg）。

和迪波上尉一样，伯希铎比图诺年长不少：如今他已经 48 岁，而她刚刚 33。此前他已有过两次婚姻，但前两任妻子都死于生产。第一位，玛丽亚，在生他们十年内的第九个孩子的时候去世了；第二任珍妮特，死于两年中生第二胎的时候。这十一个孩子，活下来五个，四个来自玛丽亚，一个来自珍妮特。因为嫁给他们的父亲，囡诺也就成了这五个孩子的继母。这本身是一种苛求；随之而来的那些家庭动荡也是。出于某种奇特的家庭巧合，她新婚的丈夫现在是圣吉尔根的地方知事（Pflege），正同她的外祖父一样。囡诺想必还保有对她外祖母伊娃·萝西娜的早期记忆，她曾同她们一家住在粮食巷上，直到1755年囡诺4岁的时候，她去世。如今，她即将搬到圣吉尔根的那所房子，在阿伯湖区平静的水畔。当年伊娃·萝西娜正是在同一所房子生下了囡诺的妈妈玛丽亚·安娜。对于囡诺循规蹈矩的头脑来说，冥冥中的这种对照性，大概是种强烈的吸引。

　　但这也确实是生活方式上一次重大的改变。在舞师之家过往的日常中，囡诺扮演了她年迈而不易相处的父亲的陪护者；也是他们年轻的门徒海因里希和格蕾特·马尚的教师、看顾者和守护人；同时，在广阔的老友圈子当中，她也是处在规律的音乐和社会事件中心的技巧卓著的音乐家。囡诺便是从这样的处境，被移植、转运到了湖边的一个小村子里。8月，当她结了婚，安顿在外祖母的旧宅当中的时候，乡间想必有极为动人之美，相对于萨尔茨堡夏天那窒闷的潮湿，此地湖中的清凉空气，带来了怡人的宽慰。但是随着秋天乃至苦寒的冬日的到来，她意识到为换取那种乡野的安逸所承担的代价，这带给她深深的打击。从效果上，她实际是刚从一个跋扈的男人的掌控下逃脱，又落到另一个的手里。因为最初的缱绻一过，伯希铎似乎便疏离了自己年轻的妻子，并且对她的需求不大具有同情了。她的继子们对她敌对且任性。在乡间找到仆人本不容易，留住他们就更成问题（同仆人相与融洽本来也不是她的强项）。然而，最为痛苦的是，她完全地孤立于任何音乐活动了。她父亲曾大方地送给她一架钢琴作为结婚礼物，但是随着严寒降临，大雪将这个狭小的地区隔绝，她的乐器无法适应这样的湿冷，已经不能演奏。面对这个新难题，囡诺顽强地调动了继承自母亲的以及她自己的智勇。通向外界的求生索，便是同父亲每周规律的通信；以及列奥波德通过女婿的官方信使（在圣吉尔根和萨尔茨堡之间传递文件的本地人）或者一位从艾赫（Aich）到萨尔茨堡运送玻璃制品的妇女，为女儿送去的物资；当然，尤其还有她弟弟在维也纳音乐生活的消息。

沃尔夫冈似乎真诚地因他姐姐的婚姻而高兴。他也因之而诧异：在他 1784 年 7 月 21 号写给她的信中，没有提到伯希铎其人，事实上也根本没有提到任何关乎罗曼蒂克的东西。但一个月之后，8 月 18 号，他对于她新状况的兴奋之情唤起了所有他作为小弟弟的那种厚颜耍荤：

> 现在写给你正是时候，如果我想通过这次通信来获知你还是个贞洁的处女的话！再晚几天——那就不再了！对于你这次的变身，我和我妻子祈福你所有的快乐和幸福，我们只是真心抱歉我们不能有幸亲临你的结婚现场。但是我们希望在接下来的春天能在萨尔茨堡和圣吉尔根拥抱作为冯·索南博格太太的你，以及你的丈夫。[61]

接着，他透露了近来对列奥波德的焦虑，在这段相对严肃的内容之后，他以一首体现其典型的创造才华的诗歌结束了这封信：

婚姻会交给你很多事，

但有一样还没揭破；

经验很快就会教你，

在她能够生下该隐之前，

当年夏娃本人必须干的；

但所有这些义务都不难的，

履行它们的时候很好玩的；

但没有哪个状态是纯然的快乐，

婚姻也有它自己掺杂的成色，

免得我们对它的喜乐腻烦了；

所以当你的丈夫对你有所保留，

或是哪种讨厌的脾气，

想一想，姐姐，这是一个男人古怪的行为。

然后说："主啊，您的意愿在白天被奉行，

但夜里您该照顾一下我的了。"

第二十一章

于沃尔夫冈和康丝坦瑟而言，1784 这个年份，他们在音乐和社交活动上进展空前。他们的儿子卡尔·托马斯（Carl Thomas）在 9 月 20 号出生。这是个健康的男孩，未来会得享七十多年的寿数。一周之后，莫扎特一家再次搬了家（这是他们夫妇结婚刚逾两年的时间内的第六处住所了），这回是搬到了教堂巷（Domgasse）的一处豪华公寓，差不多就在圣·施台凡大教堂的荫翳之下。他们是从一家姓卡梅西纳（Camesina）的那里租的房子：上一代的卡梅西纳，房主阿尔伯特曾是维也纳宫廷的石膏装潢师，也在萨尔茨堡工作过。教堂巷这处公寓的其中一个小房间，有卡梅西纳风格的灰泥装饰的大理石天顶，这是遍布主教公在萨尔茨堡宫殿的雕饰，如今沃尔夫冈得以享受属于自己的版本，心里一定甚为得意。的确，这样的地理位置，加上这么多间宽敞的房间，这处新家成了沃尔夫冈近来在维也纳社会立身地位的映射了。在教堂巷的那两年半，也的确是沃尔夫冈和康丝坦瑟最好的时光：名誉、成功、艺术的满足和家庭的快乐，在此都达到了顶峰。但如果说沃尔夫冈的社会地位高了起来,不久房租便也跟进了。在特拉特纳庭院他们一个月要付 150 弗洛林,如今他们要想法凑到 460 了(在萨尔茨堡,住在舞师之家的列奥波德现在每月只须付出 90 弗洛林)。对于一个没有稳定收入的年轻家庭来说,这次变动前途莫测。

沃尔夫冈和康丝坦瑟刚搬入教堂巷的新家,就再度邀请列奥波德来做客。在这里,至少有个孙子他们想让他看一看,还要请他瞧瞧这个家(列奥波德对于卡梅西纳的天顶应当不会无动于衷)。在 1785 年的新年,列奥波德准备动身了,他还要带上自己从前的学生,海因里希·马尚,如今他已经 16 岁了(在图诺结婚并离开萨尔茨堡之后,马尚家的孩子们搬回了慕尼黑)。列奥波德的探访持续了十周,几乎是大获全胜。沃尔夫冈参与音乐活动的发狂的节奏、他光芒四射的新作以及它们完美的演奏呈现、他的炫目的新相识们(有音乐家以及他们身份显赫的金主),还有婴儿卡尔的可爱,甚者也要加上韦伯一家,这一切深深打动了列奥波德。在这样一个关键的考验时段,康丝坦瑟拉上她的母亲和姐妹来相助。

列奥波德几乎刚一到维也纳,就被拉到韦伯夫人家中用午餐。据列奥波德 1782 年的描述,这个女人,因为曾诈骗他儿子娶她的女儿,"就应该戴上枷去扫街".[62] 按理说这该当是个冰冷的社交事件。但是韦伯夫人率领她的幼女苏菲出色地将危机拆解了(约瑟法当时正在外地做歌手的营生)。她在餐点上不辞劳苦且有出色的定夺。在信中和图诺说起这件事,列奥波德都无法掩饰他由衷的感佩:

17 号星期四,我们在你弟弟的岳母韦伯夫人处用午餐。

就我们四个人（原注：列奥波德、沃尔夫冈、康丝坦瑟和海因里希），加上韦伯夫人和她女儿苏菲，她的大女儿此时正在格拉茨。我必须得告诉你，菜做得很完美，不过分奢侈也未显得寒酸。烤物是一只肥美的野鹅；一切都经过精心准备。[63]

列奥波德从萨尔茨堡来的路上着了凉（他对此素来极为小心，尤其二十年前伦敦的可怕经历之后），至少有一整天，他不得不错过了许多音乐和社交的活动。但呆在家里的时候，他并不孤单。韦伯家的护理员——苏菲——过来看护他：她为他准备午饭，并且待到午夜时分，当家里其他人分别从两个音乐会回家来（沃尔夫冈在为齐希伯爵举办的音乐会上演奏；康丝坦瑟则带着年轻的海因里希去听了另外一场），她才离开。阿露西娅也起了她的作用。朗格一家至少两次邀请列奥波德到他们家中做了客。每次阿露西娅都为他演唱好几首咏叹调，其中一个晚上，她丈夫还为列奥波德画了素描像。尽管列奥波德对阿露西娅的演唱吹毛求疵（在韦伯家的女孩当中，列奥波德或许只对她还残留着难以宽宥之情），也不得不赞赏她的天赋，在维也纳她确实借之攀上了自己行当的顶峰。

这次至关重要的造访成功与否，最重要的保证或许还是来自康丝坦瑟。和她妈妈一样，她似乎颇能机智地审时度势。卡尔无疑也发挥了作用，列奥波德很为自己五个月大的孙子着迷："小卡尔跟沃尔夫冈一模一样。他看着十分健康，当然婴儿早晚会在牙齿上闹点毛病。总的来看这孩子讨人喜欢，因为他特别亲人，跟他说话的时候会笑。我就见他哭过一次，但转脸他又笑了。"[64]列奥波德甚至赞扬了康丝坦瑟的持家。在外面他享受着锦衣美食，但在教堂巷的家中，他赞赏康丝坦瑟的省俭。甚至，在给因诺的几封信的结尾，他在含着深情的落款中把康丝坦瑟也囊括进来（"你弟弟，你的弟媳，马尚和我，亲吻你百万遍"[65]）。这实在算是一个不小的进展了。

列奥波德有充分的理由，一反常态地去倾向于慷慨宽容。他听到的音乐，着实令他有飘飘然的感觉。在沃尔夫冈那极富戏剧性的墨迹未干的新作《d 小调钢琴协奏曲 K466》第一次演出的时候，他喜极而泣，后来几次，当沃尔夫冈在音乐会上演奏自己的协奏曲的时候，他也是如此反应。他得以再听了一遍"康丝坦瑟的"c 小调弥撒中那勾魂摄魄的音乐，沃尔夫冈此番是将他们重整并编入了一部康塔塔《忏悔者大卫》（*Davidde penitente*，K469）中，这是为了乐师公会（Tonkünstler-Societät）而创作的（脚本来自他的新同事洛伦佐·达蓬蒂）。在教堂巷的公寓里，他还听到了沃尔夫冈开宗立派的几部弦乐四重奏，K 387、421（417b）、428（421b）、458、464 和 465——这些作品晚些时候将会结集出版并题献给沃尔夫冈的新朋友，也是他弦乐四重奏的演奏伙伴——约瑟夫·海顿（他的弟弟米夏曾在萨尔茨堡跟列奥波德共事）。因为沃尔夫冈，列奥波德在此地享受着绝对是所有人对自己的赞誉，尤其是来自海顿[①]的，他这样告诉列奥波德："作为一个诚实的人，我在上帝面前告诉您，您的儿子是我所知最伟大的作曲家。"[66] 他也为了皇帝的垂青而陶

---

① 译注：Joseph Haydn，1732—1809，奥地利作曲家，通常被称为"交响乐之父"和"弦乐四重奏之父"，在古典时期某些音乐体裁的发明和成立上有非凡建树。他与莫扎特，相互间亦师亦友。莫扎特在教堂巷的家庭四重奏演奏中拉中提琴，海顿有时会拉小提琴。莫扎特这段时间的四重奏创作，借鉴海顿此前的作品 20 及 33 两个套曲，风格大变。其作品也以某种方式反哺过海顿后期的创作。

醉(皇帝"挥舞他的帽子,并高喊'好哇,莫扎特!'"),还有整个维也纳贵族群体的青睐。他特别痴迷于沃德施塔顿男爵夫人,她在沃尔夫冈和康丝坦瑟婚后一直是他们最重要的支持者。男爵夫人热情而机智地和列奥波德通信,现在他会以"这个我心中的女人"[67]来提到她(因诺对此会怎样理解呢?)。列奥波德访问维也纳期间,男爵夫人确然使出一切手段,派出她的车马,邀请他出来,到她克罗斯特诺伯格的家中赴会。

但最为重要的,列奥波德再度同沃尔夫冈相处融洽了。就像是旧日时光,他们在大巡游或者几度意大利之旅的时候那样。伴随着成功和溢美,父子之间再度获得了大和谐,而这种和谐的再造,康丝坦瑟无疑功不可没。列奥波德在维也纳的时候,成了共济会员,入了沃尔夫冈本人不久前才加入的会堂——仁堂(Zur Wohltätigkeit)。在这个当然未被女性的存在所侵扰的理想社团,他们可以一同享受友谊、社交(对于进阶颇有助益)、美食、消遣,以及某种他们尊崇且重视的仪轨。沃尔夫冈为他的会堂创作了康塔塔《共济会员之欢乐》(*Die Maurerfreude*,K471),并且在列奥波德离开这座城市的前夕在那儿演出了这部作品。最终,列奥波德被维也纳之旅迅疾的步调搞得精疲力竭,然而以他自己的方式,他爱着在这里的每一分钟。

第二十二章

收到列奥波德对其一系列活动的炫目描述，囡诺的反应有多么可怜，我们只有凭借想象了，因为整个冬天她都在那个雪封的、被其称为"荒原"的地方打着哆嗦。她和自己的弟弟曾被一视同仁地看待，如今貌似已是天壤之别了。在世界上最活跃的城市之一，他身处文化艺术的枢纽，事业成功，志得意满，并且显然所获颇丰，还是个快乐的丈夫和父亲。而她却活在一潭冰封的死水里头，身边是一个她几乎都不认识的丈夫和五个不喜欢她的吵闹的继子（事实上列奥波德形容为"麻烦而恶毒的孩子"）。甚至，连个像样的钢琴她都碰不到。但至少还有一样（名副其实的）新生命的微光：她怀孕了。5月中旬她和伯希铎去了萨尔茨堡，以迎接回到舞师之家的父亲，并把这个好消息告诉他。他们之间也确定了共识，她应该在夏天孩子足月的时候再度回到萨尔茨堡。

列奥波德·阿洛伊丝·潘塔利昂·伯希铎（Leopold Alois Pantaleon Berchtold）于 1785 年 7 月 27 日在舞师之家准时出生了。在孩子出生前六周，老列奥波德曾在 6 月去到圣吉尔根，把囡诺带回到萨尔茨堡,她丈夫并不乐意同去。婴儿降生之后,茵诺和自己的父亲又待了一个月。但当她在9月初回到圣吉尔根她丈夫和任性的继子们身边的时候,她把自己的婴儿留在了孩子外祖父的身边。

茵诺、伯希铎和列奥波德是如何达成这样一个出人意表的共识的,已无从得知。小列奥波德,或者如人们所知的"列奥波豆"(Leopoldl),自打茵诺走后就一直不太好,在他人生最初的几个月持续周期性地闹病。或许当初茵诺留下他的时候,相信这只是一时权宜,等他身体恢复了,她便会过来把他接回去。但是到秋天那几个月,她自己身体又变得非常不好,转眼冬天即将来临,已经不适宜让一个患病的幼儿在路上颠簸六个小时了。来年的狂欢季,列奥波德想要去慕尼黑拜访马尚一家,他要求茵诺和伯希铎过来自己照看列奥波豆。但伯希铎拒绝前往萨尔茨堡,宣称他在圣吉尔根公务太过繁忙。列奥波德大怒,把迄今为止一直悬置着的对自己儿子的怒火,一下子释放在女婿身上:

> 我女婿以工作繁重为由说他不能来这里,这件事我都不好意思跟人提起,因为任何人都知道圣吉尔根一个芝麻小官的职守所及,由此便可推论那些工作能有多少。我向我的女婿致敬,并且想问问,他觉得任何讲道理的人对这样一个人会作何感想:他可以八九个月(或者更久)不见自己的孩子,或许——上帝不会答应的——再见不着孩子了,而他离自己的孩子只隔着六个小时的路程。这么说是因为他已经五个月没见到孩子了,而且由于天气的原因,接下来差不多有四个月我

也不能带孩子过去。正常人或会怎么想？必会怎么想？[68]

那么更重要的是，茵诺会怎么想呢？她几乎要到孩子 1 岁之前，都见不到他了。孩子快要 1 岁的时候，也就是下一个 6 月，她丈夫才有可能终于被说服动身去萨尔茨堡。此时的列奥波德，已经去了慕尼黑，麻木不仁地寄给茵诺更多她曾两度沉醉其中的狂欢节活动的生动描述，以及年轻的格蕾特·马尚在那里蓬勃生发的歌手生涯。茵诺自己发展音乐事业的机会曾被罔顾，只能在局外，满怀怅惘地看着自己的弟弟所向披靡地铺平职业的进路，如今又要承受这样的痛苦：知悉她自己的弟子正在过着她自己应该并且能够轻易获得的那种生活。甚至她自己的孩子，也像她的天赋一样，事实上也被从她身边带走了。如果身处圣吉尔根的茵诺变得孤僻离群，并且愤世嫉俗，这也实在没有什么奇怪的。不管是由于什么样的环境使然，或背后有着什么样的原因，总之她个人的意愿是被完全地压抑了。

第二十三章

　　列奥波德离开以后，身在维也纳的年轻的莫扎特一家，继续着狂热的生活节奏。自从 1784 年底搬入教堂巷，一直到他下一次出游（1787 年 1 月和康丝坦瑟同赴布拉格），这期间他创作出的海量的音乐，昭示了那近乎非人的工作步调。在他的卡梅西纳天顶下，他创作了两部歌剧——《剧院经理》（*Der Schauspieldirektor*，K486）以及《费加罗的婚礼》（*Le nozze di Figaro*，K492）——还有至少六部协奏曲，两部弦乐四重奏及大量的其他乐器组合室内乐，声乐咏叹调、二重唱和三重唱，还有为他的共济会会堂作的音乐。这些作品的质量无与伦比。沃尔夫冈在创作力上达到了巅峰，各类新音乐的订单接踵而至（所有音乐都是甫一写就，便交给排练或者演出）。那么他在 1785 年 5 月给曼海姆的安东·克莱恩（Anton Klein）的信中的说辞就一点不奇怪了："我腾不出手来，几乎挤不出一分钟属于自己的时间。"[69] 同样不足为奇的，还有列奥波德在给因诺的信中定期所发的那些抱怨，他会几个星期收不到沃尔夫冈的消息（"从你弟弟那儿我一行字都没收到[70]"）。

这些新音乐当中的大部分，此时都得以出版。沃尔夫冈现在同时跟著名的维也纳美术、地图和音乐出版商阿塔利亚以及弗朗茨·安东·霍夫迈斯特（Franz Anton Hoffmeister）合作，后者是一位跟沃尔夫冈年龄相仿的作曲家，刚刚才开始了自己的出版生意。然而正当他在这样成功和高产的阶段，在一封 1785 年 11 月写给霍夫迈斯特的信中，却有相当惊人的内容："我在窘困中有求于你，请接济我一点钱，我现在正急需花用。"[71] 此时，沃尔夫冈从创作和演出中收入相当不错，但显然他不大善于控制支出。

同沃尔夫冈的创作天才一样，合群的莫扎特夫妇的社交生活也是极度活跃。教堂巷的公寓总是迎来朋友和同僚，到此吃喝，或者玩玩音乐。莫扎特和作曲家朋友们，如海顿、迪特斯多夫（Dittersdorf）和万获（Vanhal），一起定期演奏他们几个人各自写的弦乐四重奏，除此之外，还有许多歌手上门来。自《后宫诱逃》大获成功，它也继续不时在维也纳重演，但意大利歌剧在城堡剧院的强势回归再一次在风头上压过了德语讲唱剧。1783—1784 乐季，那里麇集了大量的歌手，包括英国女高音南希·斯多拉齐（和她哥哥史蒂芬一起）、爱尔兰男高音迈克尔·凯利（Michael Kelly），以及众多意大利伶人。德语戏班的演员，包括阿露西娅，在 1785 年转投维也纳凯隆特纳托剧院（Kärntnerthor-Theater）去了。但这两个戏班都会去教堂巷的那个公寓，而沃尔夫冈因他们的活力与才情深为欢喜。日后，他像裁缝一样，为所有这些人量身定做了音乐。

莫扎特一家的伶人圈子最为欢闹的一次活动，无疑要数皇帝约瑟夫二世本人在美泉宫举办的聚会了。皇帝的妹妹玛丽亚·克里斯蒂娜将要嫁给荷兰总督，萨克森—泰申的阿尔伯特·卡斯米尔公爵,他们将要在 1786 年初到访维也纳。皇帝命莫扎特和宫廷作曲家萨列里各自写一部短作品,在其中要对歌剧从创作到演出整件事加以编排:歌手们个个喜怒无常、争风吃醋;剧院经理们绝非光明正大之辈,而且都神经过敏;作曲家和戏文家们则是工于心计的投机者。沃尔夫冈的独幕剧《剧院经理》的戏文来自他在《后宫诱逃》的老同僚,约翰·歌特利布·施台芬尼,德语戏班中的其他一些同事也加入了。两位曾在《后宫诱逃》中出演康丝坦瑟的女演员——一位是首版中创造了这个角色的嘉特莉娜·卡瓦利埃里,另一位当然是阿露西娅——这两位在新剧中饰演针锋相对的女优西尔伯克朗(Silberklang)夫人和赫茨(Herz)夫人。首版中的贝尔蒙特——约翰·亚当伯格,唱男高音角色佛格桑先生(Monsieur Vogelsang)。几个没有唱的科白角色,则由施台芬尼本人、他的太太、阿露西娅的丈夫约瑟夫·朗格等人承当。这不折不扣是个街坊班底。这之后是萨列里的《音乐为先》(*Prima la musica e poi le parole*),由意大利歌剧戏班出演,歌手中有南希·斯多拉齐、弗兰切斯科·贝努奇(Francesco Benucci)和施台法诺·曼迪尼(Stefano Mandini)。这几位在不久之后,分别将在《费加罗的结婚》中成为苏珊娜、费加罗和伯爵大人。这两部剧作将在美泉宫的橘园(Orangery)相继上演,舞台各设在橘园的两端,而听众则坐在两者中间,还布置了盛宴。很难想象如此的盛况:有第一流的音乐,有卓越的个人演绎,还有那意气风发而真心相见的同袍情谊。

阿露西娅在 1786 年 2 月初这次盛会上的亮相,足证她的健康状况良好。1785 年她显然是"重病"了几个星期,后来她在皇庭剧院的《后宫诱逃》中复出,成了个惊动报纸的大新闻。甚至人在萨尔茨堡的列奥波德都听闻阿露西娅身体有恙了,当他有些刻薄地写信给在圣吉尔根的因诺说起她的痊愈时,几乎带着失望之情:"至于那个伶人朗格,说来荒唐,但现在可确认她没死,因为维也纳的《雷根报》上有报道:'我们差点失去了最伟大的歌手。'报道接着谈论了她丈夫,然后对她完美无瑕的演出给予了公开的证明,诸如此类。"[72]

如今阿露西娅实际上在她的行当里独占鳌头,声望和成就已然盖过了嘉特莉娜·卡瓦利埃里。三十多年以后,爱尔兰男高音迈克尔·凯利在他的《琐忆》中回顾道:

> 女歌手里,头一号便是朗格夫人,那位优秀的俳优的夫人,也是莫扎特太太的姐姐。她红极一时,那都是实至名归的;她有着比我听过的任何歌手都高的高音。莫扎特专为她在《后宫诱逃》里写的那些歌曲(原注:凯利显然忘了是卡瓦利埃里——并非是阿露西娅——首演了这部作品),显示了她的辽阔的音域;她的音乐处理是极精彩的。[73]

阿露西娅患病期间,她妹妹康丝坦瑟甚是挂念,尽管她自己那时候正在照看婴儿卡尔,并且在努力跟上她丈夫生活的步伐。他们经常把客人留在家中。两位萨尔茨堡的双簧管手,到维也纳来求职,在 1786 年 1 月住在他们家。他们还让来自普雷斯堡 7 岁的约翰·奈普幕客·胡梅尔①住在家里,他成了沃尔夫冈的入室弟

---

① 译注:Johann Nepomuk Hummel, 1778—1837。

子。沃尔夫冈对少年天才一定有特别的同情之心,他能认识到这样奇怪的、遗世独立的天赋可以带给一个困惑的男孩的,除了空幻的欢愉,还有深深的孤独。他和康丝坦瑟对年幼的胡梅尔视如己出,成年后的胡梅尔常常宣称,一朝功成名就,他一定会报答康丝坦瑟,为了他早年所添的这些麻烦,所接受的那些好意,还有他的食宿,以及学业(事实上他从没兑现这些溢美的陈词,这让康丝坦瑟对其尤为鄙夷)。适逢美泉宫的歌剧盛会,康丝坦瑟再一次怀孕了,她的第三个孩子,约翰·托马斯·列奥波德在 1786 年 10 月 18号出生。不幸的是,这孩子几周内便夭折了,韦伯家的人——康丝坦瑟的母亲和姐妹——对她伸出抚慰之手(对于这近来的不幸,沃尔夫冈甚至都没有知会列奥波德或者图诺;他们是要等到几个月以后经由第三方才得知的)。

大概是受到了他们大都市的朋友的启发,等到康丝坦瑟恢复过来,莫扎特夫妇便盘算着出游了。因为他们跟斯多拉齐兄妹以及凯利的友谊,他们对去英格兰这个想法变得热衷起来。沃尔夫冈对童年在伦敦度过的那几个月始终保有快乐的记忆。有一回,在高兴地听说英国在 1782 年击败了法国的时候,沃尔夫冈甚至声称他自己是"彻头彻尾的英国人"。[74] 他开始温习英文,并写信询问列奥波德,如果他跟康丝坦瑟要出去一段时间,他是否可以帮他们带一下卡尔。沃尔夫冈曾听说(倒不是直接从父亲或姐姐那里)列奥波德已经在抚养列奥波豆,便推想他享受孙子跟外孙环绕他的感觉。他也相信列奥波德能够照顾好他的孩子,就像在非常极端的境遇当中,他曾对年幼的自己和图诺所做的那样。然而列奥波德却断然拒绝了。在他访问维也纳期间,成功建立和培育的那些好意,因为随后几个月的疏于沟通,现在全然蒸发掉了。他有些歇斯底里地对囡诺写道:"这就是他或者他妻子想出来的好主意。想得倒是很美!他们能放下一切然后出游——他们甚至可能死在那儿——或者就留在英格兰不回来了——而我就应该被迫带上孩子去追他们。"[75]

事实上沃尔夫冈和康丝坦瑟放弃了他们去往英格兰的计划。但这并非是因为列奥波德拒绝为他们照看卡尔。他们是收到了另一份邀约。

第二十四章

沃尔夫冈开创性的代表作《费加罗的婚礼》于 1786 年 5 月在城堡剧院的首演广受赞誉,这是他同洛伦佐·达蓬蒂那令人叹为观止的合作的头一遭。此后这出歌剧又在他处上演,在布拉格它轰动一时。像列奥波德信中对囡诺所说的,布拉格的"出众的行家组成的乐团和一个戏班,以及乐迷,纷纷写信邀请他来到布拉格,还写了首诗向他致敬"。[76] 于是 1787 年新年一过,沃尔夫冈便同康丝坦瑟动身前往。同去的还有三五好友,包括维也纳宫廷乐队的两位乐师:一位是提琴家弗朗茨·霍佛[①],还有一位单簧管家安东·施塔德勒[②]。夫妇俩将卡尔交给了康丝坦瑟的几位从弟妹,后者在他们不在的这段时间就留宿在教堂巷的公寓照看孩子。他们出发的那天,清晨五点钟,沃尔夫冈在他的摘录簿中写到了一位时年 21

[①] 译注:Franz de Paula Hofer,1755—1796,小提琴家,1788 年娶康丝坦瑟的姐姐约瑟法为妻,成了沃尔夫冈的连襟。

[②] 译注:Anton Paul Stadler,1753—1812,巴塞特管和单簧管家,沃尔夫冈几部重要作品和他关系甚大。

岁的埃德蒙·韦伯(康丝坦瑟叔叔的儿子,同时也是当时才六个星期大的婴儿卡尔·玛丽亚·冯·韦伯同父异母的哥哥):"勤快些——尽心对待你的工作——别忘了全心爱你的姐夫。"[77]

对沃尔夫冈和康丝坦瑟来说,去到布拉格的那五周,真可谓鼓舞振奋。因为一路有好友相伴,一行人都心情大好。他们做游戏来打发路上的时间,就跟沃尔夫冈和囡诺孩提时所做的一样:"旅途中我们都给自己起了名字。我等在此:在下名叫庞其梯替悌(Punkititi),内人是希拉罢·胖发(Schabla Pumfa)。霍佛叫作罗滋卡-庞巴(Rozka-Pumpa),施塔德勒则是纳奇比尼奇比(Natschibinitschibi)。"[78]

他们到达的守候,沃尔夫冈成了城中的众目焦点。"在此地,他们所谈的只有《费加罗》。演的、唱的乃至口哨里吹的,无不是《费加罗》。没有哪部歌剧如《费加罗》这般吸引人。在我这自然是极大的荣耀了。"[79]沃尔夫冈亲自指挥了几场《费加罗》的演出,并在1月19号举办了一场音乐会,曲目包括一部交响乐(《D大调"布拉格"交响乐》,K504)。他跟康丝坦瑟受到了隆重款待,加上睡得也多,原本打算要写的那些信都无暇写就(康丝坦瑟总算寄过一封给她妈妈)。到他们离开布拉格的时候,沃尔夫冈获得了一部新歌剧的委约,还是同达蓬蒂合作,叫作《唐乔万尼》(*Don Giovanni*)。这便是他与布拉格热烈牵缠的发端了。

然而经过了这开年极度的惬意顺遂,1787年的运道却急转直下。当他们在2月中回到维也纳的时候,沃尔夫冈和康丝坦瑟已经囊中羞涩,到了4月,他们便不情愿地离开了他们在教堂巷的华屋(那460弗洛林的月租实在难以凑齐),搬到了兰德大街

(Landstrasse)上一处狭小得多的公寓。接着,大概是从囡诺那里,沃尔夫冈得到了令人心寒的消息:列奥波德病得很重。到了3月,囡诺自己从圣吉尔根到萨尔茨堡去照看父亲,并陪在他身旁两个月。尽管沃尔夫冈极度惊诧,他还是对父亲写下了他最好的信件之一。在信中提到了近来他一位挚友的死亡。对于死亡的过程,特别还有它的意义,他略述了自己强烈的乐观态度:

> 如今我已经养成一个习惯,便是对人事之最坏的一面有所准备。如果对之细细思量的话,死亡,便是我们存在的真正目的。过往的几年,我跟这位人类至真至善的朋友过从甚密,以致其形象不单不再令我惧怕,实则是让我十分的宽慰和心安!我感谢上帝恩许的机会(您知道我说的是什么),令我学到死亡是通向极乐世界大门的钥匙。每晚躺在床上我都会冥思,年轻如我,或也活不到次日吧。然而周遭那些我所熟识的,没有人觉得我与人共处时会现出阴郁,或者闷闷不乐。对于我的造物主,我日日感恩其赐福;对于与我同类的造物,我全心希望他们每一个都能享受如此的福报。[80]

列奥波德死于1787年5月28日的清晨6点,得年67岁。临终的时候,沃尔夫冈和囡诺都没在他身边:沃尔夫冈当然身在维也纳;甚至人在圣吉尔根的囡诺(她刚刚才回去不久)也没能赶着回到舞师之家。因为同样的原因,他们也都没有参加列奥波德次日晚间的葬礼。在圣·塞巴斯蒂安教堂的墓地,他被安葬在自己岳母伊娃·萝西娜的旁边。沃尔夫冈收到这些消息的时候,康丝坦瑟（再次怀了孕）正病着，而他正给朋友歌特利布·冯·雅昆写一个便条："请叫埃克斯纳先生明早9点来给我太太放血……今天我收到我挚爱的父亲离世的噩耗。你能想见我此时的状态。"[81]

然而告知他这些消息的却不是囡诺，而是迪波上尉，她旧日的朋友和仰慕者。在囡诺结婚并离开萨尔茨堡之后，迪波跟列奥波德保持了极近的关系，并和小列奥波豆交好。尽管在父亲死后，姐弟间毕竟会有些书信往还，但那里头却缺了真切的交流，或者相互间的安慰。沃尔夫冈在1787年6月写给囡诺的那些信生硬而正式，相比分享哀悼之情，他更多从生意角度着眼于列奥波德的财产。他当然没有试图去萨尔茨堡，不管是为了抚慰一下自己的姐姐，还是参与对列奥波德的财产和舞师之家旧物的整理。他负担不起旅费；也不想离开他年轻的家庭，特别是考虑到康丝坦瑟的身孕；并且他也没有时间：《唐乔万尼》定下来在秋天上演，且他一如既往地身负着许多小的委约。所以他便留在了原处。

对沃尔夫冈和囡诺二人来说，列奥波德的死无疑是一个大变局。不仅仅在他们的童年，也包括以后的岁月，这位严苛、天才又独断的霸主一向是他们生活中绝对的核心。"除了神便是爸爸"曾是他们孩提时念诵的座右铭；而在他们成年的时候，列奥波德也似乎真要视自己为某位天神下凡（deus ex machina）了。到沃尔夫冈得以自立的时候，列奥波德的失意尤其强烈。在舞师之家的那些年，自然是囡诺承受了因之而起的一次次发难。即便在她婚后也依旧如此，列奥波德在他每周一度派向圣吉尔根的急件中，继续操心着她生活中的种种细节（她的丈夫、继子、仆人，还有她的健康、膳食，甚至她的肠道通畅）。其中当然也少不了对她弟弟的行为说三道四。然而一旦断了这条线,圣吉尔根于她而言便越发的孤绝。加上沃尔夫冈那些对于自己同胞之爱与责任的生硬的声明("如果你希求一位好弟弟的爱与保护,那么无论何时何地你都能在我这里找到"[82]),她明白,她其实也已经失去他了。

依照列奥波德的遗嘱,图诺将会继承父亲留下的钱(大概不足3 000弗洛林),而物品则分别赋予她和沃尔夫冈。她要下了家中的一些物什,其他的则拿去拍卖。这旷日持久的拍卖在将来的所得,于沃尔夫冈来说是远水解不了近渴,最终他放弃了自己的那一份,转而索要了1 000弗洛林了事。他只要求自己那些乐谱应该归还到他在维也纳的家。然而,他没有索要任何他父亲的遗物;他童年那些旅行的中纪念物,列奥波德曾以其中的大部分来装点自己的居所和生活,这些沃尔夫冈也全然放弃。他似乎是要与他在萨尔茨堡的讨往干干净净来个了断。颇耐人寻味的是,他在列奥波德去世后写的第一个作品便是他那乖张无状的《音乐玩笑》(*Ein musikalischer Spaß*,K522)。这部戏仿之作有种残忍的惟妙惟肖,是恣意游戏的。然而,这关乎萨尔茨堡的乐师,无论作曲家还是演奏者("对没用的、多余的事情很在行,所必需的却乏善可陈,那些不可或缺的他们倒一样没有")。如果了解了沃尔夫冈所有对这些人常常挂在嘴边的蔑视的话,这个玩笑亦可以视作他同萨尔茨堡的具有挑衅意味的了断。

第二十五章

为了歌剧《唐乔万尼》,1787 年 10 月,沃尔夫冈和康丝坦瑟按时回到了布拉格。皇帝约瑟夫二世的侄女玛丽亚·特蕾萨女大公嫁给了萨克森的安东·克莱门斯亲王,按照计划,这部歌剧本是皇家结婚庆典的一部分。事实上在佛罗伦萨已经举办过庆典(玛丽亚的父亲是托斯卡纳大公列奥波德),继而是在德累斯顿,但是女大公 10 月还要到布拉格来。《唐乔万尼》的制作极为复杂和艰巨(当中的那些发明创新,包括令三个台上的乐队在同一时间各自演奏殊不同的音乐,以及某些极具挑战的舞台效果),在殿下到访时无法如期准备就绪,于是只好拿《费加罗》来顶替。直到圣驾离去,《唐乔万尼》才终告杀青,沃尔夫冈在 10 月 29 号指挥了它的首演。即便在演出当天的凌晨,他还要熬整个通宵来写完歌剧的序曲,此前那序曲如乐团一位成员所讲的"几乎还不曾动笔"。为解这次的燃眉之急,康丝坦瑟的帮助可谓至关重要:

> 然而莫扎特的太太应承这首序曲应该按时作完。于是她

虽感觉难以保持清醒，还是同丈夫一起熬夜。他写作的时候，写好的总谱便从他书桌上传递给一小队人马，这些抄谱员将总谱转写为各个乐器声部的分谱。这位伟大的大师一次次地瞌睡过去，又被他这位警醒的帮手唤起来……那些墨迹……其中有几页到放在乐队谱台上的时候都还未干。[83]

话说回来，那些凭借试奏这段难度要求颇高序曲的布拉格乐师，其本领想必是极高的，难怪沃尔夫冈会享受与他们共事。

对于沃尔夫冈来说，这无疑是个忧患之秋。达蓬蒂只在布拉格跟他们待了一个星期；并且，虽然沃尔夫冈的好友约瑟法和弗朗茨·哈维尔·杜塞克也在此地（他为约瑟法·杜塞克写了另一部咏叹调《我美丽的火焰》，K528），康丝坦瑟此番在场颇有助益和实用，一定让沃尔夫冈十分的欣慰。而她也有自己的帮手：她姑妈阿德莱德（Adelheid，她父亲的姐姐）来到了布拉格，旅程结束的时候还深情地在沃尔夫冈的签名册上写下了这么一段："没有哪段真挚无私的友谊不会知道人之间所能赋予彼此的至善。对此他都了解。这些，亲爱的莫扎特，是你真诚的朋友同时也是你的韦伯姑妈全心地呈献给你的。"[84]

沃尔夫冈总是需要写下类似日记的书信，对他的戏剧活动加以规律地讲述，如今在父亲之外，他必须为此另寻一个对象。但此人并不是囡诺，而是他年轻的朋友和弟子歌特利布·冯·雅昆。他倒是一回到维也纳便想起来给囡诺写信，然而其真实目的却是希望自己的乐谱能从萨尔茨堡寄过来。并且他也有个新闻要告诉她：他和康丝坦瑟从布拉格到达维也纳的前一天，格鲁克（Gluck）

去世了。12 月初,沃尔夫冈顶了格鲁克的缺,被委任为宫廷御用作曲家(Kammermusikus),但是俸禄相比格鲁克(一年 2 000 弗洛林)来说少得可怜(一年 800 弗洛林)。虽然,事实上他只是奉命为宫廷的假面舞会写作一些舞曲,他终于可以署名为"帝(国)皇(家)宫廷乐师"了。身份地位的改变,激励沃尔夫冈和康丝坦瑟搬回了维也纳的中心地带,在图赫劳本大道(Unter den Tuchlauben)的一处公寓,跟韦伯夫人住得非常近。康丝坦瑟即将临盆,他们更愿意离家人近一些。他们的女儿特蕾西娅·康斯坦齐娅·阿德莱德·弗雷德里柯·玛丽亚·安娜在 12 月 27 号降生了。没有记录显示沃尔夫冈曾告诉图诺她又得了一个新侄女。

阿露西娅这边也有了变动。同是在 1787 年的 12 月,德语戏班终于解散了,阿露西娅转投了意大利戏班。1788 年初她再度参与了她妹夫的音乐:他又为她写了一首音乐会咏叹调,《如果在天界,温和的星》(*Ah, se in ciel, benigne stelle*, K538)。他之前为她作曲的时候,这首咏叹调或许就已经在构思了,它也的确高度遵照了往日成功的配方在调制,然而相比此前的数度合作,或许它独独缺了那深厚的情感烈度。在沃尔夫冈演出自己的新 D 大调钢琴协奏曲 K537 的时候,阿露西娅还演出了他改编 C. P. E. 巴赫的《复活康塔塔》。对于阿露西娅的转投意大利戏班,沃尔夫冈当是高兴的,因为他们将要推出一轮《唐乔万尼》的维也纳首演了。而阿露西娅也的确是获得了唐娜·安娜(Donna Anna)这一角色(这再合适不过,因为安娜的音乐确实正与阿露西娅相契)。她的宿敌嘉特莉娜·卡瓦利埃里被安排出演唐娜·艾尔维拉(Donna Elvira),并且执意要求作曲家为她定制一些新的曲子《那忘恩负义的混蛋背弃了我》(Mi tradì quell'alma ingrata),唯恐自己被意大利戏班里那位初来乍到的抢了风头。班底中的其他成员包括了许多《费加罗》班底中的老搭档。1788 年 5 月 7 号《唐乔万尼》举行了维也纳首演,并且在年底之前又演了至少十五场。然而又一次,作品中那固有的复杂性,加上它惊人的主题,意味着它没有得到沃尔夫冈期待中的完胜。据达蓬蒂说,约瑟夫二世冷淡地评论,这个东西"不合我等维也纳人的胃口"。当圣意转达到沃尔夫冈这里的时候,他颇为机智地回应:"那就给他们时间多嚼一会儿好了。"[85]

1788 年的那个夏天对于韦伯姐妹来说,是喜忧参半。8 月 21 号,长女约瑟法嫁给了沃尔夫冈的好朋友,小提琴手弗朗茨·霍佛(其中一位见证人,当初也参与了康丝坦瑟的婚礼,是韦伯姐妹的监护人约翰·图沃)。1787 年 1 月当沃尔夫冈和康斯坦斯第一次造访布拉格的时候,霍佛也是随行者:他想必是通过莫扎特夫妇认识了约瑟法。而她也将要在她妹夫的音乐中精彩亮相。她的歌唱生涯一向都远不如阿露西娅那般辉煌,但她即将加入免税屋(Freihaus)剧院的戏班,并在维也纳的音乐界获取更多的瞩目。而阿露西娅反倒暂时低调下来了。首先,她再度怀了孕(这一定让她出演唐娜·安娜一角变得格外有趣起来)。另外,奥地利现在正和土耳其开战,国家财政捉襟见肘,这不可避免地影响到了维也纳的文化生活。许多戏班,包括意大利歌剧班,都正在散伙,阿露西娅担心在她的孩子降生之后,失业怕会成为常态。在康丝坦瑟和沃尔夫冈这边,则上演了又一出悲剧。他们的幼女特蕾西娅在 6 月夭折了,仅仅六个月大。那个夏天晚些时候,他们再度搬家,远离了维也纳的腹地,搬到郊区的沃林格巷(Wahringergasse),继续着他们吉普赛人似的居无定所的生活方式，在哪里都住不过数月。这个新住处倒是有一个花园，康丝坦瑟对之甚为喜爱。这地方无论对他们4岁的儿子卡尔还是他们自己，都更加的健康。也就是在这里，在那个夏日，沃尔夫冈创作了他的里程碑式的最后三部交响乐（降E大调第39号，K543；g小调第40号，K550；C大调第41号，K551）。它们没有一部是委约作品，很反常地没有任何经济上的诱因，更别说报酬了。然而它们却代表了沃尔夫冈交响乐写作天才的顶峰。对于他来说，创作这些绝对的代表作，是对其个人伤痛和职业焦虑的一种逃避：他得以进入了一个安宁的平行世界——他成年版本的"颠倒国"——在那里，他的才华繁茂生长、任意翱翔。比如第41号交响曲的完结部（coda），其举重若轻的辉煌的五声部复对位犹如神界般浩大，后来它或许因之而获得了《"朱庇特"交响曲》的绰号。

那个夏天，在莫扎特夫妇沃林格巷公寓的访问者当中，有一位丹麦演员约翰·丹尼尔·普莱斯勒，当时正游历欧洲的剧院。他先是认识了约瑟夫·朗格，后者带着他回家去见阿露西娅。虽然她怀着孕，他们还是说服阿露西娅为客人演唱。普莱斯勒深深地着迷，不单因为阿露西娅的气场（"她的双眼须臾间尽显一种忧郁的忘形之态"[86]），还因为她给自己伴奏时"就像一位宫廷乐正"。朗格随后带着普莱斯勒去见了莫扎特夫妇，在普莱斯勒随后的日志中，他刻画的是一首喜乐的家庭牧歌：

> 在那里我有幸度过了我最为快乐的音乐时光。这个小个子兼大宗师在一架踏板钢琴上两度即席演奏，太精彩了！太

精彩了！令我深深地自失于其间。他将最困难的段落和最可爱的主题编织在一处。他太太帮着抄谱员削鹅毛笔，一位学生在作曲，一个 4 岁的男孩在花园里走着，唱着宣叙调。简而言之，围绕着这位杰出男子的一切都是音乐性的！[87]

然而那个夏天的现实，却和这位幸运的丹麦年轻人陶然忘机的记述大相径庭。从他所观察的康丝坦瑟为抄谱员削鹅毛笔（她大概自童年起便为自己的抄谱员父亲做过类似的活计）这件事上，或可看出一些端倪：那是经济拮据的迹象么？也就是在这个夏天，沃尔夫冈同他的共济会道友米夏·普赫伯格（Michael Puchberg）开始了那长期而急切的通信。他现在真的是在讨钱。

莫扎特一家入不敷出已经有段时间了。尽管在租金上耗费巨大的教堂巷公寓榨干了他们，但他们仍在那住了两年半的时间，个中原由除了那地方舒适和便利，他们还需要借之保持在同行间露面。他们认识的所有人，差不多都有一份稳定的收入；在 1780 年代中期，虽然沃尔夫冈接连不断的创作和表演使得他频繁接到作品委约和演出预订，然而孤立于传统的体系之外，他这种没有规律、无法预计的收入，只能导致一种前途莫测的生存状态。在他冒险地决定选择自行其是、自由执业的音乐家生涯之后，列奥波德对儿子所有的担忧，如今正在一一兑现。讽刺的是，米夏·普赫伯格在莫扎特通信中的第一次出场，是在沃尔夫冈写给图诺丈夫伯希铎的信里。这封信讨论的是沃尔夫冈买断列奥波德遗产当中自己份额的事，信中要求伯希铎把他那 1 000 弗洛林直接付给普赫伯格。他想必已经处在深深的危机之中了。

米夏·普赫伯格是个维也纳商人，也是共济会员，对于沃尔夫冈的求助，多年来一向是好意回应。他一再接济他一点钱财，从10弗洛林到300弗洛林不等，然而每次都不大够用（1788年6月有个极端的情况，沃尔夫冈甚至于失控地提出要跟普赫伯格借"一千或两千弗洛林，用上一到两年"[88]）。每次借贷，至少能让沃尔夫冈周转一时。两人就此成了好朋友。沃尔夫冈下一次离开维也纳旅行，是他和康丝坦瑟婚后第一次分开，康丝坦瑟和儿子卡尔就跟普赫伯格一家待在一起。两个家庭之间有着真挚的关爱。

沃尔夫冈所需的，实则是其专业图景的改观。在18世纪80年代中期他在维也纳听众当中奠定了成功之后，败象也慢慢现出来了。他已经停止举办自己的联票音乐会（无疑，制作同达蓬蒂合作的两部歌剧所占去的时间，妨碍了其他任何有组织的大型活动），其他的音乐家如今正在吸引着社会的关注。再一次，他发现自己已经不复往日的荣光了。但他毕竟也有自己忠实的拥趸，比如凡·施维登男爵。这位教养良好、身份显赫的外交官是玛丽亚·特蕾萨侄子的私人医生。在其早年的职业生涯，他在布鲁塞尔、巴黎、华沙和柏林广获外交上的经验，自1777年起他回到了维也纳，主持教育和审查部门。男爵是博学而热忱的音乐爱好者，同维也纳许多一流的音乐家交好，其中就有海顿，将来男爵会为他的《创世》和《四季》提供脚本。也正是他，第一次将巴赫和亨德尔的乐谱介绍给沃尔夫冈，后者当年在柏林的时候便曾学着欣赏这样的音乐。

如今在1789年初，男爵要求沃尔夫冈将亨德尔的几部合唱代表作予以"现代化"（须知在那个时代，当所有音乐都是当下的，那么仅仅几十年前的音乐也被当成是"老派的"）。沃尔夫冈及时对亨德尔的《阿西斯与加拉蒂亚》进行了再创作（K566），而后便是《弥赛亚》（Messiah，莫扎特的重新配器版编号为 K572）；同样忠实的朋友阿露西娅随时候命，在 3 月 6 号《弥赛亚》的演出中做独唱。沃尔夫冈甚为巧妙地将亨德尔华丽的合唱创作中的部分分配给他的独唱演员（比如"他必洁净"和"他的轭是容易的"当中至为微妙的段落），包括他的《后宫诱逃》中第一个贝尔蒙特——亚当贝格（Adamberger）。他知道他们的花腔技巧足以轻松应付许多令合唱演员深感困难的段落。他还为阿露西娅写了这部改编作品中唯一一个原创的乐章，将"上帝为我等而在"配乐而成为一首配器宣叙调。[①]（同年晚些时候，意大利戏班已然散伙，阿露西娅仍继续着她的莫扎特臣节和身份，在汉堡和柏林唱《后宫诱逃》中的康丝坦瑟一角，广受赞誉。）

　　沃尔夫冈自己也打算取道布拉格、德累斯顿和莱比锡，去往柏林。像他过往的许多旅行一样，此行的目的是招徕支持和寻求职位。就这个目的来说，此行也同过往的那些旅行一样失败。但是这一趟同行的却有另一位共济会员，或许也是沃尔夫冈的学生——卡尔·李希诺夫斯基伯爵（Karl Lichnowsky，1761—1814，后来做了贝多芬的金主）。极有可能是他贴补了沃尔夫冈的旅费，沃尔夫冈也从第三位共济会道友弗朗茨·霍福德梅勒（Franz Hofdemel）那里借了些钱。他离开维也纳有两个半月。

　　离开才几个钟头，沃尔夫冈便思乡欲绝。他写下了给康丝坦

---

① 译注：recitativo accompagnato，通常指有乐队伴奏的宣叙调，有写定的伴奏乐谱，即兴和演说的色彩少于只由弹拨乐器、键盘或通奏低音组伴奏的"拍弹宣叙调"（recitativo secco）。

瑟那一系列感人至深的信件的第一封：

> 亲爱的小太太！亲王正忙着对马匹讨价还价，我很高兴
> 抓着这个机会给你写几行字，我心头最亲爱的小夫人。你好
> 吗？我想知道你是不是会常常想到我，就像我想你一样。我
> 隔一会儿就要看看你的肖像——而后我哭泣起来，半是喜悦，
> 半是伤心。请保重你的健康，那对我是那么的珍贵，再会了，
> 我的爱人！别为我担心，因为在路上我没受着任何的不适或
> 者气恼——除了你不在身边——这个嘛，是无人可帮、无药可
> 医的。我饱含着眼泪写的这封便条。再会啦。[89]

然而，在这漫长而无果的旅行之中，沃尔夫冈获得了大量女性
的青睐。有的是缘于旧友，还有些来自新朋。他继续渴念着他的
"挚爱的小太太"（"今天是离开你的第六天，天呐！就像过了一
年"[90]），每天一早一晚，他显然对着她的肖像说话"足有半个钟头"。
他想知道她的娘家人是否尽了他们的本分，去普赫伯格家探访她：

> 我非常想知道，自我出发那天，我们的姐夫霍佛有没有来
> 我们这里看看。他是否像他答应我的那样常常过来？朗格两
> 口子有没有时常过来呢？肖像画的进展如何了？你日子过得
> 怎么样？所有这些事情我自然都极感兴趣。[91]

（这几乎跟他妈妈写过的调查问卷一样了。）沃尔夫冈和康丝
坦瑟写给对方的信，有些像是入了歧途，盘桓在两人都有的悲苦和

气馁上。大概是他俩都开始怀疑对方的忠诚,康丝坦瑟指责沃尔夫冈已经忘了她,而他则焦灼地祈求她要在意自己的名节。当这种紧张到了极点的时候,他列了个谨小慎微的单子,历数了他所写过和收到的每一封信(所以这个家族制作表格的情结也不曾完全放过他),就好像要通过邮局那些投信未置的迷案,来证明自己的无可指摘。但是,他也必须要警告康丝坦瑟,那些期待中的财富、那旅行的真正目的,也不是唾手可得的("我亲爱的小太太,我回去的时候,你一定会更因为我的归来而高兴,而不是为了我带回去的那些钱")。他实际上在指摘李希诺夫斯基,并且与其分道扬镳。当踏上漫长而怅然的归途时,他要求他最好的朋友米夏·普赫伯格和弗朗茨·霍佛带上康丝坦瑟到最近的驿站接他。但推动他继续前进的,是他对康丝坦瑟身体上的渴望,以及重新和她在一起的愿景:

> 把你亲爱的甜蜜的小巢布置得讲究一点,这实在是我那小弟兄应得的。他这一向都行止端正,只求占有你的甜蜜的(此处有删节)。你可以自己想象一下那个淘气鬼;我写信的时候他爬到桌面上了,正狐疑地瞅着我。我就这么好好打了他几个耳光——但这无赖只是(此处有删节),现在这恶棍只有更加的面红壮怒,真是管束不住了。[92]

发生在6月初的归家无疑如沃尔大冈所希望的那样激情四溢。尤其当他获知康丝坦瑟又一次怀孕了。但就某种意义上说,这个消息应该是惊到了他。孕产所带来的必要的医药开销(列奥波德在沃尔夫冈降生的时候就曾对此抱怨过），还有在这样窘迫的环境下增加家庭成员本身，一定让他内心充满了恐惧。更糟的还在后头：康丝坦瑟的病状十分危险。她的脚受了某种感染，引发了溃烂，甚至危及了骨骼。她卧床好长一段时间，即使过了十八个月也没有真的康复。她的娘家于是重聚在她周围。苏菲来到犹太广场（Judenplatz）的公寓照看她，莫扎特一家如今住在这里。她们的妈妈也赶来了，负责料理家务。但就像多年以后苏菲告诉尼森（Nissen）的那样：“都是秘密地做，我们不想让她（康丝坦瑟）知道她病得多重。”[93] 沃尔夫冈忧虑欲绝，像苏菲后来叙述的一样，他为了康丝坦瑟的康复，情愿承受任何个人的难受：

> 他挚爱的妻子有点什么不适的时候，莫扎特是那么的周到。当她病情极为严重，我照顾她整整八个月的时候，也是一样。我就在她床边坐着，莫扎特也是。他就在她身边作曲；我看着她甜蜜的微眠，她要好久才能这么入睡。我们就像在坟墓里那么安静，为了不会打扰到她。突然，一个粗鲁的仆人闯进房间。莫扎特特别害怕他亲爱的妻子可能会从她的浅睡中给吵醒，竭力示意这个人保持安静，结果碰到了自己身后的椅子，但是此时他手里正有把打开的袖珍折刀，刀子正好抵在椅子和他的大腿之间，刀刃于是扎到他的肉里，直没至柄。莫扎特原本是小题大做的一个人，这时候却没有惊起，反而是忍住了疼，示意我跟着他。我们就出了房间……我妈妈替他包扎了伤口……虽然因为疼痛而有点蹒跚，他还是在他亲爱的妻子面前掩饰住了。[94]

当康丝坦瑟身体好多了,她去了附近巴登(Baden)的温泉疗养地疗养。莫扎特一家根本就付不起这个钱,但是为了多方面的原因,尤其是康丝坦瑟的身孕,他们觉得她需要去那里。再一次,沃尔夫冈不得不向普赫伯格拜求了一大笔钱,普赫伯格多少也对他们应承下一部分。这个时候,沃尔夫冈正疯狂地工作。一来是为了他和达蓬蒂合作的第三部歌剧《女人皆如此》(*Così fan tutte*, K588),戏文原本是呈给萨列里谱曲的,却被拒绝了。二来,他还要为《费加罗的婚礼》的重新上演谱写部分新的音乐。他因此无法总和妻子待在一起,即便如此他也曾几度快速地到访巴登去看望她("没有你,在这里要独自待到 19 号,那实在是不可能的"[95])。就像他们过去分别时时常会发生的那样,他对她的焦虑,再一次令其对康丝坦瑟那天生的高昂兴致升起了嫉妒的怀疑之心,更令他写下了(几乎像他父亲一样的)严厉的道德说教:

> 亲爱的小娇妻!我想跟你挑明了说一说。你没有任何理由不高兴。你有个爱你的丈夫,他尽其所能都是为了你。至于你的脚,你必须要耐心,它一定会好起来的。听说你玩得挺开心,我真的很高兴——我当然高兴了——但是,我真心希望你有时候不要把自己搞得那么卑贱。在我看来,你太自由太容易相与了……一个女人必须始终自爱,否则的话人们要说她闲话的。[96]

康丝坦瑟真的因在巴登的时光而获益,并且在秋天返回了维也纳。但是到 11 月 16 号她的幼女(他们给她取名安娜·玛丽亚)

降生的时候,孩子极度病弱,活了一个小时就夭折了。再一次,于沃尔夫冈而言,对这样的悲剧和扰人的焦虑的真正逃避,就是沉入他自己的创作世界。1789 年末,他不仅在创作《女人皆如此》,还有他的细腻的 A 大调单簧管五重奏(K581),由他的朋友安东·施塔德勒在 12 月 22 号乐师公会举办的"音乐盛会"上演奏。沃尔夫冈的妻姊也参与了这场音乐会,演唱了她原来的老师温琴佐·里基尼(Vincenzo Righini)的一部康塔塔中的女高音独唱(沃尔夫冈对这位老师颇不以为然)。

1790 年,随着新的十年的到来,除去《女人皆如此》即刻闪现的一点兴奋,整个的前途是暗淡的。病体未愈的康丝坦瑟大概被屏蔽了全部的真相,而沃尔夫冈则不得不再次向米夏·普赫伯格伸手借钱。或许被他所参与的一些颇具诱惑的《女人皆如此》的内部排演所动摇(海顿也在场),普赫伯格及时地出借了 300 弗洛林。但是整个上半年沃尔夫冈都不停可怜巴巴地写信给他,要更多的钱("即便像你上次给的那么一小笔也行"[97]),忠诚的普赫伯格基本上也都应允了。《女人皆如此》成功了。它明显轻浮的主题比惊世骇俗的《唐乔万尼》更能取悦维也纳听众,他们大概听不出其中对于人类(也就是他们自己的)所作所为的那带着咒骂的控诉。琴岑多夫伯爵描述其为"迷人可爱,主题有趣"。[98] 然而它只演了五场,因为 2 月间维也纳和整个哈布斯堡帝国陷入了约瑟夫二世驾崩的丧乱中。

对于沃尔夫冈,这其实是一个时代的终结。约瑟夫自他孩提时代起就认识他。虽然皇帝一直没能给他一个要职(大概皇帝仍然受了他母亲玛丽亚·特蕾萨的影响,她曾贬斥莫扎特一家为"无用之人"），他也曾对之鼓励、喝彩，甚至欣赏沃尔夫冈的天赋。沃尔夫冈不得不从头开始，跟约瑟夫的继任者——他年轻的弟弟托斯卡纳大公爵·列奥波德——建立关系。他先从一封信开始，信是写给列奥波德的儿子弗朗茨大公的，询问他是否会考虑宫廷副乐正的人选，然而这封信却终于没有写完。在这样的危机时刻，他看上去完全缺乏信心。

1790年夏天，康丝坦瑟又病了。她回到巴登去疗养，她爱那里乡间的畅快空气，沃尔夫冈也在那里待了一段时间。他孤身回到了维也纳，再一次指挥《女人皆如此》，并且为一向热忱的凡·施维登男爵又作了几部亨德尔作品的改编（《亚历山大的盛宴》，K591；《圣赛西莉娅颂歌》，K592）。但是，当夫妻分处两地，沃尔夫冈的思绪左右摇摆：一面是对康丝坦瑟的深深渴念；另一面因她明显没有回复他那些信件而狂躁易怒。婚姻到了这一刻，紧张关系昭然若揭。并且，他也患了病。8月14号写给普赫伯格的信显示出他此刻的心气有多么低沉：

> 要说昨天我还感觉尚可的话，今天绝对是糟透了。因为疼痛我整夜不能入睡。我应该是因为走路太多而身体过热，又因对其不查而染上了风寒。你想想看我的状况：生着病，同时被担心和焦虑耗尽了。这样的状态绝对令我无法恢复。一两个星期我会好的——当然——但目前我穷困潦倒！你能稍微接济我一点吗？现在来讲，最小的一笔也很好啊。你可以——至少在当下这一刻——稍稍安抚你真正的朋友、仆人和兄弟。[99]

但是夏天过后，更多的失望继之而来。9月份维也纳要举行双重婚礼。那不勒斯国王费迪南和王后卡罗琳的两个女儿玛丽亚·特蕾萨和露伊萨，将要嫁给她们哈布斯堡王朝的表亲，弗朗茨和费迪南大公。庆典中有萨列里和魏格（Weigl）的歌剧，另有包括海顿在内的大量作曲家的作品音乐会。但沃尔夫冈却全然被忽略了。同样地，当新皇帝列奥波德二世在法兰克福加冕的时候，许多维也纳的乐师受邀去参加庆典，又没有沃尔夫冈的份。绝望中他决定凭着己力，无论如何也要到法兰克福去。他要上演自己的音乐会，来吸引麇集在那里的欧洲贵族。再一次，他请他的好朋友和姐夫弗朗茨·霍佛跟他一同前往（自他母亲客死巴黎，以及随后他只身归家，沃尔夫冈便讨厌独自旅行。去年夏天他从柏林返家，路上跟李希诺夫斯基伯爵闹翻之后，同样令他备感悲苦；他知道有个旅伴在身旁会好很多）。

霍佛同意跟他去，尽管他的太太约瑟法其实刚刚才诞下一个婴儿——这小姑娘也叫约瑟法，日后会承继韦伯家族的营生，成为一位杰出的歌手。沃尔夫冈不知怎么买来一驾马车，对之喜爱有加（他对康丝坦瑟写道："我想给它一个吻！"[100]），于是便出发，沃尔夫冈和霍佛离开他们韦伯家的太太足有六个星期。不出所料，此行完全没有成功。虽然沃尔夫冈在法兰克福举办了自己的音乐会，并且遇到不少对路的人，他却连新皇帝的影子都没见到，更别说在御前演奏了。不过他们也寻着些乐子，因为他和霍佛随后去了美因茨、曼海姆和慕尼黑。沃尔夫冈得以和不少他们的老朋友重聚，包括康纳毕希一家和马尚一家，他们一如既往地颇把他当回事。他在归途中心情大好，甚至想着来年要带康丝坦瑟再来。

与此同时，康丝坦瑟终于意识到他们此时的局面有多差，并且开始接手了。如果说沃尔夫冈曾对此试图向她隐瞒，结果也只是陷得更深。所以当他不在的时候，康丝坦瑟便调动她敏锐的实用考量，去解决问题了。首先，在施塔德勒的帮助下，她以他们全部的家具作抵押，协商了一份借贷。这回不是从普赫伯格那里，而是找了另一位商人海因里希·拉肯巴赫。这笔钱有 1 000 弗洛林，足够清掉沃尔夫冈的债务，还能留一些给他们过活。并且这笔钱两年还清即可，计五分息，利息从供给霍夫迈斯特（Hoffmeister）付梓的新作品收益中出。沃尔夫冈得知如今是她在操办这一切，从法兰克福写去的信中，他表达了对她全新的和感激的敬重之情，几乎像是对着一个生意搭档。但是他也决定尽自己的那份职责，并以契诃夫式的强度表达了自己的决心："我渴望关于你的消息，关于你的健康，关于我们的日常事务及其他。我下定了决心要在此地尽我所能地赚钱，而后怀着巨大的欢乐回到你身边。将有多么幸福的生活在等着我们啊！我会工作——努力工作——不再会有任何不测能把我们打回这种绝望的窘境。"[101]

除了试图去解决财务问题，康丝坦瑟还张罗了又一次搬家。她在粗石巷（Rauhensteingasse）寻到了一处一层的公寓，有足够的房间给沃尔夫冈教学和演奏室内乐，还有个庭院可以停放他喜爱的马车和马匹。沃尔夫冈自己急切地想看看他们的新住处，迫不及待地希望回到他自己的家。在他们重聚后不久，康丝坦瑟又怀孕了。

如果说康丝坦瑟如今要加强对家中财政的把控，沃尔夫冈则在一边打理生意,并且工作极为努力。他为宫里的冬季舞会写出了好几套德国舞曲(K599—K607),这是尽他宫廷作曲家的职守。他还为霍夫迈斯特的乐谱出版创作室内乐,这也是康丝坦瑟签订的借款协议的一部分。这些室内乐当中有一些是在他们的新家中演奏的:比方说,海顿在12月底曾加入他们,完整地演奏了他新作的D大调弦乐五重奏K593[①]。邀约也渐渐来了,包括——不是一个,而是两个——英国的旅行。头一个邀请来自一位罗伯特·梅·奥莱利(Mr Robert May O'Reilly),他试图说服沃尔夫冈从1791年12月起去六个月,报酬丰厚(2 400弗洛林);还有一个来自著名的伦敦音乐经理人约翰·彼得·萨洛门[②],他亲自来维也纳邀请莫扎特和海顿二人。海顿甚为兴奋,因为他从没经历过这样长途的旅行,便接受了邀请。然而沃尔夫冈却回绝了:他不再准备在没有康丝坦瑟的情况下去任何地方了,事实上在孩子降生之前,旅行已不在考虑当中。此外,维也纳总算在孕育一些前途可期的机会了。

很可能是因为阿露西娅的相助,沃尔夫冈开始在维也纳的演出舞台上露面了。3月,他参与了一场由近来一位风头正劲的青年举办的音乐会,此人是21岁的单簧管大师约瑟夫·白赫(Joseph Bähr)。音乐会上沃尔夫冈演奏了他最近写就的降B大调钢琴协奏曲K595,阿露西娅也登台演唱。4月,乐师公会推出了由萨列里

---

① 译注:莫扎特演奏两个中提琴声部中的一个,海顿演奏小提琴。

② 译注:Johann Peter Salomon, 1745—1815。生于波恩的提琴家、作曲家、指挥和经理人。十分巧合的是他和比他晚生二十多年的作曲家贝多芬,诞生在同一个处公寓。

执棒的一百八十名乐手参与的两场大型音乐会,阿露西娅也在歌手之列:在帕伊谢洛(Paisiello)的《斐德拉》(Phedra)精选演出中有一个插入部,她在其中演唱了沃尔夫冈在1783年写给她的《不,你不能》(No, che non sei capace)。节目还以沃尔夫冈的一部交响曲开场。另有其他的一些正面的进展。也是在4月,沃尔夫冈成功地向维也纳当局申请获得了宫廷乐正助理的职位:这个职位是无俸的,然而却可以担保,一旦现任的乐正列奥波德·霍夫曼(Leopold Hofmann)退休或离世,他便可以补缺。但最为光明的前景来自一次商业冒险——免税屋剧院或曰维登剧院(Freihaus-Theater an der Wieden)。自从1789年7月以来,这个剧院便由沃尔夫冈在伶界的老友经营,此人是个多面手,兼戏文家、经理人、歌手、演员、舞者和作曲家多种身份。这个人叫作埃曼努埃尔·希卡内德。

　　免税屋剧院坐落在一处独立自为的建筑群中,此地有公寓、园林、商店和礼拜堂。剧院本身经过希卡内德精心的收拾,现在设施精良,能坐下一千人。希卡内德将他的戏班安置在这样一个理想的生活和工作环境当中,并从剧院的前任那里继承了一些演员和歌手,其中就包括康丝坦瑟的姐姐约瑟法。他也招募了一些新人,其中有最新的歌唱红人安娜·歌特利布(Anna Gottlieb),1786年她年仅12岁便在《费加罗的婚礼》当中演唱芭巴莉娜(Barbarina);还有男高音歌手兼作曲家本尼迪克特·沙克(Benedikt Schack);男低音歌手兼作曲家弗朗茨·克萨维尔·盖勒(Franz Xavier Gerl);以及一位年轻的男高音雅科布·海布(Jakob Haibl,他将会娶韦伯姐妹中最小的苏菲为妻)。这个戏班此前曾在维也纳公众面前演出话剧和讲唱剧，获得过巨大的成功。如今，在1791年的夏天，希卡内德和沃尔夫冈同意合作一部拥有宏大而空幻的场景、亦庄亦谐且微言大义的制作。这就是后来的《魔笛》（Die Zauberflöte，K620）。希卡内德将会自己出演核心角色之一的帕帕盖诺（Papageno），沙克饰演塔米诺（Tamino），盖勒担当萨拉斯脱（Sarastro）。夜后则由沃尔夫冈的妻姊约瑟法·霍佛扮演。

就好像有了这个令人兴奋的任务还嫌不够，沃尔夫冈在1791年夏天另外接下两个大型的委约。新皇帝列奥波德二世如今将要加冕波西米亚国王，为了布拉格的那些庆典，巴伐利亚议会请沃尔夫冈写作一部歌剧（他们先是找了萨列里，他因工作繁忙推辞了）。在布拉格，沃尔夫冈与洛伦佐·达蓬蒂的合作素来极受欢迎，他本想着要与其再度联袂，结果却很是沮丧：达蓬蒂已经不在维也纳了。于是一个老本子便被选中。梅塔斯塔西奥的《狄托之仁慈》（La clemenza di Tito）当中述及一位宽容慈悲的皇帝，意涵颇合时宜。沃尔夫冈将不得不在8月下旬赶到布拉格。与此同时他又接下了第三份委约，也是至为诡异的一份，因为它必须保密。

弗朗茨·沃赛格-司徒帕赫（Franz Walsegg-Stuppach，1763—1827）伯爵是位阔绰的地主，在塞漠灵森林的边陲拥有广袤的领地，距离维也纳30公里。带着一种温驯谦和的古怪，他在佃户和租客中颇受爱戴，所交游的也不乏皇族人士，这些贵胄每年会到此地狩猎，并来司徒帕赫城堡娱乐。伯爵也是位热忱的音乐爱好者，他的习惯是每周两次在他的城堡中演奏一些弦乐四重奏和其他类型的室内乐。然而对音乐的狂迷竟将其引向了欺骗的行径。他自己也浅涉作曲，对于将自己的作品付诸演奏这个想法很是喜欢。

但是当他发觉自己才力不及的时候,会购买其他作曲家的作品,并将之誊抄,而不注明原作者,便冒认为自己的作品。每每一部作品被演奏一过,在场的乐手会被要求猜一猜这作品出自谁手。多年以后,一位参与者——本地学校教员和提琴手安东·赫尔佐格(Anton Herzog)——有些深情地回忆起这类事情的经过:"通常我们会猜作者是伯爵大人,因为他时不时地会创作一些小东西。他听了便会微笑,窃喜他骗过了我们,或者他自以为是这样。但是他把我们想得如此天真,令大伙失笑。我们那时候还年轻,想着我们只不过是供给伯爵一些无伤大雅的乐子罢了。"[102]

1791 年 2 月,伯爵年轻的妻子安娜,在二十出头的年纪不幸过世了,伯爵想要献给她一部安魂弥撒。照他一贯的做法,他定然是想要令世人相信这部作品是出自他自己之手。伯爵大概是知道莫扎特其人的,因为他的城堡里收藏有他的一些室内乐谱。他也知道怎么找到他:伯爵在维也纳霍荷市场的产业中有一位租客,正是米夏·普赫伯格。于是伯爵便通过他另一处产业的执事弗朗茨·安东·莱特盖博(Franz Anton Leitgeb),送了个条子给莫扎特。沃尔夫冈被问及是否愿意接手写一部为死者而作的弥撒,如果愿意,就请开出价码。沃尔夫冈应承下这个工作,也开了价。然而当莱特盖博又返回来的时候,带着 50 杜卡(时约合 225 弗洛林)的定钱,另外"承诺了一笔可观的尾款,因为莫扎特的报价实在太低了"。[103]莱特盖博对自己及其主人的身份讳莫如深,对沃尔夫冈一再重申那个明确的指令:不要试图打听金主的身份。

跟司徒帕赫的那些乐手一样,沃尔夫冈多半看穿了这个鬼花招,便由他去。他从来也不反对戏弄和恶作剧,向来以急人所急地代笔作曲著称(在萨尔茨堡他就帮患病的米夏·海顿代过一次笔)。他大概把这份新委约看作一个收入丰厚的生意,以贴补家庭财务罢了。在这个阶段他唯一的问题倒是:考虑到眼下这么繁重的其他委约项目,从哪里挤出时间去创作这部《安魂曲》呢?

家里经济宽裕了一点,康丝坦瑟在 6 月初又去了巴登,为即将到来的分娩做准备。她把他们 6 岁的卡尔带了身边,随行的还有一个女佣,后来沃尔夫冈 25 岁的学生弗朗茨·克萨维尔·苏斯迈耶(Franz Xavier Süssmayr,1766—1803)也同她会合。苏斯迈耶等于是成了沃尔夫冈的文书(他的笔迹跟其师傅的几乎真假难辨),整理了沃尔夫冈寄过来的或者亲自到访后留下的《魔笛》的篇章,同时还要关照康丝坦瑟及卡尔之所需。巴登本地的学校教员和合唱老师安东·士多(Anton Stoll)在那个夏天是莫扎特一家的常客。他帮着康丝坦瑟安排合适的房间(在一楼,因为她受伤的脚仍旧不大方便),同时跟苏斯迈耶关系也不错,后来还帮他给一位巴登的女孩子递过消息。对于士多在这个夏天里的那些好意,沃尔夫冈在一次造访中,报之以一首经文歌,给他教堂的唱诗班演唱;6 月 23 号,这位幸运的士多指挥了《圣体颂》(*Ave verum corpus*,K618)的首演。

当他俩不在一起的时候,沃尔夫冈同康丝坦瑟规律的通信揭示出他此时重获的能量和心气。有时候他用法语写给她(她的法语很不错)。他跟她说,他每日凌晨 4 点半起床写作。他仍旧对她极为思念,如以往一样渴望重聚("我期待在你的怀抱中找到所有的喜悦,这只有如我这般爱着自己妻子的男人才能感受"[104])。但他总体上是快乐和活泼的,并且谈及她的生活的时候,带着温和的专横("如果你便秘的话就吃颗药糖,其他时候就别吃了。如果天凉的话,一早一晚要小心你自己"[105])。另有不少关于他们朋友的轻松闲话。他定期寄钱给她,她可以付药浴的费用(7月3号他为了只能寄来3弗洛林而道歉,虽然第二天他就又寄来了25弗洛林。并且还跟她保证,他一到巴登就替她把账结清。他很可能是刚刚从沃赛格伯爵那里收到了安魂弥撒的那笔不小的订金)。他有时候也汇报和自嘲他创作《魔笛》的工作("今天在全然无趣中我为我的歌剧写了一首咏叹调"[106]),极少的时候他还会引用其中的唱段("我亲吻你一千遍,并在心中同你一起说:死亡和绝望便是对他的回报!"[107])。康丝坦瑟显然是给他回很长的信,这让苦苦思念她的沃尔夫冈极为高兴。并且她一如既往地热衷家庭的生意和财务安排:"谢谢你,"他写道,"为了你提出的不要完全依赖于 N. N. 的建议。"[108]("N. N."是"non nominato"的缩写,代表"某某"或"佚名"。当他想要隐瞒一个人的身份,或者躲避窥探的耳目的时候,N. N. 便会经常出现在沃尔夫冈所写的信件当中。在沃尔夫冈信件里那数不清的指涉当中,N. N. 自然是代表许多不同的人。这个个案中的 N. N. 大概是维也纳的铁器商人约瑟夫·谷德汉〔Joseph Goldhahn〕,他在那段时间间接地涉入了莫扎特家的经济事务。)

最终康丝坦瑟回到了维也纳,并且他们的儿子弗朗茨·克萨维尔(Franz Xavier, 1791—1844)在7月26号降生了。这是个健康的婴儿,他将会活到50多岁。但是还不到一个月,她就要把婴儿留给苏菲和他们的妈妈照看,并且把卡尔送到了珀希铎斯多夫的一家幼儿园。康丝坦瑟将会随沃尔夫冈前往布拉格。在他们正要离开的当口,一个(对康丝坦瑟而言的)陌生人出现了("一个幽灵般的信差"，她后来对沃尔夫冈的一位早期传记作者如是形容）。他碰碰她的外套，问道："那安魂曲如何了？"[109] 沃尔夫冈赔了不是，但是辩解说他不得不去布拉格，并且此前他没办法知会他那个不可知的委托人关于他接下的皇室的差事，因为他不知道这个委托人是谁；但是等到一回家他一定努力创作这部安魂曲。信差似乎对此比较满意，于是莫扎特夫妇便上路了。苏斯迈耶仍旧作为沃尔夫冈的助理，一同前往：他誊抄了《狄托之仁慈》中的大部分资料，甚至还亲手写作了宣叙调。他们的密友安东·施塔德勒也去了布拉格，受雇参演这部新歌剧（所以沃尔夫冈保证他写了一些可观的单簧管独奏在里面）。《唐乔万尼》在9月2号为了皇帝重新上演，而新歌剧将在6号首演，剧名角色（狄托）的扮演者是另一位老朋友安东尼奥·巴格里奥尼（Antonio Baglioni），他曾在《唐乔万尼》中塑造了唐·奥塔维奥（Don Ottavio）一角。

《狄托之仁慈》既如常排演，沃尔夫冈和康丝坦瑟速速赶回了维也纳，因为《魔笛》要在仅仅三周后的9月30号上演了。沃尔夫冈自己指挥了首演，这部歌剧一夜成名。如今莫扎特一家在经济上要安稳得多，也有足够理由抬起头做人了。危机已经过去。然而这一转变，也有其代价。两部大型歌剧在不同的城市相继上演，一个孩子的诞生，加上这么多的长旅。这样一个夏天过去了，沃尔夫冈和康丝坦瑟身心俱疲。10月初，康丝坦瑟回巴登待了一个星期，带了小弗朗茨·克萨维尔在身边，还有她妹妹苏菲，负责帮着带孩子。苏斯迈耶也来到了巴登，几乎可以肯定是和士多住在一起。沃尔夫冈待在维也纳，偶尔为了《魔笛》去弗莱豪斯剧院探班，还要为另一个新的委约作品工作（安东·施塔德勒现在需要给自己的单簧管物色一部新的协奏曲），当然还要继续写作安魂曲。

10月，康丝坦瑟待在巴登的那个星期——这其实是沃尔夫冈有生之年所经历的同她最后一个星期的分离——他如往常一样刘她思念欲绝（"没有你我已经感到孤独了。我早知道会这样的"[110]），除此之外他却心绪甚佳。《魔笛》的巨大成功令他陶醉（"**沉默的赞许**一向带给我最大的快乐！你能看见这部歌剧变得越来越为人所敬重"），就如同施塔德勒从布拉格汇报的《狄托之仁慈》那旗鼓相当的凯旋一样。沃尔夫冈拿出绝大部分的时间发狂地作曲，抽空还要跟韦伯家一块吃几顿饭。他写给康丝坦瑟最后的那封信[111]闪耀着满足和自信，并且甜蜜地记挂着他的家庭和朋友。他记述了弗朗茨·霍佛如何带上萨列里和嘉特莉娜·卡瓦利埃里去看《魔笛》，也拉上了他的儿子卡尔，以及他的岳母韦伯夫人。据苏菲说，韦伯夫人变得对沃尔夫冈"极其喜爱"，他也投桃报李。康丝坦瑟不在的时候，沃尔夫冈显然去看望了岳母好几次，从未空着手上门。如今韦伯夫人可能耳聋得厉害：带她去看戏的头一天，霍佛给了她一本《魔笛》的戏文，于是她就能提前做点功课（"她将会'看戏'而非'听戏'"）。所以，或许她没有能够全然欣赏她大女儿约瑟法的非凡技艺。约瑟法在剧中扮演夜后，释放出了她的韦伯家的绝技：那些花腔颤音，以及数度的高音 F。韦伯夫人或也无法震惊于她的女婿的那些发明，他的天才令这俚俗的讲唱剧成为了所有歌剧当中最为意义深远的造物之一。但在女婿们和外孙的陪伴下，从沃尔夫冈的包厢凝望自己身在舞台上的女儿，一定令她倍感骄傲和欢愉。演出后，他们在一起聚餐，她应当见让了年轻的卡尔（那时候 7 岁）置身于大人世界的夜晚是多么的愉快。

第二天在巴登,康丝坦瑟和苏菲读到了沃尔夫冈对这次愉快的家庭聚会的描述,还问及卡尔在幼儿园的情况,表达了来自父亲的敏锐评论。令康丝坦瑟忧心的可能是沃尔夫冈所承认的他日常的作息:他似乎仍旧是每天凌晨4点半起来工作,不到半夜不会上床休息。他是在从两端燃烧着生命的烛火。

当康丝坦瑟在周末从巴登返回的时候,她果然发现沃尔夫冈已经筋疲力尽。他越发地衰弱,同时被手头一项工作过度地烦扰,那就是《安魂曲》(K626)的创作。这时候,当他们在普拉特公园散步的时候,沃尔夫冈跟她承认,他相信他正在为自己创作安魂曲。于是她便把这作品从他手中没收了,并请了医生。她说服他继续写作另一部作品——康塔塔《共济会众的欢乐》(*Laut verkünde unsre Freude*, K623),因为他的会堂将在11月18号揭幕一处新的圣殿。然而事毕他再度回到了安魂曲的创作,甚至在他殚精竭虑唤起了真正的重病和积聚的羸弱,令其在11月20号卧床不起的时候,也不曾辍笔。就像面临危机时她一向所做的那样,康丝坦瑟找来了苏菲帮助她照看丈夫。

或许沃尔夫冈仍在害怕他这是在书写自己的安魂曲,因为这里面确然有着某种告别的意味。作品开篇的姿态,是弦乐悸动的切分音为巴塞特管和巴松管哀痛的歌唱伴奏,几乎是对他自己1783年写给阿露西娅的咏叹调《你不知何为痛苦》(*Ah, non sai qual pena sia*, K416)的引用。咏叹调的唱辞中有"我爱,我将不再见你……就此永别吧"。这难道是潜意识中在向他的家人告别么?但是即便病到这个份上,沃尔夫冈的创作天才也不曾贫乏:《审判日》(*Dies Irae*)中那戏剧化的冲击以及《垂怜》(*Recordare*)的庄严的力道都可以表明,有一个名副其实的代表作正从他的身体流淌而出。然而从体力上他已无法将想法转化到乐谱上了。他身体浮肿;手已经握不住笔;呕吐伴随高烧("粟疹热")开始耗尽他的气力和精神。于是康丝坦瑟也为他安排了帮手。忠诚的苏斯迈耶试图去按沃尔夫冈的授意写下乐谱。康丝坦瑟自己和沃尔夫冈的三位好友(他的姐夫弗朗茨·霍佛,连同他的塔米诺和萨拉斯脱,也就是本尼迪克特·沙克和弗朗茨·克萨维尔·盖勒)坐在他身边,从头到尾试唱他写完的部分。苏菲每天都来,帮助康丝坦瑟和孩子们,并且协助看护沃尔夫冈。

四分之一个世纪以后,正是苏菲提供了关于莫扎特最后日子的极为辛酸的描述。为了沃尔夫冈的传记作者格奥尔格·尼森(康丝坦瑟的第二任丈夫),苏菲写下了长篇而生动的回忆,因为其表达的简单,因而更具可怖的力度。在这莫扎特"另一个家庭"的存亡的时刻,苏菲的叙述中封存了韦伯家所有的精神品质:她们的温暖,她们的着眼当下,她们对垂死的沃尔夫冈的爱意以及彼此间的关爱。来平衡她对职业人士的行为(教士和医生,在她的叙述中一无是处)愤慨描述的,是她自己的倾尽所能(照顾她们的妈妈和她的姐姐)。当然还有对康丝坦瑟所经受的折磨那令人揪心的描述。贯穿全篇始终,其中心人物沃尔夫冈都浸染着尊严、慷慨、感恩和优雅的风骨。

苏菲的回忆录[112]始于12月4号星期天的一次探访之后,探访当天沃尔夫冈看上去几乎有些见好。

那时我还年轻,并且,我得承认,有点虚荣——我也爱打扮,但是绝不至于喜欢穿着我最好的衣服,从我们所在的郊外步行到城里去,我没钱叫马车;所以我跟我们的好妈妈说:"亲爱的妈妈,我今天不想去莫扎特那里了——他昨天状态非常不错,所以今天会更好的。就一天,去不去的,没什么不同吧。"她回答说:"我告诉你啊,给我弄杯咖啡,然后我告诉你怎么做。"她更愿意让我留在家里,我姐姐(指康丝坦瑟)知道她一向多么想要我陪着她。于是我就进了厨房。火灭了,我不得不燃个蜡烛来点火。然而莫扎特始终在我心里萦绕着。咖啡好了,我的蜡烛还烧着。我才注意到我让蜡烛这么烧着是有多浪费。烛火依旧烧得那么明亮,我凝视着它想道:"我想知道,莫扎特怎么样了?"当我思念及此,并看着蜡烛的时候,它熄灭了,它的熄灭就像是从来未曾亮过。甚至都没有火星残留在烛芯上。并没有些许气流吹过来,对此我可以发誓。我打了个寒战,并跑到母亲那告诉她。她说:"好,赶快更衣,过去看看他,但是记得回来并且直接告诉我他怎么样了。别太久了。"我尽可能快地赶过去。天呐!看到我的姐姐心已凉了一半,还仍然努力控制她自己的时候,我有多么害怕。她过来跟我说:"感谢上帝你来了,亲爱的苏菲;他昨天晚上非常不好,我当时想他怕是挨不到天明了。今天你就在这陪我吧,因为如果情况再恶化,他今夜会死的。去找他吧,看看他怎样了。"我试图控制自己,并来到他床前,他立刻跟我说:"啊,亲爱的苏菲,你能来太好了。你今晚必须留在这。我死的时候你得在这里。"我尝试令自己坚强,并且试着劝止他,但他回应了我所有这些努力,"我已经尝到死亡的滋味了",还有"你不留下,谁来照顾我亲爱的康丝坦瑟呢?"——"好的,亲爱的莫扎特,但是我得先回去和告诉我妈妈,你希望我在这陪你们到晚上,否则她会以为有什么可怕的事情发生了呢。"——"对。你去吧,但是快点回来啊。"上帝,我感觉多么糟。我可怜的姐姐跟上我,并祈求我看在老天份上去圣·彼得大寺去找那些神父,请他们派一位过来,就像是偶然探访一样。我就照做了,但是那些冷漠的神父犹豫许久,我费了很大力气才算说服他们。接着我急忙赶到我妈妈那里,她正焦急地等着我;此时天已经黑了。可怜的亲人受了多大的惊吓啊。我劝说她去找她的大女儿(约瑟法)霍佛——如今她已经去世了——在她那里过夜,她便照着办了。接着我以最快速度赶回去见我那悲痛万分的姐姐。苏斯迈耶正在莫扎特的床边,床罩上放着的就是那部人尽皆知的安魂曲,莫扎特正在跟苏斯迈耶解释他认为在自己死后对方应该如何完成这个作品……找克罗塞特(Clossett)医生找了好久,最后在剧院找到他,但是他不到看完戏不愿意过来。最后医生来了,为他灼热的额头开了冷敷。而这让他休克了,一直到去世前都再没有恢复意识。他所做的最后一件事情,便是尝试他的安魂曲中的定音鼓声部,并用嘴发出声响。我现在还能听见那声音。

他安魂曲中的定音鼓吗?我们知道莫扎特在弥留之际,正投入在《悲悼》(Lacrimosa)一章中,于是,他所配乐的最后的辞句是:

那悲悼之日

尘埃中站起的

是待审判的罪人

　　这一章的起首几乎是一支温柔、缓慢、幽幽起伏的舞蹈，从第二句开始一转变为了苦恼沉郁的攀爬，升起整整一个半的八度，先是全音程的上行，之后在临近峰顶的时候，转成更为吃力的半音程：音乐变成了死神的行进。在恐怖的"待审判的罪人"一句，音阶和不可阻挡的渐强达到了顶点。也正是在这里，沃尔夫冈建议苏斯迈耶加入苏菲所说的定音鼓，与其一道的是它们一贯的搭档小号，在他还是孩子的时候，它们曾令他深深恐惧。接着他的生命便结束了，在一个未获解决的属和弦上。

奏响小号

让我们准备

这庄严的献祭

　　　　——《伊德梅尼欧》

莫扎特《安魂曲》手稿的第
一页

女
人

第二十六章

据苏菲的描述，沃尔夫冈是躺在她的臂弯中走的，他死于1791年12月5日。当这一切都结束了，烦乱欲狂的康丝坦瑟爬到他的身边，好像要试图去"感染上他的疾病，以随他而去"。[1] 等到那没用的医生离开了，消息很快传遍了整个城市，天还没亮人们便开始聚集在楼下的街道。至近的朋友们进到公寓来看望遗体；他们之中便有可贵的凡·施维登男爵，他不顾刚刚发生在自己身上的变故（刚刚被朝廷从教育和监察委员会主席的任上罢黜），牵头操办起实际的事务。凡·施维登选择了最基础的丧葬安排，没有不必要的装饰和奢华。在先皇约瑟夫二世的时代，为了经济和卫生的考量，整个丧葬程序一概从简。在嘉布遣会教堂（Kapuzinerkirche）的哈布斯堡祖茔，他父母坟墓的繁复雕饰的建筑脚下，低调地安置着皇帝那朴素的坟冢，这也显示了他的信念之坚定。同时代大多数的维也纳人，于是也就接受了经济型的墓葬。对沃尔夫冈来说，这也不过是个平常的选择。12月6号下午，康丝坦瑟及其家人跟凡·施维登一起，连同几位至交，参加了在圣·施台凡大教堂的一个边堂举行的简单仪式。随后,一驾租来的灵车拉着棺材穿过城市,到了郊外一处叫圣·马科斯的乡野。没有送葬人的陪同,这也是照着当时的惯例。在那里,棺材给埋到一处"普通简易墓穴"。[2]

一代又一代爱音乐的人惋惜莫扎特肉身的遗失。甚至对丈夫确切的埋骨之地都显得漠不关心,这令康丝坦瑟背上了粗率自私的名声。尽管如今有那么多的妥善安置的纪念碑和圣地供人瞻仰,然而那最为珍贵的遗骨的缺失,继续烦扰着这个焦虑的世界,并且赋予其谴责、沮丧和内疚的机会。

对于这样的焦虑,莫扎特本人大概会觉得讶异。不管他是否认同所有的埋葬都必须讲究卫生、实惠,特别还有简约,他定然不会考虑进入自己那个家庭的祖坟。死后便归于"极乐",[3] 这一说法对他来说更为重要。于是,无尽的光明围绕离魂,就实在便是件值得庆祝的事了。在他的《安魂曲》中"让永继的光芒照耀他们"一句当中,音乐正面、乐观,真可谓光芒遍照,便是他这种深远的乐观主义的明证;并且也证明了,即便在经由疾病和悔恨所带来的痛苦焦虑而走向人生终点的时候,他对于来世之美,都依然抱持着不可或缺的庄严的信仰。

因此,莫扎特也不会对他自己这身皮囊另作他想。然而他的确对他真正的遗产——音乐——的保存极为挂念。跟其他许多音乐家一样,对于自己早期的作品,他更多的是厌弃:"随着在作曲上的进步,我弟弟越来越少欣赏他较早的作品了。"[4] 图诺在1799年甚为辛酸地写道,因为和她关系最近的正是这些早期的篇章。自1784年,直到他去世前的三个星期,沃尔夫冈小心翼翼地编制着一份他自己作品的主题分类目录。[5] 这倒不仅仅是他家庭的列表情结在他身上的又一次变现而已，而是他对于自己作品的传诸后世的一种高度条理化的操作。因为他的永生之地是在这里，而不是哪个黑暗的墓穴。通过他独特的、无与伦比的音乐，他借演绎者和聆听者的手与心，继续活着。在某种程度上，与他相识的某些男人和女人们也是如此。因为借着为他所熟识的（有时候甚至是爱上的）歌手创作歌剧角色，他得以在后世的苍穹中应许给他们一席之地。

在莫扎特所有音乐创作里面，他的歌剧天才成就了一种神奇的结合：想象之独一无二，以及手段之铤而走险，这些都能以举重若轻的流畅表达出来。他的想象力也会被经验唤起。莫扎特是明察秋毫的人性观察者，据康丝坦瑟说，他可以将自己隔绝于周遭的人和事，但实际上却不会错过任何所发生的，也从不会无动于衷。他爱着整个剧院的世界，还有居于这世界的人们，他最美好的欢会便是同他们为伍，从曼海姆和慕尼黑跟康纳毕希的乐队，到布拉格这些忠诚的乐师，还有在维也纳的希卡内德的戏班。跟这些演绎者在一起，他的要求极高，对于那些达不到要求的乐手的责备也令人难堪。在很小的时候，据说他甚至因为父亲演奏的错音而对他不耐烦。对于萨尔茨堡的宫廷乐师他也是予以集体的、不折不扣的贬斥。他对于表演者要求的不仅仅是辉煌的技巧，曾因贬低星光夺目的克莱门蒂"仅仅是机器"[6] 而闻名。他一向所寻求的是情感和激情的额外原料，不可以错误或者粗浅地加以运用，而是要让它们从演绎者的灵魂中燃烧释放。每每在人身上发现这样的品质，他都欣喜若狂。阿露西娅是如此，年轻的贝多芬也是，他曾在沃尔夫冈面前演奏过一次，深深吸引了沃尔夫冈。而对于他挚爱的伶界同事们，因他们的乐器（嗓子）里面住着最为赤裸相见和易受伤害的激情和情感,他尤其能借之唤起自己最为深厚的表达。因此在莫扎特成熟的歌剧作品中,没有任何一个角色是没有意趣的。他的这些造物,饱含着人性和设身处地之感,以及剃刀般锋利的精准,入木三分。并且,他们有着莎士比亚笔下人物般的变化多端,契诃夫笔下人物般的复杂性,像任何这些舞台人物一样的多维。

当莫扎特创作他的歌剧,并为舞台塑造这些个性鲜明的人类标本的时候,其创作过程少不了两种原料。第一样是戏文(libretto)。和他同时代那些作曲家相似,他早期的歌剧,拿到的是成衣一样的本子(主要还是别人拿到过的现成本子),然后配自己的音乐。大人物皮埃特罗·梅塔斯塔西奥(Pietro Metastasio,1698—1782),18世纪中期在维也纳做了超过五十年的宫廷诗人,在他的时代完全掌控了歌剧创作。他为长篇歌剧写了不下三十个脚本,其中有些被配乐多达二十五个版本。基于梅塔斯塔西奥的脚本的创作令人震惊地有八百部以上。他杰出的天才提供了一种囊括一切的风格,优美典雅、长于叙述,且富于深思,并且这可以适用于任何风格的创作演绎。莫扎特1778年写给阿露西娅的"我未曾感受过"(Non sò d'onde viene,K294)便出自梅塔斯塔西奥的本子《亚历山大在印度》(Alessandro nell'Indie),莫扎特自己视其为一种挑战,看看自己能否创作出与J. C.巴赫的版本全然不同的配乐。然而自1780年以来,他自己开始直接介入戏文的编制了。他先是在萨尔茨堡跟沙希特纳合作一个最终流产的项目——《扎伊德》(K344)。接着是1781年在慕尼黑的《伊德梅尼欧》,在文句的形态以及戏剧的步调上,他深度地介入了乔万尼·巴蒂斯塔·瓦雷斯科(Giovanni Battista Varesco，1735—1805)的工作。在维也纳他和约翰·歌特利布·施台芬尼、埃曼努埃尔·希卡内德，特别还有洛伦佐·达蓬蒂的合作，就完全是共生的。像他自己说的那样："最好的事情莫过于：一个了解舞台并有足够天分能够给出明智建议的好作曲家，遇着一位有能力的诗人，真正的凤凰"[7]（这种珍禽的形象将会在莫扎特/达蓬蒂的《女人心》的开场中再度出现，当斐兰多〔Ferrando〕和古里埃莫〔Guglielmo〕为赞美他们各自的爱人而在言语上过招的时候）莫扎特心中非常清楚一个妥善措辞的文本的重要性：

> 剧本写得好，一部歌剧便能确保成功，要有特别为音乐而写出的词句，而不是那些为了某些可悲的韵脚（上帝知道，这些东西从来都不能令任何戏剧演出增色，不管什么，结果反而是多有折损）而四处乱塞的词——我的意思是，那些毁了作曲家整个想法的词乃至完整的诗句。诗句绝对是音乐中最不可或缺的——但韵脚嘛——完全是为了押韵而押韵的那种——最为有害。

所以，即便在他脑中连一个音符都还没有的时候，他的艺术创作就已经开始了。

第二样原料，也是在创作程序的另一端，是莫扎特深深地在意他的表演者的演绎。对于歌唱技巧他有非常确定的观点，一定程度上他也有能力自己训练歌手运用技巧，他为康丝坦瑟写的一些小练习便是例证，那时他正在准备他俩都参与的 c 小调弥撒的演出。他喜爱优秀的柔唱技法（阿露西娅深谙此道），除非是刻意为之，为如此而如此。1778 年在巴黎他曾批评他的好朋友安东·莱夫落入矫饰之风（"他做过头了，对我来说这听起来很荒谬"），虽然他也高度赞扬了他华丽的唱腔，尤其还有他"完美、清晰的吐字，真的是很美"。[8] 所有这些特质，对他都很重要，包括歌手的颤音（vibrato），他同样是当它自然而优美的时候对之极为喜爱，而当其被过度使用时就感到不能容忍。萨尔茨堡的一位歌手，名叫约瑟夫·迈斯纳（Joseph Meissner），就是个反面教材："你知道的，迈斯纳有个坏习惯，会不时颤动他的嗓音，把应该持续的长音割裂成明显的四分音符，甚至是八分音符——他这个毛病我没法容忍。而且这真是个可憎的习惯，太违背自然。"他接着说："人类嗓音是自然震颤的——以它自己的方式——只有在这个分寸之内，效果才是美的。这就是嗓音的本性。人们不仅在木管乐器上模仿它，还在弦乐乃至键盘上模仿。但是这个合理的界限一旦被跨越了，那就不再是美的了——因为那是违背自然的。"[9]

莫扎特对于演绎当中的"自然"的热衷，尤其体现在宣叙调的表演中。当他听到格奥尔格·本达（Georg Benda，1722—1795）的两部乐剧，其中的对话实际是在器乐伴奏下讲出来的，而非唱出来，他异常兴奋："你知道我怎么想的吗？我想绝大多数歌剧宣叙调都应该按这个方式处理——仅仅在词句能够用音乐完美表达的情况下，才偶尔唱一唱。"[10] 但是转过头来他还是要求他的歌手在宣叙调中"全心投入歌词的意义和力度"，[11] 如同他对阿露西娅所说，在《伊德梅尼欧》最初几次排练中，他因为他的两位歌手而焦虑——很遗憾，其中有他的好朋友莱夫——做不到他上述的要求：

"莱夫和达尔·普拉托（Dal Prato，1756—1828）毁了宣叙调，他们的演唱没有心灵或者火焰，太单调了。"[12] 相反，如果任何东西过于夸张或者做作，他也直言不讳。1783 年他和康丝坦瑟到萨尔茨堡的时候，遇到年轻的格蕾特·马尚，他足够强烈地感觉到她作为歌手的进步，便给了她自己的建议。强调的重点还是全然在于自然与真诚：

> 请特别带个话给小格蕾特，告诉她当她演唱的时候切忌撩拨和作态：因为媚眼和飞吻什么的并不总是可接受的——事实上只有蠢货才会中这样的招。如果两者必取其一，我宁愿选个有人在的时候都能毫不犹豫便拉屎撒尿的乡野粗人，也不愿意被这样的虚伪谄媚哄骗，那都太夸张了，人一眼就能看穿。[13]

所以，莫扎特就是个凶暴的工头，除非完全献身于戏剧之所容摄，以及其中的情感真实，否则他都不会满意。唱得好听自是远远不够。

第二十七章

1778 年同阿露西娅·韦伯的相遇，是莫扎特声乐写作的转折点；另一件事也与此不无关联：一部歌剧与此相类地从各方面将他带入了一个成熟的高度，那就是 1781 年的《伊德梅尼欧》。那时候他 25 岁。整个少年时期，他都在打磨自己的技艺：1775 年为慕尼黑作《假园丁》的时候 19 岁，这却已然是他的第十二部歌剧了。童年和少年时期的作品自然还比不得他日后在二三十岁上创造的那些神迹。但这些少年之作仍然以其非凡之手段、音乐——戏剧直觉之可靠以及它们可观的美感而引人注目。它们固然是出自孩子之手，但跟同时代的歌剧比起来，它们可不仅仅是不输于他人而已。纵观莫扎特的少作，也不仅仅是在仿写某些风格和模式：他自始至终是个人化的、深刻化的，事实上也一直在提升其所触受吸收的。并且，越是了解他自己的演绎者，他的出品便越是优异。他的早期歌剧全都是在成衣般写就的台本上制作的，但是他根据这些脚本写作的音乐，却如他自己爱说的那样，是"度身定制"的。

莫扎特创造音乐角色这件事，始于 1767 年，那时候他才 11 岁。

此时一家人刚刚结束了大巡游，回到萨尔茨堡。萨尔茨堡可利用的音乐资源，跟他们在维也纳、巴黎和伦敦之所遇两厢对照，令他们倍感失望。但是在这里有三位知名的年轻女高音在主教公跟前听命。她们就如同莫扎特姐弟那样轰动一时。1761 年，16 岁的玛丽亚·玛格达蕾娜·利普（Maria Magdalena Lipp，1745—1827）和13 岁的玛丽亚·安娜·布劳恩霍佛（Maria Anna Brauenhofer，1748—1819）被主教公施拉顿巴哈送到威尼斯，在那里学习了两年半。1764 年 1 月，玛丽亚·安娜·绯瑟玛耶（Maria Anna Fesemayr，1743—1782）跟萨尔茨堡的管风琴师安东·卡耶丹·阿德勒加瑟（Anton Cajetan Adlgasser，1729—1777）一道加入进来，同样在威尼斯待了一年。1765 年底，这三位年轻女子回到了萨尔茨堡，分别是 20、17 岁和 22 岁。她们都被任命为宫廷歌手，薪俸是每月八个弗洛林，加上（后来有点成了灾难性质的）每日一公升的葡萄酒。

这些宫廷乐工的社会生活颇为自封和幽闭：布劳恩霍佛的父亲是附近月湖镇（Mondsee）管风琴师；利普的父亲则是宫廷管风琴师，她自己也将在 1768 年嫁给在宫廷乐署的一位同僚米夏·海顿（Michael Haydn，1737—1806）；绯瑟玛耶最终成了她在威尼斯的旅伴同时也是宫廷管风琴师的安东·阿德勒加瑟的太太。他们的世界也成了这广阔的艺术界当中，一个至密的微缩宇宙。纵然有早年游学巡演的经历，这些萨尔茨堡乐师的才具将会变得晦暗和凝滞，在萨尔茨堡他们舒适地安于那些要求不高的日常工作，以及免费供应的酒（米夏·海顿和他太太玛丽亚·玛格达蕾娜未来都成了酒鬼）。但是他们在 18 世纪 60 年代中期从意大利学成归来的时候，这"三女郎"的技艺是相当了得的，而莫扎特也将对之加以善用。

莫扎特这种"音乐定制"的初次亮相，是在 1767 年 3 月，宗教讲唱剧《第一诫之义务》（Die Schuldigkeit des ersten Gebots，K35）当中他所参与的部分音乐。这部由三部分组成的作品在连续三个星期四，于大主教宫殿的骑士大厅分部上演。脚本的作者是约瑟法·杜塞克的祖父伊格纳兹·怀瑟（Ignaz Weiser），而音乐部分则另有两位大主教座下最成功的作曲家参与：第二部分由米夏·海顿操刀；第三部分则来自阿德勒加瑟。在 1767 年 3 月 12 日，那第一个星期四，首先开场的第一部分，由 11 岁的莫扎特作曲。

这个系列讲唱剧当中的一众歌手，自然是来自大主教的梨园名册当中。三个讽喻的抽象角色——"天恩（Die göttliche Barmherzigkeit）"、"天道（Die göttliche Gerechtigkeit）"和"世情（Der Welt-Geist）"——便由那"三女郎"来担纲。两位男高音——约瑟夫·迈斯纳和弗朗茨·安东·施皮策德——分别扮演基督徒和基督之灵。人声和器乐部分的创作都灵感四溢，对配器和结构对比的惊人操控，再加上那极富挑战性的手段——伴奏宣叙调的运用，使得这些为两位男高音谱写的音乐强力而直接。然而这三位女性，因为有在威尼斯训练的经历，显然有着完美的技巧上的灵动。沃尔夫冈为她们书写了绚丽的杂技版的音乐。她们三个当中，玛丽亚·玛格达蕾娜·利普所受的挑战最巨。素闻她是个出色的歌手，却没人特别喜爱她，到晚年的时候她更是变得难于相处。在她的咏叹调"怒狮之吼"中，沃尔夫冈身体里的那个喜爱动物的小男孩，快活地借助音乐同时投射了两件事物：危险的狮子的戏剧形象，以及歌手本人那突显的个性。他创作的咏叹调中有人声凌厉的高音跃升，并用摄人心魄的咆哮和在低伏的半音阶上的潜行来加以平衡。在他儿童时期的全部作品中，这首咏叹调脱颖而出，例证了他不仅是受脚本的启发，更能从演绎者的个性中获取灵感，创造出非同凡响的音乐。

萨尔茨堡三女郎还将会在莫扎特往后的戏剧音乐中出现。1769年，遭受过一家人历时十四个月的维也纳的失败之旅，又加上《弄痴记》那灾难性的一页，列奥波德至少成功地令沃尔夫冈那在维也纳未能演出的歌剧在家乡上演了，就在大主教的宫殿里。（他又忍不住撒了个谎，在付梓的戏文封面上，声称沃尔夫冈时年12岁。而事实上他是13岁。这种全无必要的操作，他在伦敦的时候曾反复使用。）虽然沃尔夫冈写作《弄痴记》的时候，所考虑的是几位维也纳卓越的歌手，他却并不认识他们。于是，创作时他在脑海中所听到的很可能还是留存在心中的萨尔茨堡三女郎的演唱。而且可以肯定，后来得以演出的写给剧中人萝西娜（Rosina）、吉雅琴塔（Giacinta）和妮涅塔（Ninetta）的音乐，完全是循着当初为利普、布劳恩霍佛和绯瑟玛耶创作的路线。再一次，在众多音乐中最为出众的，还是那难于相处却颇具天赋的利普演唱的音乐。为了她，他创作了自己在乐队伴奏上最为原创和成功的试验品：令人迷醉的咏叹调"听那回声"（Senti l'eco）当中的独奏双簧管和两支英国管；"你的爱神藏于此"（Amoretti che ascosi qui siete）中两支巴松管和分部写作的中提琴组那迷人的暗色；还有上述两个咏叹调的声乐写作当中的那种勾引意味和自信妄为。在沃尔夫冈为萨尔茨堡写作的教堂作品中也能看到他的"三女郎"的身影：那是在他的三部祷文配乐（K125、K195 及 K243）中辉煌的女高音独唱声部中。

　　终于在 1775 年，他自己的小歌剧（或者叫作"serenata"）当中也出现了好的音乐。《牧人王》（Il re pastore，K208）是为玛丽亚·特蕾萨的幼子马克西米连·弗朗茨大公的到访而作的（沃尔夫冈 1762 年便与其相识，那时候他们一起在美泉宫的走廊中玩耍）。梅塔斯塔西奥的剧本，是个关于爱情、责任和宽容的温和的象征故事，被置于牧歌式的惬意风景当中。在类似的场合致敬哈布斯堡的王公的时候，这样的场景被多次采用。尽管莫扎特（时年 19 岁）在其中创作出了一些极为精良和多变的音乐，也一如既往地去挑战他的演绎者，并以写作出足以唤起他们的主人赞许之情的音乐来回报他们的技巧，但是这部作品中的炫技写作看上去多少有些传统，不很具有个性。就好像沃尔夫冈的心思并没有全放在这个项目里面。或许他已经受够了对哈布斯堡王朝屈尊俯就，并且戏文的主题令他感到无聊。也可能，他的"三女郎"已经跟不上他成长的步伐，不再令他兴奋了。他那时已经去过了意大利。

第二十八章

十几岁的时候，莫扎特为米兰写了三部歌剧：1770 年的《米特利达特——本都王》（K87），1771 年的《阿斯卡尼欧在阿尔芭》（K111）以及 1772 年的《卢齐奥·西拉》（K135）。虽然这些歌剧的演出闪耀华丽，金主又是哈布斯堡王朝血脉中至高的一系，而沃尔夫冈作为一个 14 岁的男孩被纳入这样的项目本身就是荣耀无限的，然而这都还算不上他在这个舞台上所接受的最意义深远的挑战。如今他即将为意大利听众写作一部由意大利歌手演唱的意大利语歌剧了。和在维也纳的时候相比，这是完全不同的经验。在那里他虽然也是为出色的意大利歌手写作，但所面对的那些听众，意大利语（纵然他们能听懂的话）大概只能算作他们的第三语言，要排在德语和法语之后。这跟用德语为萨尔茨堡的听众写作当然不可同日而语。但是，就像他在以往面对新鲜的刺激时一样，沃尔夫冈展现了超常的临机应变之能。这三部歌剧的本子都是在计划上演之前几个月才到他的，三部作品都绝佳地体现了正歌剧（opera seria）的观念（描述古典时期或古代的英雄人物的伟绩，并紧紧着眼在那些纯洁而值得赞美的品格：爱、忠诚与责任）。尤其在以拉辛（Racine）的戏剧为基础的《米特利达特》，这种观念被极为高明地构建起来。以他全部少年早熟的特质，沃尔夫冈把握住了这些伟大的价值，就像前辈亨德尔那样，他深得创作形式的张弛之道，成功地将情感深度注入其中，并且激发出了单个角色们内在的戏剧力。这里面，来自他那些歌手的帮助不可忽视。身处在曾经发明了歌剧这一艺术形式的国度，他所接触的，正是其中最杰出的实践者们。

有三位歌手对于身在意大利的沃尔夫冈来说至关重要。他们都是名副其实的国际演员，在 18 世纪中期匆忙地穿梭于整个欧洲，博取盛名和大量的拥趸。其中两位是女高音安娜·德·阿米契丝（Anna De Amicis，1733—1816）和安东尼娅·贝纳斯科尼（Antonia Bernasconi），第三位是阉伶维南齐奥·拉乌齐尼（Venanzio Rauzzini，1746—1810）。这第三位，沃尔夫冈和他父亲到意大利之前就认识。1763 年他们曾在美因茨见过安娜·德·阿米契丝，这位时年 30 岁的歌手正处在事业的巅峰。她当时正准备回到家乡意大利，而他们则刚刚开始其大巡游。他们彼此定然是注意到了对方，因为她和 7 岁的沃尔夫冈当时以各自的方式成了新闻的焦点。几年后莫扎特一家到了维也纳，沃尔夫冈在创作那命运多舛的《弄痴记》的时候，父子俩在哈瑟的《帕特奴佩》（Partenope）中听到了拉乌齐尼的演唱；还有贝纳斯科尼，她在格鲁克的《阿切丝忒》（Alceste）中塑造了光彩夺目的题主（title role）。而且可以肯定，如果《弄痴记》能够在维也纳上演的话，贝纳斯科尼很可能会饰演妮涅塔（其最终在萨尔茨堡由绯瑟玛耶扮演）。

1770 年 4 月，当沃尔夫冈在罗马等待他父亲带来关于他第一部要写的歌剧的消息的时候，他极为兴奋地获知演员阵容当中很可能有安娜·德·阿米契丝。他写信给图诺："有人说德·阿米契丝也会出演。我们将在那不勒斯见到她。我希望她和曼佐利能够接演，这样我们就有了两位熟人和好友了。"[14] 一个月以后，他和列奥波德真的在那不勒斯和她会面，当时她跟丈夫和襁褓中的女儿生活在那里。他们在圣卡罗剧院听了她的演唱，被深深打动。但将要在米兰凭借其卓越的艺术激发莫扎特灵感的人还不是她。同年的 7 月，《米特利达特》的本子定好了，并发到身在博洛尼亚的沃尔夫冈手里，同时还有班底成员的名册。阿丝芭西亚（Aspasia）一角将由安东尼娅·贝纳斯科尼演唱，后来她也没令莫扎特失望。

在 18 世纪中期，正歌剧的体统牢牢地受限于条理分明的叙事。以返始形式（da capo，第二段结束后再度回到第一段音乐，并加入大量陪衬和装饰）写就的单一情绪的咏叹调，一时间抑制了所有的戏剧推力，因为冲量在返始形式中顾名思义地被反作用回自身。同时，衔接这些咏叹调的是音节化的宣叙调，仅由通奏低音乐器组伴奏，笨拙地突然发言来推动戏剧动作。在绝大多数情况下，这类歌剧吸引人的地方，在于其中的咏叹调提供给歌手展现其高超技艺的机会。对这类花腔炫技表演的崇拜，是当时的惯例，从明星到追星者，双方都乐此不疲。常常是没有人对作为衔接的宣叙调作丝毫的留意，从而也对有关叙事的一切都漠不关心。（在梅塔斯塔西奥的戏剧《歌手经理人》当中，一个角色对另一个讲："在宣叙调中你爱用哪国话唱便用哪国话唱，因为你也知道，那段时间观众自己通常也正聊得高兴呢。"）然而一流的作曲家们能够使得这一至为窘迫的体裁富有意义。在这个世纪上半叶超过三十年的时间,亨德尔(George Frederick Handel,1685—1759)也曾扯开这件束身衣,有时候索性便打破了规则,但更多时候,则是寻求某种方式对之切磋琢磨。他发展了具有戏剧张力的配器宣叙调,作为普通宣叙调和咏叹调之间的音乐桥梁,也为真正的戏剧思想的展开提供了载体。在维也纳,格鲁克同样摒弃了僵化的结构传统,转而寻求一种音乐和诗歌的真正平衡,在这种平衡中,叙述的纯粹性不会被"歌手不当的虚荣"所染着(如他在《阿切丝忒》前言中有些严厉地表达的那样)。在伦敦的时候,年轻的莫扎特很有可能颇听过一些亨德尔的歌剧(那时候这位伟人的作曲家才去世五年),显然他也在维也纳听过格鲁克的那些。他也同他们一样,在"音乐—戏剧"的真理之路上求索。在他众多乐队伴奏的宣叙调以及那些丰富多变的咏叹调当中,乐队也开始反映当时当地的情感内容了。这些手段,即便在这样的雏形之下,也将他的歌剧置于一个高于同时代作曲家的层面上。

维托里奥·阿梅迪奥·齐尼亚·桑提(Vittorio Amedeo Cigna-Santi)的《米特利达特——本都王》的脚本,是对拉辛那部伟大戏剧颇为妥当的重编。虽然表面上这故事是关于米特利达特最终的仁慈,它以一种伟岸的宽赦姿态表现出来(宽赦,在启蒙时代的人们所酷爱的品质中居首位),然而推动了戏剧发展的,却是阿丝芭西亚一角同其他角色的互动。阿丝芭西亚是本都王米特利达特的未婚妻,但却爱着国王的次子西法莱(Sifare),同时又被国王奸诈的长子法纳切(Farnace)追求。她于是在对西法莱的爱和对米特利达特的责任间纠结,同时又错愕于法纳切的进逼。当国王发现了她对王子的爱，从而判处她死刑的时候，她决心服毒自尽。然而，照启蒙时代对大团圆结局的热衷，国王最终赦免了每个人，而法纳切也和西法莱并肩去保卫自己的祖国。

安东尼娅·贝纳斯科尼显然是被莫扎特写给她的阿丝芭西亚的音乐折服了。列奥波德在 1770 年 11 月 17 号写给妻子玛丽亚·安娜的信中说："那个头牌女伶（prima donna）对她的咏叹调极其欣悦。"[15] 她很可能真的是如此。她开场第一个咏叹调"从这残酷的命运拯救我"（Al destin che la minaccia），当时阿丝芭西亚正渴望摆脱法纳切，她得以展示自己能量四射的花腔和杂耍般的跳进，同玛丽亚·玛格达蕾娜·利普的狮子颇为相像。但是接下来阿丝芭西亚的性格逐渐地深化并生长。她第二首咏叹调"我心悸动"（Nel sen mi palpita）要求丰富的歌唱技巧，词句被啜泣打断，还有焦灼的半音化的抒情。她的角色的核心，在于第二幕的一段独白，它实际也是整出歌剧的题眼。之前先是一段伴奏宣叙调，借着便进入了这段咏叹调"在强烈的煎熬里"（Nel grave tormento），其中她表达了为爱情和义务所撕裂的深深的折磨。两种不同的速度（柔板和快板）交替着，她的情感也如此；在器乐织体上方飘浮的缠绵的长笛，为这个段落赋予了光华。第二幕以阿丝芭西亚和西法莱（由阉伶皮埃特罗·贝内岱缇〔Pietro Benedetti〕饰演）的二重唱结束，在这首"如我将不能幸免"（Se viver non degg'io）中，两位歌手在对等的音域，以令人迷醉惊叹的情态，在声乐技巧上交锋。（阉伶贝内岱缇对这首二重唱甚为喜爱，对列奥波德开玩笑说，如果唱不好这段，他宁愿"再被净一回身。"[16]）

但最令人难忘的音乐则来自阿丝芭西亚第三幕的独白，她在寻思着服毒药自杀的时候。这里面没有炫技的余地。莫扎特给了贝纳斯科尼一个缓慢而低伏的长线，充斥着难以克制的情感张力，紧接着，在她举起盛了毒药的酒杯凑到唇边的刹那，咏叹调的形骸倏然瓦解成配器宣叙调。伴随着手颤抖的是乐队中的弦乐抖动；当她的害怕骤然转恐慌，乐队也随即跟上，以步调、力度和姿态的对比同人物亦步亦趋。随着头脑中一种冰雪般的清明降临，她便下了最后的决心，环绕她声线的弦乐和声也同样呈现出冰封的凝滞——直到西法莱突然闯入，打翻了她手中的酒杯。一个14岁的男孩可以如此成功地把握爱与责任的观念，着实令人赞叹。而这样一个男孩，已然开始懂得人之行自决的一刻所经历的那种难以想见的迷乱动荡，几乎使人骇然。而他的演绎者，塑造了格鲁克的阿切丝忒的那位，其表演能力远远不只在专业技巧而已，她在启迪这位天才走向如此成熟的路径上也是功不可没。

《米特利达特——本都王》对莫扎特来讲是一个巨大的成功，同时也是安东尼娅·贝纳斯科尼个人的凯旋：首演的时候她所有的咏叹调都加演了[①]，整出歌剧的表演时间于是被拉长到六个小时以上。同他儿子一样，列奥波德永远记住了这位令人叹为观止同时极为专业的女性身上的戏剧冲击力。八年之后，沃尔夫冈在曼海姆爱上阿露西娅·韦伯，并提议将她带到意大利，他确信她在那里必能占据一席之地，列奥波德在激烈驳斥儿子的图谋时，便以贝纳斯科尼作为论据："告诉我，你见哪个头牌女伶，在德国都没有多次登台压场，倒能在意大利当上头牌的？那位贝纳斯科尼夫人在

---

① 译注：当时的习俗是咏叹调唱毕，听众可以要鼓掌叫好要求加演。

维也纳唱过多少出歌剧？那些在格鲁克和卡尔扎毕吉①严厉的批评和指导下制作出来的极富激情的歌剧，她又曾唱过多少？"[17] 列奥波德知道自己的论辩会切中要害，因为虽然贝纳斯科尼当初或许不是他们在阿丝芭西亚一角上的第一选择，但是她却终以卓越的特质塑造了这个角色。

沃尔夫冈和列奥波德当初最想要的那位阿丝芭西亚，终于在《米特利达特》上演两年之后，进入了围绕他们的行星轨道。沃尔夫冈为米兰制作第三部歌剧《卢齐奥·西拉》的时候，安娜·德·阿米契丝已经年近四十，同时代的绝大多数人在这个岁数早就退出舞台了。但是这位身负巨大魅力的表演者，凭着十分惊人的技巧和热情的个性，仍旧炙手可热。她的演出遍及全欧：巴黎、布鲁塞尔、都柏林和伦敦，还有整个德意志地区，以及她的家乡意大利。在《米特利达特》之前，列奥波德和沃尔夫冈便听过她的演唱（唱得"出奇的好"[18]）；《米特利达特》的项目刚刚结束，他们在威尼斯又听过她一次。沃尔夫冈在米兰的第二部歌剧《阿斯卡尼欧在阿尔芭》是写给费迪南大公 1771 年壮观的婚礼庆典的，在此期间他们加深了对她的认识。另一部歌剧（哈瑟的《鲁杰罗》）中的首席女高音本由英国歌手塞西莉亚·戴维斯（Cecilia Davies，1756—1836）担任，但是歌剧上演那天晚上，她遭致了米兰听众残酷的嘘声和倒彩（这个恶习几个世纪来也没有什么大的改观），她便被"从意大利舞台上永久地放逐了"，[19] 安娜·德·阿米契丝于是取而代之（后来在

---

① 译注：Ranieri de'Calzabigi，1714—1795，意大利诗人和戏文家，以同格鲁克合作对歌剧进行改良而著称于世。

对阿露西娅扬名意大利的想法予以驳斥的时候，这个事件也为列奥波德提供了弹药）。所以当莫扎特父子返回米兰，准备沃尔夫冈在 1772 年底的第三部米兰歌剧的时候，他们应该会惊讶地获知，德·阿米契丝担任了头牌女伶的角色，在剧中饰演茱尼娅（Giunia）。同样令人兴奋的是，维南齐奥·拉乌齐尼将会扮演塞西利奥（Cecilio）。这位 26 岁的阉伶也正处在演绎事业的顶峰，这样的势头保持到了两年之后，那时候他搬去伦敦，并且在那里他成了莫扎特日后极为重要的几位同侪的老师。

沃尔夫冈和他父亲于 1772 年 11 月中返回了米兰。所有首席歌手都还没有就位，如往常一样，这些歌手，除非沃尔夫冈见过、听过并与之共事过，否则他便不情愿提前创作他们担当的音乐。但是他倒是可以先着手写作《卢齐奥·西拉》当中的合唱和宣叙调，这些他是和皇爵剧院（Teatro Regio Ducale）的戏文家乔万尼·德·加梅拉（Giovanni de Gamerra，1742—1803）一道完成的。这故事讲的是暴戾的罗马独裁者卢西厄斯·科内利厄斯·苏拉（Lucius Cornelius Sulla，即卢齐奥·西拉）回心转意，对素来受其压迫的人施以慷慨的故事，当然是启蒙主义观点的绝佳范本了。但是又一次，歌剧的题主并非最重要的人物。元老院议员塞西利奥（将由拉乌齐尼扮演）和他的爱人茱尼娅（安娜·德·阿米契丝饰演）的命运推动了戏剧的发展，并且赋予其全部的情感复杂性。塞西利奥被流放之际，卢齐奥·西拉将茱尼娅掳到自己家中，意欲将其霸占为妻。茱尼娅误认为塞西利奥已死，并受人建议，先答应嫁给卢齐奥·西拉，而后再杀了他。卢齐奥·西拉公开命令她答应自己的要求，以此来平息内乱。塞西利奥秘密潜回，搭救自己的爱人，却被擒住并判了死刑，茱尼娅决意同他一起死。最后卢齐奥·西拉宽赦了所有人，自己也逊了位。

题主卢齐奥·西拉的选角绝对是一场灾难。原定的男高音，一位科东尼先生，因病退出了。信差们被紧急发往都灵和博洛尼亚，寻找一个"不单唱得好，更要演技一流，还得扮相俊美"[20]的演员（列奥波德如是形容）。最终，在首演前八天，附近的洛迪地方的一位教堂歌手巴萨诺·莫尼奥尼（Bassano Morgnoni）被雇用了。他是完完全全不能胜任，莫扎特于是不得不重新调整卢齐奥·西拉一角的音乐，其结果是有些乏味。但是对于拉乌齐尼和德·阿米契丝的角色身上所有的戏剧性，以及如今在对他们的那些音乐上新增的分量，他们毫无异议。

拉乌齐尼头一个到达了米兰。沃尔夫冈将再度为他多面的音乐素养和惊人的戏剧呈现而动容：就在同一年，英国音乐史家查尔斯·伯尼博士（Dr. Charles Burney, 1726—1814）在慕尼黑遇见拉乌齐尼，将之形容为"不但是个富有魅力的歌手、一个妙人和好演员，更是一位完美的……大键琴演奏者，超出一个歌手通常的能力所及"。[21] 沃尔夫冈立即为他写了他在剧中的第一个咏叹调"温柔的时刻"（Il tenero momento），充斥着对即将见到茱尼娅的欢愉所怀的狂热的期待；他充分利用了其头牌男伶的巧妙的花腔技巧和广阔的音域。如同列奥波德写给萨尔茨堡的信中所说："它有着无上的美感，他唱它时就像个天使。"[22] 到安娜·德·阿米契丝两星期后抵达的时候（她此前一直在威尼斯表演，到米兰的路上又被恶劣的天气和糟糕的道路状况耽搁了），沃尔夫冈终于得以开始创作她的音乐。就像《米特利达特》中的阿丝芭西亚一样，茱尼娅也是

《卢齐奥·西拉》的中心人物。一边是对被放逐的爱人的爱情，另一边是为了和平而要嫁给一个暴君的压力，她有大量机会去思索责任的意义。再一次，在这些抉择的时刻，莫扎特打破了正歌剧的形式教条，为她创作了最具冲击力的音乐。

就像拉乌齐尼那第一首咏叹调，写给德·阿米契丝的那首反抗卢齐奥·西拉进逼的"在漆黑的海岸"（Dalla sponda tenebrosa），是这个角色给人印象至深的亮相。那里面有章法之内的花腔段落，还没有呈现最浮华、最有趣的那种半音化的写作。到了第二幕的"啊，这残酷的危险"（Ah, se il crudel periglio）刻画了茱尼娅担心塞西利奥的安危时所感受到的绝望。这首现象级的高难度咏叹调——全剧真正的观之所止——着实展现了安娜·德·阿米契丝的手段，尤其是她灵动的花腔和非凡的呼吸控制。列奥波德怀着惊叹写道："沃尔夫冈写入她的主要咏叹调的，是极反常、极独特又极困难的段落，这些她都唱得惊人地好。"[23]她第三首咏叹调"我走了，必须赶快"（Parto, m'affretto）是段绝望的独白，在其中茱尼娅决心和塞西利奥一同赴死。她的音乐是鲜活的、令人屏息的，也是勇敢的。在花腔当中又是见了真勇气的。在她的第四首也是最后一首咏叹调里，塞西利奥与她温柔告别之后，她的配器宣叙调投射出其内心对于他们两人的恐惧，并将她带入了诸般情感的极端（沃尔夫冈一反常态地运用了长笛和小号的组合，去强调这些极端）。她冥冥中预见了她爱人苍白的尸身，她的恐惧也投射在乐队演奏里，不仅表现在分声部创作的中提琴声音本身的丰腴上，也在于沃尔夫冈利用它们时那种令人胆寒的态度。有幽然曲折的情感之旅，加上莫扎特时刻都在创新的配器的烘托，即便单看她的这几首咏叹调,德·阿米契丝塑造的茱尼娅便已然是个丰满的人物了。然而,这一角色还有她的另一个维度有待展开,那就是德·阿米契丝同拉乌齐尼的合作本身。如果说两位高手的联袂必有其相互竞争的一面,那么莫扎特此番也是极为善巧地对之加以了利用。

《卢齐奥·西拉》中的两段,显示了德·阿米契丝和拉乌齐尼的对手戏的质量以及莫扎特何以打破正歌剧的成规从而使之升华。在第一幕中,塞西利奥潜伏在遍布罗马英雄纪念碑的坟场中,寻思这种死亡的阴郁而顽强的变现。茱尼娅随一众"年轻淑女及绅士"(合唱队)上场,塞西利奥躲藏起来。茱尼娅对着自己父亲的坟墓歌唱。塞西利奥无法再隐藏:他现身拥抱了惊愕的茱尼娅,两人一起流下喜悦的眼泪。这整个场景被乐队的演奏勾勒并支撑起来:短小的引子接入塞西利奥的配器宣叙调,接着便进入合唱以及茱尼娅对父亲庄严的乞灵,后者以光华的柔唱展现。合唱队即刻便烘托扶助她的旋律线,而塞西利奥的现身则以最为戏剧化的配器宣叙调表现,接下来便是拉乌齐尼和德·阿米契丝喜悦的二重唱,二人对等的花腔旋律线明灭交互。这是个十分辉煌的场景。两位明星各自有着伟大的独唱时刻,接着又汇在一处,合作二重唱。整段都没有普通宣叙调,于是听众除了被莫扎特的步调席卷而去,并无逸出和旁顾的机会。

第一幕末尾处的三重唱同样的老道、灵动,并极具"音乐—戏剧"的自觉。从效果上看,这首三重唱实则是"二加一"重唱,里头卢齐奥·西拉独立于塞西利奥和茱尼娅,将他二人的缠绵和激情看在眼里,逐渐地被其感化。他自己的音乐,乃至他的暴君式的决绝,被这透着忠贞的动人一幕软化了。可怜的巴萨诺·莫尼奥尼,这位从洛迪来的噤若寒蝉的教堂歌手,临危受命接手了题主的角色卢齐奥·西拉,一定被这来自全欧最顶尖的两位歌手的演唱惊呆了。不过莫扎特对他还算照顾,也并不曾牺牲哪个戏剧化的瞬间。德·阿米契丝和拉乌齐尼二人以三度重唱,并以轻柔而适度的花腔相交接,这一边莫尼奥尼的音乐则单刀直入、清晰直白。尽管有着这些音乐上的不匹配,这首三重唱的冲击力却并不稍减。

在写作《卢齐奥·西拉》的过程中,安娜·德·阿米契丝变得对她年轻的作曲家极为喜爱。她时常对身在萨尔茨堡的玛丽亚·安娜和囡诺(她不曾见过囡诺)献上问候,列奥波德则一如既往地易被杰出的女性打动,为了和她这么长时间待在一起而激动不已。"德·阿米契丝是我们最好的朋友,"首演当天他写道,并加上"她唱歌、演戏都像是天使,并且极为欣悦。沃尔夫冈对她尽了本分。你们和整个萨尔茨堡如听了她的演唱都会惊喜赞叹"。[24] 结果呢,这个首演可说是一场灾难。开场就迟了三个小时,因为大公殿下没有按时到达。待到终于开演了,演员和听众已然泄了气,演出直到凌晨 2 点方才结束。毫无经验的莫尼奥尼,在表演中颇有粗糙的尝试,拉出的一些架势令观众哄笑起来。如列奥波德所说的:"德·阿米契丝夫人沉湎在她自己的热情里,没明白台下为什么就笑了,惊惶若此,当晚剩下的部分便没有唱好。"[25] 压倒这位女主角的最后一根稻草,是大公夫人一个劲为拉乌齐尼一个人叫好,因为大公夫人此前被人告知这位演员极度地怯场,特别需要鼓励。这当然是拉乌齐尼在他的女搭档跟前抢戏的伎俩,而且还十分见效。他们的意大利同僚的这种任性态度,令莫扎特父子哭笑不得,但是系列演出已经定好了,况且德·阿米契丝随后终于还是给出了她最佳水准的演出，所以他们便与她保持了极佳的友谊。跟拉乌齐尼也是如此，接下来那个月，沃尔夫冈为了他写下了那部壮观的经文歌《喜悦欢腾》（K165）。

对沃尔夫冈来说，《卢齐奥·西拉》的写作和演出从多很多方面讲都是一次创伤的、紧张的经历，其间他疲于应付迟到和临阵换将，以及他的歌手中顶尖艺术家的那种乖张无常。然而，就像他以后的人生中常有的情况一样，他喜欢这样的能量。他在给图诺的信中说："除了我的歌剧，我什么也想不了，而且我现在有这样的危险：写出来的信不成话，只能是整首的咏叹调。"[26] 在这个过程中，他的音乐写作语言有了不可限量的进展。面对两位无与伦比的歌手，他也相应在赌局中加了注：他们在处理上的辉煌，就是引发他燎原之势的创造力的星星之火。在米兰这几番经历之后的那几年，他都没再碰到这样杰出的歌唱天才。再度遇见的时候，它变现为 1778 年身在曼海姆的阿露西娅·韦伯。他当即把《卢齐奥·西拉》中写给德·阿米契丝的一段音乐交给她。他终于找到另一个人可以唱它了。

第二十九章

在莫扎特歌剧创作的伟大转折点《伊德梅尼欧》到来之前的那些作品中，有两部顺手创作的歌剧别具意义。《假园丁》是为1775年慕尼黑狂欢节而作的，尤其在音乐—戏剧的结构上，对他而言是又一次重大的飞跃。紧接着自己在《卢齐奥·西拉》上的进展，沃尔夫冈继续制造长线条的戏剧发展，各个环节都有乐队的参与，几乎完全弃用了非配器宣叙调。早在《费加罗的婚礼》第二及第四幕那两段奇迹般的终曲诞生的十余年之前，《假园丁》的第二幕就已然使用了三首咏叹调的无缝推进作为终结。所有七个角色都加入了这个含有大量配器宣叙调和多段式的终曲，音乐历时长达二十五分钟以上。总体看去，他的和声语言以及配器正变得越发丰腴而富于想象。如果说其中角色的个性色彩不及他在意大利创作的那些歌剧人物身上所展现的那般强烈，这一方面要归罪于戏文的质量不佳(作者叫作朱塞佩·佩特罗塞里尼)，另一方面则是因为糟糕的班底。1774年12月28号，列奥波德在给玛丽亚·安娜的信中冷淡地描述："首演被推到了1月5号，以便令这些歌手能够好好学会他们的唱段,如此他们或能更好地理解音乐,并且更具信心,不至于糟践了这部歌剧。"[27]事实上首演被再度延期了,乐队也需要更多时日去准备,而且扮演女主角桑德丽娜(Sandrina,也就是标题中的"假园丁")的女高音萝萨·曼塞维希(Rosa Manservisi)那段时间还身体不适。话说回来,她可能也不是那么的出色。查尔斯·伯尼博士 1772 年在慕尼黑听过她的唱,对之的认可也是平平:"她的身段还不错,嗓音嘛,虽然不甚高亢,却算得上优美。举止态度不能说粗鄙,唱得也在调上,并无大过。"[28]沃尔夫冈、列奥波德以及后来加入的图诺,这一家人之所以享受在慕尼黑的时光,多半倒只是因为他们离开萨尔茨堡这件事本身。沃尔夫冈不会将《假园丁》算在他的重要作品之列。

1780 年,沃尔夫冈结束在曼海姆、慕尼黑和巴黎的灾难之旅,返回了萨尔茨堡。他失去了自己的母亲,对阿露西娅也爱而复失,如今他正无望地面对一个暗淡的前景:他将要去服侍他所讨厌的那位主教公了。即便如此,他还是着手筹备下一个戏剧项目,而这可能会将其带入另一个方向。在经历过为意大利听众写作意大利语歌剧之后,如今他为这样一个想法着迷:为说德语的萨尔茨堡听众创作以本国白话写就的作品。在曼海姆他曾观看了格奥尔格·本达创作的两部音乐剧的演出,那是《美狄亚》(Medea)及《阿里阿德涅在纳克索斯》(Ariadne auf Naxos)。剧中的德语对白不用唱,而是在乐队伴奏下念出。正是在这个时候,他跟他父亲的小号手朋友——诗人约翰·沙希特纳——合作,开始筹备一部讲唱剧《扎伊德》。这个计划始终没有完成(或如列奥波德后来委婉地表达的,它还是"不甚完备")。但是沃尔夫冈毕竟写完了十五段音乐,并且在创作上又取得了长足的进步。他在其中试水了那种"本达风"的伴奏对白,效果惊人。有意思的是,尽管如此,他在随后的创作中却再没有重复这样的试验。他在重唱的写作能力上大有精进,在重唱中可以同时令不同的人表达多种不同的情感。如果说《卢齐奥·西拉》中那段三重唱其实是"二加一"重唱的话,那在这部《扎伊德》中的四重唱则是"二加一再加一"重唱,其中一对恋人被两个不同的评论者评头论足。对于题主扎伊德本人,沃尔夫冈为她写下了一些极为惊人的音乐,包括戏剧化的咏叹调"老虎!磨尖你的利爪"(Tiger! Wetzc nur die Klauen)——这大概同玛丽亚·玛格达蕾娜·利普的狮子一道,归入他的萨尔茨堡江湖动物园(menagerie)了。但最令人屏息的咏叹调是一首摇篮曲"安静入眠"(Ruhe sanft),这是扎伊德唱给熟睡中她心爱的男子的。弱奏的弦乐拉动,加上分声部的中提琴的拨弦演奏,其所掩映的不仅是那光彩迷人的声乐线条,还有一支独奏双簧管(莫扎特最爱的象征勾引的乐器),这预见了那部他后来所写的杰作——1783年为阿露西娅所作的咏叹调"上帝,我想告诉你!"(Vorrei spiegarvi, oh Dio! K418)。当他和沙希特纳一道创作这部试验性的、最终流产的作品时,他们心中还没有具体的演员或者演出机会——这种情况在莫扎特实属罕见。但前述剧中那首咏叹调的特质,它的线条、伴奏以及情感内容,却真切地反映了他如此在声音上萦怀追索的背后所具有的真意。尽管阿露西娅·韦伯如此残酷地拒绝了他,她的声音却仍然在他脑中徘徊不去。

第三十章

当莫扎特和他母亲在曼海姆度过 1777 到 1778 年的那个冬天的时候，令他印象至深的还不是韦伯姐妹。无论在这段艰苦的时光，还是其后的日子，在音乐天分上同他的家庭相类似的另一个家庭，变得对其至关重要。作曲家和小提琴家克里斯蒂安·康纳毕希（Christian Cannabich，1731—1798），执掌着星光熠熠的曼海姆乐团。他跟自己天赋异禀的孩子萝莎和卡尔一起，对他们年轻的访客及其母亲敞开家门，也打开了心扉。乐团中两位器乐乐师——约翰·巴卜蒂斯特和弗朗茨·安东·温得龄兄弟——也同沃尔夫冈成了好友。长笛手约翰·巴卜蒂斯特和弗里德里希·拉姆，本就是要陪着莫扎特继续去往巴黎的，然而当沃尔夫冈为了跟阿露西娅去意大利而打算放弃巴黎之旅并在列奥波德面前捏造他如此安排的一系列原因的时候，这二人从道德、宗教观乃至个人行止，都被沃尔夫冈随意歪曲丑化了。即便约翰·巴卜蒂斯特·温得龄得知了这种不讲义气、张口就来的指控，他跟莫扎特也没有从此恩断义绝，因为在 1778 年他们在巴黎重逢的时候，人生地不熟的沃尔夫冈还曾仰仗他的帮助。跟康纳毕希一样,他和自己的兄弟都娶了出色的歌手为妻,也都养育了颇具天分的孩子,沃尔夫冈始终对他们怀有感情。为了回报从曼海默这些家庭当中获得的爱的温暖,沃尔夫冈便为他们写作:比如那些写给约翰·巴卜蒂斯特·温得龄妻子的咏叹调,写给康纳毕希女儿那些奏鸣曲,还有献给弗朗茨·安东·温得龄女儿的歌。

除了这些重要的个人,整个曼海姆乐队都成了莫扎特在音乐艺术道路上的灯塔。那些最初曾以怀疑的眼光看待他的乐师,在1778年2月聚集在一处,为他的告别音乐会演奏。他们被誉为世界上最好的乐队,在整个欧洲广受赞誉(1772年伯尼曾经形容他们为"由将帅组成的军队"[29])。在1778年从巴黎写给父亲的信中,沃尔夫冈以曼海姆乐队的准绳衡量其他的乐队:

> 如果(萨尔茨堡的)这个乐队仅仅在组织性上能同曼海姆相比也行啊。说真的,我真想让您看看曼海姆所盛行的那种纪律性,以及康纳毕希的权威。在那里,所有东西都是认真完成的。康纳毕希——他是我所见最好的指挥——的属下对他又爱又惧。整个城市以及他手下所有那些士兵都崇敬他。他们的行为和我们这里那些人殊为不同。他们文质彬彬、穿着得体,并且不会跑到酒馆去豪饮。[30]

他想要为这些他喜爱和尊敬的乐师写一些真正重量级的作品。1780年,当选帝侯卡尔·提奥多将他整个乐署从曼海姆搬迁到慕尼黑的时候,莫扎特终于得着了机会。

1781 年初慕尼黑的狂欢季,莫扎特被委托创作歌剧《伊德梅尼欧——克里特王》。慕尼黑宫廷所选定的戏文是丹谢(Danchet)作的老本子,原在 1712 年的巴黎由卡姆普拉(Campra)配过乐。沃尔夫冈求诸萨尔茨堡宫廷牧师瓦雷斯科长老,请他将戏文作一个意大利语版本。他自己也密切地参与了剧本的筹备:整个 1780 年的夏天,他都和瓦雷斯科在一起工作,研讨戏文的结构、剧作法和诗性。沃尔夫冈在同年 11 月到慕尼黑之后,过了很久他俩的工作才得以继续,因为他同过去一样,只有在见到了演出的班底并评估过他们的能力之后,方可开始为他们写作,而戏文常常也会因之有所微调。身在萨尔茨堡的列奥波德成了沃尔夫冈和他的戏文家在此地和慕尼黑两地之间讨论问题的中介,在一定程度上图诺也担起这个职责。在《伊德梅尼欧》的创作期间,父子俩的通信极大程度上揭示了沃尔夫冈的创作方法,以及他的感受力和适应性。他的目的不在于创造既深刻繁复又简净利落的华美乐章,而是要作出可以借之烛照丰富的戏剧叙事和心理冲突的那种音乐。当他把自己的经验分享给父亲,列奥波德给了他力所能及的支持。他为儿子提供了颇具实际考量并且见多识广的建议。他们不倦地修改待出版的戏文,调适在作曲和排练当中产生的所有变动。尽管也不无紧张和焦灼,但是在这对父子人生全部的通信当中,许多最为积极和有建设意义的,便是来自这制备《伊德梅尼欧》期间的通信。而对沃尔夫冈来说,《伊德梅尼欧》在慕尼黑从创作到排练的过程,也完全是快乐的。他是在同全欧最好的一众乐师合作,被亲近和喜爱的朋友们围绕,这些人的支持令他面对问题都能迎刃而解。"我去参加了排练,"在写给列奥波德,他讲了第一次乐队试奏的事，"我的心态之轻松犹如去某地参加个午餐聚会。"[31]

《伊德梅尼欧》的大意是讲：题主人物——克里特王伊德多梅尼欧——在经历了特洛伊战争而返家时遭遇海难，他祈求神灵饶他一命，发誓如果他能幸存，便会献祭他所见到的第一个人。而这个人偏偏是他自己的儿子，伊达曼泰。伊德梅尼欧试图通过遣走自己的儿子从而不兑现他的誓言，但是海王尼普顿制造了又一次风暴，唤出一头巨兽蹂躏了整个岛屿。伊达曼泰杀死巨兽，情愿牺牲自己替父亲还愿。但是尼普顿宽赦了他，并诏令伊德梅尼欧逊位，由伊达曼泰继登皇位。

这个强悍的故事是关于父亲之爱和君王之职责之间冲突的经典故事，当中充满了启蒙时代对于忠诚、牺牲和善恶报应的强大兴趣。剧中还有两位女性人物，令整个喜剧更加丰满。伊丽娅（Ilia）是特洛伊普里亚姆（Priam）国王的公主，于是作为敌人，被伊德梅尼欧当作囚犯解往克里特岛，但她爱上了克里特王子伊达曼泰，对方也爱上她。在伊达曼泰即将牺牲的当口，她打断了祭祀仪式，愿意代他去死。被软化了的海王最后降旨，命令她同伊达曼泰结合，并作为王后与他一同统治国家。另一位女子叫哀莱特拉（Elettra），是阿戈斯（Argos）国王阿伽门农（Agamemnon）失魂落魄的女儿，她也爱着伊达曼泰。当伊德梅尼欧为避免杀死自己儿子而将之驱遣的时候，便是教他随哀莱特拉回阿戈斯，她大喜过望。但是海王尼普顿最终的诏令和决议却没有赐她一席之地，她最终陷入了疯狂。

如此一来，《伊德梅尼欧》便需要四位歌手来担当剧中精彩的主要人物，而莫扎特则对他们的人选报以极大热情。这选角的事情对他是喜忧参半的。特别在题主的人选上，效果简直是立竿见影。伊德梅尼欧的人选不是别人，正是他的老朋友安东·莱夫，他在德意志、意大利、西班牙和葡萄牙经历了长达数十年成功的国际职业生涯。1770 年，在他 56 岁的时候，他受雇于曼海姆（沃尔夫冈和他母亲才得以于 1777 年在那里初次见到他），在选帝侯的乐署迁至慕尼黑之后，他自然成了此地歌剧舞台上资历雄厚的一员了。如今他已经 60 多岁，早过了其巅峰时期，其衰退的能力成了沃尔夫冈这种极大焦虑的诱因之一，后者在对朋友真挚的爱和对其演出质量的沮丧之间极为挣扎。沃尔夫冈为这个历经磨难的中心人物所设想的音乐，莱夫不仅在歌唱体力和巧力上都达不到要求；他的戏剧表演也是陈旧而空洞（便如沃尔夫冈在给父亲的信中抱怨的那样，"就像个塑像"[32]）；而对于伊德梅尼欧内心的冲突和复杂性，几乎可确定他无法去跟上真正的莎士比亚式的要求。然而，沃尔夫冈却对他抱有无限的耐心。他调整了自己对于这个角色的音乐观念，为莱夫重写了一个相对简易版本的雄浑的核心咏叹调"我胸中有片大海"（Fuor del mar）；在他的其他咏叹调中，他将独唱部分的戏剧能量化入了乐队伴奏当中，使得独唱和伴奏几乎成了承载情感的并驾齐驱的对手；并且将伊德梅尼欧最后的逊位演讲呈现为一个洪大的配器宣叙调——为了这个唱段沃尔夫冈花了数个小时去辅导他的朋友。整个的排练过程，沃尔夫冈都以一种贴心的圆滑加上和友善的世故去对待莱夫。友情既得以保全，《伊德梅尼欧》对于他们二人也都是一次凯旋。同时他们都不无唏嘘地意识到，莱夫有生以来所获得的最好的角色，在他生命中出现得太迟了一些。

在伊达曼泰的选角上也有不少焦虑。阉伶温琴佐·达尔·普拉托(Vincenzo Dal Prato，1756—1828)恰和沃尔夫冈同年，刚刚被慕尼黑录用，并将在这里任职二十年。然而甚至在他们见面之前，沃尔夫冈就对他抱了疑虑，还写信告诉列奥波德说，他听闻达尔·普拉托没有能力演唱长乐句。等到达尔·普拉托来了，沃尔夫冈的疑虑便坐实了。他准备不足，在音乐和戏剧上均无甚想象力，看上去还缺乏认真和专注。甚至连沃尔夫冈在同事面前那出了名的耐心都受到了严重的挑战，结果气恼之下他向萨尔茨堡汇报达尔·普拉托简直是"完全无用"。[33] 于是沃尔夫冈只有如往常一样照着达尔·普拉托声乐能力去修剪他自己的音乐了，也就再一次将音乐的能量从独唱转而汇入了乐队部分。但他此次的失落更加严重，因为伊达曼泰是更贴近他内心的角色。在伊德梅尼欧和伊达曼泰的父子关系当中，有某种他极为敏感的东西。虽然在其余生里，回望在慕尼黑制作《伊德梅尼欧》的时光，他总视之为人生最快乐的时间之一，然而他也总是被剧中父子之间的紧张情绪所扰动。就如康丝坦瑟后来所讲述的，1783 年他们夫妇到访萨尔茨堡的时候，在一次舞师之家晚间常有的那种亲友音乐聚会上，几个人一道演唱《伊德梅尼欧》中的四重唱，其中所表现的是父子间曾经的那种挚爱因为时过境迁而达到了紊乱失常的极点。此时沃尔夫冈含着眼泪逃出了那个房间。

如果说沃尔夫冈正为了两位男主角的选角而沮丧失意的话，那么饰演伊丽娅和哀莱特拉的两位女性在各个层面都令他欣慰。她们是他好朋友温得龄兄弟的太太。1752 年，16 岁的多萝塔(Dorotea Wendling，1736—1811)嫁给了长笛手约翰·巴卜蒂斯特·温得龄，同年生下了他们的女儿伊丽莎白·奥古斯塔。她同丈夫一起加入了曼海姆的乐署。1777年沃尔夫冈和母亲在曼海姆过冬的时候,常常到约翰·巴卜蒂斯特和多萝塔家里拜访,就像玛丽亚·安娜跟列奥波德所说的:"沃尔夫冈是他们特别喜爱的人。"[34] 多萝塔如今46岁,将会在剧中扮演年轻的特洛伊公主伊丽娅。要饰演一个年龄小自己一半的角色,如果说沃尔夫冈对她的能力多少有点质疑的话,他也并没有表现出来(就像当初40岁的德·阿米契丝在《卢齐奥·西拉》中唱茉尼娅一角时一样)。这样一位歌手,他曾经为之写过一首戏剧化的音乐会咏叹调(1778年她自选脚本的"你赢了"K486a),从而对其声音完全了解,她的加盟,想必倒是令他兴奋的。

多萝塔的弟妹伊丽莎白·奥古斯塔(Elisabeth Augusta Wendling, 1746—1786),是约翰·巴卜蒂斯特拉小提琴的兄弟弗朗茨·安东的太太。她比多萝塔年轻十岁,1761年在15岁上进入曼海姆乐署,1764年便嫁了人。她也生了一个女孩,后来也成了歌手,并且随了她颇具天分的娣娘,也被取名叫多萝塔(如此就是:温得龄兄弟当中的一位娶了一个多萝塔并生下个女儿叫伊丽莎白·奥古斯塔;另一个温得龄则是娶了一位伊丽莎白·奥古斯塔并生下个女儿叫多萝塔。这让几个世纪以来不少对卡尔·提奥多的乐署感兴趣的人颇为困惑)。这位伊丽莎白·奥古斯塔接下了极具戏剧震撼力的角色哀莱特拉。懂行的慕尼黑听众,同列奥波德父子一样通晓经典文学,对这个遭了诅咒的阿特柔斯(Atreus,阿伽门农之父)家族想必是极为熟悉。所以在伊德梅尼欧的故事当中,本是无关紧要的阿伽门农之女哀莱特拉的出现本身,为故事注入了一股暴力、苦痛、献身和疯狂的色彩。借着伊丽莎白·奥古斯塔·

温得龄,沃尔夫冈将会对这些情感色彩作精彩绝伦的呈现。

　　莫扎特与日俱增的那些打破了正歌剧成规的复杂方法,为戏剧叙事和感性叙事提供了持续的动量。这个特点在《伊德梅尼欧》那强烈而充满动力的切分音型的序曲的末尾部昭然呈现。在这最后关头,序曲并没有进入一个宏亮的结尾,从而博取习以为常的鼓掌喝彩,反而是沉入了温和静思的弦乐和弦,伊丽娅的声音在其中宛然浮现:"我这苦痛折磨何时是个了结?(Quando avran fine mai l'aspre sventure mie?)"头一次,莫扎特让乐队直接将听众引入歌剧的正题,也将他们引入了这悲伤的年轻女子的内心;序曲中的那种心烦意乱,原来是来自她的。伊丽娅继续着她的独白,交代出了重要的叙事信息:她在风暴中遭遇海难,失去父兄,后来被伊达曼泰所救,并爱上了他,然而她却相信对方爱着哀莱特拉。她表达了无家可归之苦,还有哀痛、失落、丧乱,以及刚刚才升起的爱意和嫉妒。乐队紧随着她每一次的情绪波动,为伊丽娅凄凉的故事提供情感的注脚。最终她纷杂的情绪归入了一首绝美的哀悼的咏叹调:"再见我的父兄(Padre, germani, addio)",在这里乐队以不安的切分音和一次次尖利的强后突弱(fp),投射了伊丽娅情感的脆弱;而后,就像跳舞的男子托举起他的女性舞伴,伊丽娅在最后的花唱(melisma)中翔于乐队伴奏的托持之上。这样一段开场独白过后,听众或许觉得又到了鼓掌叫好的时候了,而莫扎特再一次剥夺了这样的机会,他并没有把她这场戏做个了结,反而以此起彼伏的态势,直接接入了随后的剧情。伊达曼泰走了过来,乐队伴奏的织体渐从缠结中疏解,散入一个宣叙调。这是个令人错愕的开场。莫扎特一下子将听众牢牢地趋入叙事图景当中,点出了剧中所有的主要人物，并确立了他们之间的关系。哪怕是对着如此品质的音乐家们，莫扎特还是在一开场便利用音乐本身，对听众确然地制定下了不能鼓掌的规矩。凭着开篇这一场的情感强度和诱人的音乐，他将自己的朋友多萝塔·温得龄装入了瑰丽炫目的人物——伊丽娅的身体。

在第二幕的开场，伊丽娅和归来的伊德梅尼欧之间有一段十分感人的戏（她此时还不知道他内心那骇人的挣扎，自然也不知道他因之而下的决定。他已决意让伊达曼泰随哀莱特拉回她的故国阿戈斯去）。对于伊德梅尼欧安全返回到他的臣民中间，伊丽娅在他的咏叹调"如果说我失去了父亲，在您身上我又寻回了（Se il padre perdei）"中表达了自己的甜蜜的感恩之情，如今丧父的她已把他看作父亲。在这首关于"另一个家庭"和心灵的平静的咏叹调中，莫扎特不单为多萝塔出众的持续演唱能力而写作，也是为了她丈夫约翰·巴卜蒂斯特·温得龄和他在乐团的其他朋友而写作：这首咏叹调加入了长笛（温得龄）、双簧管（拉姆）、圆号（弗朗茨·朗）和巴松（格奥尔格·里特）——从乐器的组合到演奏人员，都和1778 年他在巴黎所作的《交响竞奏曲》（sinfonia concertante）如出一辙。在这一段包含了政治和解和个人感激的亲密表达当中，被这一缕器乐演奏所优化了的声乐线条赋予音乐一种特殊的宁静和透明。这是个不折不扣的"家庭"时刻：剧中人物的交接，正象征了莫扎特自己对于他这些密友的感情之强烈，这等于是他献出来给他们所有人分享的礼物。

到了伊丽娅在最后一幕开场时再度出现在舞台的时候，海王尼普顿业已挫败了伊德梅尼欧想要食言的疯狂企图，并放出了他的风暴和巨兽,在整个克里特岛上狼奔豕突。然而伊丽娅一心所想的只有她对伊达曼泰的感情,并和内心深处想要向他倾诉爱意的欲望挣扎缠斗着。在多萝塔·温得龄的另一首运用了(莫扎特深为佩服的)持续柔唱的咏叹调中,伊丽娅恳请温柔的轻风(Zeffiretti)飞向她的爱人,向他诉说衷肠。这个开场再度由配器宣叙调展开,于是在她情感的微妙演化之间并没有死板的割裂。乐队为她的这些渴念怅惘提供了富于感情的对位,支撑和返照了她声音中的激情。伊丽娅和伊达曼泰最终对彼此吐露了浓浓的爱意,在这个场景里,莫扎特由普通宣叙调到配器宣叙调层层搭建,直至进入一段最为温情的二重唱。这两个音域相当的声音线(就算能力未始对等)交缠、糅合并交接分享,终于汇成了三度关系,他们进入一个狂喜的小快板,直到他们的极乐状态连同这首二重唱被伊德梅尼欧和哀莱特拉的到来打断。伊德梅尼欧坚持要伊达曼泰逃离克里特,另寻一个避风港。此时四个不快乐的人演唱了全剧最为著名的音乐,那首四重唱。当《卢齐奥·西拉》中的三重唱其实是"二加一"重唱,而《扎伊德》中的四重唱时"二加一加一",这首《伊德梅尼欧》中的四重唱则是集合了四个独立的声音,以及他们背后四种不同的愁苦,联结他们的唯有他们都在受苦这一事实。他们集结在一起唱出了那句"我的心正在撕裂,没有比此更甚的痛苦"。凭借出色的控制,莫扎特将焦点从一个角色转到另一个,令她或他的音乐线条从其他三人的衬托下脱颖而出,呈现凌厉的释放,而听众得以在同一时间听到并领会到四股不同的悲声;这同悲的分分秒秒令人心悸。如同其开始一样,这首超凡的四重唱以伊达曼泰的一句构架式的唱词作结:"我会孤独地浪迹荒野(Andrò ramingo e solo)。"

尽管伊达曼泰成功斩杀了尼普顿的巨兽,伊德梅尼欧仍被他的大祭司和他自己的人民劝服,为了他的国家他必须履行自己的诺言而举行献祭。在痛苦中他最终揭示了牺牲者的真实身份。仪式开始,伊德梅尼欧准备在众目睽睽之下杀死自己的儿子。然而在献祭的那一刻,伊丽娅闯入并打断了仪式,她以无可辩驳的逻辑宣称伊达曼泰的无辜:众神希望希腊能摆脱它的敌人而不是自己的儿子,因此应该受死的,是作为帝国公主的她。就如同那控制极为得当的伊德梅尼欧和伊达曼泰之间关于荣誉与勇气的对话一样,伊丽娅这段自我牺牲的宣言也完全以配器宣叙调表现,其中乐队一如既往地提点和释放伊丽娅的戏剧表达当中的每个细枝末节。她为爱人而赴死的意愿,这人类所能作出的至善和高贵的姿态,令众神起了恻隐之心,尼普顿最终介入,赐克里特以和平。

多萝塔·温得龄在《伊德梅尼欧》终场时的呈现,催动着歌剧走向戏剧化的结局,同时也给了自己的角色一个完满的收场。伊丽娅是莫扎特第一批真正伟大的造物之一,具有丰满的人格,她甜蜜、睿智而勇敢。她身上这些本质在未来将会复现,先是在《后宫诱逃》的康丝坦瑟身上,继而是近十年之后的《魔笛》中的帕米娜。沃尔夫冈在信中向列奥波德抱怨他的男性歌手之能力不足的整个过程中,他对自己的那几位女高音绝无半句微词。相反,他说多萝塔·温得龄在她的音乐中是"最最令人愉悦的(arcicontentissima)",也暗示他对她本人也作如是观。这个词语当中那加倍的最高级含义良多。在她生涯的末期,她从自己的好朋友那里获赠了这样一个角色,而她也从音乐和戏剧两方面,都接受了来自他的挑战。

如果说多萝塔的人物存有了人类行为的所有高尚和仁善,她的弟妹伊丽莎白·奥古斯塔的角色则完全两样。乖戾无常的哀莱特拉这个人物有着惊人的独创性,极为引人入胜;这也是沃尔夫冈唯一一次以歌剧表现癫狂。从她第一次出现,莫扎特便在音乐中表明了这个女人已经意乱情迷。她撞见伊达曼泰正在释放特洛伊的俘虏,痛斥他这是在袒护敌人;之后,听说伊德梅尼欧已死于海难,她迎来了自己第一段宏大的独白。现在她相信,一切阴谋都是针对她的:伊达曼泰爱上另一个人,并要由着自己的心意处置自己的爱情和社稷;与他分享冠冕和床笫的将不会是她——一个国王的女儿,而竟会是个特洛伊的俘虏;妒火中烧之下,她听到了冥府中复仇女神摧肝裂胆的呼号,她们在怂恿她去施行报复。

哀莱特拉的独白以一段长长的配器宣叙调开始,起首的六个小节是乐队激荡不安的能量以及她的呼告:"伊德梅尼欧死了吗?"这六个小节立刻被重复演奏(唱)了一次,只是音高降了半音。这种令人叹为观止的音乐上的逼真肖似,令听众感觉到她眼看着就在失去控制。莫扎特继而以同样的笔触调动配器宣叙调的一切优势去传达她的惶然失神:力度和速度、步调和节奏的骤然转换,还有她在"我再也无法忍受"一句上的委顿崩溃(在音乐上表现为一组半音化的下行),简直是栩栩如真。接着哀莱特拉便进入了她的咏叹调"在我心中我感受到了阴森冥府中的复仇女神(Tutte nel cor mi sento/ Furie del crudo averno)",此时听众也再无疑惑,她已经彻底精神错乱了。这首咏叹调便继续以音乐揭示了她所有那些不安及神经官能症。那里有一把长笛上吹出的几乎让人屏息气绝的琶音,就像是难以捉摸、稍纵即逝的思想碎片。那里还有小提琴组歇斯底里的十六分音符，带着突然的强音以不规则的间歇激刺而出，将任何以小节线分隔的规则度量所带来的预设纷纷打散。那里还有哀莱特拉声音线条上狂野的跳进，和那准无意识状态的重复嘶喊（"复仇与残酷"）。在咏叹调临近返始部（da capo），那些歇斯底里的十六分音符和参差错落的强音归来的时候，所有这些元素最摄人心魄的一面出现了。她在一个减三和弦上到达了延长记号（fermata），而后便真的重复了开始时的音乐，但是在一个完全始料未及的调性上。即便一个聆听者无法了解到底发生了什么（音乐现在进入了c小调，而它本该在d小调上），其听觉效果也像突然在路上被绊了一下那样震惊。在其后的十四个小节，莫扎特容许哀莱特拉奋力地拐回到她本应当在的和声上。当她冲出舞台的时候，代表她精神风暴的音乐也骤然冲入了遭遇海难的伊德梅尼欧肉身所经历的那场风暴。哀莱特拉这第一段独白因而是一个在"音乐—戏剧"的辉煌性上未曾有的场景；而伊丽莎白·奥古斯塔也定然是一位具有猛烈的呈现和巨大强度的女演员，这促使莫扎特为她创造了这样一个角色。

但是伊丽莎白·奥古斯塔还不仅仅是个暴烈的演绎者。跟她的嫂子一样，她能够供给莫扎特的，还有那她令人极为钦佩的柔唱线条。在第二幕，哀莱特拉从她疯狂的嫉妒中稍缓下来，因为此时伊德梅尼欧刚刚决定了要将伊达曼泰遣走，她则成了其中的受益人：她将被她爱慕的男子带回她的故乡阿戈斯。于是她的第二段独白相比第一段呈现了不能更大的反差，她现在快乐而知足，决心令伊达曼泰回心转意，忘掉伊丽娅而爱上她。她的弦乐伴奏的宣叙调温柔而自信，乐队中泛起微妙的波澜：她似乎已被这狂喜治愈。她的咏叹调"我亲爱的人（Idol mio）"，保留了这种只以弦乐伴奏的形式，仿佛乐队也跟着她退转回单纯简素。这是一支甜蜜的恋歌，给了哀莱特拉片刻的宁静。然而这里面还是有潜意识中的不安存在：乐句的长度被貌似无心、随意的重复小节（比如引子当中的第五和第十小节）变得不甚规则。如果莫扎特想要去巧妙地破坏哀莱特拉这暂时的宁静，他是成功地以这样极具特点的音乐戏法暗渡陈仓。她这首"我亲爱的人"又像《伊德梅尼欧》中太多的其他咏叹调一样，直接地导入了下一段音乐。那是一段进行曲，宣布她的船眼看就要启航，她便匆忙赶过去。在码头，整装待发的阿戈斯和克里特的水手及战士唱起温柔的离别合唱"大海宁静，让我们启程"，其间哀莱特拉劝告温柔的轻风（Soavi zeffiretti）去平复不久前那风暴的震怒，并散播爱意。这里，莫扎特再次合理运用了伊丽莎白·奥古斯塔那驾驭完美的柔唱。

当伊德梅尼欧和伊达曼泰出场并心存芥蒂地道别的时候，哀莱特拉那恣意挥洒的极乐仍在继续着。在接踵而至的那首三重唱中，她把自己志得意满的淡定声线凌驾在父子间紧张的情绪之上。但接着她感觉到了父子二人共同的悲苦和窘迫，灾难的预感涌上心头（"上帝，将会如何？"），这便将音乐由温和的行板转入一段焦虑不安的有生气的快板；在这里三个角色共同祈祷命运能为每个人带来平和。然而待要登船的时候，风暴大作，巨兽骤现，于是整个第二幕连同哀莱特拉内心那平静的绿洲一道，在狂烈的混乱中灰飞烟灭。

在《伊德梅尼欧》的第三幕（也就是最后一幕），哀莱特拉无可避免地复归了癫狂。和伊德梅尼欧一起，她打断了伊丽娅和伊达曼泰温存的爱情二重唱；接下来的四重唱当中她再一次呼唤复仇。只有在表达痛苦的句子上她才加入其他人（"你不能再受苦"），其余的时间她看上去已经游走到核心叙事的外围了。她亲眼见证了献祭的场景，包括伊丽娅英雄式的殉道；她还和其他人一道听见了海王尼普顿颁布他的诏令时的声音。她已经被决然地排斥在大团圆的结局之外了，这驱策着她坚定地从故事的边陲折返，她幻想着自己正身处冥府，跟复仇女神和自己的兄长俄瑞斯透斯（Orestes）在一起。莫扎特曾在这里写过一个场景，却在慕尼黑的演出中被迫删去了：恐怕是伊丽莎白·奥古斯塔·温得龄的体力不足以应付这一折戏的要求，因为它太考验演员的能力。哀莱特拉对着复仇女神、她们的毒蛇以及她自己的哥哥尖叫，这同时也是冲着自己整个的悲伤之情。这尖叫重复而支离，最终化为狂笑。这又是一个运用音乐对于癫狂的不可思议的全面刻画，严重地惊扰了气定神闲的听众朋友。为了这次首演，莫扎特将这一段音乐简化为一段短小的配器宣叙调，令哀莱特拉心意烦乱地从舞台上一闪而过，这大概是暗示了伊丽莎白·奥古斯塔在这里或多或少也像莱夫在他的核心咏叹调中一样，并不是完全能够胜任。即便有这样的修改，哀莱特拉的精神状态也被交代得清楚明白，莫扎特在此也为他另一个好友创造了具有壮观和难忘的戏剧张力的人物。

第三十一章

诚然，莫扎特被慕尼黑的友人的温暖爱意包裹，这激励了他借着《伊德梅尼欧》向歌剧艺术的成熟迈进了里程碑式的一步，他此刻信心满满。然而即便如此，即将面对的维也纳全然不同的环境将带给他巨大的挑战。与慕尼黑那种惬意的、家庭般的艺术氛围有着天壤之别，奥地利的首都是个你死我活的丛林世界，到处都是竞争、自我标榜和阴谋诡计，还有那些庞大的自我意识。维也纳的音乐制作被宫廷活动主导，但也不限于宫廷，当中集结了大量的人才，他们极具竞争精神和地盘意识。政治手腕和腐化败坏习以为常地同权力媾和，在此地四处流布、所向披靡。

这其中的核心便是意大利神童安东尼奥·萨列里，他只比莫扎特年长六岁，在 24 岁（当时是 1774 年）便被任命为宫廷作曲家，同时也是歌剧总监。后来在 1788 年，他将会继任朱塞佩·波诺显赫的宫廷乐正之职。在莫扎特的余生里，这两位作曲家将在一种颇为复杂的关系里纠缠：萨列里似乎的确是想断了他这个新竞争对手的进路，还很可能挑动了针对对方的阴谋。但最起码在表面上二人保持了以礼相待；在所有怀疑和不信任之外，他们之间无疑还有相互的欣赏；而且从长远看来，他们彼此甚至颇有好感。当1781年春天莫扎特从慕尼黑来到维也纳的时候，面对这全然陌生的环境中迎头而来的这些挑战时，他泰然自若。因为他此时正年轻、充满活力、受人瞩目，特别是具有超强的能力；并且此地正有数不尽的机会在等着他。

大概如那部未完成的《扎伊德》所显示的那样，莫扎特对于约瑟夫二世在城堡剧院的德意志国立剧院的戏班觊觎已久了。此前这地方是室内网球场，后来用来表演法国喜歌剧和意大利正歌剧，自从1776年交由宫廷直属之后，此地便用来上演那种全德语的舞台艺术：讲唱剧，或者说是加了说白的德语喜歌剧。莫扎特到达维也纳的时候，德意志国立剧院的总监是歌特利布·施台芬尼，正是他向莫扎特委约了《后宫诱逃》，戏文是他根据布雷茨纳的戏剧所做的改编。在《扎伊德》和《伊德梅尼欧》的制作当中，莫扎特曾对戏文贡献良多。他先后在和沙希特纳以及瓦雷斯科的合作中操练了自己高超的"音乐—戏剧"直觉，从而帮助戏文家调试脚本，以更好地服务于戏剧在音乐和情感上的推进。如今在维也纳，他将这种合作再往前推进了一步，真的是和施台芬尼并肩工作，一同设计音乐的结构，并一同看着角色发展成长起来。这个过程令他倍感满足。在给列奥波德的信中说："（施台芬尼）正为我在调整戏文——事实上是全按我的要求——毫厘不爽。"[35] 作为音乐家的莫扎特和作为戏剧家的莫扎特从此便不可分割了。

《后宫诱逃》的故事，讲的是一位中东的统治者——帕夏塞里姆（Pasha Selim）对于他的女囚康丝坦瑟怀着单相思；康丝坦瑟的爱人贝尔蒙特尝试搭救她却失败了；宽宏大度的塞里姆最后赦免并成全了他们。除了这三个主要角色，剧中还有他们各自的仆人。康丝坦瑟的侍女布隆德（Blonde）以及贝尔蒙特的仆人佩德里洛（Pedrillo）的存在，同他们主人的高贵和严肃相映成趣。而后宫的监督奥斯敏（Osmin）表面上是个铁石心肠、决不妥协的角色，但他也受着对布隆德的相思之苦，因此在莫扎特笔下，他被处理得尤其多维：有人性、温柔，甚至脆弱。施台芬尼给这部讲唱剧找来的班底甚为出色。经过了此前在慕尼黑甚至在意大利制作的那几部歌剧当中演员能力的参差不齐，如今在维也纳的质量高超且均衡的班底想必令莫扎特空前地欣慰。

在《后宫诱逃》的委约和筹备阶段，莫扎特借住在韦伯夫人家中，和康丝坦瑟谈着恋爱，也在修复跟阿露西娅的关系。人们很容易去猜测他大概是想让阿露西娅接演那至关重要的角色：康丝坦瑟。然而，即便他真的是想让她演，她也不大可能接受得了。这时候她正忙着生孩子（她第一个女儿生在 1781 年 5 月，到 1782 年年初她又怀孕了）。而且，有位比阿露西娅资历还高的歌手可供选择。26 岁的嘉特莉娜·卡瓦利埃里是红透维也纳的歌手。经过萨列里的培养（如今做了他的情妇），20 岁的嘉特莉娜 1775 年在维也纳凯隆特纳托剧院首演，演出了安佛西作曲版本的《假园丁》。1778 年她加入了讲唱剧的班子，但也继续唱意大利语歌剧。能网罗到她，莫扎特想必是感觉如获至宝。他们的关系在《后宫诱逃》之后维持了很久，她将会在他 1786 年的《剧院经理》中塑造女优西尔伯克朗（Silberklang）夫人，在 1788 年第一个维也纳版的《唐乔万尼》中唱艾尔维拉小姐（Donna Elvira），还有 1789 年《费加罗的婚礼》重排时的伯爵夫人，并在音乐会上参演了莫扎特的《忏悔者大卫》和他基于亨德尔的《阿西斯与加拉蒂亚》的再创作。社交上她也同莫扎特一家过从甚密，彼此常到对方府上拜访。沃尔夫冈人生最后的信件是 1791 年 10 月写给康丝坦瑟的，其中以放松的自信提到卡瓦利埃里和萨列里坐在沃尔夫冈的包厢里观看《魔笛》，同在的还有康丝坦瑟的母亲和儿子，他们关系极为融洽。他们都成了沃尔夫冈最亲近的相识。

男高音角色贝尔蒙特的人选年纪略有些大：约翰·瓦伦丁·亚当贝格（Johann Valentin Adamberger，1740—1804）已经年过 40。在慕尼黑的时候他曾拜在卓越的教师乔万尼·瓦莱西（Giovanni Valesi，1735—1816）门下学习（这位瓦莱西刚刚在莫扎特的《伊德梅尼欧》中饰演了出场极少但颇具权威的角色——大祭司，他后来的学生里还包括康丝坦瑟的侄子卡尔·玛丽亚·冯·韦伯）。1780 年亚当贝格加入了德意志国立剧院，1781 年春天就已然处在维也纳音乐活动的中心了，无论在伶界还是社交场，他为贵族的沙龙和歌剧舞台增色不少。他连同自己的演员太太玛丽亚·安娜，也成了沃尔夫冈和康丝坦瑟的好友，两家人常常走动，并且在宫廷的政治操作上相互提点。莫扎特不仅为亚当贝格写了贝尔蒙特一角，还有为男高音的音乐会咏叹调"请莫要追问"（Per pietà，non ricercate，K420），这一段咏叹调后来本是将要嵌入安佛西 1783 年的歌剧《好奇之苦》当中的（阿露西娅也在里面唱了两段莫扎特植入的咏叹调：K418 和 K419）。在《好奇之苦》上演的时候，大概是真的蓄意破坏莫扎特在安佛西这部歌剧中的简短亮相，萨列里劝亚当贝格说：在歌剧里插一段附加的音乐实在不合时宜。亚当

1779 年的嘉特莉娜·卡瓦利埃里

贝格便作罢了（而阿露西娅则忠实无畏地参演，并唱了写给她的那两段），这一度使得亚当贝格和沃尔夫冈之间的友情动荡不定。"现在他觉得抱歉，但已经晚了。"[36] 沃尔夫冈在写给列奥波德的信中述及了整个事件。但是亚当贝格在其他场合多次演唱了沃尔夫冈的作品，他们相互间的好感也得以维系。

沃尔夫冈也一定因为有两位老友加入制作班底而高兴。早在1773夏天莫扎特父子的那次无果的维也纳之旅，沃尔夫冈便认识了特蕾瑟·泰伯（Therese Teiber）和路德维克·费舍（Ludwig Fischer，1745—1825），他们将分别扮演布隆德和奥斯敏。特蕾瑟·泰伯来自一个非常音乐化的家庭：她父亲马蒂亚斯是宫廷乐队的小提琴手，她两个兄弟分别以演奏小提琴和管风琴而闻名，而她和姐姐伊丽莎白将会迎来成功的歌手生涯。马蒂亚斯·泰伯曾经在1773年借给沃尔夫冈一把小提琴，而且，也许是因为他和列奥波德膝下都有颇具音乐天分的孩子，他们便常常聚会。就在那个夏天的某一天，沃尔夫冈和特蕾瑟都还是十几岁的孩子，他们一同去了巴登，到前途无量的年轻男低音歌手路德维克·费舍家中做客。如今这两位歌手将携手出现在沃尔夫冈的新歌剧中了。特蕾瑟22岁，在班底中年龄最小，但已在城堡剧院待了三年，擅长轻佻女角。她还将在这里干上十年，也将继续同莫扎特合作。1783年3月在城堡剧院沃尔夫冈的一个专场音乐会上，她演出《卢齐奥·西拉》中茱尼娅的唱段"我走了，要赶快"；后来在1788年维也纳版的《唐乔万尼》中唱了几场采琳娜。

制作《后宫诱逃》的时期，路德维克·费舍正是三十五六岁的年纪，极有人气——"整个维也纳社会都站他这一边"[37] 1781年9月沃尔夫冈在给父亲的信中对之加以肯定。他的低音区极为精彩，沃尔夫冈善用了这个特色（"我让费舍那些美丽的低频音符放出光华来"[38]）。他甚至认真打算过要为费舍重写伊德梅尼欧这个角色，因为相形之下，费舍显然是位更令人惊叹的演员，同时也是更具特色也更走红的歌手。但是这个打算最终却未能落实。莫扎特陶醉于费舍天分中的每一面，还有费舍跟特蕾瑟年深日久的熟悉程度，基于此他创造出了布隆德和奥斯敏之间那戏剧化的精彩的关系。日后费舍将会搬去巴黎，沃尔夫冈通过撰写举荐信而对他在巴黎的立足帮助良多。但是他讨厌失去他这个极富魅力的朋友，在1783年2月给列奥波德的信中抱怨道："维也纳人正在犯着愚蠢的错误，竟会放走这样一个无可取代之人。"[39]

和费舍年龄相仿的男高音约翰·恩斯特·道尔（Johann Ernst Dauer）将饰演佩德里洛。他同样在城堡剧院十分走红，在那里他专演分量不重的角色并且三十多年来都观众缘极佳。如果说他的天分更多是作为演员而不是歌手（在《后宫诱逃》首演的前夕，他参演了德语版的谢里丹的戏剧《造谣学校》），那么他在音乐上也绝非走走过场而已；除了他在那些重唱中亦庄亦谐的贡献，沃尔夫冈还创作了一首精美的英雄咏叹调"现在去战斗吧（Frisch zum Kampfe）"对之予以表彰。最终，那个没有唱段但极为重要的角色帕夏塞里姆被50岁的演员多米尼克·约瑟夫·尧兹（Jautz）接下了，他是城堡剧院那些戏剧和讲唱剧中的力士。（1773年他在维也纳的首版《哈姆雷特》当中饰演霍雷肖。）

所以，这个班底全无弱点：没有达尔·普拉托，也没有临危受命的地方教堂歌手。并且演员的年龄也都合适，这在莫扎特的歌剧制作中是头一回。他再不用让女演员扮演比她自己小一半的角色了，在惟妙惟肖的声音角色之外，如今也有了真正的戏剧上的肖似。他在角色刻画、节奏和结构上的天生直觉新近刚经历了《伊德梅尼欧》的打磨，莫扎特借此深度地参与了脚本的塑造。逃离萨尔茨堡而获得的自由，以及对于康丝坦瑟·韦伯的迷恋，都激发了他的热情。所有这些将引领着他在创作《后宫诱逃》的时候进入下一个巨大的飞跃。

就像他在慕尼黑创作《伊德梅尼欧》时所做的，沃尔夫冈向父亲通报作曲的整个过程（如今其动机或许有些不可告人：列奥波德极度不赞成他近来的种种举措，他至少总得保持父亲对自己音乐的热忱）。"我想您会高兴的，"他在1781年9月26号写道，"如果我告诉您关于我的歌剧的一些想法。"[40] 他介绍了他为施台芬尼的脚本作的音乐、他对于调性关系的专注、他在序曲及合唱还有奥斯敏的某些音乐当中对"土耳其"音乐（涉及打击乐和短笛）的特殊应用，而且以十分不拿腔作势的态度，他介绍了自己那种浑然天成的能力：通过写作极为精彩的对位去烘托戏剧气氛。比如，以三重唱"开动！开动！开动！（Marsch，marsch，marsch）"为例，他写道：

现在说说第一幕结尾时的那个三重唱。佩德里洛将他的主人乔装成建筑师，从而能为他在花园中见到康丝坦瑟提供机会。帕夏塞里姆便录用了他。副官奥斯敏对此毫不知情，对于这些陌生人来说他是个暴徒，是不共戴天的仇敌。奥斯敏对他们颇为侮慢，并不准他们进入花园。这段唱变起突然——我已经完成了一个三声部的作品，就像这段戏文就是为这个准备的一样。

总的说来,莫扎特写给父亲的信显示了他更深刻的成熟,还有他具有能够阅读心理学意义上的人心,并将之表现在音乐当中的能力。比如,他描述了在奥斯敏最后那充满怒气的咏叹调"我大胜之时到了"当中的那个加速(奥斯敏在其中以足够的自信宣称"这刑罚注定要执行了"),对于自己何以会这样部署,沃尔夫冈在信中给了列奥波德全面而明确的解释:

> 当一个怒发冲冠的男人将所有的秩序、分寸和正当性都置于脑后,并且全然忘我的时候,音乐也应当相应地忘失自我。但是因为激情不管暴力与否都不可以表现到忘形而令人生厌的地步,音乐也如是,哪怕在最糟的境地也不能去冒犯听众的耳朵,还是要去愉悦听众。换句话说,音乐毕竟要能称其为音乐才可以。所以我就选择了一个没有绝然疏离于 F 大调(就是这首咏叹调的基本调性)的调性,而是选取了与之相关的一个——并不是最近的 d 小调,而是稍远一些的 a 小调。

沃尔夫冈已然趋近了对人性微妙理解的一个新层面,并且找到了追求他在音乐中想要的东西这个行为本身的意义所在。

因此他所有的角色都是明朗而精确的。他为费舍和亚当贝格写的音乐充满挑战并且收效甚佳。为特蕾瑟·泰伯所写的角色实际是一系列人物中的第一个,将来它会发展成为《唐乔万尼》中的采琳娜,《女人皆如此》中的黛丝碧娜(Despina),尤其还有《费加罗的婚礼》中的苏珊娜。布隆德的活泼可爱和丰富的直觉判断，在她的音乐中完美地展现。她的两首咏叹调主要是音节式的①，象征了面对奥斯敏时她面不改色的反抗，以及在佩德里洛面前她那诱人和直来直去的甜蜜。然而，由于特蕾瑟显然在高音区拥有出众的灵动，沃尔夫冈便如对待费舍的低音区一般欣然对之加以利用。布隆德在她亮相时的咏叹调"怀着温柔"当中那令人惊叹的花唱（同前面的音节式演唱相对）在"远去（entweicht）"一词上徘徊炫舞，将她带向谱表中的高处。带着自信，她全然无视奥斯敏那无礼乖戾的命令。他们二人的二重唱"我可以走，但要奉劝你离那人远一点（Ich gehe，doch rate ich dir）"是段精彩至极的篇章，那是莫扎特的两个老朋友所唱出的微妙的喜剧。他乐于纵容布隆德去戏仿奥斯敏的那些低音，令她取道低于她通常音域的路径，再盘旋上升两个八度以上，折返回来。在咏叹调居中的行板乐段，布隆德在奥斯敏那茫然地以音节式呢喃着的低音上方编织巧妙妆点的声音线条。而在最后的快板"现在给我走开（Nun troll dich）"当中，她始终引领着局面，决然地威胁说要挖出他的眼睛，此时音乐也应景地发出奚落和戳刺的声音。这不仅以滑稽的效果表明了布隆德的占据上风，而她和奥斯敏的整个对垒都是极具娱乐性的；同时它也为紧接着出现的那首康丝坦瑟至为悲戚的咏叹调"悲伤（Traurigkeit）"作了完美的衬底。

这首咏叹调是当世最杰出的歌手所演绎的此剧中那高贵的中

---

① 译注：syllabic，即唱词中的一个音节对应音乐中的一个音符，同花唱（melismatic）风格相对。

心人物的音乐,其中确然是装载了莫扎特走向成熟的过程中获取的新的深度。在康丝坦瑟刚刚出场的时候,是和帕夏塞里姆对话,双方的行为谨慎小心,尤叽指摘,但同时又各不让步(塞里姆热烈地爱着她,她则温柔而带着歉意地制止);当他求她说明是什么令她犹豫不决的时候,突然,不知从何处凭空降下了一个双簧管独奏的单音,那是一个持续的长音。带着试探和犹疑,康丝坦瑟开始向他讲述自己的故事:她爱着另一个男人,而她已经失去了他"我曾沐浴爱河,是那么的快乐(Ach ich liebte,war so glücklich)"。她几度欲言又止,仿佛被涌起的情感打断。莫扎特在此一如既往地将她的不安投射到乐队当中,乐队重复的十六分音符在变幻的力度上相继奏出,暗示了一个深深的不幸的世界。当她引出了她告白中的点睛之笔"我的全心都交付与他(gab dahin mein ganzes Herz)",那个"全(ganzes)"字,她良久逡巡在伤感的装饰音上。她的激情已经难以再抑制,在一个极为激动的快板中倾泻而出:"然而我的快乐转瞬即逝(Doch wie schnell schwand meine Freude)"。一对对的木管乐器在她周遭漂浮,切分音型的弦乐在她的下方涌动。接下来,莫扎特便以一段音调极高、极尽控制和充斥着持续乐句的惊人的花腔,释放出了嘉特莉娜·卡瓦利埃里那令人惊怖的声乐技巧。"我为卡瓦利埃里夫人灵动的歌喉祭出了康丝坦瑟的咏叹调。"沃尔夫冈在给父亲的信中怀着钦佩写道。这首咏叹调无疑是极为难唱的。但是,因为这是莫扎特写给嘉特莉娜·卡瓦利埃里的第一首为之而作,也是借之呈现的作品,它是对她天赋的真正诠释、真正颂扬,因为他是如此有效地将它们在作品中施展出来。

与此相反,康丝坦瑟在第二幕的独白"悲伤",几乎像是对她的痛苦的一次慢速播放。恰在布隆德和奥斯敏狂暴的二重唱之后,配器宣叙调开篇的几小节乐队演奏即刻便进入了新的脉动,化进了凄凉的简单歌唱线条中"住在我心中的悲伤(Welcher Kummer herrscht in meiner Seele)"。乐队中弦乐断片切割的十六分音符为她哀叹,并将音乐引入了咏叹调,四对木管乐器(长笛、双簧管、巴塞特管和巴松管)为之提供相对比的质感和色彩。在这里康丝坦瑟似乎是被悲伤紧紧锁住了:在这首长长的咏叹调当中,她的音乐没有在求一个完满的收势,反而是继之以未曾稍减的情感和无从排解的哀痛,偶尔被冰封的寂静阻断,在那里,悲伤令她无法开口。再一次,卡瓦利埃里的技巧令她撑起了这个超长又超难的咏叹调,在其中莫扎特骤然将此前的讽刺剧一转而进入了孤独的痛苦。

帕夏塞里姆突然出现,简短的对话之后气氛又有了巨变,帕夏终于被对方的反复拒绝激怒了,现在正以刑罚相逼。这就释放出了康丝坦瑟的另一面,对于卡瓦利埃里也是一样。她的抗拒的回答光彩夺目,她坚定地将帕夏的威胁挡了回去,几乎有种军队式的雄辩的爆发("各色的刑讯拷问"Martern aller Arten)。就如同莫扎特在伊丽娅的咏叹调"如果说我失去了父亲,在您身上我又寻回了"那炫技的旋涡当中加入四件独奏乐器一样,此处康丝坦瑟的身边出现了独奏的长笛、双簧管、小提琴和大提琴,它们以能量和诗意穿插萦绕。嘉特莉娜·卡瓦利埃里此时只有 27 岁,显然拥有惊人的耐久力,加上她异于常人的技巧,使得她能够在台上接连演出这两段艰巨的咏叹调。在向她这种毅力致敬的同时,莫扎特也如以往那样对维也纳的器乐独奏家表达了敬意。

康丝坦瑟下一次登场是在第二幕收尾的四重唱里。她和贝尔蒙特终于重聚，并和布隆德与佩德里洛分享了喜悦。之后，这两对情人却都陷入沉重的彼此质疑当中。而后怀疑渐渐消解，他们终于回到了共同的喜乐。这是个状况频发的重唱，几个人物从重聚的快乐，经由错愕与和解，最终在对之前彼此的不信任了然于心的情况下获得了新生的喜悦。莫扎特的"音乐—戏剧"技巧将他在《伊德梅尼欧》四重唱的成就的基础上又提升了一步。在这里，他刻画了四个在同一时间内表达四种不同情感的人物。当他们随着四重唱的进行而形成不同组合的时候，四个个体判然有别。四重唱开篇的欢乐先由康丝坦瑟和贝尔蒙特唱出，继而是布隆德和佩德里洛，最后四人汇在一处。但是当贝尔蒙特唠叨出他心中的质疑，这和谐的狂喜便骤然崩塌，毫无征兆地趋入了一段令人蹙眉的行板。当他和佩德里洛指责他们各自的爱人的不忠，此前的快乐气氛已经烟消云散。两个女人对此的回应全然两样：康丝坦瑟哭泣着；布隆德则给了佩德里洛一个耳光。两个男人此时都确认了爱人的忠诚，气氛坚定地转向了和解，那是甜蜜而确然的气氛，并最终名副其实地归于圆满的和声。最后这个走入和谐的过程其实完全是莫扎特的演绎，因为戏文中这两男和两女各有不同的唱词，女人们唱的是她们爱人的质疑是多么的不公平，而男人们则在唱着他们的伴侣是无可指摘的；莫扎特将这些各自的告白整合在一个赞美诗般的凝镜停格的瞬间。当男人们乞求原谅，音乐又恢复了它的步调，那共有的喜乐也重新浮现。歌剧的这一幕在重燃的希望中结束。这首咏叹调承载了人之相与的种种牵缠：理解与误解、脆弱与力量，还有信任所带来的平静与激情所导致的热烈。莫扎特凭着这样的写作，又向着他后期歌剧的那种完美前进了一步。

在最后一幕（第三幕）中，当营救的尝试被奥斯敏挫败，康丝坦瑟和贝尔蒙特都被判了死罪，在等待死亡的时刻，他们唱出了一首绝美的咏叹调。最有意思的是，康丝坦瑟是两人当中表现得更加坚强的那个。贝尔蒙特一直在道歉，但是她却以视死如归的态度支撑着他（"死亡是什么呢？一条通向平静的路径罢了！"），这态度当然也是莫扎特所抱持的。康丝坦瑟就和伊丽娅一样平静地等待着和自己的爱人一同赴死，这样的信心带给她一种真正的幸福感（"这种觉知对我而言是幸福"）。于是她便引领着贝尔蒙特走进了他们的快板，此时贝尔蒙特也变得坚强起来。"我愿快乐地承受任何事情，"他说道，而她回答说她将在平和喜乐中面对死亡。这首极不寻常的二重唱，始于被宣判时的悲苦，直到现在康丝坦瑟和贝尔蒙特二人在三度和六度上吟唱着他们的极乐。帕夏塞里姆随后对他们的赦免，也不是那么奇怪了。

《伊德梅尼欧》令莫扎特在正歌剧的世界有了一次飞升，而《后宫诱逃》则令其在德语讲唱剧的领域里获得相似的进境，并且他再一次创作了具有强大的情感真实性的代表作。尽管有那些讽刺剧的时刻，这个启蒙主义主题故事的严肃基调以不可思议的分量，力透莫扎特的每一张谱纸。创作《后宫诱逃》的同一时期，莫扎特正在"搭救"他自己的康丝坦瑟，几乎可以肯定，这激化了他自己的情感，从而令他将这些情感在歌剧中表现出来。

第三十二章

　　《后宫诱逃》之后，莫扎特有将近四年没再写作歌剧。其中一个原因是他正全神贯注于其他的音乐品类：钢琴协奏曲、弦乐四重奏、钢琴奏鸣曲、音乐会咏叹调，当然还有他在萨尔茨堡的 c 小调弥撒。这其中还有另外一个原因。维也纳的整个歌剧世界正在历经变迁，而这和皇帝的个人奇想不无关系。皇帝显然是把自己代入了某种剧场经理的角色。他喜欢把戏班叫到美泉宫里住几天，在那里他们愉悦他，而他则报之以王族般的款待。他乐于与伶人乐师结交，不厌其烦地去独个认识他们。在他频繁的意大利之旅当中，他常常会做伯乐，甄选歌手并将他们送到维也纳的萨列里麾下听命。为了以上的目的，他在意大利所有重镇也都布置了眼线。他在威尼斯的代理人是奥地利大使及维也纳舞台演出的前总监杜拉佐（Durazzo）伯爵。正是这位杜拉佐在 1783 年为皇帝招募了一大批才华横溢的歌手。这些歌手不单将一改维也纳歌剧的风气，更具意义的是，他们还将影响莫扎特的歌剧创作。

　　杜拉佐的猎物包括：三位意大利的低男中音——施台法诺·

曼迪尼（Stefano Mandini）、弗兰切斯科·贝努齐（Francesco Benucci）和弗兰切斯科·布萨尼（Francesco Bussani），都是三十五六岁年纪；18 岁的意大利和英国混血的女高音——南希·斯多拉齐（Nancy Storace，1765—1817）；还有年轻的爱尔兰男高音迈克尔·凯利（Michael Kelly，1762—1826）。凯利所写那令人捧腹的迷人的《琐忆》（*Reminiscences*）为他们的经历提供了丰富的逸闻，当中提到杜拉佐伯爵受命招募意大利歌手，因为皇帝约瑟夫二世新近从美泉宫裁撤了一批法国歌手：显然这些法国人对他的葡萄酒颇有微词。虽然这种社交上的失礼可能真的是对皇帝最终的决定有所促进，但是更为重要的影响似乎是来自萨列里，他自己的几部歌剧在意大利和维也纳都大获成功。可以肯定的是，当这一批新歌手在 1783 年的夏天相继到达维也纳，他们都参演了萨列里的歌剧《嫉妒学堂》（*La scuola di gelosia*），口碑甚佳。凯利的书中还提到，他们在此地感到备受欢迎，并且在食宿上受了过度慷慨的待遇："那些公寓……有甚佳的一层和二层，陈设精致，处在维也纳最怡人的位置。通常是人家在灯烛闪烁之间上门找我，一辆马车带着我去排练，并且不管什么时候有演出都载着我往返剧院。"[41]（连宫中的歌手都过得如此体面，也难怪沃尔夫冈感觉有必要搬到教堂巷昂贵的公寓去。）

当莫扎特和阿露西娅连同他们的德国同僚一道目睹了这帮意大利人的入侵，免不了一片哗然。年轻的南希·斯多拉齐尤其令阿露西娅不安。南希比阿露西娅年轻五岁，却已经算得上功成名就了。沃尔夫冈却是极为兴奋，而且希望也能赶上这个潮流：毕竟在意大利歌剧上他也是拥有着光辉的履历的。他写信给列奥波德说:"我已经过眼了不下一百部戏文了,但却没有一部是满意的;也就是说,前后有太多要修改增删的地方,即便叫一个诗人来做这件事,最好的方式是不如他重写一遍算了。"[12] 他特别为一位"达蓬蒂长老"的到来所吸引,他放浪的声名和魅力非凡的人品一时掀起不小的波澜。沃尔夫冈自然是很想与他合作,即便对于整个意大利人种他多少还抱有些残余(遗传)的疑虑。但当洛伦佐·达蓬蒂一旦全心投入为萨列里等人的写作,沃尔夫冈便意识到应该排着队等他了。

脑海中装着这些信赖的意大利歌手,沃尔夫冈确实是着手落实过两个项目,但都未能完成。他先是开始了一部《开罗之鹅》(*L'Oca del Cairo*,K422),一个颇为奇异的营救故事,这回是用一只机械大鹅装着囚徒从一座城堡里偷运出去(大概算是特洛伊木马主题的一个变奏吧)。如果沃尔夫冈对达蓬蒂同意撰写戏文怀着希望的话,他就不得不失望了。因为此时他无论如何要带康丝坦瑟回萨尔茨堡,他便转而去找了他在《伊德梅尼欧》的老搭档瓦雷斯科,后者倒是真的完成了一个本子给他。1783 年在萨尔茨堡,沃尔夫冈开始了他的创作,回到维也纳之后还继续捣鼓了一段时间。但是他只草拟了七个乐段(三首咏叹调、两首二重唱、一首四重唱,还有囊括了所有七个角色的第一幕的终曲)。如同所有莫扎特未完成的片章,这些乐段充满了灵光乍现但终于未竟的期待。但是它们最为惊人的一个面相却是:它们几乎都没有艰难的花腔唱段。新来的一众意大利歌手固然有着诸多吸引人的特质,也无疑具有良好的技术能力。但是那些在阿露西娅·朗格、嘉特莉娜·卡瓦利埃里以及特蕾瑟·泰伯身上闪耀绽放的技巧,却恰恰不在他们这些新来者的音乐语言之列，因而对此颇有明察的沃尔夫冈也就知趣地规避了这些技巧。

放弃了《开罗之鹅》，莫扎特开始了另一部意大利喜歌剧——《三凰求凤》(*Lo sposo deluso*，K424a)，这本作者未详的戏文或出自达蓬蒂之手。莫扎特自己拥有的戏文副本显示了他对于其中的六个角色都各有自己心目中的歌手人选，因为斯多拉齐、卡瓦利埃里、泰伯、贝努齐、布萨尼和曼迪尼的名字都出现在本子上：有趣的是，这个组合若能实现，便像是炼丹术士的铅汞般糅合了意大利和德国两个派系的元素了。可是这个计划也被荒置了。

接下来两个季度，意大利和德语戏班之间产生了一些变动。1785年，卡瓦利埃里、亚当贝格和泰伯(莫扎特曾带着爱国情绪写给曼海姆的戏文家安东·克莱恩教授评价他们"都是德意志应当为之骄傲的德意志人")转投了生意兴隆的意大利戏班，只给德语戏班留了阿露西娅这一位孤臣。对于这个变动，沃尔夫冈显然是举棋不定。一方面他急于创造和意大利人合作的机会，另一方面又唯恐错过那些用本国白话写作的潜在项目。带着一种阴郁的嘲讽语气，他在给克莱恩的信中继续写道：

> 如今的办法是用这些不得不唱才去唱的男女演员，让德语歌剧继续下去……但凡有一位爱国者在主事，事情也应该换个方向。那样的话，正在萌芽的德意志国立剧院或可以开花结果；如果我们德意志人能认真地像德意志人一般思考，像德意志人一般行事、一般以德语说话，并且——感谢上帝——以德语歌唱，那在德意志来说，可称得上是不可磨灭的一

笔了！[43]

大概约瑟夫二世自己对他的乐师之间的冲突和紧张也有所明察了，他便找了个恶作剧的方式对之加以利用。1786 年 2 月 7 号，他为自己的妹妹和身为尼德兰总督的妹夫在美泉宫准备了奢靡的晚宴。晚会中他让乐师间内讧的双方唱起了对台戏，分别安置在美泉宫橘园两端的两个舞台上。或许是存心要激励他的雇员们打造针锋相对的演出，皇帝先命萨列里以意大利脚本写作一部歌剧，内容是关于歌剧上演的整个过程的。萨列里和他的戏文家卡斯蒂创作了一部剧名冗长而实在的《音乐为先，而后才是语言》（*Prima la musica e poi le parole*）。接着皇帝命莫扎特写作一出开幕戏，但是要用德语来写。（看来他的宾客届时将会被以他们的母语相迎，而后再欣赏以代表如今的高级文化的语言写就的娱乐作品。）莫扎特召集了他在《后宫诱逃》中的旧同僚施台芬尼，他们创作的这首开幕作品便是《剧院经理》（K486）。

《剧院经理》的故事讲的是一位经理人（弗兰克）和喜剧演员（布夫）在萨尔茨堡经营着一家剧院。经过漫长的关于将要上演的剧目和相应的演员问题的讨论，他们开始面试戏班里那些备选的演员。各色演员都齐备了，但是两位女高音为了谁当头牌而争执不下。最终，所有人都同意：艺术家就该各展其才，由观众来评判演出的质量。

嘉特莉娜·卡瓦利埃里和阿露西娅·朗格，这两位德语歌剧中的宿敌如今联袂对阵篡权的外来者，颇为合作地答应饰演剧中的两位女高音，将她俩自己以及她们的竞争关系刻画成一幅文雅的讽刺画。亚当贝格将饰演那位潜在的（然而非常无效的）和事佬，性格演员约瑟夫·魏德曼（他长达三十七年的成功的职业生涯都在城堡剧院度过）饰演布夫一角，还参与了剧中一首四重唱。其他没有唱段的科白角色的扮演者还有：施台芬尼本人和他夫人、阿露西娅的丈夫约瑟夫·朗格、亚当贝格的太太玛丽亚·安娜，加上其他两个人；这样的家庭团结的精神十分惹眼。

施台芬尼的近乎闹剧的本子可能有些太长了一点，琴岑多夫伯爵——他的日记诚然是揭示了其市侩庸人的倾向——宣布这部作品"甚为平庸"。这炫目的场合、这稍纵即逝的皇恩、这些钟爱的歌手的天赋以及想要压制橘园另一端那个团队的欲望，这一切都因莫扎特在剧中谱写的那些音乐而变得别有滋味。序曲就已然凭借激烈的对比和引人注目的姿态而先声夺人。下面两首音乐是剧中相互竞争的女高音的面试曲目，先是赫兹夫人（由阿露西娅扮演），而后是西尔伯克朗夫人（由嘉特莉娜扮演），在经理面前各显其能。当然，没有人比莫扎特更明白她们的能耐，他高高兴兴地把她们二人最擅长的东西写了出来。赫兹夫人的"我们分别的时刻到了"以 g 小调的温柔的小广板开始，阿露西娅轻柔缠绵的歌唱被极佳地展现，在接下来 G 大调的快板乐段她终于让自己的花腔尽情飞舞。西尔伯克朗夫人的回旋曲"来吧我的爱"具有相似的结构（但却被施以不同的颜色——阿露西娅的木管伴奏中有明亮的双簧管，而嘉特莉娜这里是温暖的单簧管），她的快板乐段同样有轻快的炫技。无论阿露西娅还是嘉特莉娜在此都不会觉得负担过重：同沃尔夫冈此前写给她们的音乐相比，这些曲子相对要求没有那么高。或许是为了给作品加入这次欢会的气氛，他让他的两位女主角放松下来,享受她们的炫技。但是此时他放在心上的,或许还有约瑟夫二世对《后宫诱逃》所下的那段著名评语("音符挺多的"——这个评价当然是针对为卡瓦利埃里和亚当贝格所写的加长的花腔乐段的,它们与新来的意大利歌手没那么花哨的技巧形成强烈的反差),他相应地修改了他的炫技乐段。

从三重唱开始就变得好玩了。就如同莫扎特在对位法和戏剧性上都甚为得意的《后宫诱逃》中的男声三重唱,这首三重唱也是极为精良的作品。当两位女主角幼稚地宣告自己的崇高地位时,歌词十分滑稽("我是一流的歌手!")。莫扎特的音乐明显是在随着他写作时的所想所感而窃笑,而两位歌手在唱的时候怕是也加进了她们自身的真实感受了吧?她们带着侮辱的意味彼此报以嘘声,接着又一次各自展示自己的高超的手段。阿露西娅有一个慢速乐段,在进入"柔板"这个词的时候,莫扎特将她带到高音降E,而后急降了两个八度——这是韦伯家的看家本领。在卡瓦利埃里这边,在她高度对比的"快板,极快板"中,其花腔昙花一现,用的正是她在《后宫诱逃》的那段"各色的刑讯拷问"中三连音的风格。在她们的声线之下,势均力敌的亚当贝格饰演的男高音佛格桑先生在三重唱的结尾部分竭力去安抚这二人,恰如其分地唱出:"减弱!淡出!再减弱!归于弱!极弱!"这让人不得不去想象,这大概就是约瑟夫二世能够心领神会的那种玩笑,在这一句上他想必是耸了耸他帝王的肩膀。结束的四重唱当中,约瑟夫·魏德曼饰演的喜剧演员布夫(Buff)也露了一小脸,声名他仅仅需要在自己的名字里加上个"o",便能成为首席的"喜剧(Buffo)演员"了,宣告了其平等主义的戏剧主张。莫扎特的开幕戏便告结束,美泉宫的宾客于是掉转座椅,观看橘园另一头舞台上的《音乐为先》了。

　　萨列里的作品历时更长,也是这场双码大戏中的主打,演员来自近来正走红的意大利戏班。它自然是不可避免地吸引了更多的眼光。但莫扎特似乎也不必过度担忧。他和他的朋友们在仅仅两周时间内便打造出了这部《剧院经理》,他们也在这一年难得的盛会中度过了极为美妙的时光。他也不再将这些意大利人视为威胁了,因为现在他也在为他们写作。在他书桌上,《剧院经理》手稿的一边正是《费加罗的婚礼》。莫扎特刚刚开始了他一生中最刺激、最臻完美的艺术合作了。

第三十三章

和挚友在艺术上合作产出激动人心的结果，固然是人世间的极乐。但是至近的友谊却并非是产出这种结果的先决条件，也无法确保其产出；常常是一个看似不可能的结盟反而结出了非凡的艺术成果。两位缺乏共同点甚至不享受彼此陪伴的创作者或演绎者，反而可以在一种非现世的层面上共享一些想法、直觉，乃至本能反应，并且最终获得一加一大于二的结果。从表面上看，莫扎特和达蓬蒂的合作毫无征兆：达蓬蒂和萨列里才是天造地设的搭档（他们年龄相仿，又来自同一个国家），他也的确曾为他撰写戏文。但是在莫扎特和这位"新意大利诗人"之间却有着大量的共识、相似心理和愿景，所以这样两个真正的天才的汇聚也无非就是时间的问题了。

达蓬蒂独特的成长历程也同莫扎特的一样不凡。本被称为艾曼纽埃尔·科内里亚诺的他于 1749 年诞生在威尼斯共和国的凯内达（如今的维托里奥·威尼托）的一个犹太家庭。但到他 14 岁的时候，他父亲给他们兄弟找了个非犹太裔的后母，他便随着父亲和兄弟们转而皈依基督了。同一时间他便以地方上主教阁下的名字作了化名：洛伦佐·达蓬蒂①。似乎到此时为止他都没受过什么学校教育，但是到 21 岁的时候他便在格鲁阿罗港的中学校教授文学了，并撰写各类主题的诗歌。即便他实际极不适合接受信仰的感召，可还是领了圣职，因而得了"长老"的名号。在随后多彩而多变的人生旅途当中，这个名号多少赋予他一些体面的虚饰。1773 年他 24 岁的时候，在威尼斯结识了卡萨诺瓦②，而他自己身上也颇背了些风流债，其中的一件令他在 1779 年被逐出了威尼斯，还被禁止在威尼斯共和国的任何一处获得工作。在戈里齐亚（Gorizia）和德累斯顿混迹了一段时间，达蓬蒂在 1781 年底到了维也纳。他联络了在此地颇具影响力的老乡萨列里；在传奇的宫廷诗人梅塔斯塔西奥 1782 年去世前不久，他赶上同他见面，达蓬蒂还得到了对方的赞许。一年之后，约瑟夫二世便在宫廷复兴了意大利歌剧，萨列里便鼓励达蓬蒂到城堡剧院争取诗人的职位，不久他便被聘用了。他的职责是监察所有呈报到剧院的戏文条目，无论是对于以往戏文的改编或翻译，还是原创的本子。据莫扎特的观察，达蓬蒂"工作极为繁重"。[44]

讨论和应用梅塔斯塔西奥创作的戏文的时候，达蓬蒂素来是怀着热爱、崇敬和谦恭的。然而当拿到那些要求他审核的喜剧脚本的时候，他不禁骇然。就像他自己在《回忆录》中所说的：

---

① 译注：按当时当地天主教家庭的习惯，他用了为他洗礼的凯内达主教的名字。
② 译注：Giacomo Girolamo Casanova，1725—1798，威尼斯共和国著名的好色之徒。

……这都是些什么垃圾啊！既没剧情也没人物，既没运动也没场景，还全无语言或风格之雅致！本是写来逗人笑的，可任何人看了，大概多是要哭的吧。这些可悲的粗话当中没有半点活跃、奇异和优雅的词，只是处心积虑地强要人笑。太多大块大块的寡淡、无聊和愚蠢了！[45]

　　于是他断定"创作比这种玩意好点的东西真不是什么难事"，并决心去写作自己的喜剧了：

　　在我的作品里，人们至少能四处看到些机灵的翻转、一些妙语跟笑话；语言既不会乡野也不会鄙俗；读着那些歌谣也不至于生气！找到个吸引人的题目，又能在事件中加入有趣的人物和想象力，即便是累到不行的时候我也不至于写出像我所读到的那么糟糕的东西！

　　即便是如此自信和乐观，达蓬蒂撰写的第一部原创脚本——1783 年为萨列里的歌剧而作的 *Il ricco d' un giorno*——也是个灾难①。紧接着这部失败作品上演的是同他们敌对的组合帕依谢洛和卡斯蒂的《提奥多王在威尼斯》，这部歌剧大获成功。萨列里大怒，有四年没再找达蓬蒂合作。于是有段时间，达蓬蒂便缩回了那个在权贵冷眼下的不适环境。1786 年对他来讲是个奇迹迭出之

---

① 译注：这部三幕歌剧讲了两个兄弟为一个女人争风吃醋的故事，1784 年 12 月在维也纳上演，极为失败。

年,这一年临近的时候他时来运转了。他被置于荒野的这些时间也没有完全浪费,他是在观察、吸收并等待着("我吃、喝、写作和思考。"他写道)。终于他等来了对戈尔多尼(Goldoni)的《刀子嘴豆腐心》(*Il burbero di buon cuore*)的改编,作曲家是初到维也纳的新贵——西班牙人毗森泰·马丁·伊·索勒(Vicente Martín y Soler,1754—1806),此人是西班牙大使夫人的门生,而大使夫人据说又和皇帝过从甚密。这部新作品在 1786 年初上演,由于南希·斯多拉齐和弗兰切斯科·贝努齐的加盟,可以说是珠光宝气,它标志着达蓬蒂又重受瞩目了。而那时,他正在同莫扎特合作创作《费加罗的婚礼》。

莫扎特和达蓬蒂谨慎地在暗中彼此观望已经有三年了,迄今为止他们有着不少的共同点。其中有个至关重要的基本认知:他们两个都对启蒙不再抱有幻想。启蒙作为一场智性运动,深为莫扎特的皇帝所喜,并且成了他的改革的核心,以之作为理解人类生活的工具,他有效地将社会带离了宗教而倾向于理性。教育,以及从经验中学习的想法,是这种理念的核心。而包括莫扎特那些歌剧在内的绝大部分艺术作品成了这个**理性时代**积极的传声筒。但是**启蒙**有它本质上的空虚。在他的《论科学与艺术第二编》的末尾处,卢梭对一个仅仅由物质价值引领的社会提出了警告:"我们所拥有的,是没有德行的荣誉、没有智慧的理性和没有幸福的快感。"莫扎特和达蓬蒂都确然认同这个观点,就像在他们的合作作品中所体现的那样:所有这三部作品都冲破了围绕他们的传统社会的藩篱,罔顾所有那些仪态和礼节,在当中释放了情感的混乱。

1787 年，时年 23 岁的作曲
家伊·索勒在维也纳

莫扎特和达蓬蒂都有着剧场经验，并且对于语言和音乐的关系有着明确的观点。他们两个都明白文字对于音乐的重要性，并在实践中使得它们完美地达成一致。1781年莫扎特曾在给父亲的信中说："诗句在音乐中的确是不可或缺的元素。"[46] 而达蓬蒂对此显然有着同感："我认为诗歌是音乐之门。音乐可以十分美丽，并以其外在而受人崇拜，但如果少了这道门，便没人能得以一窥它的内在之美。"[47] 他们二人都具有高度而敏感的多元创作能力。就如同莫扎特在音乐中那种适应不同歌手的"量体裁衣"式的创作，达蓬蒂也意识到"对于这些演员……他们适合什么样的角色都要单独地去研究"。[48] 同样，他也会根据不同的主题去选择作曲家（比如他为英国作曲家史蒂芬·斯多拉齐改编了莎士比亚的《错误的喜剧》，而制作了歌剧脚本《误解》〔*Gli equivoci*〕）；为西班牙的马丁·伊·索勒则改编了路易·维莱兹·德格瓦拉的《稀罕物》〔*Una cosa rara*〕）。莫扎特和达蓬蒂也都是局外人，从未被当权派接纳；他们流离漂泊的早年生活，加上他们此刻在社会边缘的处境，赋予他们一种超然的力量去观察、积累和诠释人类行为那变化无穷的面相。所以他们便可以各自细致入微地塑造戏剧人物。无论是不同阶级的那些情态和话语，还是人类真实情感的或隐或现的变现，口中所说的都未必与心中所感相一致，这些都在他们的作品中有尖锐的揭示。还有一样颇具意义：这二人都亲身经历过辉煌的威尼斯狂欢节。少年时代的莫扎特曾经到过威尼斯，永远不会忘记他跟维德家的"珍珠"们经历的疯狂时刻；达蓬蒂曾在这最具诱惑、最自由，可能也是最堕落的城市里居住过，在其幽暗的水光掩映之下，戴着面具、乔装改扮，去赴那些不可言说的幽会。所有三部莫扎特—达蓬蒂的歌剧都将会钩沉这丰富的记忆,用伪装去揭示真相,其情态是既使人愉悦又能够引发不安的。

特别是,莫扎特和达蓬蒂都准备去放手一搏,也因此成了影响深远的革新者。在他们同意合作之前,莫扎特曾经愁闷地查阅了不下一百部脚本,却没找到一部能燃起灵感的。达蓬蒂放在他面前的作品却大不一样。他们不愿再考虑使用古久的正歌剧的剧情了,也不愿再考虑发生在东方某个后宫的营救故事,或依靠传统"即兴喜剧"①的布局;当然他们也不会再落到要造几头机械大鹅的地步。达蓬蒂为莫扎特创作以及同莫扎特一起创作的脚本,不管是对已有故事的改编(《费加罗的婚礼》和《唐乔万尼》),还是全新的创作(《女人皆如此》),都有效地刻画了他们所处的社会和生活于其中的人,以及这些人的往来酬对。不管怎样看,它们都实实在在是"当代歌剧"。

乍一看,选取博马舍的《疯狂的一天,或费加罗的婚礼》作为两人第一次合作的基础,也并没有什么刺激和挑战可言。毕竟这是对此前《塞维利亚的理发师》的续作,前作已经有 1782 年帕依谢洛献给俄国的叶卡捷琳娜大帝的歌剧了,该剧在 1783 年被引入维也纳,由意大利戏班演出(斯多拉齐、曼迪尼和贝努齐均参演了)并大获成功。完全合乎逻辑的做法是继续博马舍的叙述,将这些角色顺势带入接下来的冒险故事当中就完了。在《塞维利亚的理发师》里,阿玛维瓦(Almaviva)伯爵在机智的理发师费加罗的帮助下,成功地赢得了萝西娜(Rosina)的芳心并与之结成良缘。萝西娜是年

---

① 译注:commedia dell'arte,发源于意大利,16—18 世纪盛行于欧陆的职业喜剧。

老的巴托洛（Bartolo）博士的被监护人，也是他想要结婚的对象。但是在这部《费加罗的婚礼》中，某些角色历经了或多或少的转变，故事推进中的整个能量变得颇为粗暴。如果说在《塞维利亚的理发师》的喜剧表象之下潜伏着一种善意的无礼嬉闹，那么在《费加罗的婚礼》当中，则确然是一种危险的革命精神。阿玛维瓦伯爵和他（如今）的伯爵夫人的婚姻已经是名存实亡，此时伯爵正在随心所欲地对他治下的女孩和妇女们行使他的初夜权。甚至在费加罗和伯爵夫人的侍女苏珊娜的婚礼当天，伯爵也试图为了他的一己私欲而将仪式推迟。费加罗、苏珊娜和伯爵夫人一道设计了伯爵，将他的不忠公然地、屈辱地公之于他的整个家庭。自由、平等、博爱，以及资产阶级想要从旧制度的暴行中摆脱出来的势在必得的需求，这些18世纪80年代的法国精神或公然或潜在地弥漫在每一场戏当中。也难怪博马舍的这出戏在巴黎被禁了三年，又在维也纳遭禁，直到后来作了删改才允许上演。达蓬蒂通过愚弄当局而成功获得了许可，来制作这出戏的（被认为是更能够接受的）喜歌剧化身。足见他在说服他人方面有着怎样夺人和雄辩的力量。

莫扎特和达蓬特想必也了解他们是在冒着怎样的风险：他们不单在展现他们的听众中某些人的迷人的一面，也揭露了那些更为人不齿的恶俗的小癖好。虽然他有过去那些不愉快的经验所造成的心结，但所有他一向抱持的那些观念——公平、有礼和分寸——仍然是他遵循的原则。早在1781年，在被主教公的代理人粗暴对待之后，怒发冲冠的沃尔夫冈在信中对列奥波德说："是人心使人得以尊贵；我虽然不是个伯爵，但只怕德性比真正的伯爵还要高些。不管他是伯爵还是跟班，只要他侮辱了我，便是个恶棍。"⁴⁹借着同达蓬蒂合作犯险,他实际是在故曲重温、清算旧账。

另有一件事使得搬演帕依谢洛《塞维利亚的理发师》的续集变得极为吸引人,大概也为说动当局准许这部续作的上演提供了帮助,那就是:1783 年的前作中的许多歌手,现在仍在维也纳当红。低男中音施台法诺·曼迪尼曾经扮演阿玛维瓦伯爵,他可以在续作中再演一次这个已经变得不那么讨人喜欢的角色。两位弗兰切斯科——贝努齐和布萨尼,原来分别饰演巴托洛和费加罗,如今在三年之后,二人将要互换角色:贝努齐扮演这位维也纳听众绝对喜爱的男主角,同时这也是一次相对平淡无奇的选角。布萨尼承担了更大的责任,他将担任舞台指导,但也要饰演巴托洛,同时还得兼饰醉酒的园丁安东尼奥。他年轻的妻子多萝塔(年仅 23 岁,差不多是他一半年纪)扮演小听差凯鲁比诺(Cherubino),而曼迪尼的太太玛丽亚则可以饰演女管家玛赛丽娜(Marcellina)。年轻的爱尔兰男高音迈克尔·凯利跟着所有这些意大利人一起被杜拉佐伯爵招募来的,惯常出演年龄比他本人的 24 岁大得多的那些喜剧角色,可以出演唐·巴西里奥(Don Basilio,音乐教师和好管闲事的人)并兼饰法官库尔乔(Curzio)先生。南希·斯多拉齐在 1783 年的前作中饰演萝西娜,但当这部《塞维利亚的理发师》在 1785 年重演的时候,她刚经历了一系列个人危机,于是从意大利新来的路易萨·拉席(Luisa Laschi, 1760—1790)便取而代之。于是现在拉席可以继续在《费加罗的婚礼》中饰演萝西娜,也就是如今的阿玛维瓦伯爵夫人;而南希·斯多拉齐则被分配了绝对是至关重要的中心人物——苏珊娜。一个戏份很轻但是在戏剧上饶有趣味的角色——园丁的女儿芭芭丽娜(Barbarina)给了 12 岁的安娜·歌特利布(Anna Gottlicb),她是城堡剧院两位演员的女儿。

南希·斯多拉齐和弗兰切斯科·贝努齐饰演的角色的关系是整个歌剧的基础。作为聪明和讨喜的中产阶级的代表,苏珊娜和费加罗将如一个团队般紧密合作(虽然其中也不乏他们自己小小的怀疑的时刻)并成功地羞辱了他们的老爷。所以这个歌剧舞台上最令人满意又最让人神魂颠倒的角色之一,将要由这拥有非凡才华的21岁英国女孩来塑造了。南希的意大利父亲是一位低音提琴手,他在18世纪50年代定居伦敦,并娶了一位英国妻子。他同列奥波德一样,也养育了两个富有天分的孩子。南希和她哥哥史蒂芬二人对音乐极为精通。据迈克尔·凯利的《琐忆》说,南希只有8岁的时候就可以凭视奏自弹自唱,并且"在音乐上表现出一种超常的天才"。[50] 当她哥哥被送去那不勒斯学习音乐的时候,她在伦敦上歌唱课,教师不是别人,正是拉乌齐尼(莫扎特在《卢齐奥·西拉》时期的老朋友,为他还创作过经文歌"喜悦欢腾"),他后来还成了凯利的老师。1778年,年仅13岁的南希跟父母一起到意大利去看望她哥哥,她自己便开启了极为超常的职业生涯,在意大利几乎所有的主要歌剧院登台表演。15岁时她在佛罗伦萨的佩格拉歌剧院(Teatro alla Pergola)演唱,如此的成功引发了在剧院驻唱的阉伶路易基·马凯西(Luigi Marchesi, 1754—1829)的妒火,他成功将她赶走。(1786年,在美泉宫的橘园上演萨列里的《音乐为先》时,南希通过滑稽地戏仿她这位对手而为自己扳回一城,把听众中的知情者乐得不行。)从佩格拉剧院被逐出并没有影响她的职业生涯,接下来她的足迹遍及卢卡、帕尔马、里窝那、米兰和威尼斯。杜拉佐伯爵正是在威尼斯的圣萨穆哀莱剧院(Teatro San Samuele)发现了她，并在 1783 年为城堡剧院将其雇用。那时候她才 18 岁。

南希·斯多拉齐是在里窝那遇见迈克尔·凯利的，凯利在《琐忆》中记述了那令他们遇见并开始了这段延续了整个余生的友谊的滑稽事件：

> 我当时披着件西西里斗篷，头发披散出来（我的头发很多，并且如肤色一样姣好），我瘦得像根手杖。当我步出这艘船，发觉一位年轻女士和先生站在堤岸上东瞧西看，前者看见我便笑了起来，走近他们的时候我听见她对着她的同伴说英语，她一定觉得我听不懂："快看那个女扮男装的姑娘！"令她大吃一惊的是，我用同样的语言回应了她："您搞错了，小姐；我是如假包换的雄性动物，乐意为您效劳！"
>
> 我们都笑到没了力气，很快就变得亲近起来；跟这些人的相识始于里窝那港码头上的玩笑，此后整个一生他们都是我最觉温暖和热爱的朋友。关于你们的记忆尽是爱与敬意，史蒂芬和南希·斯多拉齐！[51]

这几位少年在里窝那度过快活的时光之后挥泪告别，又在威尼斯重聚，在那里南希"风靡一时"。在被杜拉佐雇用之后，他们和贝努齐、曼迪尼和布萨尼一起，在维也纳成了一个紧密的团队，经常一同出现在城堡剧院。他们的演出任务很重：只第一个乐季（1783 年）便演了不下六部歌剧，作曲家分别是萨列里、齐马罗萨、萨尔蒂、安佛西和帕依谢洛。南希曾有过一段灾难式的婚姻，她嫁了一个叫约翰·费舍尔①的英国人，很显然，这个人曾经打她（"据说，"凯利记述道，"他有个令人发指的方式强迫人家服从他的意思"⁵²）。家长般的约瑟夫二世一向关怀他喜爱的这些歌手，对南希尤为关爱，他亲自介入，将费舍尔逐出了维也纳。但是此时南希已经怀上了一个女孩，后来这孩子出生没多久便夭折了。在所有这些个人危机和事业压力之下，也难怪她在1785年仅仅20来岁的年纪便出现了一次崩溃：很不幸它是发生在舞台上，还是在她哥哥的歌剧首演之夜。那部歌剧叫作《新娘与新郎》（*Gli sposi malcontenti*，这个标题有着惊人的应景的讽刺）。失声的她从众人瞩目的中心退避了好几个月。当她复出的时候，达蓬蒂为她作了一首贺诗"为了奥菲丽娅的痊愈"，诗文还被萨列里、莫扎特及一位神秘（大概是化名）的作曲家科尔耐提（Cornetti）谱了曲（这首诗和为之作的曲如今都亡佚了）。起初达蓬蒂和莫扎特简单地考虑用南希饰演伯爵夫人，因为这是她在《塞维利亚的理发师》中饰演过的角色；但他们后来改让她演苏珊娜，因为无论从身体上（南希个子矮，可能还比较丰满）、音乐上还是脾气上，她样样都合适这个角色。

就像迈克尔·凯利在里窝那港的堤岸上注意到的那样，南希活泼、淘气且极为敏锐（"东瞧西看"），眼里不曾漏掉什么。在一切聚会中她都怡然自得，包括那些极为显贵的场合。凯利描述了发生在约瑟夫二世位于卢森堡的夏宫的事件，当时他和南希正坐在

---

① 译注：John Abraham Fisher，1744—1806，英国小提琴家和作曲家，琴技卓越，行为怪诞，特别是娶了头牌女伶南希之后更为人所厌恶。在和南希决裂并被赶出维也纳之后，他在都柏林演奏和教学并终老在那里。

皇帝的一辆马车里追随着狩猎的队伍；当皇帝上了马并询问他能为他们做些什么的时候，南希"以她那极具个性的率直"跟皇帝要了一杯水（当然是随叫随到了）。[53] 但除此之外，南希是个坚定而忠诚的朋友，充满了同情、体谅并且极为慷慨。凯利讲述了他自己在赌场的一次凶险的经历，在那晚快散场的时候他欠了"一位时髦的英国上校"二十个采其诺金币：

> 清晨，南希·斯多拉齐来找我——"所以先生，"她说道，"我听说您昨晚在赌钱，而且不单把身上钱全输光了，还欠了债——这个债可不能就这么欠着；早晚你会到英格兰，在赌桌上下的钱比自己拥有的还多，这个事如果传到英格兰的话，你会摊上一个你本不应得的坏名声；这事情必须得直接解决掉。"她立刻拿出钱，把我放走并结清了债务。这样无私的雪中送炭的情谊真是高贵，而且令我永生难忘。[54]

所有这些特点和品质当中最抢眼的就是她那显然极为诱人的肉体性带来的无可抗拒的舞台呈现。琴岑多夫伯爵或许是没有一副敏锐的耳朵，但他的双眼素来是颇有鉴赏力的，他对南希的"曼妙身段、性感而美丽的双眼、白皙的脖颈、鲜嫩的嘴唇、美丽的皮肤，还有她的天真以及那孩子般的任性"甚是仰慕。当她的婚姻所带来的身心的伤疼痊愈之后，南希越发地亲近她频繁的舞台搭档贝努齐。到 1786 年底，他们之间的关系便不止于专业领域了。1787 年她终于回到了伦敦，并在两年后邀请贝努齐去探望她。

莫扎特也很喜欢南希·斯多拉齐，他高兴地欢迎她加入他最亲近的朋友圈子。她回伦敦之前在城堡剧院举办了告别音乐会，莫扎特为这场音乐会写了一首唱景给她——"我会忘了你吗（Ch' io mi scordi di te，K505）"，里面包含温柔的告别的词句（"我将永不会忘记你"）。在乐队伴奏版本以外，他还加写了一个钢琴的声部，她在告别维也纳的最后演出上就是用的这个版本。当将这部作品归入自己的作品目录的时候，他骄傲地加注道："为斯多拉齐小姐和我。"南希和她的妈妈，连同迈克尔·凯利以及年轻的托马斯·阿特伍德（Thomas Attwood，1765—1838，莫扎特的学生）一同回了英格兰，路上经过萨尔茨堡；沃尔夫冈为他们引荐列奥波德，请父亲带他们在城里参观。列奥波德以不甚佳的风度，适度地尽了地主之谊。

第三十四章

　　达蓬蒂的雄辩说服了宫廷监察部门允许作为娱乐的《塞维利亚的理发师》续集的上演,为了它的演出,一个极为相熟和流行的班底集结起来。但除此以外,关于《费加罗的婚礼》的一切都难以预料。从整体到个人,达蓬蒂和莫扎特都对他们质量非凡的班底十分欣赏;他们二人挖掘并汲取在博马舍戏剧中那社会评论中最丰富的一面;他们将各自特有的天才付诸同彼此的合作;他们制作出的成品在1786年5月1号首演,那必然是整个歌剧史上最重要的几个夜晚之一。

　　从序曲的第一个小节开始,作品之与众不同便明显透露出来。与寻常作品所采取的以直率而洪亮的开场博取听众注意的做法相反,莫扎特以低语密谋般的弦乐和巴松开篇,迫使听众以全新的方式去聆听。随着大幕徐徐拉开,乐队的音响带给听众前仆后继的震惊。帷幕之后的第一个场景是间"完全没有装饰的房间(Camera non affatto ammobiliata)",费加罗和苏珊娜(也就是新郎和新娘)正唱出一首二重唱,起初他们并没有留意对方。当阿玛维瓦伯爵觊觊苏珊娜的事被揭露出来,费加罗顷刻间在一首咏叹调中释放了他那革命的力量,这首咏叹调先以带着节制的小步舞曲开始,但是却三番五次陷入难以遏制的愤怒。费加罗张狂侮慢地将自己的主人矮化("你不是想跳舞吗? 伯爵小官人?〔Se vuol ballare,signor Contino〕"——语气当中的细微态度完全来自达蓬蒂,因为这句唱词他是依据博马舍的原文"那就跳舞吧,大人"翻译的)。当时的听众一定被这其中所透露的轻蔑之意震惊了。上了年纪的玛赛丽娜和她的律师巴托洛在商讨一个合同,他们想算计费加罗:要么将欠她的钱还了,要么便娶她。苏珊娜跟玛赛丽娜相互恶意侮辱(这显然是《剧院经理》中赫兹夫人和西尔伯克朗夫人之间斗嘴的升级版)。爵府的小听差凯鲁比诺在一场既凶险又欢闹的戏当中,告白了他对女性那困惑的少年痴恋。躲藏起来的凯鲁比诺意外听见了伯爵对苏珊娜的进逼,当这个少年被擒住以后,便被草率地命令编入伯爵的兵团;这惊诧迸出的第一幕便以费加罗炽烈的咏叹调结束了,在这首"你这狂蜂浪蝶也算飞到头了(Non più andrai)"里头他戏弄了可怜的小听差:凯鲁比诺那些雅趣和俗艳,眼看就要换成军旅生活当中那险恶的现实了。即便在第一次排练当中,贝努齐对这首咏叹调的强力呈现也引来了同事们的热烈鼓掌。到1786年5月1日首演落幕的时候,听众定然被他们刚刚经历的历程中那些耸人听闻的新奇事物完全吞噬了。

接下来一幕,年轻的伯爵夫人独自垂泪,悲伤地审视她失败的婚姻。苏珊娜和费加罗制定了一个计划,要将伯爵的不忠公之于众,绝望之下夫人便附和了他们。年轻的凯鲁比诺像痴恋一切女性那样迷上了美丽的伯爵夫人,对她唱了一首自己作的恋歌;接着,紧张犹疑地参与恶作剧的夫人连同她那爱玩闹女佣一起,将凯鲁比诺草草装扮成一个女孩。当凯鲁比诺对伯爵夫人的迷恋持续发酵,伯爵的到来为这一场注入了真正的危险意味:凯鲁比诺被塞入了衣帽间,伯爵夫妇发生了激烈的争吵,暗示他们的婚姻已然是万劫不复。在几个人之间一系列的闪转腾挪当中,苏珊娜凭着机智总算暂时稳定住了局面,弄得伯爵困惑不已,而夫人也并不比他更明白。但是醉酒的园丁来了(他目击了凯鲁比诺逃进花园),随后跟着的是玛赛丽娜和她的两个支持者,他们要求费加罗履行合同。这一切使得这一幕终结于家庭内外乃至法律上的一团紊乱。

随着剧情的推进,阿玛维瓦伯爵的无情昭然若揭,他继续着勾引苏珊娜的企图,但是却以最强烈的语言表达了对他的仆人费加罗的嫉恨:费加罗竟享受着他求之不得的幸福。苏珊娜找来一笔钱要替费加罗还上他欠玛赛丽娜的债,要将他从法律的义务中解放出来(这里所投射的是南希·斯多拉齐保释迈克尔·凯利的事迹),但是这个企图被接下来不可思议又感人的一场戏阻断了:玛赛丽娜和巴托洛竟然被发现是费加罗失散多年的双亲。伯爵夫人和苏珊娜又伪造了一封信想要让伯爵入套,而伯爵果然在接下来的婚礼庆典中适时就范了。园丁年轻的女儿芭芭丽娜一度也是伯爵所垂涎的猎物,在伯爵唆使下为苏珊娜传话,可是她却把事情搞砸了。费加罗此时还不知道苏珊娜的计划的全部细节,此时他昏了头,陷入几乎是狂暴的嫉妒的煎熬。此刻伯爵夫人已同苏珊娜互换了衣裳,费加罗便同所有人一起,被裹进了随后那身份错乱的暗夜中的纠缠。当伯爵发现他所认为的"苏珊娜"其实是自己的夫人乔装改扮的,他在家中众人面前跪下来乞求她的原谅。当夫人原谅了她,所有人才慢慢接受了发生在自己身上那令人不安的事实,而庄园中的生活也恢复如常。但经过了这疯狂的一天(如博马舍的标题"La Folle Journée")当中发生的种种事件,他们的人生都已经遭受了巨大的改变。

当时的听众想必也一样被他们的这次经验改变了。他们为这戏剧的稀奇古怪所娱乐,也陶醉于无与伦比的音乐;但他们同时也被吓到了,大概和未来斯特拉文斯基(Igor Stravinsky,1882—1971)的舞剧《春之祭》首演中的观众或者约翰·奥斯本(John Osborne,1929—1994)的《愤怒的回顾》的观众一样吧。留在他们记忆中的不仅仅是强烈的音乐和激动人心的表演;他们应当也感受到了深深的不适以及某种负罪感。这是莫扎特和达蓬蒂暴露在极为刺眼的弧光下的对这些听众所处的社会那带着咒骂的控诉。尤为引人注目的是那从本质上浑浊暧昧的家庭骚乱,莫扎特和达蓬蒂在讲述跟这一普遍问题相关的故事时,带着对女性境遇的深深同情。这两个男性完全投入另一个性别以及所有她们那令人欣赏的魅力当中,坚定地站在了伯爵夫人和苏珊娜这一边,甚至对于玛赛丽娜,他们也将她从歌剧开始时典型的老泼妇形象转化为极富同情心的母亲,在歌剧的后半部她用坚强、睿智和支持来回报她从前的对手。"每个女人都会为自己被苛待的性别抗争。"她在最后一幕如是宣告。所有的男性角色都被毫无疑问地精妙刻画,当然尤其是兼具了迷人、温暖、脆弱和活力的费加罗本人;还有无情的伯爵;甚至是年轻的凯鲁比诺,他那两支谜一样的歌和不顾一切的越轨之行揭示了他在青春期的种种现实中的挣扎。但实际引领整部歌剧的毕竟是伯爵夫人和苏珊娜。这种对于女性的同情并非是莫扎特的新动向，但是在《费加罗的婚礼》中它的重要意义被带到了一个新的高度，并且将会照耀他接下来同杰出的达蓬蒂的另两次合作。

事实上，苏珊娜可以被看作是莫扎特心目中完美的女性。明媚、机智、忠诚而可爱，对于她的爱人费加罗、她的公爵夫人以及凯鲁比诺来说，她都是位棒极了的朋友。作为女高音曲目中表演历时最长且回报最丰的角色之一，苏珊娜在她参与的每一场戏中都占据主导（无论从音乐上还是戏剧上）。在开场同费加罗的二重唱当中，她的形象即刻便确然呈现：兴奋中带点虚荣（带着她婚礼的头饰），迷恋她的费加罗，并且极为聪慧：她猜出了伯爵为他们选择这间婚房背后的用意（为了方便他自己进出），并柔和但坚定地对费加罗挑明。她本是略带被动地卷入同玛赛丽娜的骂战，但是当她那更年期的对手所发出的一连串刻薄卑劣的谩骂终于炝起她的火来，她轻易便占了上风。也同《剧院经理》中的三重唱一样，这个隐隐透着尴尬的场景，莫扎特自身的那种欢喜可以将之以轻松的笔触传达，从而稀释了达蓬蒂的本子当中的残酷辛辣。当苏珊娜决然地拒绝伯爵的求欢（她勇敢地宣告"我不要你那些权利"）的时候，她带着玩笑的心态同时也坚定地站在凯鲁比诺这边；甚至当凯鲁比诺愕然被发现藏身椅背的时候，她也成功地为他救场：她指出刚才伯爵在逼迫引诱她的话都被这个男孩听见了。

当苏珊娜和伯爵夫人在一起，两个女人几乎是在平等地交谈，在一段即将开始的婚姻面前讨论着另一场婚姻的失败。当费加罗走进来跟夫人讲了那个可以令伯爵丢丑的计划之后，苏珊娜则以游戏的心态鼓励夫人加入计划的筹备（他们要让凯鲁比诺男扮女装,在花园中等着伯爵上钩),两个女人动手给这小听差套上了裙子。或许这一段当中也唤起了南希的记忆,当初在里窝那港的码头看见长发少年凯利的时候也把他误认为女孩子:这当然指的是苏珊娜为男孩乔装的那首咏叹调"过来跪下(Venite inginocchiatevi)",当中泛起的是年轻的欢欣和笑语。苏珊娜的机智为伯爵夫人留存了颜面,并给伯爵带来的极深的困惑①。在第二幕的尾声伯爵夫人和苏珊娜有大段的三度关系上的重唱(还曾有一段同度的齐唱),在她的夫君阿玛维瓦敌意的进逼面前她们完全团结在一起。

当费加罗的计划进入实施阶段,苏珊娜在其中扮演了重要的角色。她跑去跟伯爵约定了幽会,却少不了被伯爵以某种粗暴和讽刺奚落了几句(他建议她也用用伯爵夫人的头疼药粉,她则把话顶了回去,"我们这个阶层的女孩子可没这些富贵病啊"——这回答算对得起费加罗了)。当伯爵在a小调上对她展开了甜言蜜语的引诱时("无情人,为何如此对我?"),她不能如此就范,拿话搪塞他一次次的发问。当她最终给了他想要的答案,音乐便随着伯爵的自信从小调一转而入了A大调(莫扎特用以表达勾引的调性),与此同时苏珊娜带着歉意低声呢喃出她的画外音:"你这真心爱着的人啊,原谅我的欺瞒。"

① 译注:伯爵突然到来,苏珊娜随机应变,掩护凯鲁比诺逃走,才不至于让伯爵见到衣冠不整的男孩和伯爵夫人之间的暧昧。这种暧昧也不是空穴来风,在博马舍1791年完成的《费加罗的婚礼》的续集中,凯鲁比诺和夫人确实有过春宵一度,甚至怀上了孩子。在1785年还有人撰写过《凯鲁比的婚礼》。当然在这部歌剧中,莫扎特和达蓬蒂将夫人一角的基调设定为高贵忧郁。不管这是否是顾及约瑟夫二世的道德观,原作中夫人情色的一面在歌剧里为莫、达二人所不取。

颇有斯多拉齐当初行事的风度,苏珊娜拿钱给费加罗去还债,却撞上他正拥抱着玛赛丽娜(只因她这位假想的情敌竟然是他的妈妈),便以布隆德的行事之风扇了他 巴掌。但当她明白了事情的原委,便加入这意外之喜的气氛当中。如今的化学反应彻底改变了,苏珊娜和费加罗、玛赛丽娜和巴托洛像家人一般聚在一起,并在筹备他们双喜临门的婚礼了。在编造写给伯爵的书信时,伯爵夫人占了主导,策划了那场暗夜幽会。在最后一幕当中,苏珊娜短暂地质疑了费加罗对自己的信任,而这也无非是给他们最终的理解增添了快乐。

但是她的最不可思议的一刻,发生在歌剧接近尾声时她的咏叹调"来吧,不要迟疑(Deh, vieni e non tardar)"当中。此时她知道费加罗对于她的忠贞已经开始抱有了一种不公正的质疑;所以她继续着对伯爵的欺骗设计时,她也是温柔地试图在同费加罗的"较量"中反败为胜。独自坐在夜幕下的花园,看上去是在等着和伯爵幽会,她此刻知道费加罗正躲在暗处窥探,便唱起了一首缠绵静谧的咏叹调,仿佛期待爱情的欢乐。但是这做戏的略带夸张的唱腔"我可以尽情地享受(godrò senza affanno)"以及咯咯窃笑的弦乐的顿挫,却演变成为假戏中的真情。她唱腔中那诱人和甜蜜的单纯,被莫扎特那旁人无从复制的器乐写作方式所加持:独奏的长笛、双簧管和巴松在苏珊娜的声线周遭各自织结缠绕,将这一刻带入真正的戏剧的完美。(别具意义的是,这三件独奏乐器也曾参与莫扎特写给他的康丝坦瑟的《c 小调弥撒》中崇高的"道成肉身"一段。)所以此处有一个双重的戏剧反讽:当她唱出那几个词的时候,苏珊娜此前的世界真的已经停止("世界寂静"),而她的灵魂则焕然一新("内心再度苏生")。在歌剧的尾声,听众们获得了一种印象:不管发生过什么,费加罗和苏珊娜的婚姻将会持久、幸福并且永不褪色。这让人不得不从《费加罗的婚礼》去想见斯多拉齐和贝努齐的关系,或者还有沃尔夫冈同康丝坦瑟的婚姻。

在这枚女性硬币的另一面,是同样引人入胜的公爵夫人——这位贯穿全剧的孤独、克制、勇敢的受难者——的肖像。她起首的独白"我爱,请给我些宽慰(Porgi amor qualche ristoro)"是对她走向失败的婚姻的难以忍受的深思。在事件频发的第一幕过去之后,气氛、步调和色彩在第二幕的开端都为之一变,莫扎特为她的咏叹调准备了一段器乐的引子,几乎有些协奏曲的味道了。单簧管、巴松和圆号烘托着幽暗的温度,引出了极具控制的声乐的悲戚,就像是《后宫诱逃》中康丝坦瑟的"悲伤"(路易萨·拉席一定也拥有莫扎特所喜爱的那种编织柔唱线条的出色能力)。在"叹息"一词上,莫扎特通过为巴松加入一个在 f 小调和声上的倚音降 G,为音乐注入了真正的悲情;《剧院经理》中西尔伯克朗小姐的唱段"Bester Jüngling"中也有类似但更为夸张的表达。又如同在《后宫诱逃》的"悲伤"一段中所做的那样,莫扎特在此通过停顿和阻碍来延迟完满终止,回到主调上以后,他给了伯爵夫人最简单也是最悲伤的完结部。在这个篇幅不长(仅有五十一小节)却要求极高的咏叹调之后,听众便完全站在了如此被生动刻画的女性这一边了。

在凯鲁比诺被穿女装的过程中,伯爵夫人始终是紧张的,同时又乐在其中。这些表现,包括她对他孩子气的痛苦的那种令人动容的反应,显示出她仍旧极度渴念欢愉和爱。她跟自己丈夫那残酷的对峙是对已经瓦解的沟通的无情刻画。她在人前以冰冷的尊严去容忍伯爵的拈花惹草,在剧终的场景中她又一次默然原谅了他,或许是想给他们的婚姻最后一次机会。然而驱动她这样做的是她内心一次不寻常的转变,这发生在第三幕她的一段独白中。这个场景不在博马舍的原作当中,所以完全是莫扎特和达蓬蒂的发挥。然而即便达蓬蒂这一段的戏文精彩辉煌且层次丰富,也不足以道尽莫扎特在此处多元而敏锐的演绎。同剧中所有其他咏叹调不同,这段独白在伯爵夫人的一种情绪中开始,却终结于极为不同的另一种。莫扎特已然打破了又一个定式。

在她这个场景的开始,伯爵夫人紧张地等着苏珊娜的消息,看看伯爵是否入了她们的圈套。她不安而焦灼,这种紧张转化为对她易怒和善妒的丈夫的恐惧。她试图令自己冷静:"但我们伤害谁了吗?"但当她又一次回望整个计划:她必须趁着夜色同苏珊娜互换衣服,她突然爆发了:"天呐! 这个无情的丈夫令我屈尊到了何等的地步!"在绝望中她记述了自己婚姻的崩坏:

> 我内心五味杂陈,
> 不忠、嫉妒和鄙视,
> 接踵而至。
> 先是爱我,而后便忽视,
> 最终他竟欺骗了我。

随后,便来到了她最为残酷的文眼:

> 现在他竟逼得我向自己的下人寻求帮助。

这位"下人"便是苏珊娜：她的朋友，也是最忠实的帮手。但是在这个孤绝的时刻，伯爵夫人只能将她看作下等人，向其寻求帮助等同于在最大程度上失了体统。显然，这位伯爵夫人仅仅是一只脚踏入了正在勃兴的平等主义的新世界；而另一只脚还牢牢根植在旧制度当中。

所有这些包罗万象的情感变化，在伯爵夫人的头脑中旋转冲突，当然都是由莫扎特无与伦比的配器宣叙调呈现出来的，每个细微的变化都在乐队当中映照和闪耀。达到情绪的最低点之后，伯爵夫人进入了最为动人的咏叹调，字里行间弥漫着对往事揪心的怀恋："往日甜蜜欢乐的时光何在（Dove sono i bei momenti di dolcezza e di piacer）"。正当她缅怀旧事，一支影影绰绰的双簧管（莫扎特以之表达引诱的乐器）为她接续完成她的旋律线，召回那些失落的幸福。当她以貌似返始咏叹调的架势折返至开篇之际，一缕新的思绪击中了她：

> 啊！唯独我的忠贞不移
> 始终对他充满渴念
> 这能够带给我一线希望
> 将他忘恩负义的灵魂改变

这吉光片羽般的乐观，起初还被审慎地表露，接着便生长为一个伴随着新发的、积极的能量和兴奋之情的快板乐段。她在凯旋、坚强、笃定和治愈中结束了自己的咏叹调以及整个场景。在歌剧余下的部分，也就是在她对伯爵的原谅的前前后后，她的情绪再没有失去控制。是莫扎特基本的慷慨和博爱赋予了伯爵夫人这一绝好的内心转变（根据达蓬蒂的脚本本可以有全然不同的演绎的）。

定式确然被打破了。在莫扎特的前辈、同代人甚至是他自己此前的歌剧当中，那些对角色激动人心的描摹塑造，从来不曾具有如此令人为之骇然的真实。莫扎特和达蓬蒂终于在舞台和观众之间举起了那面镜子："瞧，这说的就是你们啊。"

第三十五章

　　《费加罗的婚礼》在维也纳经历了一轮成功的演出,经口耳相传,在 5 月份那场首演过去半年之后,布拉格版也筹备上演了。此地有位从男低音改行做了经理人的帕斯奎尔·邦迪尼(Pasquale Bondini),是布拉格国立剧院的总监,也是莫扎特音乐的拥趸,他已经于 1783 年的莱比锡和 1785 年的德累斯顿分别上演一次《后宫诱逃》。在《费加罗的婚礼》上他也下手很快,将之带到布拉格演出的时候他极为欣慰,因为莫扎特这出新剧为他年轻的妻子同时也是他戏班中的台柱嘉特莉娜(Caterina Bondini,1757—1791 年之后)提供了一个极精彩的角色——苏珊娜。

　　《费加罗的婚礼》在布拉格可谓旗开得胜,邦迪尼在 1787 年 1 月间邀请了莫扎特夫妇前来观看。他们如约而至,沃尔夫冈还指挥了其中几场,并且他欣喜地看到此地的班底绝对招架得住他乐谱当中给出的种种挑战。此时的邦迪尼已经在为下一步打算了。在接下来的 10 月,皇帝的侄女玛丽亚·特蕾萨将在她同萨克森的安东·克莱门斯亲王大婚之际造访布拉格。皇帝需要专为两位殿下安排些什么，莫扎特若能创作新作出来，将会是理想之选。邦迪尼向莫扎特要求的是一版唐璜的故事，这很可能与他戏班中的明星——年轻的路易吉·巴西（Luigi Bassi, 1766—1825）不无关系，此人有一副好嗓子，颇具舞台魅力，且扮相俊美（后来贝多芬形容其为"烈火般的意大利人"）。在布拉格版的《费加罗的婚礼》当中，巴西饰演伯爵一角，其卓越才华也为莫扎特所赏识。可以在这样一个文明开化的城市同一众音乐和戏剧的能手合作，共赴这样一个盛典，莫扎特便欣然接受了这一委约；回到维也纳的时候，他自然便找了达蓬蒂加入进来。

可巧赶上此时达蓬蒂已经工作缠身，他正在编写两个脚本——为萨列里写的《塔拉雷》（*Tarare*）以及为马丁·伊·索勒的《黛安娜之树》（*L'arbore di Diana*），两个本子都要得很急。为莫扎特创作一个九个月之内便要演出的东西，是有点苛求了。但是一方面他也被这个演出的场合所吸引，同时也为这个给定的主题深深着迷（同卡萨诺瓦之间那威尼斯人的同乡之谊，如今貌似是到了从中获享红利的时候了）。有了莫扎特对布拉格团队的热情鼓吹，加上达蓬蒂自己对故事男主人公颇有见地的同理心，他感觉这个项目有些难以抗拒。为了能够让自己度过这压力重重的一关，在截止期限前同时完成这三个脚本，达蓬蒂动用了令自己保持兴奋和灵感的良方：

> 我在书桌前一坐便是十二个小时，右手边一瓶托卡伊（Tokay）葡萄酒，左手边一盒塞维利亚鼻烟，墨水盒摆中间。一位芳龄十六的少女与我比邻而居，我本想着只把她当成女

儿来疼爱的，不过，唉……！她同她妈妈住在此处，那妇女是这里的管家。我一摇铃这女孩子便过来。说实话，铃摇得是勤了一些，尤其是我感觉到灵感正在衰减的那些时刻。[55]

尽管这部莫扎特和达蓬蒂合作的新歌剧《唐乔万尼》的戏文封面将其标注为"诙谐剧（dramma giocoso）"，它实则是对这个流行故事的一次非常黑暗的解读。达蓬蒂自己这一版所参照的文本是这年较早的时候贝尔塔蒂（Bertati）为作曲家加札尼加（Gazzaniga）所做的戏文。达蓬蒂这本戏文要描述的是唐乔万尼这个著名的妇女勾引家生命中最后的一天。当唐乔万尼正试图将年轻的唐娜安娜（Donna Anna）列入他的猎物花名册，她的父亲骑士团长为救女儿赶上前来，拼斗当中骑士团长被杀身死。唐乔万尼不以为耻，反而率领仆人莱波雷洛（Leporello）继续他的猎艳，下一个任务是在年轻的农家女孩采琳娜（Zerlina）的婚礼上征服她（很明显是对《费加罗的婚礼》中因伯爵觊觎苏珊娜而起的主题的发展）。但是唐娜安娜协同她的未婚夫唐奥塔维奥（Don Ottavio），以及在唐乔万尼成堆的战利品中被悲惨地遗弃的唐娜艾尔维拉（Donna Elvira）顽强地追捕唐乔万尼，决心要终结他胆大妄为并到处为害的猎艳之行。在暗夜的坟场，唐乔万尼和莱波雷洛撞见了过世的骑士团长的石像，无畏的唐乔万尼邀请石像去他家中晚餐。石像真的出现在他的餐桌前，责令唐乔万尼为自己的行径忏悔；唐乔万尼拒绝了石客的要求，随即便被地狱之火吞噬。在唐乔万尼最后的一天当中汇聚的众人（莱波雷洛、安娜、唐娜艾尔维拉、唐奥塔维奥、采琳娜和她丈夫马塞托）的人生各自继续，但他们的人生，却都因为同唐乔万尼的遭遇以及他戏剧性的结局所带来的创伤而不可逆转地改变了。

尽管《唐乔万尼》有着流行音乐剧式的那种属性，比如起首和结尾的两次暴毙以及其间所发生的其他难以言表的恐怖，它从主题上和手段上，同《费加罗的婚礼》还是颇有相似之处。首先，年轻的凯鲁比诺对女性的迷恋，在少年人身上或表现为笨手笨脚地乱摸，在他的音乐里则呈现为一种辛酸的恳求；而在唐乔万尼这里，则成了成年人一种残酷但不乏魅力的东西。"女人！"唐乔万尼对莱波雷洛说道，"她们于我性命交关，胜过所吃的面包及所呼吸的空气。"达蓬蒂对这种成年人的痴迷的塑造，看上去是基于他对其朋友卡萨诺瓦的观察。卡萨诺瓦在勾引许多妇女的时候，动辄便许以婚约，一朝得手就消失无踪了。在莫扎特这边，他为唐乔万尼所创作那些难以抗拒的诱人音乐，成功地诱惑了听众，令唐乔万尼成了不折不扣的诱人角色，就如同他为凯鲁比诺所作的音乐成立了他一派天真同时又隐隐地招人讨厌的少年人形象一样。在《费加罗的婚礼》当中那么温文尔雅地呈示的轮回报应的概念，此处在《唐乔万尼》当中却提升至翻天覆地的态势，这一部分是由于"乔装"和"黑暗"这两个手段在本剧中有所升级，如今已经被这恶人身上所背负的那数不尽的冤情所激化了。《费加罗的婚礼》主题当中的那种革命性，催生了在阶级觉知上的丰富的洞见，直面了社会等级制度当中那种人道的不平，这些都在《唐乔万尼》中得以继续：莱波雷洛和马塞托（Masetto）各自怀着费加罗式的愤怒，采琳娜则抱持苏珊娜式的本质上的奴性。从结局看来，对未来极大的乐观却是属于下层社会，这在《费加罗的婚礼》中，表现为费加罗和苏珊娜的婚姻，以及他们正派和幸福的基调；而《唐乔万尼》结尾处那众生星散零落的残片中,毕竟还有采琳娜和马塞托的结合,或许还要算上莱波雷洛那挣扎求存的能力。同以往一样,达蓬蒂的戏文饰以极具丰富性的词句,而莫扎特也总能报之以旨趣相投的音乐。

　　莫扎特和康丝坦瑟在 1787 年 10 月初返回了布拉格,此时歌剧已大致完成了:除了其中的一位,毕竟沃尔夫冈认识班底中所有他为之写作的歌手。达蓬蒂一周以后赶过来和他们聚齐。鉴于皇室的演出计划在 10 月 14 号进行,仓促之下这部作品远没有准备完善就毫不奇怪了:歌手不单必须学习和消化这些新音乐,还要排练如此复杂和长篇的作品,更麻烦的是他们此时正在排演其他几部歌剧,所以他们的排练出勤便更加紧张了。于是便采取了应急措施。《唐乔万尼》的首演被推迟了十天,而取而代之用以款待到访的皇家伉俪的,是草草重排的《费加罗的婚礼》。对于这对新人来说,这在作品主旨上实在不算是个合适之选,他们果然在终场之前便步出了剧院。第二天殿下夫妇便离开了布拉格,便也错过了这本是为娱乐他们而作的作品。从莫扎特的角度看来,更为严重的或许是:达蓬蒂也必须离开了。萨列里(为了他们那部如今已经更名为《阿克苏》的歌剧《塔拉雷》)要求他即刻回到维也纳。《唐乔万尼》班底中的一个歌手又闹了病,首演不得不再度延期,直到 10 月 29 号才最终上演,原创团队中的一半不幸未能到场,所幸的是没有它所题献的对象在场(如果说《费加罗的婚礼》是个有欠考虑的结婚礼物,那《唐乔万尼》可说是更为荒诞的了),在听众席赫然坐着的不是别人,正是卡萨诺瓦!他是特意赶到布拉格来听这个戏的。

　　虽有这么多危机和变数,莫扎特却显然兴致不错。他和康丝坦瑟同他们的好友杜塞克一家在他们布拉格附近的玻其姆卡别墅度过了一段时光;约瑟法·杜塞克说服沃尔夫冈为她作一首新的音乐会咏叹调,并将他反锁在屋子里直到作完。对此他要求她即刻视唱,并确信他在这首"我的火焰"当中写下了一些高难的非传统音程。

就如同在莫扎特一向所作的那些"量身定制"的歌剧,《唐乔万尼》中的音乐同他的班底高度相关。从《费加罗的婚礼》的伯爵身上,他已然了解了"烈火"路易吉·巴西身上那生猛、色情的力量,他借之刻画他的唐乔万尼,同时他也善用了巴西作为一个演员和模仿者的那些天赋。巴西却对莫扎特抱怨写给自己的两首咏叹调,一个"欢会(Finch'han dal vino)"几乎是狂躁驱策的,另一个"一半到这,一半去那(Metà di voi)"则是情节大于歌唱,他实在是想要个机会来展现他编织抒情线条的能力。莫扎特于是写了首崇高静美的小夜曲"啊,请到窗前来(Deh, vieni alla finestra)"给他,巴西才满意。绯利切·潘齐亚尼(Felice Panziani)曾饰演费加罗,以其戏剧能力和极佳的台词功夫著称,于是他饰演莱波雷洛,这个角色广受好评,并被誉为最著名的咏叹调之一的唱段所加持。在这段唱中,莱波雷洛对着可怜的艾尔维拉拿出一本花名册,无情地历数唐乔万尼的那些情人。男低音朱塞佩·洛里(Giuseppe Lolli)身兼骑士团长和马塞托两角,在《费加罗》中他可能也是兼饰了巴托洛和安东尼奥。唯有饰演唐奥塔维奥的男高音安东尼奥·巴里奥尼(Antonio Baglioni)对于莫扎特是个生面孔,因而他的所有音乐,包括(此轮演出)的一首咏叹调,是莫扎特到达布拉格之后才写就的。但是,就像在那首咏叹调"致吾爱(Il mio tesoro)"中所显示的,他是个拥有优雅、耐力和优秀花腔技巧的歌者,在莫扎特此后的人生中他也会再度现身。

　　以饰演采琳娜的班主夫人嘉特莉娜·邦迪尼领衔的三位女性，个个都是卓越的歌手。唐娜艾尔维拉由嘉特莉娜·弥切利（Caterina Micelli，很可能演过凯鲁比诺）扮演；唐娜安娜的扮演者是特蕾萨·萨波里尼（Teresa Saporiti，1763—1869），她13岁便入了邦迪尼的戏班，为他在德累斯顿、莱比锡和布拉格（几乎确定她在此地饰演过《费加罗的婚礼》中的伯爵夫人）演唱。她素来以美貌、神经过敏的脾气和闪光的嗓音见称，而莫扎特将会热切地对这些特质加以善用。（她的健康程度大概也极为惊人，得享了106岁的寿数。）

　　歌手的质量、同达蓬蒂的再度合作、他本人在布拉格的人气，加上作品主题的丰富性，这些因素显然为莫扎特带来了动力。或许还有一样，他父亲在1787年的亡故在他情感上造成的痛楚，以某种意义深远的方式赋予《唐乔万尼》在一个新维度上的独特性。那里充斥着胆识和音乐上的发明，最令人叹为观止的一幕发生在第一幕的终曲部分，在乐池中的乐团之外，另有三个置于舞台上的乐队，它们同时在演奏节拍相异的不同音乐。在为采琳娜和马塞托安排的婚礼欢会上，唐乔万尼组织了情态各异的节目，有三段不同的舞曲，刻意地去吸引那位新娘的注意。这其中的复杂性在唐乔万尼的"香槟"咏叹调中便已安排下了：

　　　　现在就让他们
　　　　将美酒饮得大醉，
　　　　来吧，来准备

如此盛大的欢会。

他接着说：

> 就让舞蹈
> 跳到疯魔，
> 能来段小步舞
> 加沃特
> 或是吉格。

在欢会的场景中莫扎特正是这样描写的。然而才过了一会儿，音乐怎么看都是彻底"失序（senza alcun ordine）"了：三个不同的台上乐队同时出现，演奏交叠在一起，三层不同的音乐干净利索地接合起来，实在是极为精妙的设计（就和莫扎特书信当中的许多段落一样，看似胡说八道，其实精准达意）。有一次他曾讲过，同时聆听不同的音乐能给他"一大堆想法"，此处他是在以他现象级的举重若轻的能力把这种经验再现出来。歌剧的最后一场，唐乔万尼正平静地享用他的晚餐，随后唐娜艾尔维拉到来，接着便是骑士团长的石像。此处莫扎特忍不住又使用了一次台上乐队，显然是顺应当时的习气，唐乔万尼的晚餐伴以流行剧目中的曲调。以愉快的笔触，莫扎特引用了马丁·伊·索勒的《稀罕物》[1]、萨尔蒂

---

[1] 译注：Una cosa rara，1786 年 11 月在维也纳城堡剧院首演的歌剧，戏文作者是达蓬蒂，讲述唐乔万尼一次猎艳失败的故事。

(Sarti)的《鹬蚌相争》①，还更为滑稽地引用了他自己的《费加罗的婚礼》。（这些引用在后来维也纳版上演的时候或许更为谐趣，但懂行的布拉格听众自然也能心领神会。）在唐乔万尼最后的天谴那场戏，莫扎特再度施展出他最初在《伊德梅尼欧》的风暴中使用过的浩大的音效，并写了一段台后合唱。这里所添加的那看不见的、非人世的声音，加上三支长号（传统上在教堂音乐中使用的乐器，暗示着天理报应），使这一刻的冲击无穷叠加，直至那持久的恐怖。

然而同以往一样，在《唐乔万尼》当中莫扎特所绝对擅长的音乐性格的塑造，在对三位女性的刻画中表现得最为淋漓尽致。嘉特莉娜·邦迪尼演唱的采琳娜，大概可以看作剧中的"头牌女角"。她似乎可以被看作是性本身，是唐乔万尼最难以抗拒的诱饵。她第一次亮相是在跟马塞托的婚礼上被乡民围绕"春色正好，让我们及时行乐吧（Giovinetti, che fate a l'amore）"，她的音乐是惟妙惟肖的农民音乐，带着不均匀的七小节的乐句和乡土的6/8拍（这同代表贵族的高贵——不管它是否稳定持久——的唐娜安娜和唐娜艾尔维拉的音乐相映成趣）。但是当采琳娜被唐乔万尼勾引，他使得她身上生出了一种抒情、优雅的态度。甚至紧接在他们二人著名的二重唱之前的那段简单宣叙调里头，莫扎特赋予唐乔万尼催眠式的重复的声音模式来历数采琳娜的种种诱人之处：她的双眼、嘴唇和她的手指。那首二重唱"我们将把两手牵缠（Là ci darem la mano）"是A大调的，和伯爵同苏珊娜的唱段一样（巴西和邦迪尼二

---

① 译注：Fra i due litiganti il terzo gode，1782 年在意大利上演，剧情和《费加罗的婚礼》极为相似。音乐实则是由萨尔蒂主理，萨列里和安佛西等人均有参与。

人当然一起唱过），一开始采琳娜试图拒绝唐乔万尼（"我想要，又不想要"）。但她的坚定完全融化了，在一个半音下行当中崩陷（"我已无力抵抗"），此时乔万尼已将她征服。他抓住时机，在"我们走吧亲爱的"一段将她引领到6/8拍（代表她自己的节拍）上，她便心甘情愿跟他去了，直至最后陷入了迷醉。这首二重唱是歌剧文献中最具诱惑的唱段之一，它不单传达了邦迪尼和巴西之间戏剧的化学反应，还揭示出莫扎特自己对于温柔的征服的见解。

在她的下一次登场（被唐娜艾尔维拉从唐乔万尼身边拽走的）采琳娜必须对马塞托有所补偿：被自己的新娘在婚礼当日遗弃，他的狂怒不难想见。她说他应该责罚她，算是讲和。她的下一首咏叹调"打吧，打吧，马塞托，打你卑贱的采琳娜（Batti, batti, o bel Masetto/La tua povera Zerlina）"，本应当会显得生硬甚至暴力的。但是莫扎特明白这实则是采琳娜自己的勾引方式，并且这和唐乔万尼的手段一般地奏效。这是一首有着无限诱人的天真的咏叹调，必备助奏的独奏大提琴为其增色不少；一曲终了，马塞托被哄着进入了玩笑的顺从。接着，在乔万尼府上的欢宴中，采琳娜差点又上钩了，但她惊叫着呼了救（传说莫扎特是通过掐她的屁股来教嘉特莉娜惊叫）。那之后她便一路同马塞托唱下去，仿佛她是实实在在跟定了他。但在第二幕中唐乔万尼毒打了可怜的马塞托，她不得不再一次动用她那溢于言表的柔情蜜意。达蓬蒂此处在他们之间书写的文句是诱惑、美好而有些浮浪的。当马塞托对着采琳娜展示遍布身体的淤青，她轻描淡写地评论道："如果其他地方还硬朗，那倒没事的。"莫扎特在此处又　次赋予达蓬蒂的艳词以诱人的情态，在咏叹调"亲爱的，你会知道（Vedrai carino）"当中真的止住了故事主线(唐乔万尼的沉沦)那看似不可阻挡甚至是加速前趋的狂流,戏剧的焦点停在两个并非至关重要的人物身上徘徊不去。嘉特莉娜·邦迪尼,这位布拉格伶界的宠儿确然拥有了属于她的光耀时刻,此次之后历代的采琳娜都该对她心存感激。

在歌剧的结局,采琳娜和马塞托一齐奔逃,庆幸他们从亲眼目睹的戏剧化事件中幸存。而唐娜安娜和唐娜艾尔维拉终于无法释然:唐乔万尼最后的审判带来的是欣慰,但是绝对不是满足。两者当中,唐娜安娜纵贯全剧的历程更为宏大,因为和唐娜艾尔维拉不同,唐娜安娜(在我们观众看到她之前)以清清白白的一个女子开启了整个故事。达蓬蒂和莫扎特两人略带捉弄地缄口不提在那个暗夜的房间,唐娜安娜同那位隐匿了容貌身份的迷人的登徒子(如果当真发生了什么)在何种程度上有了交接。不管她是不是真的是将其迎入闺中而后便后悔了,或者她是否真的因他的出现而惊愕,唐娜安娜的亮相是绝对强烈的:当唐乔万尼正试图从他未遂的引诱中脱逃,她紧紧抓着他喊道:"我不能让你就这么走了。"她高声呼救,并在父亲赶到的时候逃回屋中。等到她连同唐奥塔维奥一干人返回时,唐乔万尼早已不见了,她撞见了已被杀害的父亲的尸身。这个彻底惊悚的时刻在歌剧的余下部分激发着她,而达蓬蒂和莫扎特在此处出手不凡。在抑扬顿挫的配器宣叙调中,唐娜安娜几乎被父亲死亡的现实、被那鲜血以及她的伤口逼入一种可怖的迷狂。她开始失控,最终崩溃:"父亲……亲爱的父亲……至爱的父亲……我要昏倒了……我要死了。"(了解到在写作它的时候适逢莫扎特自己父亲的离世,这段音乐便更觉烧灼了。)当她从晕厥中醒转,甚至在迷乱中责骂可怜的唐奥塔维奥的时候,她渐被以血还血的决心吞噬了。在接下来的配器宣叙调中她要唐奥塔维奥发誓助她，两个人唱出了他们置身其中的危机。这场戏中唐娜安娜和唐奥塔维奥的人性和可信昭然若揭；现在唐娜安娜那集起的想要令唐乔万尼血偿执念，无疑因一种想法的升起而生发了异色：这一切恐怕都是她的过错所致。

　　唐乔万尼又一次未遂的勾引（被唐娜艾尔维拉所阻挠的对采琳娜的勾引）之后，唐娜安娜和唐奥塔维奥偶遇了他，他们都久仰唐乔万尼之名，并拜求他的友谊，请他在这可怕的日子里施以援手。因为没被识破而松了口气，唐乔万尼便顺口应允了。但唐娜艾尔维拉的闯入又一次打断了事情的进程，她坚定地告诉唐娜安娜不要相信这个人"别相信，此人心如铁石（Non ti fidar, o misera/ Di quell ribaldo cor）"。唐娜安娜和唐奥塔维奥对唐娜艾尔维拉极为同情（"天啊！如此高贵之行！如此的好意！"），虽然唐乔万尼试图告诉他们唐娜艾尔维拉是疯的（"朋友们啊，这姑娘疯了"），他们始终相信她并没有（"看着可没疯"）。以吞吞吐吐、不连贯的下行乐句，他们开始生出沉重而不快的疑虑。当唐娜艾尔维拉离开的时候，假装对在场的列位甚为关心的唐乔万尼狡黠地跟着她一道走开，唐娜安娜最终认出了唐乔万尼的声音，于是也意识到这可怕的事实：他便是那作案未遂的采花贼，也是杀害她父亲的凶手。在另一个精彩的场景中，近乎歇斯底里的状态和铁石般的决心交互游走，她告知唐奥塔维奥那天夜里到底发生了什么，出人意表地提出她当时以为进入她房间的是唐奥塔维奥本人。莫扎特将这一句安放在几乎悬置不动的弦乐和弦上；尤其横在这动荡的语境之中，这句真实性颇可商榷的陈词悄然凸显出来。唐娜安娜重新整顿了自己的气势,开始了一段关于荣誉和复仇的宏大的咏叹调("现在你应知晓了 Or sai che l'onore"),带着狂浪的音程跳跃、极高音的演唱和凌厉的词藻,她再度说起她父亲致死的伤口那骇人的形象。特蕾萨·萨波里尼的戏剧和声乐技巧在这一幕中发挥得淋漓尽致,咏叹调以真正的惊奇收尾——进入一个温柔的收势。莫扎特这一精巧手笔当中的模棱两可挑战着一代又一代的演绎者。

在唐乔万尼的欢宴上,唐娜安娜、唐娜艾尔维拉和唐奥塔维奥如在威尼斯狂欢节那样戴了面具,集结为一个团队来设计唐乔万尼,以图绳之以法。唐乔万尼当然逃走了;而到了第二幕,显然唐娜安娜的镇定已经开始崩塌。唐奥塔维奥大概有些过度关切,请她擦干眼泪并靠在他身上,但她情有可原地坚持说她需要哀悼亡人。当化妆成唐乔万尼的莱波雷洛被唐娜艾尔维拉发现,并(在一首六重唱中)被撕掉了他的伪装,正在所有人莫衷一是之际,唐娜安娜因无法忍受一切而飞奔离开。对唐娜安娜的情绪从来木讷不察的唐奥塔维奥,相信她此时最佳的选择应该是直接嫁给他。到下一场戏他们在一起的时候他也如是建议。她听了极为愕然:"上帝啊,你说什么? 在这样悲哀的时刻吗?"她哭起来("这时候你怎么可以问这个")。他说她对他太残忍了,这句话是真的令她震惊了:"残忍? 啊不对,我亲爱的!"最终她对他温存起来。在她的咏叹调"别说(Non mi dir)"中,她试图告诉他自己真的爱他("你知道我有多么爱你"),但是结婚的话时机实在不对。以长长的柔唱线条表达,这是唐娜安娜最为抒情的时刻。但是在一个中庸的快板段落,她再一次激动起来,她提议或有一天上天会首肯他们的婚姻;在唐娜安娜的音乐越来越如杂技般炫技的时候,听众被(莫扎特)告知她自己对于这一天的能否来临其实存着巨大的疑惑。十分确定的是,在唐乔万尼横死之后的歌剧收场,当唐奥塔维奥再度尝试劝服唐娜安娜嫁给他,她乞求一年的哀悼亡亲的时间。她真的需要令自己从这样的心绪中走出来。

唐娜安娜以骑士团长身世清白的女儿的身份开始了这部歌剧,她被安全地许配给可靠而可敬的唐奥塔维奥;在歌剧的结尾她则处在脆弱、创伤、悲痛欲绝且失落的状态之下。对唐娜艾尔维拉来说这段历程虽没有那么浩大,但是却同样的烦扰,并且也一样归结于悬而未决的结局。在她第一次出现的时候——由唐乔万尼本人精彩地引出。他自己打断了自己的寻思——他当真是拿鼻子闻出了有女人在迫近("等等! 我嗅到有个女人在这里!")——莫扎特以音乐告诉听众唐娜艾尔维拉已经备感烦扰、遍体鳞伤。"谁能告诉我那个混蛋在哪里? (Ah, chi mi dice mai)"她唱道,音节韵律上同《伊德梅尼欧》中哀莱特拉的第一首咏叹调"我已不再奢望(Tutto nel cor mi sento)"异曲而同工。可以确定唐娜艾尔维拉的音乐是烦乱、悲哀和狂怒的。她有着断片式的乐句,对比幅度巨大的力度记号,还有弦乐北风卷地般的伴奏。并且她也是执着于结果:"我想把他的心给挖出来。"唐乔万尼远远瞧着,一开始并没认出她来;但当他步出阴影向她伸出援手,她当然是把他认出来了。当她谴责他对自己如此的侮辱时,她告诉听众自己身上到底发生了什么:正如他惯常所做的,唐乔万尼偷入她的家,给了她三天的欢愉并且承诺要娶她为妻(台下的卡萨诺瓦或会于此处瞠目)。所以现在唐娜艾尔维拉想要复仇,虽然她也不大清楚到底怎么才算复仇。唐乔万尼狡猾地溜走了,并唆使莱波雷洛"把所有事情告诉她"。他便说了,在他的"名册"咏叹调中他一国一国地历数了唐乔万尼征服的猎物(显然超过了两千位)。这对于唐娜艾尔维拉的复仇之火可谓是火上浇油了。

当她再度出现的时候,是她打断唐乔万尼对采琳娜的勾引那场戏:她将两人拉开并告诉采琳娜快从这样一个背叛者身边逃开:"啊,远离这个骗子!(Ah,fuggi il traditor!)"她的短小的咏叹调(仅有四十五小节)极为有效,旋律线参差起伏,加上带着附点的节奏,彻底驱散了"我们将把两手牵缠"中那色情的静谧;而采琳娜也确实逃开了。但是当她找上唐娜安娜和唐奥塔维奥,在四重唱中警告他们二人别去相信眼前这个唐乔万尼的时候,她的语调是平静、悲伤和充满尊严的,他们也相信了她,并加入她去追捕他们的逃犯。退一步说,如果唐娜艾尔维拉的目的仅仅是为了坏唐乔万尼的好事,那至此她是极为成功的。

但是在第二幕开始不久,便迎来了整出歌剧最为残酷的一节。唐娜艾尔维拉站在床边,向自己承认她还爱着唐乔万尼("啊,平静下来,躁动的心〔Ah taci, ingiusto core〕)",被唐乔万尼和莱波雷洛偷听到。唐乔万尼此时正觊觎唐娜艾尔维拉的女仆,他便让莱波雷洛扮成自己,诱使唐娜艾尔维拉离开。当莱波雷洛如腹语术士的傀儡般行动时,唐乔万尼替他唱出明显是他自己的某一首勾搭妇女的小夜曲("来吧,美丽的幸福"将会变为唱给女仆听的"请到窗前来")。可怜的唐娜艾尔维拉上了当。这立时便成了全剧中最为光辉也是最为令人不安的时刻了。这实在是太没有心肝了:唐娜艾尔维拉已经被严重而屈辱地欺骗了,唐乔万尼还在无情地利用她的脆弱,莱波雷洛此时在背景中窃笑;音乐有一种令人心悸的美感。莫扎特仿佛是站在唐娜艾尔维拉的视角在传达这一场戏,因为当她听到唐乔万尼甜蜜的声音,她个人的忧郁情绪便被莫名的兴奋取代了。这两个男人的存在,以及这戏剧复杂性的诸多层次,还有这进逼的叙事和步调给了这场戏惊人的深度和明净。对于莫扎特和达蓬蒂的天才的珠联璧合的浓缩,怕是没有比此处更加简净了然的示例了。

　　莱波雷洛扮成唐乔万尼的残忍玩笑在宣叙调中继续,莱波雷洛现在开始自得其乐了;他成功将唐娜艾尔维拉引开。唐娜艾尔维拉惧怕黑暗,更害怕被独自留在那里,内心的激动在她的音乐中清晰可闻。当莱波雷洛被唐娜安娜、唐奥塔维奥、米琳娜和马塞托困住,她上前保护他——"饶过我的丈夫吧"。但当莱波雷洛卸下伪装并乞求宽恕的时候,她同其他人一样惊得一时语塞:"啊!莱波雷洛?"他们倒抽一口气:"到底是怎么回事?"接着他们都汇入了带着纠缠、愤怒、辉煌的对位的一首湍流般的赋格当中——"万千混乱的思绪(Mille torbidi pensieri)"。莱波雷洛逃走之后,唐娜艾尔维拉恢复了沉默(在布拉格的第一版是如此),剩下唐奥塔维奥收拾局面。在晚餐的场景中她又短暂地出现过,乞求唐乔万尼现在改变一下他的行止;然而她的请求换来的只是嘲弄。她也做不了什么了,便冲出了屋子,跟骑士团长石像的恐怖影像擦身而过,肉身的复仇者们合力无法完成的,随着超自然的存在的降临,立刻便可见分晓。当一切都结束了,精疲力竭的幸存者们得以喘息,并寻思各自的未来,唐娜艾尔维拉宣称她愿意遁入修道院。她在红尘中的生命已经败坏了。

《唐乔万尼》成功的消息不胫而走,在维也纳的约瑟夫二世立即要求在此地重排这出歌剧。(到 1788 年 5 月维也纳版上演的时候,皇帝正御驾亲征土耳其,是以错过了演出。)维也纳自然拿得出天分上不输于布拉格的班底。对于莫扎特其中只有两位新人:唐乔万尼的扮演者将是弗拉切斯科·阿贝塔雷利(Francesco Albertarelli),这位年轻的男中音将在维也纳版《唐乔万尼》上演前一个月在萨列里和达蓬蒂合作的《阿克苏》中迎来自己的舞台首演;唐奥塔维奥的扮演者弗兰切斯科·莫雷拉(Francesco Morella)的舞台首演是在同一乐季中上演的《塞维利亚的理发师》当中的阿玛维瓦伯爵。班底中余下诸人都是莫扎特的老朋友。另两位弗兰切斯科也回来了:贝努齐饰演莱波雷洛,布萨尼兼饰骑士团长和马塞托。三位女演员分别是:莫扎特的公爵夫人路易萨·拉席饰演采琳娜;嘉特莉娜·卡瓦利埃里和阿露西娅·朗格分饰唐娜艾尔维拉和唐娜安娜,这两位是自《剧院经理》后的首次联袂。这可谓是众星云集了。

鉴于这些不同的歌手(以及不同的听众),莫扎特和达蓬蒂对歌剧作了一些改动。他们更愿意把叹为观止的唐乔万尼的焚身作为最后的形象呈现给他们维也纳的公众,而非将焦点拉回到更为理性(虽然普遍是不快乐)的幸存角色身上,便把歌剧的尾声部分整个删去了(这个删节版在整个 19 世纪都是首选)。其他的涉及具体的歌手。显然莫雷拉不具有巴格里奥尼那种声乐的灵活性,拿不下那首"我亲爱的(Il mio tesoro)",于是莫扎特便写了一段缓慢、抒情而甜蜜的"我的平静有赖于她的喜乐(Dalla sua pace)"给他。但是这个咏叹调替换的并不是"我亲爱的":莫扎特和达蓬蒂把它放在了第一幕,同时也完全重写了第二幕六重奏之后的内容。在维也纳版当中,莱波雷洛并没有逃走,而是给采琳娜抓了去,绑在一把椅子上以刀子相威胁。这个不成功的场景的灵感或来自《后宫诱逃》种布隆德和奥斯敏的戏,莫扎特和达蓬蒂赋予这一场景丰富性,然而也颇有浮浪之风。维也纳听众于是便错过了第二幕在黑暗中的那些粗暴的滑稽场面,而贝努齐和拉席则得以一展他们自己合力的喜剧技巧。

然而这个维也纳版当中最大的改变紧接在这个采琳娜和莱波雷洛的场景之后:嘉特莉娜·卡瓦利埃里饰演的唐娜艾尔维拉获得了一个新的独白唱段(或许是她意识到了阿露西娅的唐娜安娜拥有多少甚为鲜明的音乐,而她们之间也还保持着竞争关系)。就像《费加罗的婚礼》下半部中公爵夫人的独白一样,唐娜艾尔维拉有了一段真实而私密的心灵对话,这段宣叙调加咏叹调展示了她全新的另一面。刚刚被彻底地侮辱了,得知了她以为的唐乔万尼实际是他的仆人所假扮,她似乎陷入了完全的绝望,为这"放肆之行"和"穷凶极恶"所折磨。但是这段宣叙调真正的惊人之处却在于,她并非是在表达自怜自哀,却是在为唐乔万尼考虑。她是为了他灵魂的安危而恐惧。在她接下来的咏叹调"那个混蛋背弃了我"当中,她阐明了一个真相:尽管她被唐乔万尼以令人发指的方式对待,只要她看看他的脸,欲念即被勾起:她仍然爱着他。这种觉悟所带来的真正的骚动被跌宕顿挫地表达出来(正是嘉特莉娜之所长),伴有词语的断片和非凡的难以预期的和声及旋律的演进。如往常一样,莫扎特抓住了嘉特莉娜卓越的音乐素养和技巧才能,并将它们如此化用在那对于唐娜艾尔维拉的性格和处境给予真切洞见的音乐里。不过唐娜艾尔维拉这段独白有一点却和《费加罗的婚礼》中伯爵夫人的那段不一样：当伯爵夫人获得了心的治愈并将她的场景终结于一片灿烂的乐观时，可怜的唐娜艾尔维拉的自我暴露只有将她置于越发荒凉的无望之中。

第三十六章

正当维也纳版《唐乔万尼》在 1788 年 5 月上演的时候，饰演唐娜安娜的阿露西娅正怀着五个月的身孕，这是她第六个孩子。但她还不是唯一一位怀孕的班底成员：路易萨·拉席（饰演采琳娜）怀孕七个月，不久她不得不离开这一轮演出（她第一个孩子是在头一年出生的，刚生下来就死了，她大概很为这第二个焦虑——可怜这个孩子后来也夭折了）。拉席被一位新近来到维也纳的歌手代替了，她是年龄稍长的阿德丽亚娜·加布里埃里（Adriana Gabrielli，1755—1804）。

原本来自费拉拉（所以经常被冠以"费拉拉人"之号），阿德丽亚娜年轻的时候曾在威尼斯的托钵僧会音乐学院（Conservatorio dei Mendicanti）学习，伯尼（Burney）在 1770 年听过她的演唱并且惊讶于她的"不同凡响的音域，她能够达至我们大键琴上最高的 E 音，并在这个音高上把那美好而自然的嗓音保持好长一段时间"。她从音乐学院中逃走了，草草嫁给了一位威尼斯教廷特使之子路易吉·德尔·班内（Luigi del Bene），结果终其一生她的姓氏都呈现诸多令人困惑的变体，比如 Adriana Gabrielli、Adriana del Bene，或是 Adriana Ferrarese del Bene，等等。18 世纪 80 年代她现身伦敦的国王剧院，之后是在米兰和的里亚斯特。她于 1788 年初来到维也纳，在马丁·伊·索勒的《黛安娜之树》(戏文为达蓬蒂所作)中饰演黛安娜，并且一夜成名。她也成了达蓬蒂的情人，特别是当她替班接演了采琳娜之后，更成为了"莫扎特—达蓬特"圈子的一员。

1788 年底对于莫扎特一家和维也纳来讲都不是一段好的时间。沃尔夫冈和康丝坦瑟正经历幼女夭折的痛苦，并且由于没有稳定的收入，经济上非常拮据。皇帝对土耳其的战争正在榨干国库，维也纳的经济也处在危险的状况；1789 年初，约瑟夫甚至宣布了他禁断意大利戏班的想法。达蓬蒂及时递交了一份申请，并说服皇帝放弃了这个想法；然而维也纳歌剧界众人的生计看来是越发地艰难了。1789 年夏天，《费加罗的婚礼》无论如何还是重排了，嘉特莉娜·卡瓦利埃里饰演公爵夫人，阿德丽亚娜·加布里埃里饰演苏珊娜，弗兰切斯科·阿贝塔雷利(不久前维也纳版的唐乔万尼)饰演公爵。作为维也纳伶界炙手可热的人物，加布里埃里可以向创作者要求"自己"的新唱段，于是莫扎特便为她在第二幕中写了"我心喜悦(Un moto di gioia，K579)"以替换那段"过来跪下"；还有一首"为了你所爱慕的(Al desio di chi t'adora，K577)"，在第四幕中(有点令人意外地)替换了那首"来吧，不要迟疑"。这部重排作品令约瑟夫二世很高兴，于是他在 1789 年 9 月要求莫扎特和达蓬蒂作一部新歌剧；合计之下，他们不想再改编老戏文，也不想重说旧故事，而是在当代主题上发明了一个新故事——《女人皆如此》。

这部新歌剧的源起不甚确定。据康丝坦瑟讲，戏文一开始是供给萨列里的，但被他拒绝了——大概是他考虑到这个主题完全不适合于素来是远古英雄和崇高理想领地的歌剧。也难怪，这故事表面看上去实在是荒唐的。两位青年费兰多（Ferrando）和古列莫（Guglielmo）的未婚妻是一对姐妹：绯奥迪丽姬（Fiordiligi）和朵拉贝拉（Dorabella）。这两个年轻人接受了一位上了年纪的朋友唐阿方索（Don Alfonso）的挑战，他们要试图去赢得对方爱人的心。他们要假装离开此地，乔装改扮后再返回，令她们认不出自己。接着他们便要向对方的爱人求爱。这中间他们将得到两姐妹的婢女黛丝碧娜的帮忙，她使得整件事充满游戏的意味，并且她自己也将乔装（先是个医生，后来是位律师）；两个女人将真的迷恋上"错误"的对象。最初这戏文名为《恋人学堂》（*La scuola degli amanti*），犀利地影射了在这个凉薄的社会一向所宣导的那些教义。不过如果在更大程度上牺牲剧中两位女性，这个故事更有望成为一个讽刺剧。

在这个项目提出之前，这类交换伴侣的剧情也是有的。萨列里自己就曾在 1788 年将卡斯蒂的脚本《魔洞》（*La grotta di Trofonio*）谱成歌剧；甚至莎士比亚的《仲夏夜之梦》对维也纳听众向来也不陌生。但是诸多类似的故事当中的交换伴侣是借由魔法或超自然等等荒诞不经的手段达成的，而这个故事里头却没有这样的豁免牌照。一旦对于这么个故事生出什么不良观感，那相关人等便要负全部责任。这便难怪德高望重的萨列里会拒绝在这本戏文的基础上创作了。

但是当达蓬蒂把这个创意带给莫扎特的时候，两位作者便意识到打开这样一个情感的潘多拉之盒将会获取怎样无与伦比的财宝。在一个对浅薄的流言轶事趋之若鹜的社会面前，这个故事远不止一个轻松的喜剧。它以某种方式被视作启蒙主题的一个缩影，涉及爱情、诚实和责任所面临的那些传统的挑战。但是这个恶作剧所唤起的情感的大混乱却可以是那么巨大，而这却正对莫扎特和达蓬特这对组合的胃口。当绯奥迪丽姬和朵拉贝拉试图循着她们社会的民德和传统，以及她们一向所熏习的教养和时风去行事的时候，她们渐渐发现这些东西便如无根之木，毫无凭据；并且在她们的感情遭遇猛攻的时刻，也毫无借之抵抗的作用。失去了所有道德和精神的引导，她们变得孤立而脆弱。就像莫扎特和达蓬蒂所讲述的，故事到头来只剩下又一堆的情感废墟：人类的行为有效地被嘲弄了，并遭到了毁灭性的洞穿。歌剧的新标题《女人皆如此》，当是来自莫扎特和达蓬蒂在考虑这个故事整体的讽刺力时的灵机一动；他们中的某一个想必是引用了《费加罗的婚礼》第一幕的三重唱中巴西里奥的那句"女人皆是如此（Così fan tutte le belle）"。他们把这几乎是二人之间心照不宣的笑料作为基础，层层搭建，"女人皆如此"这句话也成了发起和终结这部歌剧的文眼。莫扎特甚至还把这句话放进了序曲当中，将《费加罗的婚礼》中巴西里奥的这句唱当中的音符分配在木管乐器当中，有障人眼目的鸿毛般的轻盈，也有蛊惑人心的甜蜜温存。

莫扎特和达蓬蒂从熟人当中选择歌剧的班底。绯奥迪丽姬和朵拉贝拉姐妹的扮演者有阿德丽亚娜·加布里埃里，加上一位新近到达维也纳的女高音露易丝·维伦讷弗（Luise Villeneuve）。她也来自意大利，在威尼斯的圣摩西剧院参演马丁·伊·索勒的《稀罕物》和《黛安娜之树》的时候获得了巨大成功；也是在《黛安娜之树》，她 1789 年 6 月因在剧中扮演爱神而完成了她本人的维也纳首演（这不禁让人想到即便阿德丽亚娜·加布里埃里马上将要在重排的《费加罗的婚礼》中扮演苏珊娜，但她或许也在《黛安娜之树》中再度出演黛安娜，那样的话，这两位女高音便已然是同台演出过的了）。莫扎特为了维伦讷弗在《黛安娜之树》中新插入了两首咏叹调："有谁知道，K582"以及"我走了，可是能去哪里，K583"；而当她加入齐马罗萨（Cimarosa）的歌剧《两男爵》（*I due baroni*）的时候，他同样为她写了"伟大的灵魂，高贵的心，K578"。所有这些咏叹调显示出她的高音低于阿露西娅或嘉特莉娜，实际上也低于阿德丽亚娜；但是她具有强大的表现力，并且她的花腔十分灵动。还有传言说她甚至是阿德丽亚娜·加布里埃里的亲妹妹，如果真是那样的话，莫扎特和达蓬蒂当会惊觉他们为剧中的两姐妹找到了多么般配的演员。

费兰多将由男高音文琴佐·卡维希（Vincenzo Calvesi）扮演，虽然他从未在维也纳演唱过莫扎特的歌剧，但是自 1785 年参演帕伊谢洛的《威尼斯国王提尔多》以来，他便在此地的抒情男高音当中首屈一指。接下来他还出现在萨列里（交换伴侣）的《魔洞》和比安奇的《诱拐农女》（*La villanella rapita*）中，还有 1786 年马丁·伊·索勒的《稀罕物》，以及 1787 年同拉席跟曼迪尼合演的《黛安娜之树》。在《诱拐农女》当中莫扎特写作了一段新的三重唱和四重唱，所以在《女人皆如此》动笔之前，莫扎特便对卡维希的嗓音和技术了如指掌。

班底中余下的成员也都是老熟人。弗兰西斯科·贝努齐刚从伦敦看望南希·斯多拉齐回来。在伦敦他意外地同南希一道在伦敦干草市的国王剧院的舞台上演出了《费加罗的婚礼》的精选木。贝努齐将出演古列莫。阿方索将由弗兰切斯科·布萨尼扮演，他刚荣升副导演，但仍旧还唱；他太太多萝塔曾经在 1786 年扮演过凯鲁比诺，这次饰演婢女黛丝碧娜。布萨尼夫妇同达蓬蒂的关系并不热络，后者曾指责弗兰切斯科是个"万金油，除了不是个老实人，样样都做得来"，还说他是个阴谋家，甚至是个"敌人"；但是达蓬蒂当然会在塑造阿方索这个角色的时候用上弗兰切斯科这些所谓的特质。达蓬蒂同样不信任多萝塔·布萨尼，但她无论如何倒是听他的话。她一定是个极为多元的表演者：从 1786 年青春期的小听差凯鲁比诺，到 1790 年这位精于世故又活泼可爱的婢女黛丝碧娜（她能够驾驭任何风格的改扮），这已然是一个巨大的飞跃。而到了 1792 年，年仅 21 岁的多萝塔将在齐马罗萨红极一时的《秘婚记》(*Il matrimonio segreto*)中饰演年长的姑母菲达玛。她作为歌唱演员的多元和深度将为莫扎特的达蓬蒂所善用。

《女人皆如此》中所有六个角色被以莫扎特和达蓬蒂无与伦比的丰富性刻画出来，而从他们二人深刻的洞见中获益最多的乃是那些女性角色。费兰多和古列莫在歌剧中固然是历经了一个痛苦的转变的：出场时是充满自信的少年轻薄儿，轻率地把他们未婚妻的爱情拿来当赌注，歌剧结束的时候则转化成两位充满了困惑的情人。他们之间的化学反应被那愤世嫉俗甚至有些残酷的唐阿方索掌握和操控，极为精彩。他们从容的、男子气概的同志之谊渐渐被竞争、嫉妒和恨意所销磨，终于在歌剧的倒数第二场大打出手。但是女人们安全感的崩塌则更加剧烈，因为无论绯奥迪丽姬还是朵拉贝拉，她们都是这场错误的赌赛里不知情的参与者。她们从女孩子的无忧无虑转变至忧心如焚的错乱，面对自己世界的崩溃而无能为力，因而这一切便显得更加的不仁。《费加罗的婚礼》中的公爵夫人或者《唐乔万尼》中的唐娜艾尔维拉从她们一出现在舞台上便呈现出痛苦的状态，而这对姐妹则不然，出场时完全沉浸在无忧的幸福，结局却如同她们的婢女黛丝碧娜一样，终结于不幸的幻灭。

莫扎特自然对现实中善于歌唱的姐妹再熟悉不过，他在绯奥迪丽姬和朵拉贝拉的音乐当中绘制出了她们的沉沦。在一开始，两姐妹看上去是密不可分的一对，在相似的线条中以相似的花腔演唱，接着便在三度上缠结在一处，共享着她们的闲适美满。她们年轻、富足、被宠溺的生命，不曾被什么所打扰，这张白纸上唯一扰人的墨点看来无非是她们未婚夫的迟来而已（在此处达逢蒂拿捏住了姐妹间天然、无遮拦的口语，当朵拉贝拉在两人出场时这么崇高的二重唱之后，突然问她的姐姐："他们这是死到哪里去了？〔Ma che diavol vuol dir che I nostri sposi ritardono a venir?〕"）。阿方索先到了，继而是费兰多和古列莫。他们带来了令人不快的消息（所编造的故事是：他们被征召入伍了，就像现实里的维也纳年轻人在1789年冬天可能会遇到的情况一样），这就使得这场戏的气氛变了。在接下来那辉煌的第一个五重唱当中，两位女孩仍然保持着相似的反应，看到男孩们故意摆出的惊愕神情，她们流露出感情以及一点点害怕。阿方索鼓励他们上战场。在费兰多和古列莫必须即刻动身的命令宣布之后，便进入第二首五重唱挥泪告别的戏（"答应我每天都要写信〔Di scrivermi ogni giorno〕"）。独立的音节被互相分隔开，就像是在为这四位相爱的人呜咽（此时阿方索在强忍住自己发笑的冲动），直到情感的洪流裹挟着抒情滚滚而至，仅仅被一个精妙的中提琴线条所限制,同时又被大幅度的力度对比所加强。据康丝坦瑟后来回忆,莫扎特尤其为这首五重唱骄傲;而这段音乐中也不乏他自己的共鸣,当他在 1778 年 12 月被迫离开曼海姆和阿露西娅的时候,他在给父亲的信中说:

> 对我来说,什么都比不上离开曼海姆那么痛苦,这段旅程我是勉强才接受的。自少年时期以来我便时常和人告别,离开一个又一个的邦国和城镇,并且也不抱着太大的希望能和我离开的那些好朋友快快重聚,甚至对于能在有生之年再见一面也不那么确信。要不是我早习惯了这些,这段旅程对我而言真是毫无乐趣可言,真的只是极其无聊而已。[57]

在两个年轻人走后,绯奥迪丽姬和朵拉贝拉唱出了她们庄严的祈祷"愿微风轻拂(Soave sia il vento)"。还是在三度关系上聚合,两个人现在同处于丧失爱人的沮丧当中,甚至连阿方索都假意去安抚了她们一回。

在她们下一个场景中,两姐妹开始展现出自己的独立性。回到她们的起居室的时候,黛丝碧娜已备好早餐,朵拉贝拉突然失去了控制,在一首夸张的咏叹调"难以平复的剧痛(Smanie implacabili)"中,她释放了传说中少女的歇斯底里。她要求在昏暗的房间里自己呆着,她呼吸急促,并且就像哀莱特拉那样召唤几位复仇女神,要给她们看看悲剧式的爱情血淋淋的例子。从这段夸张的自怨自艾当中莫扎特获得了极大的乐趣,并且为她的乐队伴奏注入了动荡的潜流:焦躁不安的弦乐,以及哭号般的木管。当黛丝碧娜终于从姐妹俩那里挖出了她们到底遇到了什么问题,她粗悍的唱词当中透露的实用性令她们从屋里跑了出去;她们的再度出现要等到费兰多和古列莫荒唐地乔装成"阿尔巴尼亚人"并返回此地的时候。仍旧因黛丝碧娜的观点而不安的绯奥迪丽姬和朵拉贝拉,因为她竟然在这样一个日子让男人进入她们的家,便以粗话称呼她("傲慢的荡妇〔Ragazzaccia tracotante〕"),在这里,姐妹俩在音乐上又以三度粘在一起,合乎体统,不越雷池一步。她们对闯入者表达强烈的愤怒,并以低语向她们不在场的爱人道歉。费兰多和古列莫心头大悦。

但是当阿方索从他的观察点现身并为了见到他的两位好友而假作惊喜的时候,轮到绯奥迪丽姬来控制一下局面了。"他们在我家里做什么?"她盘问道;男孩们的回复令她们措手不及。"是爱情把我们带到这里的",带着勾引意味的弦乐音响托起他们的低吟,他们于是在这调情游戏当中用捏造出来的甜言蜜语轮番展开那殷勤的进逼。朵拉贝拉目瞪口呆,而绯奥迪丽姬则惊起并喊道:"放肆!"在一段强悍、直接且极度生硬的配器宣叙调当中她宣称她们姐妹已经心有所属,并且会始终忠于她们的未婚夫。她在接下来的咏叹调"磐石无转移(Come scoglio)"中继续说着,已然完全具备了从容自若的气度,足以应对任何攻击。莫扎特对加布里埃里强大的技巧极尽搜刮之能事,为她这首坚如磐石的咏叹调赋予了具有浩大的音域和力度,更有巨大的跳跃幅度、炫目的(卡瓦利埃里式的)花腔,以及超凡的坚韧刚毅。当古列莫枉然地试图去历数他们相貌人品上的优点的时候,绯奥迪丽姬和朵拉贝拉愤怒地离开了房间,留下这两个烂泥扶不上墙的男孩子以及历史上写得最为成功的一场歌剧风格的狂笑。

在第一幕（也是歌剧的前半部）终曲的开始处，两位少女再度回到了亲密的和声以及适度模仿的对位当中。接着，她们从这开篇游戏的快乐转入惊愕。当那两位"阿尔巴尼亚人"闯进来并声称他们已服了毒，绯奥迪丽姬和朵拉贝拉忙喊来黛丝碧娜，黛丝碧娜教她们看好这两个男人，自己去请医生（也就是她的第一次乔装改扮）。事情到此处有了微妙的变化，朵拉贝拉首先对两个年轻人抱以兴趣，这兴趣并非是稍纵即逝而已（"两副多有趣的面孔啊！"）。姐妹俩越来越强烈地感觉自己被这两位陌生人吸引，并私下吐露出如采琳娜似的动摇（"我可挺不了多久"）。她们以那表面上持续的坚定和内心情感的彷徨终结了歌剧的第一幕。

第二幕开始的时候绯奥迪丽姬和朵拉贝拉稍稍重拾了她们此前的那种静好，并且假作圣洁地坚守着"本分"。但她们内心慌乱，再度吐了脏字（"该死的！""见了鬼了！"）甚至残酷地去对待黛丝碧娜，尤其当她提议为堵住流言蜚语不如告诉外头那些爱打听的，这两个年轻人其实是黛丝碧娜的追求者。朵拉贝拉断然否定了这个建议："谁能相信这个啊？"但是，仍然站在两个年轻人一头的黛丝碧娜试图教导姐妹俩如何去诱捕一个新的爱人，但到她离开之后，两姐妹坚固的铠甲渐渐现了缺口出来。这回还是朵拉贝拉采取了主动，玩笑地拉上她姐姐做戏，要她从两个阿尔巴尼亚人中选一位。随着那段"那该多好玩"当中极尽装饰的花唱，她们过家家式的假戏真做渐渐升了级，此时伴奏的器乐也在窃笑和叹息。绯奥迪丽姬和朵拉贝拉已然从第一幕终曲时的强大的坚定中踏出了一步。在接下来一场，她们再度遇到她们的追求者时已然没了此前那种严词拒绝,没了蒲草磐石的比喻,代之以一种温和而客套的不安。费兰多和古列莫招罗了一个管乐小乐队和小合唱对她们奏唱求爱的小夜曲;而黛丝碧娜和阿方索则为四个年轻人开了个社会交往的速成班,紧接着便留下他们单独相处。这个场景在一开始是迷人的,充满了少年人的窘迫。实在是不知道怎么入手,他们便诉诸天气和树叶,东拉西扯地闲谈。首先绷不住的还是朵拉贝拉,轻易便奉迎了古列莫拙劣的调情。他们两个单独在一起演唱了二重唱("我把这颗心交给你〔Il core vi dono〕"),在他们两个当真被什么击中的时刻,那歌声中充满了语义的双关、意味深长的停顿和静默。他们彼此声音线条起先是互相酬答,而后便随着他们的心跳融合在一处。很快朵拉贝拉的演唱便和古列臭款洽合声,二人相拥着离开了。

绯奥迪丽姬此时正绝望地抵抗着费兰多的诱惑,当他最后将她一人留在当地,她陷入了真的恐慌。同伯爵夫人在或者卡瓦利埃里扮演的唐娜艾尔维拉分别在《费加罗的婚礼》和《唐乔万尼》中的那两段独白的地位完全一样,这里轮到绯奥迪丽姬的一段中枢的、至要的配器宣叙调加咏叹调。她渴望费兰多能够回来,并在他背后呼喊,但终于抑制住自己。于是她承认了自己的欲望已经被对方唤起:"我在燃烧,而激情不再是来自那纯真的爱情。"颤抖激刺的弦乐伴奏仿佛是她升起这样耻辱感受的事实本身在对着她重击,她历数这些感受:"这是疯狂、苦恼、悔恨、无常、欺诈和背叛(E smania, affanno, pentimento, leggerezza, perfidia e tradimento)"。接着她又像伯爵夫人一样,展开绚丽、舒缓、单纯的线条,她在祈求她不在场的爱人古列莫的原谅:"亲爱的,原谅我(Per pietà, ben mio，perdona)"。达蓬蒂的戏文在此处充溢着悔恨和自责，还有关于她的忠贞能够驱散自己那可恶的欲望的枉然希望。《费加罗的婚礼》中伯爵夫人也述及了忠贞，并最终令自己回心转意，赋予她希望和乐观；在这里绯奥迪丽姬的尝试则只能令她退回到羞耻和恐惧。她以更为宽广、绝望、跌宕和悲哀的装饰唱下去；在这整个过程中别具深意的是始终笼罩着她的那支不同凡响的独奏圆号——这个乐器在传统上用来指代戴了绿帽子的人。绯奥迪丽姬这首咏叹调中的快速段落是激动、重复和棱角分明的，她继续着巨大的负罪感和自我惩罚；还有就是对古列莫的歉疚，他的信任不该换来这样的结果（"亲爱的，你的忠贞将得报偿"）。一个缺乏道德和精神指引的残酷的世界，达蓬蒂和莫扎特在此处所看到的和所挖掘的，正是绯奥迪丽姬独自面对这样一个世界时所遭受的难以忍受的痛苦。看来，启蒙已经彻底辜负了她。

当绯奥迪丽姬和另两位女性会合，她发现了那个令黛丝碧娜颇为愉快的现实：朵拉贝拉已经变节了。绯奥迪丽姬悲哀地向她们承认她也被自己新的追求者所打动："我恋爱了，却不只爱古列莫一人。"于是现在朵拉贝拉便用一首谐谑的咏叹调"爱情是个小窃贼（E amore un ladroncello）"努力去影响姐姐。这段咏叹调同黛丝碧娜的音乐一样以 6/8 拍写成，她也给出了她们的婢女在第一幕开始不久曾提出的那种令人愉快的建议：爱情是条毒蛇，它能给你甜蜜和美满，但当你拒绝它时它又能令你悲惨凄苦。再度独处的时候，绯奥迪丽姬有了个绝妙的主意：她和朵拉贝拉必须穿上费兰多和古列莫的军装，追随他们上战场去。当隐藏着的两个男人发现她的时候，她努力着为自己的选择鼓劲。她将自己裹在古列莫的外套里,想象这是在他的怀中:她在 A 大调上演唱,开始寻回了她的欢愉。但费兰多从藏身处现身,并告诉她:如果她离开,他会悲伤致死;忽然间,她那决心笃定的咏叹调一转而成了充满诱惑的二重唱。绝望中她将二重唱撕裂,从 A 大调转入了 C 大调:"我被你骗了! 离我远点!"但是费兰多依旧坚持,并用她方才进入的新调性恳求:如果她不能爱他,就请杀了他;绯奥迪丽姬踌躇起来。她的能量如同她的抵抗渐渐地瓦解:她送出了无助的祈祷:"老天,帮帮我吧!"费兰多此时变得平静而克制,并且极度温柔(还潜回了 A 大调),以单纯质朴的热情向她倾诉:"用怜悯的眼光看看我吧。"他说想要成为她的爱人和丈夫,她此时变得优柔,只喃喃地说着"天啊"。多亏了那支双簧管的帮助,替她唱完了她难以为继的句子,她最终屈服了:"你赢了:你想对我怎样便怎样吧(Hai vinto; fà di me quel che ti par)。"最终他们快乐地拥抱在一起。现在轮到他们二人以亲密的和谐同唱了,那狂喜的词藻中不乏香艳的活力。对绯奥迪丽姬的征服和朵拉贝拉的完全不一样,它以一个坚定的咏叹调开始,经过了讶异、激情的宣告和最为纤弱的乞求,而终于彻底地欢腾。莫扎特和达蓬蒂甚至超越了他们自己:对这样的一个转化,没有比此处更精致、更人性的音乐演绎了。

这首二重唱之后是发生在两个男人之间十分痛苦的场景,费兰多和古列莫着实地痛打了对方。得意而超然的阿方索平静地建议他们干脆娶了各自的新欢:毕竟,女人皆如此。接着又在他们伤口上撒了把盐,他要求他的"恋人学堂"的学生们跟着他念诵这悲哀的咒文:"女人皆如此。"他们依言复诵。"Così fan tutte。"

第二幕的终曲(也就是全剧的结局)以极为欢乐的情绪开始,

乐队启动了巨大的能量，仆人和乐师为操办婚礼庆典四下奔走忙活。四个年轻人看上去成了一个美满的整体，名副其实地处在他们共享的合声当中。刚刚恢复宁静的绯奥迪丽姬优雅地祝酒："让所有烦忧都消融在你我杯中。"费兰多和朵拉贝拉先后加入她，音乐成了一首庄严的卡农；唯有那个刚刚眼睁睁失去自己的绯奥迪丽姬的古列莫，难以令自己融入大伙的欢乐。黛丝碧娜乔装成律师出现，她正要为他们公证结婚，却被阿方索残酷的神来之笔给打断了——"新闻"传来，两姐妹之前的爱人正在回来的路上。绯奥迪丽姬和朵拉贝拉二人在音乐上被归到了一处，再次以三度合唱，带着对接下来可能发生的事情的惊怕低语起来。费兰多和古列莫如今同两个女人一样困惑，他们现出自己的本来面目，并为姐妹俩演示了他们阿尔巴尼亚人的伪装，绯奥迪丽姬和朵拉贝拉请求他们的原谅。但是在接受了她们的道歉之后，两个男人唱出了那可怕的台词，"我相信你，我的美人；但是我却无法再信任你了（Te lo credo, gioia bella/Ma la prova far non vò）"。尽管阿方索一再教他们牵手和拥抱，四位情人却陷入了深深的困惑和创伤。他们顺从地跟着阿方索走到了歌剧的完结部，重复着那"理性时代"的信条：

幸福的人啊

总能乘风使舵

在理性的引领下

渡过那些骇浪狂波

莫扎特对此处这些词句尖刻、狂躁的配乐（非常快的快板）中也无疑可以看出，他也对这类启蒙哲学失去了信仰。

绯奥迪丽娅和朵拉贝拉在《女人皆如此》中都经过了漫长的历程。与简·奥斯汀《理智与情感》（比《女人皆如此》晚八年问世）中的埃莉诺和玛丽安·达什伍德没什么不同，她们中的一个固执地试图做强行的自我控制，而另一个则更能够即刻表达出自己的情感；一个诚实正直、性情笃定，另一个则更为夸张和苛求。就像唐阿方索"教导"出来的两个男人一样，她们最后也变得更睿智、更烦扰，实际上是更成年了。然而黛丝碧娜或许还不是这样，因为她其实从一出场便表现出一种欢快的、世故的玩世不恭（比阿方索更温和些的那种犬儒）。但是她也因为这个游戏的后果而错愕和羞愧，这个游戏一开始是她乐意加入的，但是却无法预见它的结果。

如果不是莫扎特的参与，达蓬蒂的黛丝碧娜或许会成为一个完全不同的女人。她在第一首宣叙调当中，像来波雷洛一样抱怨作为小姐太太的婢女有多么辛苦，经过了她对于两姐妹烦恼的令人困惑的反应，便来到了她的第一首咏叹调，里头谈到男人（"在男人那里〔In uomini〕"），唱词是严厉、嫌弃而尖刻的。被绯奥迪丽娅和朵拉贝拉的天真惹恼了，她有效地告诉她们要振作起来并且能长大一点（要不了多久，她们便真应了她这句话），还提点她们说，所有男人都是虚伪和诡诈的，因此都不可相信。但这一切被莫扎特打断了，这样的严厉也被软化。黛丝碧娜显然在异性上极有阅历，但她仍是可爱、活泼、机智和颇具判断力的。"你们指望男人们、在大兵们那里找到忠贞吗？"她在咏叹调的开篇发问。这个问题以体贴乃至玩笑的态度传达出来,接着她便进入了咏叹调的主要部分("他们都是照一个方子配出来的"),莫扎特给了她乡村的6/8拍节奏,带有力度对比的回旋乐句强调了男人那反反复复的虚伪不端之行。基于她这些指控,她建议她们应该为了自己的方便去爱男人:"自己舒服便好(Amiam per comodo)";唯有在这里,黛丝碧娜的轻灵仿佛加入了一些重量("La la ra, lara la,"她勇敢地以颤音鸣唱),在她坚硬的护甲下面有一种真正的痛楚的意味。这里达蓬蒂的戏文已然令人迷醉,而莫扎特所配的音乐又一次赋予这首咏叹调从白纸黑字的戏文中看不到的深度和丰富性。

与阿方索那场戏中,黛丝碧娜(为了经济上的考量)加入了他们整个"阿尔巴尼亚人"的闹剧,她活泼、狡黠、娱人且能自得其乐。在第一幕的终曲她再度陈述了她关于生命和爱情的哲学,听上去有些冷酷。在自问自答何为爱情的时候,她给出她的定义:"欢愉、舒适、可口、享乐、愉悦、消遣和乐子";然而在它带来的苦痛和折磨面前上述那些都不复存在了。接着当她扮成医生去辅助这些男人的时候,黛丝碧娜喜欢控制局面以及把她的小姐们像牵线木偶般操弄。她也是莫扎特那个圈内人笑话的载体:黛丝碧娜就像他的朋友梅斯莫医生那样拿着个魔法磁石奇迹般地治愈了她服了"毒药"的病人的诸般病状。

第二幕一开始,黛丝碧娜能看到她两位年轻的小姐开始动摇了,她加强了学究式的陈词,教绯奥迪丽姬和朵拉贝拉留意那获利最丰的机会,如有必要不妨同时不只爱一人("吃着无花果,也别把苹果丢了")。当她建议小姐们对外把两个男人说成是她自己的追求者的时候,当场遭了鄙视,她便唱出了苏珊娜一样的句子:"一个婢女就不能有个把追求者了?"莫扎特在她的咏叹调"有女子芳龄十五(Non hà forse merto una cameriera d'aver due cicisbei)"当中又一次给了她乡村风格的6/8拍调子,她炫耀着历数任何15岁的女孩都该知道的诱捕情人的那些手段;从小姐们的房间离开之际,她知道她又有所进展,便由着自己自我恭喜了一番。

在花园的场景,费兰多和古列莫向两位小姐求爱之后,黛丝碧娜和阿方索便向他们所照看的这几位小朋友演示接下来应该怎么跟进。但是黛丝碧娜(以及莫扎特)以一闪而过的怒意打断了这小小的社交学习班的进行,令每个人都颇感意外。音乐骤然转入伴奏宣叙调,黛丝碧娜告诉小姐们要面对现实 "做了便做了",接着,她以几乎是绯奥迪丽姬式的坚定(直截了当突入的节奏和苍音)而变得口气十分严峻,发表了这段语义双关的声明:

打碎这枷锁
这奴役的标志

几乎像是意识到了自己的造次,她又一次软化下来,并回到6/8拍的社交仪态课上去了;她和阿方索随后溜走了,对着他们一手造就的局面快活地窃笑。

在绯奥迪丽姬和朵拉贝拉无可避免地被猎获之后,黛丝碧娜在她们的婚礼上享受到了她的第二次乔装,这一回是扮作律师为新人做结婚的公证。莫扎特在他作的这幅讽刺画当中无情地嘲弄了法务工作者(如同他对待《费加罗的婚礼》中那个叽叽喳喳又百无一用的律师唐库尔乔一样),因为黛丝碧娜的语言表达枯燥单调、絮絮叨叨而且不可理喻。到费兰多和古列莫变回自己的身份的时候,黛丝碧娜马上试图去疏解那潜在的极为麻烦的处境。他们把仍旧带着伪装的她从藏身之处拖出来,她现出自己的真身:"这是变了装的我呀。"但是当她也明白了原来这两个"阿尔巴尼亚人"其实一直都是费兰多和古列莫假扮的,她是真的惊呆了,并抛掉了所有玩乐的精神,以及对于阿方索的忠心。她加入了两个女孩,加入到那可怕的耻辱当中。在她必须参与的那段最后的启蒙主义的收场到来之前,黛丝碧娜最后的表达是带着困惑和羞辱的。她的护甲终于完全崩裂了。

《女人皆如此》没有《唐乔万尼》那摄人心魄和阴森的结尾,甚至也不具有《费加罗的婚礼》里对贵族惊人的当众羞辱。它相对亲密、家常的尺度,使得它对于 1790 年的那第一批听众来说,或多或少是令人费解的;三十年后康丝坦瑟承认她并不怎么喜欢这个故事。[58] 但莫扎特和达蓬蒂合作的这最后一部作品可以看作是他们结合在一处的天才的总结,因为在其中他们触及了最基本的问题——男女间的吸引。这么做的同时他们也揭示了人类本性和行为中方方面面的真相。所有这六个角色,尤其是那几位女性角色,以一种多面的丰沛被刻画出来,在当时当地的社会中完全是清晰可辨的。达蓬蒂大概也暴露出了他自己个人的忠诚和偏见:为他(当时)所爱的阿德丽亚娜·加布里埃里创作了绝对华丽的角色绯奥迪丽姬;而为他的假想敌布萨尼夫妇,他安排了一个结局,使得他们两个的角色将为他们一手引起的混乱承担可耻的责任。这本戏文很不寻常,甚至比起达蓬蒂同莫扎特此前合作的两部还要不凡。《女人皆如此》构造精湛,充满了迷人的细节。当达蓬蒂提高了他的标准,莫扎特也相应地跟进。以加布里埃里、维伦讷弗和卡维希为首的这些歌手,其声乐天赋令他欣慰,他的那些表演者的戏剧和喜剧技巧也是如此;他所创造的音乐也越发精进,并且一如既往地光耀夺目。

第三十七章

《女人皆如此》那令人欣喜的成功骤然被皇帝约瑟夫二世在
1790年2月20号的驾崩打断了。虽然这位一度受人爱戴的君主
在他执政的末期变得非常不受欢迎（听到他的死讯，他年近八旬的
国务大臣考尼茨评论道"可真是谢谢他了"），维也纳还是忠诚地进
了国丧期，于是也关闭了所有的剧院。《女人皆如此》只有等到6
月方可复演。皇帝之死也标志着莫扎特最为艰难的时期的开始。
在辉煌的庆典中他屡次被忽略（比如新皇帝列奥波德3月的登基
仪式、秋天他在法兰克福的加冕，以及维也纳宏大的双重婚礼）；康
丝坦瑟病了；甚至他自己的创作精神看上去也严重地衰退了。
1791年春天还有另一个无妄之灾。达蓬蒂和阿德丽亚娜·加布里
埃里从维也纳被放逐了，因为（据他自己说）宫廷中有人阴谋陷害
他们；于是莫扎特便永远失去了他最具激发力的创作伙伴了。（达
蓬蒂和加布里埃里离开维也纳不久便发生了激烈的争吵，终于也
分道扬镳。）但此时的情境也并非是一片黯淡。一向支持莫扎特的
布拉格将要上演《女人皆如此》。帕斯奎尔·邦迪尼已在1789年

夏天的意大利之旅中不幸离世，但此前他已然将他戏班的事务交由同事多梅尼科·瓜达索尼（Domenico Guardasoni，1731—1806）打理了。瓜达索尼向来希望能够吸引莫扎特回到布拉格创作新的歌剧。而此时在维也纳，莫扎特已经和一位老友重叙旧情，他将会取代达蓬蒂成为最令其兴奋鼓舞的搭档。此人便是埃曼努埃尔·希卡内德（Emanuel Schikaneder，1751—1812）。

　　年近 40 的希卡内德只比莫扎特大四岁，他也有着极为多彩的人生履历。他在雷根斯堡的耶稣会学堂接受了教育，接着便做了演员，20 多岁的时候就已经演过哈姆雷特、麦克白甚至李尔王了，他早年对莎士比亚的手艺和诗意的那种熟悉将始终在他自己的戏剧创作中占据重要位置。他也算得上是个作曲家，1775 年到 1776 年那个冬天因斯布鲁克曾上演过他作的讲唱剧 *Die Lyranten*，戏文和音乐都出自他一人之手。1777 年他娶了一位女演员埃莱娜拉·阿忒（Eleanora Arth），在纽伦堡两人都入了弗朗茨·约瑟夫·莫瑟的戏班。接下来一年希卡内德接管了戏班，并领导戏班四处游历。1780 到 1781 年那个冬天他们暂居萨尔茨堡的时候，曾结识了莫扎特一家并就此达成了真挚的友谊。当莫扎特（实际上是永远地）离开了萨尔茨堡赴慕尼黑制作《伊德梅尼欧》的时候，希卡内德曾到舞师之家为其送行。在慕尼黑埋头创作新歌剧的莫扎特曾抽出时间为朋友写了一首咏叹调"愚蠢的心受着煎熬（Zittre，töricht Herz，und leide，K365a）"寄回萨尔茨堡，可以用在希卡内德的某个喜剧里面。1784 年希卡内德到维也纳，在凯隆特纳托剧院待了三个月，这期间他与莫扎特重叙了友情，并且在 11 月上演了《后宫诱逃》的重排本。接下来一季他又出现在维也纳城堡剧院。

然而在这个时候,他妻子却离开他,跟了一位同他竞争的剧院经理约翰·弗雷德尔(Johan Friedel),同此人一道组建了戏班并最终在维也纳免税屋剧院执业。希卡内德的戏班在接下来的几季四处游访,到过萨尔茨堡、奥格斯堡和雷根斯堡(希卡内德便是在那里成了共济会员)。当那位弗雷德尔在1789年3月去世以后,埃莱娜拉又接触上希卡内德,这对夫妇破镜重圆了。希卡内德将戏班带回到维也纳并同弗雷德尔的戏班混编,在几位来路不凡的金主的帮助下(包括后来帮助舒伯特将莎士比亚的诗歌翻译成德文的约瑟夫·冯·鲍恩菲尔德)令免税屋剧院在1789年6月重开,演出了他自己的喜歌剧《山里来的蠢园丁》。对希卡内德和免税屋剧院来说这都是一个极为成功的时代的开始,这个时代一直延续到了下个世纪。

在免税屋剧院的新戏班众星云集。跟希卡内德一样,他的许多同事都是身具数种天赋的多面手,他们内心燃烧着戏剧之火。从布拉格来的本尼迪克特·沙克(Benedikt Schack,1758—1826)自1786年就和希卡内德在一起,他是位出色的男高音,又是颇具天赋的长笛手,同时也是个作曲家。他为希卡内德的讲唱剧创作了大量的音乐,作曲上的搭档还有位卓越的男低音歌手弗朗茨·克萨维尔·盖尔(Franz Xavier Gerl,曾加入萨尔茨堡的男童合唱团,几乎可以断定曾是列奥波德·莫扎特的学生)。希卡内德从弗雷德尔的戏班承继了约翰·约瑟夫·侬瑟尔(Johann Joseph Nonseul,1742—1821),他是位上年龄稍长的演员,也能唱一些小角色,同时在剧院管理上颇具经验;莫扎特的妻姊约瑟法·霍佛同她妹妹阿露西娅一样,具有惊人的音域和令人惊叹的花腔。1789

年这个混编戏班的新成员包括莫扎特在《费加罗的婚礼》中的第一个芭芭丽娜——时年15岁的安娜·歌特利布;另一位是身兼男高音和作曲家的雅科布·海伯(Jakob Haibl,1762—1826),后来他做了苏菲·韦伯的丈夫。这些艺人不单是在免税屋剧院演出,也住在那里,因为希卡内德为他的新戏班所找的这个落脚之处是个自成一体的教坊一般的所在。莫扎特跟希卡内德和他的同事们在一起便感觉是到了家一样:他常常造访这个小小的社区,尤其跟沙克和盖尔等人建立了深厚的友谊(1791年他为盖尔和戏班里的首席低音提琴手皮西伯格创作了他的音乐会咏叹调"Per questa bella mano"K612),并且同希卡内德本人就戏剧问题做大量的交流。在这个过程中,1791年春天,他们酝酿了一个合作项目——《魔笛》(*Die Zauberflöte*)。

无论希卡内德的本性多么倾向于在自己的剧院制作严肃的古典剧目,他也早就明白他必须以关于魔法和营救的歌剧和嬉闹的讲唱剧来加以平衡。他曾创作了"傻瓜安东"这个人物,这是由风靡维也纳的剧院的那个德意志版本的小丑庞奇——汉斯乌斯特(Hanswurst)——发展而成的。围绕这个人物,他先制作了一套七个讲唱剧,《山里来的蠢园丁》实际上是这个系列的开篇之作。作为一个经营者,他坚持去呈现壮丽的视觉景观,他的制作以精致著称,有奢华的布景、活蹦乱跳的动物、惊人的照明和众多魔术特效。"希卡内德出品"的这种种面相都会带入他跟莫扎特的合作中来。但是他们的合作当中至关重要和决定性的因子是:希卡内德和莫扎特都是共济会员。在那个时期,共济会正在需要大力鼓吹的时候,因为它的那些活动令新国王感到深深的怀疑。希卡内德和莫扎特创造出的多维度的作品不单是糅合了"傻瓜安东"式的童话剧（一个讨人喜欢的喜剧主角加上善恶判然有别的一众人物）以及《后宫诱逃》那样的描述搭救故事的歌剧（一位年轻王子拯救被诱拐的女孩），它还包括了迷人的魔术伎俩（一个女王从大山里倏然现身、老妇突然化作妙龄少女、面包美酒被变成石头和水）。在效果上它也是在以譬喻为整个共济会运动正名和澄清，其中有诸多可供解读的符号，那是善的力量在克制恶。

当希卡内德和莫扎特创作他们这出新的讲唱剧的时候，全剧的结构和其中的细节都将会历经多次调整和改变。最终他们定下了这样一个故事：有位年轻的王子塔米诺（Tamino）被夜女王派去搭救她被大祭司萨拉斯脱（Sarastro）掌控的女儿帕米娜。被派去相助塔米诺的有一个不大情愿的捕鸟人啪啪盖诺、一把魔笛和偶尔为他提供指引的三仙童。但是后来塔米诺确信萨拉斯脱实际上仁慈而睿智，于是他历经了种种试炼从而受了戒，被萨拉斯脱的教派所接纳。与此同时啪啪盖诺在寻找他自己的伴侣（啪啪盖娜），并最终也得偿所愿。夜女王和她的部众被太阳的光芒击败，这部作品也在赞颂伊西丝（Isis）和俄西里斯（Osiris）的圣歌中结束。

莫扎特可谓是如鱼得水，他跟一位出色的并在戏剧上至关重要的同事合作，而作品的主题对他们二人又无比重要，并且他们的作品是写给一众他所了解并深爱的表演者。希卡内德在免税屋剧院的庭院里搭起了一座避暑小木屋，1791 年的 6、7 两月莫扎特常常呆在里面创作《魔笛》。

当莫扎特沉浸在这一主要工作当中，并同时酝酿着那个来自沃赛格伯爵的怪异委约——《安魂曲》——的时候，布拉格的多梅尼科·瓜达索尼再度造访他。新皇帝列奥波德二世决定周游整个王国，同之前他的哥哥约瑟夫不同，他看重自己同匈牙利和波西米亚的纽带。出于这个原因，接在 1790 年 9 月在法兰克福以及两个月前在匈牙利的加冕典礼之后，如今他还要在 1791 年 8 月底在布拉格举行第三次加冕仪式。直到 7 月，巴伐利亚的王公们才叫瓜达索尼拿出一部新的加冕典礼歌剧。所以，虽然他刚刚才带着自己的戏班从华沙回到布拉格，他立刻赶到维也纳去求国王的宫廷作曲家萨列里拿一部作品出来。当萨列里拒绝了这一邀请，瓜达索尼自然便转向了莫扎特，后者满口答应下来。他此时的工作当然已经是超负荷了，但是他毕竟急于为新皇帝写点什么，特别是在过去一年中大小典礼上颇为耻辱地遭到了无视之后。再者说他也是一向愿意跟布拉格的国立剧院合作。但是这部加冕歌剧的制作当中，从主题选定到选角他都没有发言权。他被告知戏文是在梅塔斯塔西奥的一部旧的正歌剧戏文《蒂托之仁慈》基础上的再创作，原作是在五十多年前的 1734 年写给卡尔达拉（Antonio Caldara，1670—1736）的。更有甚者，两位知名的意大利歌手——一位女高音和一位阉伶——已经提前确定为主角了。莫扎特对这两个人全无了解。

如果说莫扎特已经无暇去担忧这样的安排同他现在已经习惯的创作方法之间的差距了，他很可能还是插手修改了这本颇具"古风"的戏文。自达蓬蒂从维也纳不光彩地离开，另一位威尼斯人嘉特利诺·马佐拉便补了宫廷诗人的缺，也正是他负责改编梅塔斯塔西奥的戏文，将之由三幕改为两幕，删去许多段落并将不少独唱改为了重唱。短短几周之内，莫扎特接下了布拉格的委约并亲身到那里去了，接下来他要将时间分作两处：不单要在宫廷和马佐拉一起工作，还要去到希卡内德的小木屋。当他在8月底和康丝坦瑟、他的学生苏斯迈耶以及单簧管手安东·施塔德勒一同赴布拉格的时候，他还远没有完成那部歌剧。然而他到达的九天之后，这部作品便迎来了首演。一个从准备上看着实在是捉襟见肘的项目，在正式面世之前那最后几个小时里却忽然化腐朽为神奇，这在戏剧界也不是什么新鲜事了。《蒂托之仁慈》的首演便是这么个情况。

莫扎特为布拉格写作的第二部歌剧毫无疑问是与此前和达蓬蒂那三度伟大的合作都不一样，也与他留在维也纳的那部正在孕育当中的作品不同。这部作品相对短小；其中单个的咏叹调和重唱也是短小的，也不具备他同达蓬蒂合作时培养出来的那种"音乐—戏剧"力量的积累延伸。在正歌剧的体统下，其中的每个曲目都以单一的情感驱动，甚至仅有的那几段重唱在剧情发展上的贡献也乏善可陈。但是《蒂托之仁慈》和他此前几部作品相比最大的区别还在于：莫扎特没有时间为它创作宣叙调。忠实的苏斯迈耶替他创作了这些宣叙调，他颇为用心地为马佐拉的戏文配上还算使得的音乐。这些工作无疑是称职的，也是令歌剧得以搬上舞台的重要因素，但是它全无神来之笔，缺乏那些使得莫扎特本人创作的宣叙调同乐队参与的音乐之间那种引人入胜的无缝连接。这种匮乏使得整部音乐作品缺了真正的均衡。这大概导致了莫扎特在内心深处把《蒂托之仁慈》视作了一次失败。就像他为康丝坦瑟写作的那部未完成的《c小调弥撒》，以及那部还在维也纳的书桌上等着他的《安魂曲》一样，《蒂托之仁慈》的音乐十分令人振奋，也称得上发人深省，并且带给人强烈的音乐上的满足。但它毕竟是一具华美的残躯而已。

　　除了一位歌手，这部加冕歌剧中的所有演员对于莫扎特都是陌生的。题主人物蒂托皇帝以圣人般的仁慈赦免了意图刺杀他的人，莫扎特大概该庆幸这位扮演者他倒是认识的——安东尼奥·巴里奥尼是1787年初版《唐乔万尼》中唐奥塔维奥的首演者。蒂托的好友，同时也是意图谋杀他的塞斯托（Sesto），将循着《伊德梅尼欧》中伊达曼泰的传统由意大利阉伶扮演。阉伶多梅尼科·贝迪尼（Domenico Bedini）自1770年起便在意大利的诸多歌剧院享有盛誉。他此时已过了巅峰状态，并且很可能令莫扎特十分的错愕，因为在1794年内梅切克（Niemetschek）的一篇文章中，贝迪尼被描述成"糟糕的"。（在伟大的拉乌齐尼之后，莫扎特在阉伶歌手上似乎就失了运道。）塞斯托的音乐常常是十分的不好唱，很有可能是超出了贝迪尼的能力。所幸莫扎特还有办法将塞斯托炫技的音乐移植到乐队当中去，尤其是放在他的好朋友施塔德勒的单簧管上。塞斯托最辉煌的咏叹调是第一幕行将结束时的"那我便去了（Parto, parto）"，其中就有必备对奏（obbligato）的单簧管绝妙的声部；虽然在这首咏叹调的结尾一段人声和单簧管有炫目的迂回交缠，但是有了一位卓越的演出者的全力施为，对另一位碌碌之辈的存在大概也可略作掩饰的吧。施塔德勒在咏叹调"不再有美丽的花冠（Non più di fiori）"当中便被设置成必备助奏了，这首咏叹调很可能是在莫扎特接下《蒂托之仁慈》之前很久就写下的（手稿中的这一段用了不同的纸张），但是不经意间用在了这部戏的末尾维苔丽娅（Vitellia）的身上。同所有伟大的木管演奏家一样，施塔德勒一定是希望这种卓越和充满挑战的独奏段落多多益善。

在《蒂托之仁慈》的班底中还有三位女高音和一位男低音。对其中两位女高音我们所知甚少，嘉萝莉娜·佩里尼以凯鲁比诺式的戏仿风格出演男性贵族安尼欧（Annio），而安东尼尼（Antonini）女士饰演塞斯托的妹妹、安尼欧的情人塞维丽娅（Servilia）。罗马行政官普布里欧（Publio）由加塔诺·卡姆比（Gaetano Campi）扮演，此人的最可称道处在于和18岁的波兰女高音安东尼娅·米克拉谢维茨（Antonia Miklasiewicz）的婚姻。尽管两夫妇生养了不下十七个儿女（包括四对双胞胎和一次三胞胎），安东尼娅·卡姆比却享有不错的职业生涯，尤其是作为莫扎特歌剧角色的演绎者（她饰演过伯爵夫人、夜女王、康丝坦瑟、唐娜安娜和维苔丽娅）。1797年11月康丝坦瑟造访布拉格的时候，卡姆比夫妇在一场特意安排的音乐会上演唱了咏叹调和重唱，并且和康丝坦瑟本人同台演唱。

《蒂托之仁慈》全剧的中枢在于维苔丽娅。正是她像麦克白夫人一样反复敦促塞斯托（她的崇拜者）杀死蒂托，一半是为她的先父维提里乌斯（Vitellius）复仇，维提里乌斯曾被蒂托的父亲维斯帕先（Vespasian）夺去了罗马的皇位；另一半是她设计自己成为蒂托的皇后，但是蒂托却先是钟情于犹太王之女贝蕾尼齐（Berenice），接着又属意塞维丽娅。在歌剧临近结束之际维苔丽娅经历了一次内心的转变，塞斯托的忠贞和蒂托的仁慈打动了她。她当众承认自己参与了行刺皇帝的计划，最终也获得了圣上的宽赦。维苔丽娅是一个复杂而精彩的人物，她的塑造需要丰富的戏剧和声乐技巧，在她身上兼具了哀莱特拉、唐娜艾尔维拉甚至是即将诞生的夜女王的品质。这个角色将由玛丽亚·马凯蒂-芳托齐（Maria

Marchetti-Fantozzi)扮演，这是又一位在莫扎特接下这个委约之前便被瓜达索尼定好的歌手。目前看来，莫扎特对她还是宽慰和满意的。在歌剧的首演中她获得了巨大的成功（琴岑多夫伯爵说列奥波德二世本人认为她的表演"令人心醉"），此后也在意大利和德意志地区有了辉煌的职业生涯。

虽然筹备仓促，又至少在选角上有不少的弱点，再加上莫扎特回到正歌剧这个体裁本身所带来的局限，《蒂托之仁慈》当中还是不乏极为光彩照人的音乐篇章。维苔丽娅和塞斯托的那第一场戏对于这两位主要人物的设定而言至关重要。维苔丽娅的唱词见棱见角、充满能量，且思绪有些支离；塞斯托则正相反，更多是抒情和顺从。在他们的二重唱中两人共同进入了快板，彼此向对方坦诚那"万千的情感（mille affetti）"，至此两人的音乐都高度相似。当他们得知蒂托已然将犹太公主贝蕾尼齐遣送回耶路撒冷，她意识到自己仍有望和蒂托成婚，便撤销了她此前对塞斯托对抗蒂托的授意。可以想见塞斯托对此的费解，而她在咏叹调"如果你想要取悦我"当中对他极尽鄙夷。表面上看这是一首用来哄骗他的甜蜜的、由长笛装点的小步舞曲。但是，以真正的费加罗的风格，有险恶的言外之意在随后的快板乐段中浮现出来。它由扰人的五小节的乐句组成，在"那种自找着别人来背叛的人，总会招来背叛"一句上，是自由和炫技，同时又混合着诱惑和残忍。

这段迷人的亮相过后，维苔丽娅的性格在此后的出场中得到了加强。当她听闻蒂托如今选择了塞维丽娅做皇后而没有选她的时候，她再一次唆使塞斯托加入谋反的计划并刺杀皇帝。这跟麦克白夫妇的对话本有异曲同工的力量；但是苏斯迈耶写的宣叙调却没能正确地传情达意。但是塞斯托的大咏叹调"那我便去了"却找回了这样一种力量，在已准备好去达成她的要求时，他温柔地向维苔丽娅乞求。然而，情节再次急转直下，维苔丽娅了解到蒂托终于还是要册封她为皇后，她慌乱不安，绝望地试图召回正在执行谋杀计划的塞斯托。她引领了一段激动的三重唱"我来了，等等"，当中她恐慌的唱词伴有安尼欧和普布里欧的评点。维苔丽娅的音乐是富有人性和狂暴的，有哀莱特拉式的高音、真正出人意表的合声变化以及带有一个高音 D 的最后的炫技（是否带点赌博的性质呢？）。莫扎特还是亲手为塞斯托写了一个配器宣叙调，这是一段更加麦克白式的困扰的独白，被首都突如其来的一片火海的图景戏剧化地打断了。（显然，舞台大火是布拉格戏剧界的专长。）在这个当口，莫扎特和马佐拉重新规划了梅塔斯塔西奥原作中五个彼此独立的场景（分别写给塞斯托、安尼欧、塞维丽娅、普布里欧和维苔丽娅），并把它们组装入一个五重唱，也是第一幕极为精彩的结尾。维苔丽娅在这首五重唱中的戏份是面对她所煽动的行径时那种巨大的恐惧，同时也有对塞斯托个人安危的担心；但是莫扎特将她揽入一首强力的五重唱，这首以他标志性的台后合唱团所烘托的五重唱展现出政治的、肉身的和情感的恐惧。作为筑造惊奇的建筑师，莫扎特极其安静地结束了这段终曲，此时，恐怖已归于哀痛。

在第二幕中塞斯托向安尼欧承认他参与了（未遂的）谋杀计划，安尼欧建议他向蒂托寻求宽恕。但是维苔丽娅相信塞斯托会把她也参与了计划这件事泄露出去，便催促他逃跑。普布里欧逮捕了塞斯托，塞斯托被带走的时候（三重唱"如你感受到一缕轻风拂过")极为伤心,此时维苔丽娅正被痛悔和恐惧折磨;莫扎特在此处再度将这些纷繁的情感化入单个的音乐。剧情向前推进的同时,蒂托有一段《费加罗的婚礼》中伯爵夫人式的苦苦求索和良心争斗的独白;在接下来的场景中,塞斯托、蒂托和普布里欧的宣叙调一并叠缩入一首精彩的三重唱当中,在这里有些打破常规的是情节被慢速的音乐推进,而戏剧化的离题则被冠以快速的音乐。在塞斯托悔恨的咏叹调"啊,在此刻(Deh,per questo)"之后,蒂托在他至关重要的宣叙调中先是签署了塞斯托的死刑状,随后又撕毁了它,这不得不再次令人扼腕莫扎特没有亲自写作这个宣叙调。所幸他写下了维苔丽娅转变的重要时刻:她决定把真相告诉蒂托。也许是由于不了解玛丽亚·马凯蒂-芳托齐,莫扎特亲自写的这段伴奏宣叙调有点粗略和公式化;但是即便他的公式也毕竟有些不凡,音乐仍旧是新鲜和富于原创精神。从这段宣叙调直接引入了全剧最精彩的乐段之一,那是维苔丽娅的"不再有美丽的花冠",这是施塔德勒一段必要对奏的乐段,此次使用的是巴塞特管(相当于他的单簧管的某种低音版本)。虽然这段唱景是莫扎特此前就写下的,它在此处被填入也是再适当不过,并且为维苔丽娅这个人物本身下了一个精彩的结语。此后她也同样被模范皇帝蒂托宽赦了,而整部歌剧也到了它那不无刻意和恭敬的王侯将相才子佳人的结局。

1791 年 9 月 6 号首演的时候,高高在上的听众颇有些无动于衷地受纳了这部加冕歌剧。但是待到御驾一行离开了布拉格,这部歌剧反复为当地的公众演了几场,人们对之甚为喜爱。莫扎特却不能在那里见证民众对它的赞美了,他已火速赶回了维也纳参加希卡内德的排练。但是他听闻了《蒂托之仁慈》的大获全胜，大部分是从施塔德勒那来的消息，他自然要留在布拉格演奏他那些独奏段落。尽管有创作和筹备过程中的这种种状况，但是《蒂托之仁慈》在随后的三十年里仍然成了莫扎特最为流行的歌剧之一。在接下来那些制作当中，塞斯托的角色清一色地被女性演员包揽，当中最重要（因为这个角色的音域远低于她的音域，故而也是最为令人吃惊）的一位便是阿露西娅。几乎可以肯定的是，如果所有的角色被妥善地安排合适的演员出演的话，这部歌剧是可以达到其应有的水准的，就如同莫扎特在他所有维也纳时期的歌剧中的经验一样，这样的经验很快将会重演。

第三十八章

　　终于回到了维也纳免税屋剧院伶人的社区，同《魔笛》的班底重聚，莫扎特感觉无比的放松和兴奋。他二位好朋友将会出演剧中主要的男性角色：希卡内德本人将饰演以"傻瓜安东"为蓝本的帕帕盖诺，沙克饰演会吹笛子的王子塔米诺，盖尔则饰演大祭司萨拉斯脱。他们家庭的其他成员也将加入进来：沙克的太太伊丽莎白是"三侍女"当中的第三位（她们是夜女王的党羽），盖尔21岁的妻子芭芭拉饰演帕帕盖娜；希卡内德的兄弟乌尔班扮演僧侣，乌尔班的女儿安娜则是"三男童"当中的一位（另两位是由真的男孩子扮演的）。经验丰富的演员和歌手侬瑟尔将扮演邪恶的莫诺斯塔图斯（Monostatos）。几个女性角色的演员之出色是旗鼓相当的。年轻的安娜·歌特利布才只有17岁，将会饰演那个纯真和美好的化身帕米娜；邪恶的夜女王的扮演者是莫扎特杰出的妻姊约瑟法。经历过布拉格多少有些随意地引进歌手并现组班子演出《蒂托》之后，面对眼下这一部糅合了那么多不同元素的歌剧，目前这个关系紧密的团队尤其适合给予这样的作品以整合。

《魔笛》当中融入了大量共济会的符号元素，尤其是对共济会极为重要的数字"3"的神秘涵义。剧中显然包括了"三"侍女、"三"男童、"三"神庙；塔米诺被教导去修行三样德行：坚、忍、慎（Sei standhaft, duldsam und verschwiegen）；萨拉斯脱跟他的僧众保证塔米诺拥有道德、持重和仁厚这三样符合入会仪轨的资材；序曲一开始就有三个和弦，这三个和弦在全剧中出现了三次；还有一样更为核心的：降E大调的乐谱上有三个降号（其关系小调c小调也是如此），而包括开头和结尾，这整部歌剧有太多音乐是在此而住。或者也可以说这出歌剧有三条故事线。第一条是直接的营救故事，塔米诺搭救帕米娜，以及他们何以度过改变人生的那些考验；第二条是啪啪盖诺的准喜剧的故事线，关乎他自身一系列令人困惑的经历，甚至包括一次自杀的尝试，随后便达到了他找到自己梦中情人的快乐结局；第三条是隐喻的共济会故事线，在其中萨拉斯脱仁义的教派面对强力的邪恶势力（夜女王及她的三侍女和莫诺斯塔图斯）的攻击，最终完胜。这些完全不同的元素被随意抛入这炼制创意的丹炉，出来的结果很容易就成了杂烩而已，一样一样杂要鱼贯排开，彼此之间谈不上什么和谐，这还算比较理想的结果；要是弄不好就成了灾难性的窜乱一气的混沌，全无清晰的叙事。但是在莫扎特和希卡内德联袂的艺术创作能力之下，《魔笛》无疑成了一部兼具明净和激情的巨制，并且极为独特。在同达蓬蒂的合作中，莫扎特已然打破了许多规则和框架，制造出天才的戏剧作品。如今同希卡内德在一起，他正做着相同的勾当。

就像莫扎特一向所做的那样，所有这些角色，无论是隐遁的，还是来自魔法世界的，抑或是属于流行的戏剧传统的，他们个个都人性昭著,可辨可感的情感被动人地传达出来。萨拉斯脱所领导的大概是个严肃的教派,遵循森严的仪轨和戒律。然而在庄严的权威之下,他本人却是平静、温暖而和善的,甚至在他对着敌人施放出愤怒的闪电的时候也是如此。帕帕盖诺绝不仅仅是个可爱的傻子而已,他也显示出他的脆弱和正直。塔米诺的刚正的体面体现在他对帕米娜的热情以及他对真理的求索上。而《魔笛》中的女性也一如既往地被以深刻的人性理解刻画出来。夜女王从大山中倏然现身,以几乎是外星生物的高音演唱,但她那对被诱拐的女儿的悲伤之情,以及随后对萨拉斯脱执迷的狂怒和恨意,是很可以去理解的感情。她的三侍女不仅仅是她座下的女官,只是为那些超自然的情节跌宕提供方便,或者确保一定程度的喜剧元素而已;她们还有着对一个英俊的男人或是一个气人的说谎者完全发乎于自然的反应。帕米娜也原不止一位童话里的公主,她身体上渗透了温柔的同情、直来直去的勇气,以及在她企图自杀的场景中表现出的那种凄凉的脆弱。在本剧对于共济会的核心阐述当中我们又一次可以看到莫扎特是坚定地站在女性一边,这一次还格外地引人注目。尽管萨拉斯脱的社会被看作是仁慈、宽厚和公正的,但是在共济会的修行当中,却有着确定的反女性的色彩。莫扎特和希卡内德并没有对此有所避讳,在萨拉斯脱和他的僧侣的交流中这种色彩相当明显。他们反而是对此迎头而上;即便如此他们还是赋予了帕米娜最为意涵深远的表达(如果不算上三男童的话)。

在歌剧开篇的一场,塔米诺被巨蛇盘绕,突然杀到的三侍女将其救下。不管是作为一个群组还是作为个人,莫扎特赋予她们的唱段符合人们对于语言习惯的预设(这不禁让人想到,他大概是忆起了他在萨尔茨堡遇到的"三女郎"——利普、布劳恩霍佛和绯瑟玛耶——她们以扎实的技巧和充满生气的人格在四分之一个世纪之前就帮助他开始了他的歌剧创作生涯）。三侍女二话不说便将巨蛇结果了。彼此草草庆贺了一番，她们随即化作一群崇拜一位迷人男子的罗曼蒂克的女性了。她们的兴奋之情以气喘吁吁的言语断片和出乎意料的强音和弦表露无遗，虽然她们汇在一处以完满的合声终止了这个场景并一同跑去禀报夜女王塔米诺的到来，这三个人已然是将各自人格的独立性成立起来了。这里面不单有《剧院经理》中两位竞争关系的女主角赫茨夫人和西尔伯克朗夫人的余绪（三侍女提议她们当中将有一人负责照顾塔米诺），还可以照见绯奥迪丽姬和朵拉贝拉寻思各自的爱人所具有的优点时那恣意游戏的一面。

在接踵而至的塔米诺和帕帕盖诺的对话（说白）当中首次提及了夜女王的神秘事迹。她被帕帕盖诺噤若寒蝉地描述成一位"如天外星辰般的女王"，没有人有幸亲眼得见。当三侍女返回来惩罚谎称是自己杀了巨蛇的帕帕盖诺的时候，她们也引出了关于帕米娜的传说。她们给他看了帕米娜的肖像，激起了他的柔情（"新生发的情感填满我心"）。这些单纯的戏剧手段已经令听众在见到这两位女性角色之前便对她们充满了期待；而她们真正的出场也是不负众望。夜女王有一个极具戏剧化的出场。当三侍女高喊"她来了"，群山随即洞开，夜女王现出真身。这个场面莫扎特以隆隆滚动而激越灵活的弦乐上的切分音型予以表现（令人想到 d 小调钢琴协奏曲 K466 以及他的"布拉格"交响曲 K504 的开篇——两者都指向一种悬浮和充溢的意象），另外还配有低音线条上攀爬的分解和弦,以及一个强力的渐强(crescendo)。这一场景最后还要看约瑟法·霍佛以她妹妹阿露西娅所具有那些技术手段全力施为。她的威严的配器宣叙调以及行板乐段种荡气回肠的柔唱("我注定要悲伤难过"),加上在快板乐段("你必须去将她解救")当中那反复冲至高音 F 的令人叹为观止的花腔。这首咏叹调人所共知的难度,令它成了高难花腔演唱的试金石。但是对于韦伯家的姑娘来说完成这些是再正常不过的事。

在接下来同塔米诺和帕帕盖诺的五重唱中,三侍女再度结成一体去推进剧情的发展:她们取下此前在帕帕盖诺嘴上所下的封印(这是对他撒谎的惩罚),递给塔米诺一支魔笛,同时也给了帕帕盖诺一套魔铃,告诉他们此行会有三个幼小、温和而睿智的男童为他们指路。这里莫扎特改变了音乐的整个步调和色彩,呈现出(她们所描述的男童一般的)精巧掌控之下的至纯至真。三侍女随即如她们的女王一般在夜色中隐去。

帕米娜的第一次出场同夜女王一样的戏剧化。她正任由邪恶的莫诺斯塔图斯摆布,他威胁要杀了她。虽然她壮着胆子说她已经不惧怕死亡的威胁,她还是因为对他的恐惧而晕厥了。帕帕盖诺的到来给剧情平添了一种哑剧式的滑稽轻松,他见到莫诺斯塔图斯的恐惧像镜子一样反射到对方这边,对方也给吓得落荒而逃。帕帕盖诺和帕米娜互相表明身份之后,他俩进入了那个全剧最温柔的场景之一。他们探讨着爱情的重要,以及一个男人找到一个女人的必要性,反之亦然:"没有什么比男女之情更高贵的了(nichts Edler's sei als Weib und Mann)。"这简直就是一首爱情二重唱,却被两个陌路人唱了出来;这也是苏珊娜和费加罗的第一首二重唱形成鲜明对比,在那里真正的新娘和新郎对彼此几乎不加留意。这首帕米娜和啪啪盖诺的二重唱在歌剧的主调降E大调上,是整部歌剧的情感核心。它分作了两部分:第一部分全然是迷醉于单纯之中;而第二部分则加入了精巧的修饰,情感的真挚充盈在全篇当中。不管莫扎特在这部作品中多么热情地推广共济会的兄弟之谊,尽了最大的可能去呈现其中的美德,他也并没有错过机会为人类姻缘的美好献上一曲颂歌。在短短四十九小节精美的音乐当中,他全然驱散了《女人皆如此》中的那种看破红尘的态度。

帕米娜和啪啪盖诺在第一幕终曲的时候回到场上,为了即将找到塔米诺而兴奋不已。啪啪盖诺的魔铃将他们从莫诺斯塔图斯及其爪牙的囚禁中救出,但当他们听到萨拉斯脱即将到来的预示,担心自己被发现没在该在的地方,他们都陷入了极度的紧张当中。此刻两人中表现得更坚强的那个还是帕米娜。当啪啪盖诺问她拿什么去跟萨拉斯脱说,她只简单地答道:"真相! 纵然那是罪过!"本来希卡内德在此处为帕米娜写过更多的台词,但是莫扎特选择不去用它;她短短的一句话,在莫扎特的妙手之下已然道尽了一切。帕米娜此后向萨拉斯脱的忏悔和道歉有与此一脉相承的诚实磊落。萨拉斯脱对她态度温和,并且善解人意。但是当他们谈到她的母亲,他变得严厉起来,而他所宣导的哲学则完全与此前那段"男女之情"二重唱完全相反:

> 男人必须要引领你的心,
> 因为若少了男人,每个女人
> 都会丧失体统分寸

这干巴巴的格言金句被莫扎特配上了直白的配器宣叙调,着实缺乏情感的温度和修饰。这一刻颇具寒意的紧张情绪被塔米诺的到来完全打破了;当他终于和帕米娜相见,莫扎特不费吹灰之力便将听众拉回了激情的维度:"是他!是她!"他们带着狂喜大声说道,这是一见钟情的时刻。萨拉斯脱颁布诏令,让塔米诺和啪啪盖诺蒙上双眼被带入神庙接受试炼,他自己则带着帕米娜离开,第一幕就此结束了。

第二幕一开始萨拉斯脱和他的僧侣同意让塔米诺入他们的教派,接下来便开始了对他和啪啪盖诺的"静默试炼"。除了啪啪盖诺天生爱聊天的倾向,他们真正的考验来自三侍女。如今她们已经完全融成一个团队,在完满和合声上歌唱。她们奚落两个男人:"你们怎么在这么个地方呆着呢?"塔米诺拒绝同她们交谈,但是啪啪盖诺则对她们所说的话随意置评。当她们告知啪啪盖诺夜女王就在左近,他吓得不行。当她们频繁的恐吓无法击破塔米诺的静默,三侍女便尝试换一种战术。"你为何对我们如此刻薄?"她们唱道,对于此刻她们诱骗的态度,乐队配之以亲切的弦乐和平静的木管。但是塔米诺仍不为所动。意识到已然输了这一仗,她们便决定撤退了。当幕后的声音宣布圣地已经因为女子的存在而遭到了玷污,她们便随着电闪雷鸣以及那喜剧式尖叫"哎呀"消失不见了。她们的法力正无可挽回地渐渐衰退。

与此同时,帕米娜也在经受她的"试炼"。她先是差一点遭到了莫诺斯塔图斯的猥亵,接着又直面了愤怒的夜女王。她敦促自己的妈妈帮助她逃跑,但是女王却拿出一把刀来让她去杀了萨拉斯脱；突然之间，不知从何方传来了弦乐的隆响，夜女王爆发出她那首凶暴的咏叹调："地狱之火燃烧我的胸膛（Der Hölle Rache kocht in meinem Herzen）"。她此前的抒情在此处已荡然无存；怒火中烧的她狂野而骇人，莫扎特通过在激刺的强音和弦中加入几把小号和定音鼓对此情此景加以强调：他意在吓住所有人，也包括他自己。在这种亢奋的效果之下，约瑟法辉煌的技巧应对如常，而写给她的这段音乐已经难到了无以复加。这里有重复的高音和琶音，数次冲到高音 F，还有缠绕巡徊的三连音乐句。一旦这首咏叹调能够唱好，就如同约瑟法想必达到的程度那样（不然莫扎特也不会写下这样的音乐），它定然会赢得雷鸣般的掌声。

仿佛这样的试炼对于帕米娜来说还嫌不足，莫诺斯塔图斯再度出现，这回是萨拉斯脱从他可憎的企图中将帕米娜救了出来。虽然她在萨拉斯脱面前忠诚地为她母亲辩护，他还是平静地与之交流，在咏叹调"在这圣殿门前"当中告诉她，在他的圣地没有复仇，爱将会引领男人重归他的责任：他事实上已经首肯她去和她的王子团聚了。但当她随后高兴地去找塔米诺的时候，还未完成"静默试炼"的王子却拒绝和她说话，她感到震惊和不解。她的咏叹调"哦，我能感到"是对于彻底的悲凉之情的简单表达（"我能感到那爱的欢愉已经一去不返了"）。这种简单之下潜藏的情感力量是巨大的，对痛苦的反思如同回头浪一般乘着木管的不协和音弥漫开来（如同苏珊娜"来吧，不要迟疑"中的长笛、双簧管和巴松），貌似自然溢出的花腔勾画出这一刻内心的怨意。五年前，当安娜·歌特利布只有 12 岁，莫扎特便为她饰演的《唐乔万尼》中的芭芭丽娜写了一首相似的咏叹调，其中有着不谙世故的可悲以及惊人的美感。如今已经是 17 岁，这位天赋异禀的歌手获赠了另一枚宝石，而这一次她更为成熟的技巧使得莫扎特加强了音乐的情态和内涵；其结果便是这四十一个小节的完美音乐。

在僧侣们的合唱"伊西丝和俄西里斯"之后有一个（后来加上的）场景，事实上是割裂了剧情的推进，搞砸了帕米娜的下一次登场。在这个场景中萨拉斯脱让帕米娜向塔米诺做最后的告别，虽然他也承诺他们未来可以愉快地重聚，这对年轻的情侣还是紧张地道了别。莫扎特对这个过程的音乐演绎清晰明了，起初帕米娜听到这两个男人的对话，但最终她和塔米诺的音乐彼此附着，甚至在这首三重唱的结尾处共同进入了一个华彩乐段，直到最后萨拉斯脱努力将他们二人分开。

第二幕的终曲以三男童开始，他们以标志性的启蒙主义式的声明，通报了日出的到来。但帕米娜此刻正处在痛苦当中，想着要自杀；从男童们圣洁和积极的三重唱，音乐突然被切碎，几乎成了一首伴奏宣叙调。男童们向她澄清塔米诺仍然爱着她（他们还是不能明言他何以拒绝同她讲话——"我们必须守口如瓶"）；帕米娜被他们说服并打动了，她加入他们，唱出那段精彩的小格言：

　　　两颗以爱联结的心

　　　永不会被软弱拆散

　　　任凭敌人机关算尽

　　　诸神总会保佑他们

场景于是转到了整部歌剧中无论景致上还是音乐上最令人叹为观

止的一场，两名身披甲胄手持武器的力士看守着郊野中一片园地，一边有一面瀑布，另一边是燃烧的烈火。这便是塔米诺的终极试炼了，两个力士声言只要塔米诺战胜了死亡的恐惧并穿过火焰和水，他便会得到净化，他的灵魂也将向着天堂飞升。莫扎特将这些郑重的、神秘的言辞配以圣咏般的曲调，"啊上帝，你从天国照见一切"（Ach Gott, vom Himmel sieh darein，曾被用在巴赫的康塔塔BWV2 当中），给予这场试炼一种真正的庄重、教堂般的色调。像所有的圣咏前奏曲一样，这段音乐既使人起敬畏之心，同时又觉得温和亲密，完全是一个远离了歌剧开始时那些巨蛇、淫荡的侍女和捕鸟人的世界。当勇敢的塔米诺马上就要开始这些试炼的时候，帕米娜的声音响了起来："塔米诺，等等！我必须见你！"她被带了进来，她那优美的句子"我的塔米诺！啊，多么快乐"被莫扎特配以光彩照人的音乐，这样的音乐只能是来自一个深谙离别之苦和重聚之乐的人。是帕米娜引领奏着魔笛的塔米诺穿过了瀑布和烈焰。他们共同的凯旋被台后合唱团颂扬、庆贺。

三男童也救下了自杀未遂的帕帕盖诺，他得以和美丽的帕帕盖娜重聚，他们畅想着长久的婚姻和被子女环绕的快乐。现在剩下的内容就是夜女王和她的部众被太阳的光芒所驱散，她的邪恶之力也终于被萨拉斯脱的仁善之力所征服。夜女王将女儿嫁给莫诺斯塔斯图斯的承诺如今已没有意义，她已然是法力尽失：她连同她的三侍女和莫诺斯塔图斯在又一次电闪雷鸣加上炽烈光芒（还要加上小号）的恢宏效果之下被吞噬了。合唱队唱出的终场格言，借用了共济会仪轨中的三个核心的词汇：力量、美丽和智慧，歌剧也迎来了它无比壮观的收场。

如果说这个精彩的收场为整个寓言般的故事划上了一个句点,仍然萦绕在心头的还有人与人之间亲密的交集。看上去是这位由17岁的安娜·歌特利布首度扮演的帕米娜令莫扎特感触最深,自然也就成了这个多面的故事中的焦点。或许这又是事关莫扎特理想中的女性。她缺乏苏珊娜性情中那火热的一面(很难想象帕米娜会动手打任何人),她却继承了苏珊娜的甜蜜、勇气和力量。她极为忠诚,对塔米诺甚至对她妈妈都是如此,她尊敬萨拉斯脱,同情和怜悯帕帕盖诺,做每件事情都完全发乎真诚。正是她的笃定令帕帕盖诺消除疑虑,得以相信完美的人类之爱的必然性,从而安然接受了“男女”(Mann und Weib)相结合的圣洁;也正是她引领着自己的男人穿过了那为他带来智慧、成熟以及随之而来的安全的重重试炼。这似乎是真的打动了莫扎特的心弦。他固然是安于身处在萨拉斯脱的(共济会的)世界里,他崇敬这个世界,并引以为荣,愿意去捍卫它。但是对莫扎特来说,一位作为伴侣和引路人的女性的存在却是万万不可或缺的。

1789 年维也纳某共济会会堂的聚会，从中可见会众或徒工所经历的试炼，这是共济会仪轨的一部分。这张油画一度被误认为描绘的是莫扎特所在会堂的活动景象

身后

第三十九章

　　莫扎特自己的伴侣和引路人康丝坦瑟，29 岁上便带着他们 7 岁的儿子和 4 个月大的婴儿成为了寡妇。沃尔夫冈死时没有遗产，没有可靠的收入或者养老金（这是对沃尔夫冈离开萨尔茨堡那个职位的终极惩罚），她再一次面临经济上的困境。

　　凡·施维登伯爵及时办妥了丧葬事宜，接下来便着眼在康丝坦瑟长远的经济状况上。除非沃尔夫冈的债务得以偿还，并且孩子们的基本用度能够保全，否则他留下的东西也不得去处置。于是囊括他一切财物的财产清单便做好了，上面的所有东西也都估了价。清单当中的那些手稿得到了免税处理，因为帝国的法规中没有关于它们应纳税务的要求——这一疏漏在日后将会为康丝坦瑟和孩子们提供一份未来的保障。然而，在这初期的丧乱当中，她似乎并没有留意到四散在公寓中的这些金砂。她和凡·施维登想必是全心投入了还债和结清医疗费用，或者偶有上门讨债的，也得去应付。其实在前一段时间，沃尔夫冈的运道已经略有回转，再加上康丝坦瑟打理具体事务的成果带给他的鼓励，他已经付清了当初她经办的对维也纳商人拉肯巴赫（Lackenbacher）的借款。而他另两位主要债权人李希诺夫斯基和普赫伯格则表现得极为大度，没有在这个时候索要一分钱。眼下康丝坦瑟可以说勉强具有清偿债务的能力。

12月10号，一个沃尔夫冈的追思仪式在圣米迦勒教堂举行，出钱操办这件事的实际上是他忧心如焚的朋友希卡内德。第二天康丝坦瑟向皇帝呈上了一份请愿书。[1] 在这份态度庄重并措辞谨慎的文件中（几乎可以断定是凡·施维登的手笔），她坦言自己本没有资格获准一份年金，因为她的先夫为帝国效力的时间不足法定的十年。但是她相信宫廷的好意和慷慨能够倾听她的诉求，尤其考虑到沃尔夫冈对帝国的忠心，以及那"当他的前途从各方面说皆有起色的时候却将他带走"的残酷的命运。她也捎带着提到了她无法从乐师公会寻求帮助的情况。乐师公会的存在本就是为了扶助入会的乐师所留下的孤儿寡妇，但是沃尔夫冈从来不曾"想着通过入会来确保自己家眷的生活所需"（严格说来这并非是事实，沃尔夫冈也曾申请入会，但是由于技术性的原因被拒绝了：他无法提供受洗记录。这份他不幸无法得到的受洗记录，当初也几乎让他不能和康丝坦瑟成婚，对这份记录的申请也不得不一直搁置下来）。康丝坦瑟也确实曾向乐师公会求助，但是对方固执地照章办事，只简单回复说："沃尔夫冈的未亡人不仅现在无法从公会的基金当中获取任何年金，将来也不能期待从中得到任何收入。"[2] 而在宫廷这边，在不紧不慢的节奏下，倒是对康丝坦瑟的申请抱以了一定的同情。在要求她提供了各种支持自己申请的资料之后，他们最终同意拨给她一笔年金，相当于沃尔夫冈800弗洛林年薪的三分之一，自 1792 年 1 月 1 号开始生效。如此，康丝坦瑟一年至少也能收入 265 弗洛林了——虽然这还附加了一个条款予以强调，说这只是"出于特殊优待，下不为例"。[3]

还有一些惊闻这个变故的、心怀善意的人，也对康丝坦瑟施以援手。维也纳内外的若干报章，略述了康丝坦瑟的处境，这也带来了一些捐赠。但是如果康丝坦瑟细细阅读手中报纸的话，有些故事可能会令她不悦。听说一位列奥波德·科采鲁赫（Leopold Koželuch，1747—1818）刚刚补了沃尔夫冈留下的宫廷作曲家的缺，而这个职位的年薪也恢复到从前的 2 000 弗洛林。[4] 情况如果属实的话，那么同样是当职的两个人，薪水差异如此之大让人无法理解，这跟两人的才具高低之间也不存半点逻辑。对康丝坦瑟来说，2 000 弗洛林的三分之一当然再好不过了。报上另有一则耸人听闻的故事，或者也教康丝坦瑟蹙眉。这涉及莫扎特夫妇的朋友弗朗茨和马格达蕾娜·霍福德梅尔（Hofdemel）：因为 1789 年的柏林之旅，沃尔夫冈曾向共济会的道友弗朗茨借过钱；弗朗茨的太太马格达蕾娜是沃尔夫冈的学生。12 月 6 号，也就是沃尔夫冈葬礼那天，弗朗茨对他怀孕的妻子施以暴力。他用刀子重创了她的面部和双手，接着便割断了自己的喉管。她从这场血腥狂暴当中幸存下来，他则没能够活命。谣言不胫而走，先是说弗朗茨是出于嫉妒才残忍地毁了妻子的容，起因是他确信妻子和老师莫扎特有染；这冷酷的剧情中还另有一节：弗朗茨·霍福德梅尔便是因此而毒杀了莫扎特。这固然是抓人眼球的报纸新闻，当中怕是没有半点实情，虽然到底是什么逼得可怜的霍福德梅尔采取这种疯狂的举动最终也没有定论。于是便产生了另一份抚恤年金的申请，这次是为马格达蕾娜·霍福德梅尔。极耐人寻味的是，以玛丽·路易瑟皇后为首的一众宫廷中的女性对马格达蕾娜和康丝坦瑟二人抱以热情的关怀，并给予她们经济上的扶助。所有这些戏剧化的事件以及随之而起的谣言，对康丝坦瑟走向内心的平静而言毫无裨益。

然而无论如何她也不必自己去面对这一切：她有了极强的后盾。韦伯姐妹的父亲于 1779 年去世之后图沃先生便成了她们的法定监护人，与此异曲同工的是，如今知事大人指派了一位律师尼克拉斯·拉莫博士（Dr. Nicklas Ramor）来监护她的两名幼子。康丝坦瑟是委托了依旧热心帮忙的朋友普赫伯格作为代表来同官家交接。许多沃尔夫冈的昔日金主和支持者——其中包括凡·施维登男爵和图恩伯爵夫人，还有他所在的共济会会堂"新希望社"（Zur Neugekrönten Hoffnung）的会众——也集结起来，在 1792 年 6 月为康丝坦瑟和她的孩子们筹设了一个基金。希卡内德的戏班参与了追思仪式，其中许多人都贡献了他们各自的力量（本尼迪克特·沙克将自己的怀表典当了，并将所得尽数交给康丝坦瑟。这令人动容地联想到后世的歌剧《波西米亚人》中哲学家柯林〔Colline〕的姿态）。和所有在命运上休戚相关的伶党一样，这些人一定是为失去了他们当中的一员而深受触动，更不要说这个人还同他们近来事业上的顺遂干系极大。对作为至亲的约瑟法和弗朗茨·霍佛来讲，康丝坦瑟母子的福祉是至上的考量。韦伯家最能照顾人的苏菲，沃尔夫冈曾在弥留之际将康丝坦瑟托付给她，她也将要以最热忱的奉献精神投入到照看孤儿寡母的责任当中。多年之后应尼森的要求，苏菲饱含深情写下的回忆见证了她当时感情融入的程度之深，或许还有她履行其义务之成功。

在外地,惊闻沃尔夫冈死讯的朋友们急忙奔赴维也纳去尽一份力量。将沃尔夫冈视为其冠冕上的宝石的布拉格,率先在教堂为他做了追思的法事。据维也纳的报纸报道,是布拉格国立剧院的乐队操办了这场活动,参与其中的有一百二十名此地的乐师。这其中的一位独唱者就是莫扎特的挚友约瑟法·杜塞克(沃尔夫冈曾于1777年为她写了一部唱景"啊,曾经……",1787年又写了"我美丽的火焰",她同康丝坦瑟早就交好,并始终保持着友谊)。如同报纸所描述的,"四下里一片肃静,为了这位曾以他的合声无数次在人们心中激起鲜活情感的艺术家垂下千行沉痛追忆的泪水"。[5] 这一年的年末,同样一批乐师又合计着为康丝坦瑟母子举办慈善音乐会。

噩耗甚至传到远在伦敦的海顿那里(当初海顿果然是应约翰·彼得·萨洛门之邀去了伦敦,并在那里获得了巨大的成功)。据他写给普赫伯格的信中讲,他听闻莫扎特的死讯"一时间似丧其偶,不能相信上天这么快就把这样一位不可取代的人带到另一个世界"。他想要为对方做点什么,便提出想要一份沃尔夫冈作品的单子,他便可以在伦敦"为了未亡人的利益"而努力令这些作品广为人知。他还写信给康丝坦瑟本人,私下承诺他将负责她儿子卡尔的音乐教育,"于是也好在一定程度上为他父亲代劳"。[6] 他也不曾食言,后来卡尔果然在海顿的授意之下前往米兰跟随邦尼法齐奥·阿西奥里(Bonifazio Asioli, 1769—1832)学习作曲。不过在此之前,在康丝坦瑟其他朋友联合的关照下,卡尔先入了布拉格的学堂去上学。

如同沃尔夫冈给康丝坦瑟的最后那封信中所显示的,莫扎特夫妇对卡尔在佩希托尔兹多夫（Perchtoldsdorf）所受学校教育的水平感到不放心。他倒是十分健康，"因为在这里孩子们除了吃、喝、睡觉跟散步以外什么也不做"，单从这一点来说"他找不到比这里更好的地方了，但是除此之外所有事情都很糟糕，唉！这么教育下去，也无非是给这世上再添个合格的农人罢了"。[7] 于是他们当时便想着让他转学到基督兄弟会的学堂去。卡尔的就学问题正待定夺的时候，沃尔夫冈却死了，于是凡·施维登男爵便出资送他去布拉格，在约瑟法·杜塞克和她丈夫弗朗茨的关照之下，卡尔跟弗朗茨·克萨维尔·内梅切克（Franz Xavier Niemetschek，1766—1849）住在一起，并由他教导。这样安排想必是极为妥当，几年后康丝坦瑟也把她的幼子交到了内梅切克手上。反正内梅切克也是要试着撰写莫扎特的传记，能和莫扎特的遗孀有这样密切的交往，倒是皆大欢喜的事。

第四十章

与此同时,康丝坦瑟还要在凡·施维登等人的帮助下着手参与沃尔夫冈音乐的相关事宜。最为棘手的问题在于《安魂曲》的处置。这部作品还在未完成的状态;但是如果设法将它补完的话,康丝坦瑟便可以收到委约的尾款。她并没有在第一时间要求苏斯迈耶继续他同沃尔夫冈一起开始的工作,并根据沃尔夫冈临终时对他的指导将作品写完(多年之后,康丝坦瑟似乎是认为她当时正对苏斯迈耶"生着气",但却记不清是因为什么了)。她转而去联系了另一位年轻的作曲家,21 岁的约瑟夫·艾伯勒(Joseph Eybler,1765—1846)。此人很可能曾在 1790 年《女人皆如此》的排练当中协助过沃尔夫冈,并且他作为作曲家和歌手,在维也纳的声望无疑是要盖过苏斯迈耶。沃尔夫冈去世后几个星期,艾伯勒便签署了一份声明,承诺将在大斋期期间补完这部《安魂曲》。然而他很快在这项任务面前气馁了。1792 年初他将未完成的总谱交还给康丝坦瑟,而她这时候明显也已经不在气头上了,索性又遵照此前沃尔夫冈的意图将总谱交回给了苏斯迈耶。苏斯迈耶认认真真地遵循沃尔夫冈当初在绝境中的指示，最终将作品完成了。纵然这部不乏补缀痕迹的成稿有其质量不均衡之处，也终于是个完整的作品了。康丝坦瑟留了一份抄本在身边，遂将《安魂曲》送到它耐心的委约者沃赛格伯爵那里，并且也收到了报酬。

但无论对于康丝坦瑟还是这部《安魂曲》来说，故事到此还未结束。有道是天网恢恢，对于这么一个本是建立在欺诈上的事业也没有放过。或许是被康丝坦瑟或者代她经办的人误导了，沃赛格以为沃尔夫冈亲自写作了除最后《羔羊颂》（Agnus Dei）一节之外的所有篇章，因此这一段一旦补完，这部他付了钱也验了货的作品便在他名下了，他可以随意处置。所以他便照着他一向的作法，先将总谱誊抄了，而后分发给他的乐师去制作乐队的各声部分谱。这些乐师自然对伯爵抄袭的伎俩司空见惯了，并且也知晓安东·莱特盖博（那位"灰衣信使"）此前同莫扎特的那些交易。随着工作向下进行，他们"以不断增长的兴趣来跟进这部杰作的进展"[8]——当然，能像他们那样，眼看着这部作品渐次集齐，着实是令人羡慕的。这部《安魂曲》原打算在 1792 年 2 月 14 号演出，这天正是沃赛格伯爵年轻亡妻的周年祭。但是由于种种耽搁（康丝坦瑟的丧乱、艾伯勒的补写失败，以及最后苏斯迈耶有些笨拙的补全），这时间早就过了。莫扎特为这部《安魂曲》设定的尺度大概也是惊到了沃赛格，因为他意识到他绝难在他司徒帕赫的城堡集结要求如此之高的演出队伍，于是便计划将演出转到附近的维纳-纽施塔特举行。直到 1793 年 12 月 12 号作品才得以演出，沃赛格本人担任了指挥（赫尔佐格已将合唱团安排停当）。1794 年 2 月 14 号，也就是亡妻逝世三周年的纪念日，他在离家稍近些的塞漠灵（Semmering）

的玛丽亚-舒尔茨教堂把《安魂曲》又演奏了一遍。虽然他最初是想把这样的演奏当作一年一度的活动，然而此后他再也没有演出过"他的"《安魂曲》。几乎可以肯定，此时他已经意识到自己的伎俩给人看穿了。

鉴于沃赛格伯爵跟康丝坦瑟之间仅仅只隔了一位他们共同认识的米夏·普赫伯格，他以这种方式冒认作品，还想着能够瞒天过海，着实令人诧异。康丝坦瑟和以凡·施维登男爵为首的一众帮手，显然在策略上占了沃赛格伯爵的上风。不错，沃赛格确实是对这部作品付了佣金，如果他在演出的时候署上莫扎特的名字，事情于情于理都是没有问题的。沃赛格意欲冒认作曲家名头的失格之举，招致了相应的抵触。康丝坦瑟、苏斯迈耶和艾伯勒凭着手中留下的资料，在1792年1月2号便组织了他们自己的演出，比沃赛格的演出早了将近一年。演出是在伊格纳兹·雅恩（Ignaz Jahn）在维也纳的产业上举办的，城中的许多要人都参加了，也包括萨列里。根据报章的报道，演出为康丝坦瑟母子募集了一笔不少于300杜卡的善款。沃赛格伯爵对此一定全都了解，可他也无能为力，虽然他此时对于自己的演出的筹备已经是骑虎难下了。他可怜巴巴地试图在自己的乐师面前保留一点颜面。据赫尔佐格说：

> 伯爵试图跟我们说他是莫扎特的学生，并且会经常［将他自己的《安魂曲》］一篇一篇地送给他过目。莫扎特去世前不久，他还出于同样的目的送去了已经完成的《圣哉经》（Benedictus）。莫扎特死后，这套从开头一直到《羔羊颂》的总谱被发现，人们便以为这是莫扎特的作品，因为伯爵和莫扎特

的笔迹惊人地相似。[9]

或者到最后连他自己都看出这种无可容忍的谎言无非是欲盖弥彰罢了。现在他能做的只有将自己的演出计划推迟几个月，以避免这两部号称是不同的《安魂曲》被直接加以比较。

值得注意的是，无论是沃赛格和沃尔夫冈之间，或在他跟康丝坦瑟之间，都没有明确的合约性的文件。而康丝坦瑟又十分精明。她从没在给任何传记作者的资料中指明谁是这部《安魂曲》的"不知名的委约者"，甚至也从没有在任何信件中说明。当出版商"布莱特科普夫和黑泰（Breitkopf & Härtel）"也掺合到故事当中来，并最终出版了莫扎特的《安魂曲》时，她仍然决口不提沃赛格的名字。根据赫尔佐格的说法，伯爵见到付梓的乐谱之后大怒，并且"起初是要对莫扎特的遗孀采取严厉的措施的"。然而到最后他仅仅是索要了 50 杜卡（大概和他一开始给的定金相当）以及一些出版的乐谱，便就此消失了。这位安东·赫尔佐格对此事的完整记录被朝廷按在维也纳帝国图书馆长达百余年，直到 20 世纪中期才得以见光，这整个话本小说的前前后后才能够披露出来。赫尔佐格的这本记录写于 1839 年，那时候除了康丝坦瑟和他本人，话本中的所有主人公都已作古了。但在那个时候，这些谣言，以及正反双方的声明，特别还有其中的所谓"秘闻"，已经变得越来越扑朔迷离了。赫尔佐格文件的曝光，将沃赛格伯爵那源于音乐盗窃癖的怪异症状的欺瞒之行一劳永逸地定了案；而康丝坦瑟这一系列作为，其背后的驱动也不仅仅是金钱而已，她是为了确证和保护她先夫那至为珍贵的遗作的所有权。

第四十一章

　　沃尔夫冈死后，简单的讣告出现在欧洲的多家报纸上，多是陈述基本事实（沃尔夫冈的年纪、死亡的时间和地点、他"帝国暨皇家宫廷音乐家"的头衔，以及他的继任者），偶尔会配以编者的按语，诸如"杰出的天纵奇才"之类。但是没过多久，又出现了较为长篇的讣文甚至是传记的计划。康丝坦瑟本人完全是跟布拉格的内梅切克合作，为他提供文件以及口述的轶闻和观点。与此同时，身在哥达的一位年轻德意志学者弗里德里希·冯·施利希特格罗（Friedrich von Schlichtegroll，1765—1822）正另辟蹊径，为他自己的书积累材料。1790 年到 1806 年之间，施利希特格罗出版了三十四卷讣文集子，半年一刊。莫扎特显然是他的《1791 录鬼簿》的备选对象。上述的两部作品便如此分头筹备。内梅切克的传记基于康丝坦瑟和他们夫妇近些年的朋友们所提供的资料，他不慌不忙地进行，书到了 1798 年才得以付梓。而施利希特格罗那本书于1793 年就已经出版，其中关于莫扎特的讣文，资料则是来源于萨尔茨堡。如果说萨尔茨堡和维也纳（或讲得更具体些，是图诺和康丝坦瑟)代表了沃尔夫冈生活中从未真正调和的两端,那么如今它们两者之间的关系将要变得极为紧张了。

因为在这个节点,囡诺又回到叙事当中来了。自列奥波德离世之后,她和沃尔夫冈等于就断了联系。1788年以来她便再没有收到过他的信,而自1783年开始,他们彼此就没有真正见过面。她大概还记得1781年在慕尼黑狂欢节期间上演《伊德梅尼欧》的那段快乐的日子,这是她同父亲和弟弟度过的最后一段像样的家庭时光。在这次访问之后,他们之间就真的是分道扬镳了——她随列奥波德回了萨尔茨堡,而沃尔夫冈去了维也纳,在那里他的生活发生了翻天覆地的变化。那以后的人生里,她只和沃尔夫冈共处了短短三个月,可就是这三个月她也要同旁人分享他。那是1783年沃尔夫冈带着康丝坦瑟回萨尔茨堡的那段时间。她从弟弟那里收到的最后一封信明显是极为欢快的,他寄给她自己最新的键盘作品,告诉她自己被宫廷委任,并且也低调地暗示了《唐乔万尼》所获的成功。姐弟之间甚至从未说起过他们各自的孩子的出生或死亡。在那静默的几年当中,沃尔夫冈的女儿安娜·玛丽亚在1789年11月出生后不到一个小时就死了,而他壮实的儿子弗朗茨·克萨维尔在1791年7月出生。囡诺也生过两个女儿:乔安娜(常被称为珍妮特)生于1789年3月22号,而玛丽亚·芭贝特生于1790年11月17日,但在六个月后夭折了。

甚至连囡诺是怎样得知沃尔夫冈的死讯我们都无从知道,更别说她是如何在凄凉中接受了她童年家庭中最后一位成员的离去的。但是当有人以施利希特格罗的名义找上她,要她为弟弟的列传提供资料的时候,她以全心投入的慷慨和勤勉回应了对方。联系她的并不是施利希特格罗本人。起初他写信给一位神职人员阿尔伯特·冯·穆克（Albert von Mölk），此人是萨尔茨堡的一位宗教法庭议员，施利希特格罗在信中问了关于沃尔夫冈早年生活的一系列问题。穆克自沃尔夫冈小时候便同他们家相识①，他于是将这些问题转呈身在圣吉尔根的图诺。在一篇后来常被她说成是"文章"[10]的长长的草稿中她回答了这些问题，并把它寄给穆克，料想对方会抄录一份给施利希特格罗，然后将原件发还给她。但是穆克自己加了几句话上去，竟自将草稿的原件直接转给了施利希特格罗。

得到来自莫扎特至近之人如此珍贵的资料，施利希特格罗大喜过望（或如他自己适度地描述的那样"欣喜地惊讶"），连忙写信回复，仍旧是通过穆克转给了图诺一个补充问题的单子。待收到了这些，图诺才带着恐惧意识到她的那篇"文章"已经被收用到这个写作计划中去了（"我可是绝对要责怪你了，"她写给穆克的信中说，"没有事前写信跟我确认，你便将我写的文章给了他〔施利希特格罗〕"）。她现在被问到了一些他们姐弟童年时期更为具体和个人的细节：沃尔夫冈最爱的游戏是什么，他最爱学什么科目，以及最令人吃惊的——他有些什么样的"过失"。她本能地避开了这些话题，忠实地宣称她"只能指摘他一件事……就是他这个人心太软了，而且还不知道如何打理钱财。"她接着便拉上安德里亚斯·沙希特纳替他解围（此人的小号曾经给幼年的沃尔夫冈造成极大的心理创伤，沙希特纳自己也在随后回答施利希特格罗的问题时对

----

① 译注：他还曾有意于图诺。见本书第五章。

这件事情有所交代），自己则避开了采访。在同穆克（等于也是和施利希特格罗）及后来者的交流中，她的见解周到、慷慨、诚实、公正，并且极为令人动容。或许，这些饱含感情的回忆的集成对于囡诺来说，毕竟也相当于某种情感疏导的过程，她在其间能够得以释放掉过去数年来积累的家庭间的紧张状态。这些叙述的主色调是一种带着爱意的自豪，这正是她在童年浸淫其中的那种色调。

穆克自己加在囡诺的"文章"里的那几句话惹了麻烦。首先他说明了他的主要证人囡诺的身份，并对她本人的音乐能力大加褒扬，尤其是她作为教师的能力（"甚至到现在，人们也能通过演奏中仔细、精准和正确的指法辨认出娜内特·莫扎特的学生"）。接着，他说莫扎特这个家族的人都长得很漂亮：列奥波德和玛丽亚·安娜是"萨尔茨堡最俊美的一对"，而囡诺本人也称得上"略有姿色"，而年轻的沃尔夫冈则是"小身量，有些纤弱，苍白的面色，面相和体态绝无半点造作"。接下来，问题就来了：

> 除非在他的音乐里，他几乎始终是个孩子；而这也是他性格的阴暗面中最主要的一个特性；他总是需要一个父亲、一个母亲，或者别的什么监护人；他不会管钱，违背自己父亲的意志娶了一个不般配的女孩，而这也是他死时和死后造成家庭纠纷的根源。

所幸施利希特格罗对穆克的观点加以大篇幅地自由演绎，却并没有使用这段关于康丝坦瑟和她不适合身为人妻的话（她仍然是极为敏感的，施利希特格罗也十分尊重她的感情）。但是他却照

本宣科地转写了穆克其他的那些判语,以至于下面这段话终于出现在了他《录鬼簿》中莫扎特一章里:

> 这个罕有的个体,一方面在他的艺术当中如一个男人般成熟了;而他在肉身世界的那一面却仍旧是——这么说对他定然是公正的——一个永恒的孩子。他从未学会律己,完全不懂家庭的秩序,不懂善用钱财,也不懂适度和审慎地去寻求欢愉。他始终是需要一个父亲的角色,一个保护者,来替他打理能令其保有良好状态的俗务,因为他自己的精神永远贯注在一大堆纷繁错综的理念上,以至于失去了对其他严肃考量的敏感度。他的父亲深知他这个弱点,他的这种缺乏自律。因此他便为儿子安排了他妈妈作为旅伴陪着他去巴黎,因为他自己的职守将他绑在了萨尔茨堡。[11]

穆克,当然还有施利希特格罗,他们几乎可以说是代表着萨尔茨堡的偏见。所以到了1792年,对于科罗雷多宫廷的那匹害群之马,残余的敌意仍然在此地徘徊不去。他曾抛弃了自己的父亲和姐姐,甘愿到异乡去过自己的生活。当施利希特格罗的列传在1793年付印的时候,康丝坦瑟想必也读到了这些伤人的贬低的词句,背后的资料一看就知道只能是来自于因诺。她想必也想好自己的辩词了。在下一年,1794年,施利希特格罗的《1791录鬼簿》在格拉茨重刊,康丝坦瑟行使了一项极尽蔑视的高调操作,沃尔夫冈要是活着也会为此骄傲的。她买断了所有这600册书,并将之销毁。

第四十二章

1793 年 8 月 22 号,嘉齐丽娅·韦伯(Cäcilia Weber)在 66 岁上去世了。就像玛丽亚·安娜·莫扎特一样,她的人生充满了艰辛,但是却被她孩子们的天分极大地丰盈了。她曾经忍受了她两个幼子的夭折,接着还有漫长的守寡,在这期间支撑着她的大概就是她活泼而天才的女儿们的所作所为了。但是她当然是个自力更生的女人:整个 18 世纪 80 年代,当阿露西娅和康丝坦瑟接连地生子,她是务实而顶用的外祖母(不幸玛丽亚·安娜·莫扎特没能享受这样的福分);她的家庭每每有人患病或遭遇了什么危机(尤其是康丝坦瑟的丧夫),她总会挺身而出。她定然是从她们的成功中获得了极大的快慰,尤其是光彩照人的阿露西娅,她 18 世纪 80 年代和 90 年代在维也纳内外惹人注目;嘉齐丽娅还和她的三位才气不凡的女婿关系融洽。

对于几个女儿来说,嘉齐丽娅的离去等于是一个时代的终结。对苏菲而言尤其是如此,自她的姐姐们相继出嫁、离家,一直以来都是她在照顾妈妈。接下来几年中,更多改变人生的事件降临到韦伯姐妹的身上。阿露西娅在 1795 年同约瑟夫·朗格分手了；约瑟法的丈夫弗朗茨·霍佛也死于 1796 年。这四姐妹一度都回到了单身状态。直到时间跨入了新世纪好几年，约瑟法都仍然是希卡内德戏班的成员，她不单无数次扮演了夜女王这个角色，甚至还侵入阿露西娅的领地，扮演了唐娜安娜（或者叫唐娜劳拉，那是同一人物在《唐璜》——德语版《唐乔万尼》——中的名字）、绯奥迪丽姬（或者德语版《女人皆如此》中的莱奥诺拉）、《后宫诱逃》中的康丝坦瑟，以及《剧院经理》中的赫兹夫人。和她搭档的常常是一个年轻的歌手兼演员，弗里德里希·塞巴斯蒂安·马耶（Friedrich Sebastian Mayer，1773—1835）。她唱夜女王的时候，马耶便唱萨拉斯脱，她唱康丝坦瑟，马耶便演帕夏塞里姆；1797 年她嫁给了他（他比她小 14 岁）。在他们余下的艺术生命中他们共同发展自己的事业，虽然他自然是唱得更久——他的履历也在 1805 年被进一步丰富了，那一年他首演了贝多芬《绯岱里奥》（*Fidelio*）中的皮萨罗（Pizarro）一角。

与此同时康丝坦瑟继续着她同布拉格的关系，包括同那些颇为帮忙的乐师，包括同杜塞克一家和内梅切克，后者在负责照看和教育卡尔。1794 年 2 月，康丝坦瑟和卡尔在布拉格一同参加了一个沃尔夫冈的纪念音乐会。约瑟法·杜塞克在音乐会上演唱，并且温暖而热情地谈起了关于莫扎特一家的事。布拉格的《新日报》一如既往地同情康丝坦瑟及其处境，报道了"莫扎特的遗孀和儿子，双双为他们的所失，流下了哀伤的眼泪，并且表达了对一个高贵民族的感激之情"。[12] 他们还提议让 10 岁的卡尔出现在萨列里和达蓬蒂合作的歌剧《阿克苏》当中，扮演一个献祭牺牲的年轻男孩。但是康丝坦瑟希望自己的儿子能够远离他显赫的姓氏所带来的辉光,便否决了这个计划。这次计划变更,也被《新日报》以体谅的口吻报道了,文章还重申了布拉格对于康丝坦瑟的扶助("对于布拉格社会她充满了尊敬和感激"),声称他们急于在卡尔的事情上为她澄清,以免她因这个"她全然不明原委的随性而为"而受到指责。[13]

但是无论康丝坦瑟在这种处境下多么焦灼地想要让自己的孩子远离人群的关注,她自己却在思忖着要回到舞台中央来。而且她的姐妹们很可能也是在鼓励她这么做。18世纪90年代中期,阿露西娅已经越发地疏远了约瑟夫·朗格,她花了更多的时间在康丝坦瑟及其事业规划上。1794年12月康丝坦瑟组织了一场特殊的音乐会版的《蒂托之仁慈》,其中阿露西娅演唱塞斯托。所有的乐师和歌手都是免费参演,演出所得悉数归了康丝坦瑟和她的孩子们。这场演出的成功激励康丝坦瑟准备来年三月再演一场,曲目略有扩展,纳入了沃尔夫冈戏剧化的d小调钢琴协奏曲(K466),由一位名叫路德维克·凡·贝多芬(Ludwig van Beethoven,1770—1827)的独奏家领衔。从布拉格和维也纳所做的这些尝试当中获得的温暖感受和丰厚回报,激励康丝坦瑟策划了1795年秋天巡回德意志的演出,一行人包括她和阿露西娅,还有一位钢琴家安东·埃伯(Anton Eberl,1765—1807)。这个阵容对听众极具吸引力。对莫扎特音乐的怀旧热情迅速在柏林、莱比锡、汉堡、林茨和格拉茨蔓延(萨尔茨堡从来就不在考虑之中)。莫扎特的音乐由他的遗孀和她的姐姐表演,而后者正是这个时代最伟大的歌手之一,如此的安排实在是绝难抗拒的。这些音乐会广受赞誉且获利颇丰。

在巡回的路上,康丝坦瑟的组织和经营技巧有了可观的精进。她离开了阿露西娅一段时间,独自去见了普鲁士国王弗里德里希·威廉二世。国王尽其所能，热情地给予莫扎特的遗孀帮助：他已经买下不少的乐谱，这一回又购置了一份《安魂曲》的副本。康丝坦瑟亲自将乐谱送过去，也得以从陛下那里获准在柏林上演《蒂托之仁慈》。这不禁让人想到，如果列奥波德·莫扎特还活着，甚至作为他这样出类拔萃的经营者也要为她的勤奋喝彩了。

巡演归来，两姐妹各自经历了一场家庭的动荡。康丝坦瑟最终搬出了沃尔夫冈临终所在的粗石巷的公寓，暂时在克鲁格街（Krugerstrasse）落脚。事实上在接下来的两年，除去她那些旅行活动，她还搬了两次家，颇有她刚结婚时候的那种游走不定的状态。阿露西娅这边则有更剧烈的变故。大概是急于想要摆脱她如今已疏远了的丈夫，她接受了汉堡一家施罗德申剧院的合同，之前同康丝坦瑟一道巡演的时候，他们曾经到过那里。两年之后的 1798 年，她又搬到阿姆斯特丹，加入了当地的德语戏班；19 世纪初她在巴黎、法兰克福和苏黎世也都有过一些合约，在苏黎世她将要待上六年。所以她和康丝坦瑟一度是各奔前程了。但是毋庸置疑，阿露西娅曾高度地介入了康丝坦瑟生命中那至关重要的一段时间。她为妹妹奉上了自己的时间和才华，在她的帮助下，康丝坦瑟的财务状况先是稳定住既而又得到了提升，心气便跟着高涨起来。到阿露西娅远走汉堡的时候，康丝坦瑟已经有信心独自前行了。她不时会回到布拉格去，在 1797 年一次访问期间她的经济状况甚至好到了可以借给约瑟法·杜塞克 3 500 弗洛林（实在是一大笔钱）去清偿杜塞克乡村别墅的负债。她此时也越发地认识到她的幼子弗朗茨·克萨维尔早熟的天才，他现在 6 岁，正在布拉格跟着哥哥一块上学。一改她当初不愿让孩子们走上舞台的决心，她教弗朗茨·克萨维尔参加了一场她的音乐会,在钢琴伴奏下演唱了《魔笛》中啪啪盖诺天真无邪的"我是快乐捕鸟人"。

康丝坦瑟和孩子们的收入来源还不止于这些音乐巡演。在18世纪90年代中期她开始意识到了她可怜的、未留下遗嘱的丈夫留给她的一样无价之宝——他的音乐。1795年,《伊德梅尼欧》的钢琴缩编谱出版了,多家报纸刊载了声明,邀请大家征订,不仅可以通过维也纳的康丝坦瑟本人申购,也可以找布拉格的约瑟法·杜塞克(这在此暗示了他们之间那种相互扶持的团结)。动用了一点点迷人的营销手腕,这些广告给出了买十送一的优惠:康丝坦瑟显然是开始从她的商业机巧中感受到自信了。[14] 跟阿露西娅一起在莱比锡的时候,她牵涉进跟大出版公司布莱特科普夫和黑泰的一些交易当中,或许是要出版莫扎特作品全集。接下来几年同他们的谈判变得漫长而曲折,她也将需要一副冷静的头脑来辅佐她。但是又一次,康丝坦瑟找到了极强的后盾。一位旧友、一位新朋,这两个男人将会为她出谋划策。

马克西米连·施塔德勒长老(同吹单簧管的安东·施塔德勒并无瓜葛)是个本笃会的修士,也是狂热的音乐爱好者,他从沃尔夫冈和康丝坦瑟在维也纳恋爱期间便认识他们,也始终是处在他们家18世纪80年代中期的室内乐小圈子当中。1784年他搬离了首都,在梅尔克崭新、壮观的修道院任职,继而又去了利廉菲尔德、克莱姆斯芒斯特和林茨。1796年48岁的他回到维也纳居住,重拾了他和康丝坦瑟的友谊。她请他协助组织沃尔夫冈的残篇和草稿,当长老全身心浸没在这些珍贵的手稿当中的时候,他试图将它们排序并编写一个目录。不久之后施塔德勒便有了一位帮手,此人是个丹麦外交官，就住在康丝坦瑟现在所住的犹太巷的同一栋建筑里。这个人就是格奥尔格·尼科劳斯·尼森。

尼森比康丝坦瑟大一岁：她现在是 35 岁，而他 36 岁。他 1761 年在南日德兰半岛的哈泽斯莱乌出生，曾经在哥本哈根做过邮政官员，随后便加入了雷根斯堡的丹麦使团。在那里他被委任为丹麦驻维也纳代表团的第一秘书。作为一个淡定的谈判者，在动荡的拿破仑时期其外交技巧是无价的财富（同奥地利不同，丹麦是站在法国一边）。如果说尼森跟康丝坦瑟住在一个楼里是机遇使然，那他俩在接下来的两处新住所里又成了邻居就不大能说是运气所致了。同沃尔夫冈一样，尼森起初也是康丝坦瑟的房客，后来便成了好友，最终做了她的丈夫。不过和沃尔夫冈不同的是，尼森前往圣坛的历程是极为谨慎的。

但是在眼下，出版莫扎特全集对于康丝坦瑟来讲是刻不容缓的。当期待已久的内梅切克的传记终于在 1798 年面世的时候，社会大众对沃尔夫冈的兴趣再度升温。在沃尔夫冈死后的六年间，内梅切克搜集了不同的观点、轶闻和多种来源的文件，其中包括康丝坦瑟所提供的那些。他也读过了施利希特格罗在《1791 录鬼簿》中的那篇列传，并且窃用了其中关于沃尔夫冈在萨尔茨堡早年生活的信息。他的《帝国和皇家宫廷乐正沃尔夫冈·歌特利布·莫扎特的人生》(*Leben des k. k. Kappelmeisters Wolfgang Gottlieb Mozart*)是一幅题主人物的生动的画像。这本书在沃尔夫冈的过失上含混地一带而过（他对钱糟糕地处置，以及他轻易相信他人的倾向），更多是去暗示他的那些困境仅仅是时运所致。康丝坦瑟被当作模范妻子拿出来展览，她能帮忙又很可爱，使得她的丈夫非常快乐,并且这个妻子还在丈夫死后通过举办他的纪念音乐会来清偿了他生前的债务。在这本传记当中,许多私人的细节是头一次公之于众,包括最富戏剧性的《安魂曲》委约的故事,因那位穿斗篷的信使而变得完整。

内梅切克的书令康丝坦瑟很高兴,不仅是因为其中她在婚姻中的光辉形象,还为了这样一本令人喜爱的传记所引发的对沃尔夫冈音乐的迷恋。可以肯定,这些音乐当中的一部分已经陆续付印了。在没有版权保护的时代,任何拥有了某本乐谱的人,不管这音乐是谁创作的,也不管它从哪里得来的,他都可以将它出版;正像康丝坦瑟对内梅切克所抱怨的那样,莫扎特音乐的盗版也开始出现了。更加败坏的情况是:有其他人的作品被放在莫扎特名下出版(因为如此便可以确保销量),康丝坦瑟发现她自己反而因此被指责是侵吞了他人的作品以从中获利。甚至她之前的合作者安东·埃伯(在 1795 年的巡回演出中陪伴她和阿露西娅的那位钢琴家)也在汉堡和莱比锡的报纸上声言,他有三部作品被冠以莫扎特的名字出版;莱比锡那家报馆的编辑竟避开问题的实质,直接下了按语道:"莫扎特的遗孀对她先夫在天之灵实在是没什么敬意,居然会主动参与这种非法的行径。"[15] 所有这些想法当然都是不能更荒诞了:当康丝坦瑟手边有那么多最杰出的音乐有待她整理的时候,她想都没想过要去收集那些二流音乐家的资料。看来现在是到了对付盗版的时间了。

莫扎特家族同布莱特科普夫和黑泰的关系要追溯到近四分之一个世纪以前,在 1772 年以及后来的 1775 和 1781 年,列奥波德·莫扎特曾三度试图去说服出版商们出版一些沃尔夫冈所作的音乐。当康丝坦瑟在 1795 年找到他们的时候,对方的确显示出了一点兴趣。直到内梅切克的传记面世,另一家规模小得多的出版商约翰·彼得·施贝尔(Johann Peter Spehr)出版了一套六本、分期刊出的莫扎特音乐,声称这是其音乐作品的合辑本,布莱特科普夫和黑泰见状立刻便行动起来了。甚至都没有提前咨询一下康丝坦瑟,他们发布了自己将要出版一套莫扎特音乐"校正且完整"的全集。直到这个时候,公司 32 岁的首脑戈特弗雷德·克里斯朵夫·黑泰(Gottfried Christoph Hörtel,1763—1827)才写了封措辞严谨的信给这位"尊敬的女士和朋友"。[16] 他对于没事先同她沟通就发表了自己的声明表示歉意,但也辩解说自己这样做是受迫于施贝尔此前的行动。康丝坦瑟的回答很坚决,她如此开始,"这样一个任务如果没有我的参与,实施起来无非会是鲁莽和艰难的。直到读到了公开的声明,我本人方才获知有这么个项目正要进行,这看上去实在是太奇怪了"。她继续道:

> 有人知道我还拥有着多少未及付梓出版的作品手稿吗?假设我公开宣布,除非是由我出版或者我协助出版,否则便没有所谓的莫扎特作品全集,有人会不同意我这个莫扎特遗孀的说法吗?我是这些手稿的拥有者,如果想要出版莫扎特全部迄今未曾出版的作品的话,有人会去向除我之外的任何人求助吗?

然而她当然也是急于去确保一份合同(布莱特科普夫和黑泰公司又是声望最高的出版机构),于是她宣布她欢迎对方的出价。

《安魂曲》也就是在这个当口复现了，并且还成了一个麻烦。布莱特科普夫和黑泰曾弄到两份抄本（还是那个问题，任何传抄者都有权传抄任何传到他们手中的乐谱），现在他们想让康丝坦瑟拿出她手中的版本。康丝坦瑟仍旧是故意在隐去沃赛格伯爵这个名字，她宣称出版这个作品存在着某种障碍，这是"出于对委约这部作品的那位先生的尊重，他曾在委约时定下了一个前提，就是这部作品不可以出版"。但是她认为她"能够跟那位先生解决好这个问题"，从他那里获准出版这个作品。她坚信在她同沃赛格伯爵达成协议之前出版公司不应该凭借他们手中掌握的这两个抄本做任何动作，因为从技术上说伯爵已经为这个作品付了钱，理应是它的所有者。她（或者更可能是心思机敏和颇具外交经验的尼森）起草了一份申请，呈给那位"匿名的金主"，并且想着把这份申请付于维也纳报端：

自从这位高贵的匿名委约人在莫扎特离世前数月向如今已故的作曲家委约创作一部《安魂曲》，时间已经过去七年了。鉴于这段时间以来这位金主都不曾将此作品付样，莫扎特的遗孀心怀感恩地将此行为视作他同意她从这部作品的出版中获取利益的明证。但是她还希望能够对此事做个确认，因为对于此人，她一向所抱持的唯有尊崇和忠实的态度。由是之故，她认为自己有责任将这一声明付于维也纳、汉堡及法兰克福报界，广为告白，希望这位先生可以在三个月内表明自己的意图。上述时间一过，她将斗胆将此《安魂曲》纳入一版这位已故作曲家的作品全编当中。[17]

然而康丝坦瑟最终并没有让这则声明见报。急于逃避自己的欺诈被揭穿所带来的羞辱，沃赛格伯爵悄然现身，要回了他的委约金，并被承诺可获赠将来出版的几本乐谱，便又急忙地遁形匿迹了。康丝坦瑟算是结束了这场笔墨官司，于是便将自己手中的乐谱交付了。

在同沃赛格的交接中，尼森几乎是扮演了掮客的角色，他还引导康丝坦瑟克服了《安魂曲》出版过程中种种复杂的障碍。他如今一定也是站在康丝坦瑟身后协助她跟布莱特科普夫和黑泰公司谈判，在莫扎特全集的出版项目上确保一份对她有利的合同。1799年11月9号，她写信要求对方为所有这些乐谱支付她1 000杜卡（时值4 050弗洛林），以六个月的时间间隔分两笔付清，或者（这又一次展现了她的谈判技巧）只需一次付清900杜卡。她以此为这封信作结：

> 如果我们能就此达到共识，我会深感欣慰，因为你们是第一个提议作为对我先夫合乎时宜的纪念而出版一套他像样的作品集的单位（对这个想法我深表赞同）。因此我很高兴地开列给你们如此优惠的条件。[18]

但是布莱特科普夫和黑泰公司并没有回应这个出价，大概是觉得她要价也太高了，但如果他们要点破她这个要价是在虚张声势的话，她很可能干脆就不做这个生意。等到那个月的27号，康丝坦瑟再次去信，威胁说要"把所有我拥有的乐谱卖给其他有意的单位，能卖个好价钱，也好把这样一种逡巡犹疑的状态作个了

结".[19] 她给了他们两星期的时间回复,而约定期满却仍不见回音,她便下了最后通牒:

> 鉴于没有任何回话传过来,很明显你们是在拒绝我下的条款。因此我必须最后一次告诉你们(虽然这其实也不必要了),尽管我的本意是要维持我们的生意关系的,我无论如何也会在本年末卖出我丈夫全部的音乐遗产。[20]

她真的是这么做了。她并没有虚张声势。在奥芬巴赫有一位约翰·安东·安德雷(Johann Anton André,1775—1842),年仅 24 岁的他刚刚接下了他父亲的出版公司,他同康丝坦瑟有了接洽。1800 年初她将自己手中剩下的音乐以 2 550 弗洛林卖给了安德雷(刚刚超过她此前向布莱特科普夫和黑泰公司开出价格的一半)。于是,现在两家竞争的出版公司都在筹备出版莫扎特的音乐了,他们之间的这场争斗也越来越难看。康丝坦瑟加入安德雷的阵营,其结果并不十分愉快,他不单在付款上拖拖拉拉,而且印制的乐谱也是遍布着瑕疵。失去了出版全集的机会,黑泰自然是十分气恼,甚至于在战斗中拉来了囡诺助阵,努力离间她和康丝坦瑟,这无疑是在关系已然十分紧张的姐姐和弟妹之间注入了更多的不信任。然而尽管囡诺非常乐意配合,就像她对待传记作者们那样,可她却拿不出任何黑泰公司没有的乐谱,只能带着歉意跟他们说应该去找康丝坦瑟。

交易的谈判自始至终都在进行着,布莱特科普夫和黑泰公司也在宣传着他们的新合辑;并且为了促进销售,他们还在自己公司出版的刊物《德意志音乐时报》上连载了带有传记性质的莫扎特轶事。这个"传记"的编者名叫弗里德里希·罗赫利兹（Friedrich Rochlitz, 1769—1842），他为了这个专栏向康丝坦瑟等人寻求素材，而康丝坦瑟也全力配合了。她所交付给他的不单是她个人记录的轶事，还有些珍贵的信件，其中令人惊讶地包括沃尔夫冈写给他的堂妹"芭思乐"的信。就像她对罗赫利兹所说的，她认为这些信件（还包括莫扎特写给她、她姐姐阿露西娅以及写给米夏·普赫伯格的那些信）的纳入可以真正使得沃尔夫冈的形象变得丰满。但十分奇怪的是，罗赫利兹对这些信件的内容置若罔闻，反而更愿意去呈现他从康丝坦瑟和图诺那里得来的其他一些轶闻，以及从已出版的内梅切克的传记里照搬的那些。专栏中的许多内容都是他自己写出来的，在诸多莫扎特作为被社会所辜负的牺牲品的形象当中，有一个就是他一手粉饰出来的。罗赫利兹这些专栏文章（1798 到 1801 年间大约出过四十余篇）之所以充斥这些不负责任的演绎，原因在于它们必须能帮助到销售。

在世纪之交，康丝坦瑟的状况终于算稳定下来了。尽管在同出版商的谈判中经历了那么多的紧张和不快，现在她总算和其中的两家达成了协议，在经济上也获得了前所未有的安全感。施塔德勒长老和格奥尔格·尼森在近期这一系列事件中各自出力，施塔德勒扮演文件的整理者，而尼森则是谈判师。也正是由于这位尼森温雅、知礼的存在，令康丝坦瑟真切地感觉像是在家里一样。他们此时住在米夏勒广场（Michaelerplatz），在同一屋檐下（如果不是同一套公寓的话）过着平静的家庭般的生活。

第四十三章

康丝坦瑟的两个儿子,这些年一直在布拉格成长,接受音乐和普通的教育。大儿子卡尔已经在 1799 年 15 岁的时候离开了高级中学校。康丝坦瑟现在正引导他往商业的路上走。1800 年 1 月她写信给安德雷,形容她儿子"知礼且心地善良",[21] 能说一点法语,现在正学着英语和意大利语。"如果他愿意,"她向对方吐露,"我打算让他学学生意。"最终她也得偿所愿,卡尔到里窝那进了一家英国商业公司做学徒。和他父亲一样,卡尔被意大利迷住了,将来他还会决意在那里安家。但此时他仍然不大情愿完全放弃以音乐为生的打算。他搬去了米兰,因海顿多年前承诺的引荐,他在那里跟阿西奥里上作曲课。只是他缺乏成为音乐家的自信,大概资质上也不无欠缺。康丝坦瑟坚定地相信,执迷于这个道路简直是一种愚行。1806 年 3 月 5 号,她给儿子去了一封措辞小心翼翼的信。"无论现在还是未来,我始终是想你所想的。"她这样开始,但接着便要求他作为一个成人,好好地想一想(他此时 21 岁)。她承认他的确"对音乐不无感触",并猜测他在上面用功很勤("你将会比我懂得更多")。但是她恳求他回忆一下当初她是怎么屡次和他说的,"莫扎特的儿子不可以成为泛泛之辈,因为这就等于是自取其辱了"。仿佛这样生硬的驳斥还嫌不够,她还指出卡尔的弟弟(现在 15 岁)显示出了巨大的天赋(这等于明确地表示了弟弟是强过他的),另外还说自己讨厌"看到两兄弟当中一个比另一个更受赞誉"。但她最后还是说,决定权毕竟在他自己手里,并狡猾地补充说,如果他们两个都在音乐上有所作为,"我自然会更加地快乐"。[22]

这种卡尔和他弟弟之间的比较或许早有征兆。在他们很小的时候,康丝坦瑟明显意识到弗朗茨·克萨维尔具有更高的天赋,她也通过不让卡尔登台却鼓励他弟弟演出而表现出来了。在一定程度上,卡尔对此一向是心有不平的("我妈妈下了决心让我弟弟,而不是我……成为一个音乐家"[23]),他对于成为一个作曲家或者表演者还是存了一线希望。但是在他二十五六岁的时候,终于明白了他妈妈颇为现实的评估,于是便回到生意当中去了。最终他在米兰成了那不勒斯总督麾下的一名官员;音乐对他来说也终归是限于爱好而已。

与此同时,康丝坦瑟继续激励自己的小儿子。她决定将弗朗茨·克萨维尔的名字改成沃尔夫冈·阿马迪乌斯,就好像他连名字都呈现出他那个自己都不认识的父亲身上的种种属性了。小沃尔夫冈身上背负的期待是很高的,压力也是十分巨大。他也离开了布拉格,去了维也纳,在那里他父亲昔日的同侪正跃跃欲试地等着向他伸出援手。教导他的人来头不小,是海顿、萨列里、胡梅尔(他父亲当初的入室弟子)及阿布莱希茨伯格之辈。1805 年小沃尔夫冈 14 岁的时候,他在希卡内德的剧院举办了钢琴独奏会。公众表达了他们的激赏,巨额收入(1 700 弗洛林)也跟着来了;这对于康丝坦瑟来说也定然是个绝妙的晚上。不单是在他父亲所踏足的,也包括他母亲演出过的城市,音乐会接踵而至。但如果说小沃尔夫冈早期的亮相所获得的成功是被怀旧情绪所驱动的热情所致,他自身的天赋则是反响平平,而且他自己也开始讨厌舞台的聚光灯,或者是对之感到气馁了。1808 年他 17 岁,在离维也纳很远的加利西亚接受了一个教职,那已然是在帝国的边陲了。所以现在康丝坦瑟的两个孩子都离开了家。虽然自此之后,家庭的重聚寥寥,他们一直都通过书信保持着联系。虽天各一方但却真实不虚的情感以及彼此间的关怀,始终存在于他们之间。

第四十四章

19 世纪最初那几年的维也纳，对于外国使节来讲是不大舒服的。弗朗西斯二世（Francis II，1768—1835）从父亲列奥波德二世那里继承了皇位。他父亲是一位极端保守的皇帝，把长兄约瑟夫二世发动的改革搁置一旁。这有始无终的改革曾使得约瑟夫颇受人民爱戴。在他的时代，昭示了人的自由和独立的启蒙思想导致维也纳无形中对法国大革命强烈的支持；但是如今在弗兰西斯二世统治之下，产生了一股新的反革命的姿态，引发了法国对奥地利宣战的灾难性结果。随着伟大的拿破仑·波拿巴脱颖而出，他便被新的一代（华兹华斯和贝多芬们）视为穷人的捍卫者、自由和平等原则的化身，跟统治者哈布斯堡家族站在了对立面。但是等到拿破仑在 1804 年称帝（这个事件也造成了贝多芬将他起初是题献给拿破仑的第三交响曲重新命名为"英雄"），奥地利人民将他这个举动视为对原则的背叛。拿破仑在 1805 年和 1809 年的两次维也纳战役，对维也纳人来说是可怕的事件。拿破仑在美泉宫扎营，而他的兵团占领了整个城市。1809 年 4 月奥地利在阿斯彭对法国的胜利不过是梦幻泡影,因为此时法国人正全神贯注于同英国人在葡萄牙的交战,对奥地利有些掉以轻心了。拿破仑随后便采取了报复,7月间在瓦格拉姆大胜;双方都伤亡惨重。这两次战役期间,大量外国使节从维也纳经由多瑙河逃到了普莱斯堡(Pressburg,今天的布拉迪斯拉发)。格奥尔格·尼森也是他们当中的一员,他身边还带着康丝坦瑟。1809年6月26号,正当拿破仑在集结重整他的部队,格奥尔格·尼森和康丝坦瑟·莫扎特在普拉斯堡大教堂结了婚。

同第二任丈夫在一起的生活和同第一任的大不相同。格奥尔格·尼森是个平静、可靠而安适的人。虽然他无法复制沃尔夫冈那种强烈、极度活跃的天才,他却以自己的方式宠爱着康丝坦瑟,如同沃尔夫冈当初所做的那样深沉和热烈。二十几岁作为沃尔夫冈的妻子,三十几岁成了他的遗孀,她这些年历经了极端的情感动荡。如今在年近五十的时候,她非常愿意将自己交付给一个男人,这个男人充满爱意的陪伴能带给她平静和满足。在哈布斯堡帝国的边陲各处一方的两个儿子,对母亲的这位新丈夫抱以极大的肯定。

婚后,格奥尔格和康丝坦瑟·尼森短暂地搬回过维也纳,但是他们两个都不盼着在那里常住(由于拿破仑在瓦格拉姆的胜利,法国人再次占领了帝国的首都)。尼森希望带着康丝坦瑟回到哥本哈根的家,如今已经49岁了,他也想着是时候离开外交工作了。据小沃尔夫冈说,对这件事尼森酝酿已久。小沃尔夫冈在给卡尔的信中说:"我们的父亲……为了能同他的同胞重聚而欢欣雀跃,看上去年轻了十岁。你大概知道,离开维也纳而回到哥本哈根是他多年来的夙愿。"[24] 1810 年他真的回去了。动身之前,他们为康丝坦瑟的两个孩子做了一系列经济上的安排,尼森还给他们写了信,将这些事略述了一遍。[25] 他告知他们康丝坦瑟通过旅行、音乐会和售卖乐谱而非常细心地积攒下的钱如今有增无减,日后(尼森自然指的是康丝坦瑟死后——"你们跟我一样都希望那一天还非常遥远")这笔钱将分作两份,他们两个儿子一人一份。尼森以他极度的温文尔雅、极精致的外交辞令和讨人喜欢的实际考量,令他的继子们甚为安心:他绝不会染指他们母亲的钱财。康丝坦瑟在同一时间给卡尔和小沃尔夫冈各送去了一架莫扎特留下的键盘乐器。

尼森夫妇于是便出发去了丹麦首都,并最终于 1812 年在拉文德大街置办了一处产业,离市政厅不远。尼森被委任为国家新闻监察官,这个职位给了他安全,以及一小笔稳定的薪水,更重要的是大把的时间,令他得以追求自己文化上的兴趣。康丝坦瑟极为乐意地开始打理她的新家了。哥本哈根也曾经历过一番折腾,在1807 年英国人的炮击之后,整个城市从面貌上到经济境况上都还在复苏当中。但是康丝坦瑟喜欢这个城市的文化,以及此地的人;她也爱这个新家,尤其是花园。在给孩子们的信中,她温暖地说起她的新生活。

康丝坦瑟也绝没有淡忘或忽略自己的过往。如今莫扎特的音乐在丹麦极为流行,对于作曲家遗孀的到来,哥本哈根也不会无动于衷。她印制了作拜帖的卡片,骄傲地将写上了自己两位丈夫的姓氏 "CONSTANZA Etats Raethin von NISSEN, gevesene Witwe Mozart"。循着莫扎特家族最优良的传统,尼森定期在自己家里享受室内音乐之夜。几年之后的 1819 年,小沃尔夫冈来探访他妈妈和继父,并陶醉在"他们这二十年来所过的幸福生活"[26] 当中。他欣然发现自己的母亲状态大好,跟自己的哥哥承认:十一年过去了,他本不确定妈妈变成了什么样子,可见了面却惊喜地看到她似乎没怎么变。康丝坦瑟捡起她以往的那些手段,替小沃尔夫冈在皇家剧院组织了音乐会(她拉文德大街的房子成了售票处)。音乐会曲目也包括声乐作品,歌手们来自皇家丹麦歌剧院,所有作品都是莫扎特所作。坐在第二任丈夫身边,在如今已经成为她自己的家的他的城市,聆听自己的儿子演奏她深爱着的、杰出的先夫创作的音乐——这些让她无论如何无法以平静的心情去聆听的音乐。康丝坦瑟此刻 定被内心纷繁的情感淹没了。在年近六旬的时候,她的人生拼图看起来几乎是完满的了。然而,还有一个极为大胆的设想正在悄然逼近。

1802 年的康丝坦瑟

第四十五章

以某种奇怪的方式,撮合格奥尔格·尼森和康丝坦瑟的其实是莫扎特的灵魂。在不知什么样的偶然因素将他们带到同一屋檐下居住之后,尼森在与施塔德勒长老为她工作的过程当中,和她走得越来越近了。通过和莫扎特遗孀的结婚,以及部分地负担了他两个儿子的成长教育,尼森是在引领着莫扎特的家庭继续前行。在他们婚后的一段时间,夫妻二人萌生了由尼森创作一部沃尔夫冈的长篇传记的想法。在哥本哈根他有大把的自由支配的时间。作为一位热情的音乐爱好者,他深深地欣赏莫扎特的音乐,尤其是在他真正和它们极大程度上"生活"在一起之后。当然还有一个进入这个人内心和生活的独特的入口摆在他眼前,那就是陪着莫扎特度过了他整个成年人生的康丝坦瑟。尼森和康丝坦瑟共同缺乏的是对莫扎特早年生活中那些细节的了解。当身在哥本哈根的尼森夫妇年近退休的年龄,他们做出了一个大胆的决定:搬到萨尔茨堡,在那里做研究,并撰写莫扎特的传记。

离开他们在哥本哈根舒适的家,经历数白英里的路途,在一个全新的环境重新开始。除了这样的变动所带来的肉体上的不适，康丝坦瑟在心理上所需要的勇敢也是惊人的。她在1783年跟着沃尔夫冈所做的唯一一次萨尔茨堡之旅，不能说是愉快的；而且她也因为施利希特格罗《1791录鬼簿》中的那篇文章而深深地不悦，创作这篇列传的素材，几乎通篇都是取自萨尔茨堡的那些居民。最主要的还有，她同先夫的姐姐囡诺的关系从来都说不上融洽，对于这本新传记的计划来说，囡诺必须是个关键的、乐于配合的参与者。这两个女人到现在至少有三十年没有见面了。不管康丝坦瑟多么想要回到她的祖国，她都必须要磨炼自己，以面对那些来自萨尔茨堡残余的敌意和非难。在她和自己本能的犹疑做着斗争的时候，至少有三个人帮助她铺平了回乡的归路。第一个当然是尼森，这位职业外交家的智慧、魅力和正派能够驱散任何情况下的紧张气氛。第二个人是她的儿子小沃尔夫冈，他本人也被父亲的出生地所吸引。而这第三个人最使人感到意外，竟然是囡诺。

囡诺在1793年为施利希特格罗撰写的讣文提供了素材，在这次不适的经历之后，她便再度退出了公众的视野。她丈夫伯希铎在1792年获得了贵族的头衔，自那以后，他的整个家族包括囡诺都可以将自己命名为"冯·伯希铎·族·索南博格"了。无论如何，圣吉尔根仍旧是片"荒野"，在那里她悄无声息地抚养着她自己的孩子列奥波德和珍妮特，也继续照看她的那些继养子女，并逐渐地赢得了他们的爱与尊重。布莱特科普夫和黑泰公司试图将她卷入了他们同康丝坦瑟关于出版莫扎特音乐的谈判当中。以囡诺的天真，大概很可以被这些来自莱比锡的强悍商人狠狠利用一番。但其实囡诺最终也帮不了他们什么。当她礼貌地告诉布莱特科普夫和黑泰,自 1787 年父亲死后,她手头所有沃尔夫冈的乐谱都已经转寄给他本人了,并且她已经"跟那个世界没有任何联系"[27](这并没有阻止布莱特科普夫和黑泰公司试图利用图诺去为哄抬其他萨尔茨堡作曲家创作的音乐的价格,比如米夏·海顿写的东西。但是这个打算也落了空,他们很快便对她失去了兴趣)。

1801 年 2 月,图诺的丈夫伯希铎死了,终年 65 岁。几个月之内,图诺收拾好东西,永远地离开了圣吉尔根湖畔的房子。当她带着两个孩子,以寡妇的身份从圣吉尔根回到萨尔茨堡的时候,她此行的路线和人生的境遇,几乎就像是四分之三个世纪之前她的外祖母的副本。只是她的孩子们比伊娃·萝西娜当时带着的两个小姑娘要大一些(列奥波德此时 16 岁,珍妮特 12 岁);并且图诺此时不用为钱发愁,伯希铎为她留下了足够的资财。她也有她自己的音乐天赋可以凭借。她从旧友巴里萨尼家拥有的一处公寓租好了几间房,这地方位于现在的西格蒙-哈弗纳巷,拐个弯就是她童年在粮食巷上的家。她安顿好了便又开始教钢琴课,等于是在一定程度上重拾了当初在萨尔茨堡的音乐生活,这样的生活她已经阔别了十七年了。但是她还要经历更多的悲剧。珍妮特在 1805 年死了,年仅 16 岁。图诺在圣塞巴斯蒂安墓园的莫扎特家族墓地埋葬了自己的女儿,坟墓挨着她的外祖母伊娃·萝西娜和她父亲列奥波德的墓(伯希铎葬在了他家族位于圣吉尔根的祖茔)。

在她中年的后期,图诺的人生继续着挣扎。珍妮特死后,她又失去了两个继子;而她自己的儿子列奥波德加入部队去和法国人打仗。1809 年他成了俘虏,被关入监狱(他活了下来,并离开军队,成了一名海关官员,最终定居在因斯布鲁克,活到了 55 岁)。图诺自己的健康也开始差起来。虽然她的确比自己孱弱的弟弟要硬朗,然而他们童年共同遭遇又从中幸免的严重疾病,此时上门讨债来了。最糟的是,她开始丧失视力,对于一个把演奏钢琴视为最大快乐的女人来说,这是最令人精神颓丧的一种毛病了。等到萨尔茨堡终于承认了她已故的弟弟那不可估量的价值的时候,她默默地享受着自己的角色:她是莫扎特苟活于世的姐姐,就在这个当初他们出生的城市里。她接见来访者,展示她家族的肖像画和乐器,备受所有认识她的人的尊重。

1821 年图诺迎来了一位特殊的访客。她从没有见过的侄子小沃尔夫冈联系上她,并告诉她自己想同她结识。年轻的小沃尔夫冈现在已经 30 岁了。他原先在加利西亚的巴沃罗夫斯基伯爵府上担任教职,他是在 1808 年为了逃离维也纳的压力而接下了这个工作。起初这个工作对他还算颇有激发力(这种龙翔潜底的感觉,令他本能地觉得比从前更快乐一些),但是最终却令他感到无聊和沮丧。这种失意他在 1810 年就感受到了,于是便去另一位金主雅尼采夫斯基(Janizzewski)那里碰碰运气,结果却一样令他失望。在那里待了十八个月他便搬到了兰贝格(Lemberg,今天的利沃夫),决定做个不依靠任何固定收入或金主的音乐家。这种同他父亲人生的平行对照着实令人惊诧。在兰贝格他成了年轻的朱丽娅·巴隆尼-卡瓦卡波(Julie von Webenau née Baroni-Cavalcabò, 1813—1887)的老师,朱丽娅后来也成了著名的钢琴家。她父亲是位议员,母亲约瑟芬比自己的丈夫小 23 岁,只比小沃尔夫冈大三岁。不久之后,约瑟芬便成了小沃尔夫冈的情妇,而这个被禁止的、没有希望的关系将会主导他随后的人生。约瑟芬和她上了年纪的丈夫住在一起,但是沃尔夫冈搬进来跟他们同住,他对她执迷的痴恋从没有停止过。小沃尔夫冈的哥哥卡尔对这个反常的安排表示出支持(事实上他自己也有这么一桩韵事),日后提到约瑟芬的时候还说她是位"圣徒"。小沃尔夫冈在哥本哈根探望妈妈的时候,跟她说了他对于终究是触不可及的约瑟芬的爱,康丝坦瑟对这件事表现出的欣喜令他感动(小沃尔夫冈愉快地写信给约瑟芬说康丝坦瑟和尼森"非常爱我,以至于他们不得不去爱任何爱我的和我爱的人"[28])。但是就像多年之后她对两位怀着同情的访问者所坦诚的那样,儿子的这种迷恋实际上令康丝坦瑟在私下里颇为烦恼。1819 年,28 岁的小沃尔夫冈开始了一个极具野心的冒险——欧洲巡演。他将会离开兰贝格和他的约瑟芬将近四年。他显然是从父亲那里遗传了漫游癖,以及他在这样一个大巡回当中斩获合理利润上的那种浑浑噩噩的无能(在这件事上,他要是能继承母亲或者最好是祖父的那种能力该有多好)。那几年他在欧洲城市间的流浪收益甚微,时常令他感到沮丧。就像父亲一样,他极度地想念心上人,没有约瑟芬他感到自己是不完整的。但是这期间他却有一些愉快的遭遇,和重聚的时刻,特别是在哥本哈根见到了自己的妈妈,在米兰见到他哥哥卡尔;在维也纳他遇到了昔日的老师萨列里,见到了贝多芬;在德累斯顿他见到他妈妈杰出的堂弟卡尔·玛丽亚·冯·韦伯(Carl Maria von Weber,1786—1826)。1821 年 5 月的萨尔茨堡,他和图诺姑妈见了面。

对于姑妈和侄子,这次初遇极为重要。这两位本质上孤独的人,居然在自己的家族成员当中找到了共鸣。小沃尔夫冈极为惊讶地通过第一手的资料了解到了他父亲的童年,了解到他和图诺以及父母在一起的生活。图诺也终于得以在这个和他自己父亲如此肖似的孩子身上,释放了她对那个早已失去了的弟弟悬置多年的爱意。她领他看了他们姐弟出生的粮食巷上的房子,以及舞师之家。她把他引荐给许多上了年纪的人,他们是他父亲童年的朋友,见到他无不感动垂泪。她倾听他在她的钢琴上弹奏,或许还亲自为他弹了点什么。后来她在他的签名册里深情写下的东西,让人简直有些认不出那个喜怒不形于色的事件记录员了:

> 在我 70 岁那年,我以极大的欢喜初次遇见了那个我深爱的弟弟留下的儿子。聆听他像他父亲那样演奏,唤起了多少令人欣慰的记忆啊。这些记忆会永远陪伴着他的姑妈玛丽亚·安娜,冯·伯希铎·族·索南博格夫人,娘家姓莫扎特。[29]

图诺和小沃尔夫冈之间的纽带自此便建立起来了。接下来几年每当来到萨尔茨堡,他都对姑妈表现得殷勤周到,他无疑成了她日渐衰微的时光里真正的欢愉。当出版商安德雷在 1826 年筹备刊出《安魂曲》的一个新版,并建议所有的利润都归于图诺的时候,她拒绝了这个慷慨的提议,不想再去"吸引公众的注意"。她接着把所有这些利润转让给了她的两个侄子——卡尔(她还没有见过他)和她的新朋友:小沃尔夫冈。

小沃尔夫冈初次探访萨尔茨堡之后不久,康丝坦瑟和尼森也到了,并在市集广场(如今的旧市集)的一所漂亮房子里安了家。在所有人看来,这个时机真是再好不过。发现了自己的侄子这件事给图诺带来的喜悦,为她随后见到他的妈妈作了预热。两个女人差不多有四十年没见过面了。尼森的平静和友好的态度,以及他和康丝坦瑟那忠贞的婚姻,特别是这夫妻俩合作的工作背后的那些挚诚之意(他们要为囡诺的弟弟写一本像样的传记),所有这一切驱散了囡诺对这位弟妹所有残留的(多年前由列奥波德发起的)那些怀疑。对于这本传记,囡诺十分投入,十分乐意地拿给尼森所有她的信件和言行录,这些毫无疑问成了尼森进入他的研究对象早年生活的钥匙。康丝坦瑟定然是彻底松了一口气。由于囡诺的健康在19世纪20年代持续地衰退,很明显,康丝坦瑟那韦伯姐妹家传的照顾身边人的本能,现在用在了她丈夫的姐姐身上。在人生剩下的时间里,康丝坦瑟和囡诺终于因为她们共同爱着的人而不再分开,她们走在了一起。

第四十六章

自从图诺在世纪之交的时候回到了萨尔茨堡,这座城市发生了极大的改变。作为拿破仑两次奥地利战役的后果,半封建的政教合一的体系被荡平、洗刷。1800 年莫扎特的宿敌科罗雷多大主教在法军兵临城下之际逃离了城市,他的主教公宫廷也在 1806 年撤销了。绝大多数萨尔茨堡的乐师迁去了维也纳;那些留下来的也只做些教堂的服务,规格也无可避免地下降了。经过了短暂的巴伐利亚统治时期,维也纳国会在 1816 年恢复了政治的稳定局面,萨尔茨堡也回归了奥地利。但是在前主教制度中那种王座所居的容光却消褪了:如今它实际只相当于一个不大景气的地方城镇而已。图诺一定是为此地音乐资源的抽空而哀叹不已。现在它凋敝的文化生活和她童年及青少年时期的繁华景象真是有天壤之别。相比于 1783 年那次到访,康丝坦瑟在 19 世纪 20 年代来到萨尔茨堡的时候,她一定也被此地音乐环境的巨变惊呆了。不过想必她和图诺也能够欣赏 19 世纪的萨尔茨堡所具有的那种平静和稳定。况且她们两个人也都活得足够长,可以得见日后发生的艺术的复兴。这种复兴的核心所在，是人们终于认识到了他们对于沃尔夫冈的亏欠。

在尼森夫妇到达萨尔茨堡不久，他们显然是去米兰看望了卡尔。康丝坦瑟人生的纪事在这个阶段并不完全清晰，但是他们看上去有可能是在意大利停留了两年之久，1823 年她写信给在哥本哈根的一位作曲家朋友克里斯托弗·魏瑟（Christophe Weyse），向他道歉说自己忽略了当初答应他在意大利推广他音乐的事。她承认，在整整两年的时间，她有着大量的机会去做好他拜托的事，因为卡尔曾为她组织了每周一度的家庭音乐之夜。[30] 无论具体是什么时候发生的，对米兰的造访是母子之间一次意义非常的重聚。虽然无论从情感上还是地理上来说，卡尔都是两个儿子当中较为疏远的那一个，然而这次探访的长度，加上那只言片语的记录中所暗示的卡尔为取悦母亲所作的安排，都反映出亲情的纽带始终在维系着。小沃尔夫冈对哥本哈根、米兰和萨尔茨堡的造访一定也是帮助了这个家庭将零落的拼图整合在一处。她的两个孩子都喜欢他们的继父；现在她和尼森已经回到了奥地利，无论从隐喻的意义还是现实世界的角度，所有这些人之间的距离看上去被缩短了。

第四十七章

　　萨尔茨堡的夏天热起来十分难熬。像 18 和 19 世纪当中其他一些城市一样,炎夏时节这里的部分居民会离开城市中心,到郊外去住。被森林覆盖的小山(卡普齐纳山、蒙希思山和莱恩山)环绕,萨尔茨堡周边有太多地方可以感受风凉的静谧。在到达他们的新家一段时间之后,尼森夫妇也寻得了一处房子来避暑。房子是在依贝格巷里,就在正对着萨尔茨堡的高堡(Hohensalzburg)那雄健陡峭的山崖上。从这所房子看出去风景极佳,那品物繁盛的花园也是康丝坦瑟一向所喜爱的。房子毗邻依贝格女子小修道院,那里的唱诗班教师安东·雅德(Anton Jahndl)是莫扎特教堂音乐极为热情的实践者,此人也怀着热忱参与到尼森的传记编写工作中来。

　　在雅德和另一位萨尔茨堡的同事马克西米连·凯勒的帮助下,尼森收集了所能找到的一切报刊书籍当中有关莫扎特的文章。对于任何他所知的同莫扎特有过接触的人,他或是亲自采访或是写信询问,请他们提供回忆、看法和评论。尤其是那些关系最近的家庭成员。正是在这里,尼森温和优雅的外交手腕为他争取到了囡诺的全力配合。通过她,他也进入了那无与伦比的密藏——超过四百封信件,一部分是她自己积攒的,还有的是继承自列奥波德。她同尼森之间的对话,尤其是关于她父亲的以及关于她自己的童年生活,将会深深地影响到他的传记最基础的观念。康丝坦瑟也觉得,为这件事情应该找找自己的姐妹们,虽然她们当中真的参与进来的只有一个。她的大姐姐约瑟法已经在 1819 年去世了,终年 60 岁,那时候康丝坦瑟还在哥本哈根。康丝坦瑟同她的女儿(也叫约瑟法)及其丈夫卡尔·洪尼格取得了联系。阿露西娅此时年过六旬,从歌手的职业中退了休,已经从苏黎世回到了维也纳,在那里应邀做了歌唱教师。没有任何证据显示阿露西娅为尼森的传记直接做过什么。鉴于阿露西娅早年和沃尔夫冈的情感纠葛,康丝坦瑟想必也不大愿意为传记的事找上她。她的小妹妹苏菲却发挥了重要的作用。

自她们的妈妈去世后,苏菲的人生也发生了重大的转变。1807 年,44 岁的她结婚了。她的丈夫雅科布·海伯同约瑟法的两任丈夫一样,是希卡内德戏班的成员,不单演唱男高音,还参与管理事宜(莫扎特去世不到一星期,海伯就代表希卡内德为曼海姆的戏班送去了《魔笛》的脚本,上面加了一段悲伤的附言,"莫扎特先生已经去世")。跟希卡内德戏班中许多人一样,他同时也是个作曲家,1796 年到 1801 年之间,由他创作的流行一时的讲唱剧《特洛伊人瓦斯特尔》(Der Tiroler Wastel)被他们自己的戏班演了 118 场。1806 年他第一任妻子卡塔丽娜去世了,他则搬去斯拉沃尼亚的德加科瓦(Djakovar,今天克罗地亚的贾科沃)。苏菲跟他一起走了,并在 1807 年 1 月 7 日和他在大教堂里成婚,他是那里的唱诗址指挥。

　　现在苏菲也被尼森问起她当年对莫扎特的记忆，尤其要她再现在莫扎特最后日子里所扮演的角色；她及时地给了他兼具热情和苦痛的记述。最后，康丝坦瑟的儿子也被他们的妈妈要求为传记做些什么。对于父亲，小沃尔夫冈自然是没有任何印象，但是他认识许多和父亲相熟的乐师朋友。身在米兰的卡尔不但对父亲有着早期记忆，并且他也像弟弟一样主动去接触那些能够忆起当初和莫扎特交往经历的人。收到了这些回复，尼森试图快速地将他不断扩大的资料库整合成某种连贯有序的形态。他在工作中的激情和勤勉令康丝坦瑟为之动容。她在给卡尔的信中说：

> 　　他日以继夜地坐在那里，埋在成堆的书籍和报刊当中——书堆得高到我几乎看不见他。我们很难找到像他这样一位莫扎特的倡导者了——他的努力像是没有尽头。我担心他有太多的信要写；再加上其他的工作，这些可能会伤害到他的健康，上帝保佑，到目前为止，他还好好的……写到这里的时候我已经热泪盈眶。[31]

　　在集成了如此海量的资料之后，尼森动笔写作。他开始了一篇《导言》，开门见山地显示出他在判断上那外交官式的公平和公正。他声称，在研究过施利希特格罗和内梅切克的传记之后，他这本传记的优势将会是他近来获取的大量书信所带来的丰富性。他将这些信件组织起来并编写目录，显然还花了数月的时间揣摩其中的内容。他甚至破解了莫扎特家族不时会使用的暗语（他有可能是得到了囡诺的帮助),孜孜不倦地阐明这些暗语背后复杂的系统——基本上它们是用了首字母缩略词之类的形式。显然,尼森对列奥波德十分崇拜,颂扬了他那些高尚的品质:他表率性的组织能力、他的智慧、他的道德以及他对儿子成绩卓著的教育。虽然尼森的写作带给人一种印象,他是从书信中了解到这一切的;但是从他对于列奥波德教学方法以及孩子们在18世纪60年代巡游过程中实际的演绎方式的描述来看,他一定也获得了来自囡诺的第一手信息。尼森的确也提到了囡诺和她的妈妈,但她们充其量是作为主要剧情(也就是一位天才男孩的教育和成长)的一种见证,还称不上是戏剧中的角色。尼森进而下了判断说,这些信件中最有价值的是父子之间("男人对男人")所往还的那些。尼森毫无疑问是崇敬沃尔夫冈的,但同时他也对于他性情中某些方面觉得不适。那种孩子气的犯浑、对身体官能的执迷,当然还包括临死时不能安顿好康丝坦瑟这件事。这些方面讲得好听一点是令他困惑的,说得严重些就是令人发指。将这本书建基于这些从来不准备面世的信件内容上,尼森固然对此是有所顾忌的。但是最终他决定实话实说:遮遮掩掩也等于是一种欺骗。

然而,尼森却几乎未曾开始这个里程碑式的写作。他甚至没能完成他那篇《导言》。海量的工作可能会伤害他的健康,康丝坦瑟当初这个担心是对的。1826年3月24号,格奥尔格·尼森突然去世了,65岁的他死于"肺部的麻痹"。康斯坦斯在人生中二度成为了寡妇。在同第一任丈夫又一个奇异的平行对照中,尼森也留给她一部未完成的大作。

后世之人从不曾忘记康丝坦瑟对于墓穴的态度。她没有陪伴莫扎特的灵柩去到他最后的安息之地——维也纳郊外的圣马克思公墓；她也没有为他立一块像样的墓碑。到她第一次真正踏足这个墓园，已经是 1808 年的事了，那时候法定的十年期限早已经过了；根据当时的习俗，墓穴已经被按时重新耙过，并且要重新整顿，迎接新的墓主人了。也许是由于这个心结，康丝坦瑟对于第二任丈夫的遗骸格外地在意。莫扎特家族在萨尔茨堡的圣塞巴斯蒂安墓园有他们专属的墓地。已经在那里安息的有沃尔夫冈的外祖母伊娃·萝西娜、他的父亲列奥波德、囡诺的女儿珍妮特，很古怪的是：还有康丝坦瑟的婶娘盖诺维娃（Genoveva），她是卡尔·玛丽亚·冯·韦伯的妈妈。盖诺维娃（康丝坦瑟还比她大两岁，却也乐意地称她"婶子"）和她丈夫弗朗茨·安东曾经在 1788 年到维也纳探访过沃尔夫冈和康丝坦瑟：那时候康丝坦瑟的儿子卡尔 4 岁，而盖诺维娃的卡尔还不到 2 岁。她也是个歌手，还在 1790 年的迈宁根以及 1794 年的魏玛唱过《后宫诱逃》。18 世纪 90 年代中期她和弗朗茨·安东在萨尔茨堡，他在那里短暂地担任宫廷乐正；也就是在那里，她于 1798 年 3 月 13 号死于肺结核，死时年仅 34 岁。她同莫扎特家族的那微末的间接联系，一定使得他们在圣塞巴斯蒂安的那片地成了她理想的埋骨之所；她还真的被埋在了那里。如果当时身在圣吉尔根的囡诺对家族墓地遭到入侵有什么反对意见的话，她也并没有明言。所以，如今康丝坦瑟循着这个多少有点曲折离奇的逻辑路径下了决定：尼森也应该被葬在同一块墓地当中。

这大概不能算是康丝坦瑟最为周到的决定。在这个集成的坟墓中树立起的墓碑上只写了尼森一人的名字，却忽略了囡诺的外祖母、父亲和女儿的，这个举动也称不上是深思熟虑的操作。从效果上说,韦伯家族劫持了莫扎特的家族墓地,对于这一次入侵,囡诺是真的感觉到不平了。1823年她曾经立过一份遗嘱,声明她希望被葬在圣塞巴斯蒂安墓园,就自己父亲旁边。1827年,尼森在圣塞巴斯蒂安下葬一年之后,她在遗嘱中加上了 份附加条款,要求自己被葬到另一处墓地——圣彼得墓园去。虽然她对康丝坦瑟新近的丧夫或抱有一种同情,囡诺的这一举动等于是一个强力的声明。看上去两个女人之间重新燃起了一丝紧张的空气,讽刺的是这背后的导火线竟是一个男人的死亡,他生前曾做过那么多的努力达成了她们之间的和解。

这个时候小沃尔夫冈大概是为弥合康丝坦瑟和囡诺之间的嫌隙起到了一些作用。尼森死后,他立刻回到妈妈身边,但是也须臾不曾忽视对他日渐失明和衰弱的姑妈给予关爱。这两个女人的家庭总算保持了有礼和关切的往来。有儿子陪在身边令康丝坦瑟备感安适。她安排了一场莫扎特《安魂曲》的演出来纪念尼森,指挥是小沃尔夫冈。此情此景对于康丝坦瑟来说当然又是一次百感交集的体验。在她第二次守寡的时候她的小儿子不是唯一扶助她的人。因为又一个家族的巧合,她妹妹苏菲也刚刚失去了她的丈夫雅科布·海伯,他和尼森死在了同一天。姐妹俩在书信中交换了同情和慰问,她们做出了一个将影响她们余生的决定。苏菲把她德加科瓦的家收拾停当,便搬到了萨尔茨堡去和康丝坦瑟同住。现在这两姐妹将会相濡以沫,彼此分享那项韦伯家的专长——关爱。

第四十八章

尼森为撰写莫扎特传记做了大量的研究工作，为此他们还搬到了萨尔茨堡。鉴于这些已经付出的劳顿和牺牲，如今康丝坦瑟决定完成这本书。毕竟这也是对她两位亡夫的一种纪念。她身边也仍旧还有那两位尼森在当地热情的帮手——雅德和凯勒。但是尼森所积累的浩如烟海的资料需要一种内聚力去加以整合，康丝坦瑟感觉得要找一个能力更强的文人来主事。康丝坦瑟针对这本书的当务之急所作出的判断是对的，但是她却选错了人。约翰·弗里德里希·弗雅施坦(Johann Friedrich Feuerstein，1797—1850)来自德累斯顿附近的皮尔纳，是一位医生，一位莫扎特的狂热崇拜者，也是尼森的旧友。他毛遂自荐，康丝坦瑟便接受了。她请他接手整个创作项目，并联系出版商，也就是她的宿敌布莱特科普夫和黑泰。弗雅施坦都照办了，后来这本《W. A. 莫扎特传记》也终于面世。但是这本书却和尼森计划当中那种对资料煞费苦心的全面呈现有着天壤之别。以一种灾难式的随意风格，弗雅施坦将资料胡拼乱凑起来；更有甚者，文中还充斥着矛盾、重复以及来路不明的轶闻。康丝坦瑟有没有真正读过它,乃至对其内容和风格加以认可,那就不得而知了。几年之间康丝坦瑟和弗雅施坦的关系也将以尖刻的讥讽收场,因为弗雅施坦扣留下一笔钱,康丝坦瑟声称这笔钱本该属于她。当她当真提起诉讼向他索要的时候,他又因精神状态的原因无法出庭。康丝坦瑟输掉了官司,而弗雅施坦则终身被关在了精神病院。

当弗雅施坦在做着他精神病式的拼拼补补的活计时,康丝坦瑟正忙于这本书的销售。她网罗来的订购者的名单相当引人注目。首要的自然是奥地利和丹麦的王族,紧接着的是巴伐利亚、萨克森、意大利和普鲁士的王室(英王乔治四世没有出现在名单中,虽然此前康丝坦瑟也给他去了信)。亲王、公爵和伯爵蜂拥着订购这本书,最终康丝坦瑟的名单上囊括了不下 600 名狂热的贵族支持者。当书出版的时候她非常高兴,并在 1829 年 4 月 1 号的日记中写道:"它看上去很漂亮。"接着她便以同等的热情投入到书的分发当中,把它们一箱箱地发往欧洲各个角落。起初,书的销售情况极好,收入也很令人满意。但是这种动力却无以为继。头一番冲击过后,销量极速减慢以至于终止,这本书在此后的二十多年也未能重印。实际印出的成书,其令人失望的程度不可避免地影响了这本传记在商业、音乐和文学界最终的命运。

第四十九章

　　尼森的传记出版后不久，两位英国的访问者来到了萨尔茨堡。今天的人知道文森特·诺维罗（Vincent Novello，1781—1861）是因为他创立了自己的出版公司，而在他的时代他还以职业音乐家而闻名，他和妻子玛丽穿越欧陆到过维也纳，又返回了英国。他此行有三重目的：第一是为了计划当中的莫扎特英文传记收集素材；第二是向莫扎特的姐姐囡诺赠送一份礼物，他们相信囡诺穷困潦倒，便以她的名义在伦敦筹了一笔钱；第三是为他们的女儿克拉拉（他们的十一个子女之一）在巴黎安排了几节声乐课。1829 年 7 月他们第一次到达萨尔茨堡的时候十分兴奋，以至于脱离了既定的行程而在那里多待了几天，放弃了访问布拉格的计划。接着他们便出发去维也纳；后来在返回英国的路上，他们又在萨尔茨堡逗留了一回。在这次意义重大的旅行的整个过程中，文森特和玛丽·诺维罗二人都记了日记；[32] 这些日记留存到了今天，得以向后人展现萨尔茨堡的康丝坦瑟、囡诺、苏菲和小沃尔夫冈（他当时碰巧在那里探望自己的母亲和姑妈）、维也纳的阿露西娅等人在同时代人眼中那鲜活的样貌。

在那个夏天,文森特·诺维罗一到萨尔茨堡便分别写信给囡诺和康丝坦瑟(信是用法文写的,他德文懂得不多,能说的就更少),询问他们夫妇是否方便去府上拜访,对囡诺来讲,他们还要送给她诺维罗的"小礼物"。康丝坦瑟事实上是代表她们两人回答了对方的询问,抱歉地解释说囡诺身体不适,那天不方便会见他们,但是却邀请他们到她自己家去,她的仆人可以带路。所以现在康丝坦瑟明显是跟囡诺家有着密切的联系,这真的是囡诺最后一次生病了。不管是不是每天都见到她,她现在监控着囡诺的状况,评估她能不能够会客,并且礼貌地替她应酬外面的世界。

接下来的三天,一种温暖和真挚的友情在诺维罗夫妇和康丝坦瑟之间酝酿。7月14号下午在侬贝格巷康丝坦瑟的家中的第一次见面,令诺维罗夫妇"完全地迷醉"。15号那天,小沃尔夫冈带着他们去见了囡诺,在邀请这个年轻人吃了午餐之后,夫妇俩一天中剩下的时光又是和康丝坦瑟在一起度过。她提议次日带着他们去艾根(Aigen)走走,于是他们当即便更改了自己离开的计划并接受了她的邀请。17号那天他们在极不情愿地离开之前,又在她位于城里市集广场的家中度过了和她在一起的最后一个上午。互相道别的时候,双方都认为这次拜访是个巨大的成功。文森特·诺维罗在日记中写道:"我们最终道了别,带着再次相见的共同期许,不管是在萨尔茨堡还是在伦敦;还承诺要时常通信。整整三天,我经过萨尔茨堡,并同莫扎特的遗孀和儿子有了一段最为有趣、最令人满意和愉悦的经历,这经历终生都享用不尽。"康丝坦瑟也在她的日记中写道:"……非常吸引人的男人,以及极富魅力的太太……

这些好人在今天,7月17日,离开了。"[33]

考虑到诺维罗是莫扎特音乐狂热的信徒,而整个奥地利朝圣之旅的主要目的,就是从认识他的人那里获取对这个人最直接的看法,也难怪这位易动感情的狂迷被这趟维也纳的经历完全地征服了。离开家之前,他曾经得到了一本尼森的传记("全英格兰的第一本",他自豪地告诉康丝坦瑟),以极为有限的德语能力,他吃力地将这本书啃了下来。他还提前准备了一份问题清单(并非是尖锐的问题)去询问康丝坦瑟,大部分问题都是为了引出能够确证书中轶闻的答案。他在日记中所记下的那些回应,加上他对于观察到的围绕康丝坦瑟的环境和境况的描述,尤其还要加上玛丽·诺维罗在记录同样事件时的洞见和直觉,使得作为女性的康丝坦瑟的形象跃然纸上。

在伫立于陡峭山崖上的依贝格巷的房子里,诺维罗已经在琢磨他的最高级表达了:"引向这所房子的路是最非同寻常和最奇特的类型,而这房子本身坐落在我所见过的最精巧的所在之一。"就像玛丽·诺维罗所记录的,这座房子没有装腔作势的样子但是极为雅致和舒适:"这些房间,就像最异国风格的那种,并没有堆满了家具,她接待我们的那个房间直接通到一个小卧室,里面有她的床,上面极有品味地覆着明绿色的床罩,跟房间四下布置的鲜花形成了微妙的和谐。"几乎可以肯定这些鲜花是采自康丝坦瑟的花园,她爱这个花园,玛丽·诺维罗在下一次拜访之后写道:"她在她的花园里,这个花园坐落在半山腰上,开满了鲜花,两边架着葡萄架,还有好几把座椅,可以看到大概是世界上最美的风景——左边是漂亮的城镇、宫殿和教堂,面朝白雪皑皑的群山,下面有萨尔察赫河从美丽的山谷间流过。"在第三天,当诺维罗夫妇和康丝坦瑟在城里会面的时候,康丝坦瑟带给玛丽"从她花园中摘取的一把美丽的花束"。在房子里头,康丝坦瑟房间的墙上悬挂着莫扎特家族的那些肖像,文森特·诺维罗如是记录:

沙发后面那幅画中,是莫扎特和他的姐姐在表演二重奏,他们的爸爸坐着,而妈妈的肖像在画框里。这幅画上方是她第二任丈夫冯·尼森先生的肖像。在另一间屋子,画像中童年的莫扎特穿着带花边的上装,挎着剑,还有她两个儿子的画像,画中人有种满是爱意的态度,就好像他们喜悦地互相依附着……以尼森[夫人]的眼光,迄今为止最肖似的一幅莫扎特的画像是朗格大人(尼森夫人年龄最大的姐姐)的丈夫绘制的油画,尼森夫人将这幅画复刻了放在她的传记里——这幅画虽未完成但是画得真是好……它被装在一个木箱子里,就好像一直处在运输途中。

这观之使人萦绕缠结的未完成的肖像也迷住了玛丽:"前额是如此的又高又宽,充满着天才,嘴甜蜜而美丽,在书中的版画里这两样加上鼻子都被夸张了,他们在油画中更为纤巧……莫扎特有着非常纤巧的双手。"

对于康丝坦瑟本人,文森特·诺维罗试图去冷静客观地加以形容,然而在这种状况下强烈的情感还是突然在他胸中涌起:

在年轻时代,她的双眼一定十分闪亮,到今天它们仍然是明朗的。她的面庞不像传记中的版画所描绘的那样。它是细瘦的，流露着关爱和牵挂的神色。但是当她绽放微笑的时候，便是一副引人注目的快乐的表情。她身量不高，身段苗条，看上去比我预想中年轻。她的嗓音低沉柔和，态度中透着教养，讨人喜欢，那种无拘无束像是个惯与人相处又熟谙世情的人。她说起自己杰出的丈夫时温柔而深情（虽然也不全像我本该从一个同他"如此亲近"的人身上所期待的那种充满仰慕的态度一样）。当她跟我一起端详他的肖像，并且有那么两三次她提及他生命中最后几年的事，我能察觉到她声音中的一丝丝颤抖，这不由自主、难以察觉和半是压抑的颤抖令人不得不为之动容。在整个访问期间，对于我来说，没有什么人比她的行止更和蔼、更友善，甚至是更热诚的了。这位女士对我来说就是天下最有趣的人物之一。

玛丽·诺维罗也被和康丝坦瑟的见面深深打动了：

第一次进屋的时候我便被纷至沓来的情感淹没，以至于除了低泣和拥抱她以外什么也做不了。她看起来也颇为动情，反复用法语说："啊，能见到我的莫扎特的仰慕者，这对我是多么大的快乐。"虽带着点德语口音，她的法语很流利。如果讲意大利语对她来说会好一些，但是由于我不懂这门语言，她便礼貌地以法语继续。她完全是个教养极佳的女士，虽然容颜不再，除了她的双眼还是像传记中的图画所描画的那样。唉，以她这个年纪的女人，她还保持着身材和一种风度，我猜想她一定有 65 岁了。[其实她此时是 67 岁。]

在他们多次谈话的过程中,诺维罗夫妇和康丝坦瑟所涉颇广,但当然还是在康丝坦瑟熟悉的领域,因为这绝非是她第一次被问及这类问题了。但是当谈到她第一任丈夫的行为和个性,以及他们共同的生活时,她偶尔会发表饱含情意的见解,像是在这些被谈及太多次的故事那陈旧磨损的表面上投射了一道令人愉悦的光。比如,他们会谈论莫扎特的创作过程,玛丽这样记录:

> 当某些重要的观念在他脑中运作,他会出神,在公寓中来回踱步,对周遭的一切全无觉察。但是一旦他整理好思绪,他不会需要钢琴,而是拿过谱纸来,一边写一边对她说:"现在,我亲爱的妻子,你把刚才说过的再说一遍好不好。"她的谈话绝对不会打断他,他就一路写下去,"比我用最普通的字母所能做的还要多",她补充道。

诺维罗夫妇发现康丝坦瑟对莫扎特的音乐极为了解:她能背诵这些歌剧,而且常常会同莫扎特一起唱,或者唱给他听;她当然也会对她听过的实在糟糕的演出发表自己的看法("真的是令人难以满意,以至于她都听不出那是莫扎特的作品")。然而,听他的音乐仍旧令她伤心。她对玛丽·诺维罗坦言说她"无法忍受去听《安魂曲》或是《伊德梅尼欧》的演出,上一次听到《唐乔万尼》,她整整两个星期都无法平静。"康丝坦瑟告诉诺维罗夫妇,她认为莫扎特的真正死因非常简单,就是过劳,尤其是他经常熬夜作曲。但是这段创痛的记忆却被康丝坦瑟和她儿子一转而变成了对她自己夜间习性的可爱的揭短，就像玛丽·诺维罗写到的："他经常坐在那里写到凌晨 2 点，而后在 4 点钟又爬起来，这样的消耗只有助力了他的毁灭。最近她也在同样的时间起床，但是据她儿子说，她睡得其实非常早。"

在这些愉快的会面中，康丝坦瑟充满活力的天性遮蔽了小沃尔夫冈和苏菲的存在感。不过他们也被注意到了。苏菲如影子般地静悄悄地浮现。在那次访问中的某一时刻，文森特·诺维罗和沃尔夫冈来到钢琴前，沃尔夫冈弹奏，文森特在一边听。苏菲和他们一起过去，相比和康丝坦瑟及玛丽在房间的另一头聊天，她更愿意跟音乐待在一起。沃尔夫冈看上去也是一个有些含蓄自守，甚至是焦虑的灵魂。有一个现象，玛丽·诺维罗更愿意敏锐地将其归结为是盛名所至：

> 屋里有她最年轻的儿子，这个同父亲肖似的年轻人似乎没什么才气，大概是这种感觉令他面色沉郁，他将之视为一种重负。这感觉也阻抑了他的音乐作品中的热情，使得它们都成了平庸之作；这种想要产出对得起他父亲名声的作品的绝望感笼罩着他。除此之外他表现出的是善良、平和、容易接近而且直率坦诚。

然而诺维罗夫妇越来越被小沃尔夫冈打动（"我们增进了对他的认识"），尤其是通过他对他那位姑妈的好意。正是他带着他们去见了垂危的囡诺，而文森特被"这种魅力吸引了，因为莫扎特的儿子对她所表现出的殷勤和体贴,这些行为发乎挚诚。他反复地叫她'我亲爱的姑妈',并且尽最大的努力去了解清楚并实现她所希求的事"。

囡诺在 1826 年彻底失明了,虽然她此时仍然能够演奏钢琴。1829 年初,在她 78 岁的时候,她的身体突然剧烈地衰弱,最后只好卧病在床;由于一连串的谣言,病情的传闻变得扭曲而夸张。当文森特和玛丽·诺维罗在伦敦听到这个消息的时候,可怜的囡诺不单被认为是眼盲了、丧失了能力,而且还穷困潦倒。于是热心的诺维罗便从十七个捐助人那里为她筹集了一笔 60 基尼的善款。他承诺会在自己的旅行中亲自把捐款送到。他的捐助人名单中包括圣保罗大教堂的管风琴师托马斯·阿特伍德,二十出头的时候他曾经在维也纳跟莫扎特学过十八个月的作曲;还有作曲家伊格纳兹·莫谢莱斯、钢琴家齐普里亚尼·波特、出版商克拉默(J. B. Cramer),以及贝多芬的好朋友、竖琴制造家 J. A. 施图姆夫(J. A. Stumpff)(施图姆夫和康丝坦瑟之间常有书信往来,到诺维罗夫妇返回伦敦的时候,还从她那里捎了封信给他)。诺维罗还想着在伦敦上演一场音乐会,为这位"冯·索南博格夫人"筹款。

在他们见到囡诺之前,康丝坦瑟就成功阻断了他们的许多误解,这无疑是幸运的。他们在萨尔茨堡的头一个下午,康丝坦瑟温和地对他们解释,如果他们将自己的礼物送给囡诺,她的这位"美丽的姐姐"不会享受和他们的见面的。她同时也澄清囡诺虽然体弱,但是她还不到需要捐助的份上。诺维罗夫妇得知囡诺拒绝了安德雷分给她《安魂曲》的收益,因为她"不想再吸引公众的注意"。文森特·诺维罗还补充道:"尼森夫人不想要为她专门举办的音乐会"。所以康丝坦瑟是出于好心而断了他们的念头。为了避免任何难堪,她还以囡诺的名义签收了那 60 基尼。甚至也有可能是康丝坦瑟在拖延诺维罗夫妇和囡诺的会面,以便为她的访客提前作好铺垫。囡诺还保有她的那份骄傲,而康丝坦瑟对此尤为敏感。

第二天小沃尔夫冈带着诺维罗夫妇去看望她的时候,可怜的囡诺真的是"目盲、倦怠、疲惫、衰弱,几乎不能言语"。但是她知道他们要来,表现得十分焦急,怕错过了他们。她已经惴惴不安了一整夜,并且为了他们第一次来的时候不能接待他们而一再抱歉。诺维罗夫妇被囡诺的状态打动,玛丽带着同情写道:

> 她完全看不见了,但是却没什么痛苦,这全是出于自然的凋残。她躺在床上仿佛是一个随时等待死神到来的人,可能会在睡梦中离世。她的样貌大变,甚至有些丑,但是却能看出一点肖像中的样子。她十分优雅,有着最为纤巧的双手。和许多盲人一样,她触觉很敏感,一直紧紧握着我们的手,询问哪位是"先生",哪位是夫人,她为了我们不会讲德语而感到伤心,"不会讲德语啊"。她说话很轻,几乎听不大清。

但是囡诺亲切地感谢他们的"小礼物",并且说"将它当作为她即将到来的命名日——26 号的圣安妮日——的礼物就好了",从而打消了任何潜在的尴尬。诺维罗夫妇也注意到囡诺远不至于是穷困潦倒,身边还有一个仆人和她同住,安排她日常所需。这位仆人约瑟夫·梅茨格(Joseph Metzger)也担当秘书的工作,正是他执笔代她写信为那份礼物感谢了诺维罗和他找来的那些捐助人。和康丝坦瑟在此地的两处房子一样,囡诺这里的墙壁上也挂着家庭的肖像,她尤其急于让侄子向来宾展示这些画,以及其他一些画作,这些文森特·诺维罗都记下了("我特别注意到那几幅凡·戴克和伦勃朗")。诺维罗夫妇进到公寓的那一刻,四处风传的囡诺的窘境便不攻自破了。

他们没有和囡诺在一起待很久,却发现并亲自弹奏了她那架"她曾经常和弟弟一起弹奏四手联弹的乐器"。囡诺告诉诺维罗夫妇,她卧床以来便没有碰过这个乐器了,就在两天以前她还试着弹了一下琴,却只是发现自己的左手已经完全不顶用了。她真正能够弹奏的最后几段曲子,是六个月前演奏的歌剧节选段落,一个来自《魔笛》("多么美妙的声音"),另一个来自《唐乔万尼》(小步舞曲)。允满敬意的文森特·诺维罗评论道:"对我来说:这是她到最后都在持续着的姐弟之情的感人凭据。"(当然,这个细节恰恰也道出了囡诺的为人。这是她对于弟弟的名字和音乐的带着领地意识的宣誓。)诺维罗夫妇温柔地告辞:"恐怕以她现在这种力竭的状态她也坚持不了多久了——[文森特接在玛丽后面写道]——但是大限到来的时候,我希望她可以远离一切苦痛,平静地停止呼吸,就像是沉入了一次静谧的睡眠。"

文森特和玛丽·诺维罗离别了萨尔茨堡,继续去往维也纳,在那里他们用了数天的时间做莫扎特的研究。从沃尔夫冈为他们写的推荐信当中他们获益良多,跟包括施塔德勒长老和约瑟夫·艾伯勒在内的许多人进行了极为有趣的会面。玛丽·诺维罗还见到了已经 69 岁的阿露西娅。这次迷人的会面之所以能够发生,是因为此前身在伦敦的托马斯·阿特伍德替阿露西娅写了封信给他们——这件事还引起了康丝坦瑟的一丝不悦,因为阿特伍德并没有提前知会她。可以肯定阿露西娅是主动上门去找诺维罗夫妇的。文森特当时一定是出门去了,玛丽自己记录了这次会面。她发现阿露西娅"是个性情十分明朗的女人,但是被人生的挫折销磨得不善——她已经和丈夫分开了,他也没给她留下什么,于是她不得已便以给人上课维生,在她这个年纪可说是相当的不易了"。玛丽精明地利用这个机会,为她女儿克拉拉在巴黎择师的事征询阿露西娅的意见,引得阿露西娅道出了十分直率的观点:"她宣称绝大多数的意大利歌手看不懂他们所唱的音乐的乐谱——大自然在他们的歌喉上已经馈赠良多,他们自己却十分地不注重方法。"(作为一个出色的钢琴手和全面的音乐家,阿露西娅想必是对这样的不足看不过眼。)她还对小沃尔夫冈表达了极大的喜爱之情,她爱他"甚至胜过爱自己的孩子们"。终于,两个女人进入了那个玛丽一定是最渴望去探索的领域:

> 她告诉我莫扎特到死都一直爱着她,坦白说她害怕这会引起她妹妹的一丝妒意。我问起当初她为什么拒绝他,她不能回答。两边的父亲当时都已经同意了他们的交往,但是她却无法欣赏他的天分和那种可亲的性格,事后她十分后悔。谈到他的时候,她语气里带着温柔和遗憾。至于她妹妹,她觉得康丝坦瑟的包容和善解人意是高人一筹的。

尽管在事业上是那么的要强,可怜的阿露西娅在此时成了一个有些颓唐伤感的女人,满是苦痛的记忆。对于当时双方家长在她和莫扎特的关系上所采取的反对态度,她选择了遮掩这些记忆,更愿意去编织一个围绕着爱情悲剧中的男女主角展开的浪漫图景。虽然她和她的妹妹们关系依然亲密,她所提到的康丝坦瑟的"一丝妒意",大概反倒是来自她自己这一边的。当她礼貌地跟玛丽表达了她没到过伦敦的遗憾时,她实际是在埋怨康丝坦瑟:"在汉堡的时候,英国人催她到伦敦去,但当时却没有人能陪她同行,因为莫扎特夫人此时离开她到普鲁士国王那里送《安魂曲》的乐谱去了。"而那个最终拥有了两段幸福婚姻的,也是康丝坦瑟;阿露西娅自己的婚姻却失败了。康丝坦瑟现在过得极为闲适,而她还在贫困的边缘挣扎。当然最为重要的是,将永远和莫扎特相提并论的是康丝坦瑟的名字,却不是她的。像与她同时的、同类的许多人那样,阿露西娅一度在最伟大的歌剧院和音乐厅享受狂热的掌声,如今却要面对凄清和艰辛。

诺维罗夫妇回伦敦的途中,又在萨尔茨堡停留了一回。机缘巧合,这回他们遇到的第一个人是小沃尔夫冈,就在"勤勉"驿马公司的办公室里。当时他正准备出发去提洛尔(Tyrol)。他告诉他们因诺还是处在"一样的倦怠状态",但是他妈妈却"健康如常"。当发现因诺正在平静地睡觉,他们便没有打搅,转而在当天晚些时候上了山,到依贝格巷的房子去拜访康丝坦瑟和苏菲。出乎他们意料的是康丝坦瑟此时出去了——事实上她是因为操心因诺而过去探视。但是苏菲挽留住他们,就在家里等康丝坦瑟。在这期间她开启了自己对于莫扎特的记忆之门(诺维罗夫妇在两星期前竟把她忽略掉了)。文森特和玛丽写下的正是关于莫扎特最后几天的记述,和苏菲此前交给尼森的完全一样,仿佛是她给姐夫提供资料的过程,在她心里产生了一个脚本,凭借它便可以轻松地应对其他任何询问者。这大概不是苏菲第一次公布她在莫扎特临终时扮演的重要角色了,这也深深地感染了她的英国访客。"她还告诉我莫扎特是在**她的**怀中故去的。"玛丽骇然感叹。以一种对待丈夫的动人和可嘉的忠诚,苏菲接着给诺维罗夫妇看了一份雅科布·海伯所作的弥撒的乐谱,文森特礼貌地对之加以称赏。康丝坦瑟回家了,看到诺维罗夫妇也在而非常高兴。于是他们便又度过了一个谈论莫扎特和分享真挚友情的下午。当天晚上,康丝坦瑟和苏菲意外地出现在诺维罗下榻的旅社。"她和她的妹妹像老朋友那样过来找我们;靠着我们坐在桌子的一边,对能够一起进餐表达了感谢,全然不曾见外,好像是希望让我们相信她们在这里就像在自己家中一样自在。"

用过晚餐,殷勤的文森特坚持要送两个女人回家,聊作最后的道别。他们步行登上了山,在小街上经过了女子修道院到了她们的家。他内心充满喜悦:现在是满月,乡间的景致神秘地在眼前展开,莫扎特的遗孀正挽着他的手臂。康丝坦瑟也享受这样一位她很快便生出好感的英国绅士的陪伴,并跟他吐露了她内心深藏的关于小沃尔夫冈和她的波兰"情妇"的焦虑。在这么个月光如水的晚间,听到康丝坦瑟坦诚地以肺腑之言相告,文森特因这样的际遇而深深地感动,当中谈到的那些隐情他对妻子都没有透露。

第五十章

1829 年 10 月 10 号,诺维罗夫妇的到访刚刚过去两个月,囡诺去世了,终年 78 岁。虽然她一定也多次感觉到她作为音乐家的成就仅仅反映了她所具有的潜力的一小部分,但是囡诺·莫扎特对后世来说仍然是那个时代的女性当中最令人着迷的一个。任何时代的儿童都极难想见她早年所具有和所经历的那种兴奋、魔力、戏剧性以及成就。她父亲很快就发现了她不凡的天赋,教给她钢琴上高超的技巧,以及视奏和背奏的能力。她的弟弟很快便在光芒上盖过了她,即便如此,他们的童年也充满了共同分享的经历和游戏,其中更充斥着共同创造音乐的过程。当沃尔夫冈成了众人注目的焦点,囡诺无可避免地感到一丝失落,但是她从没有让她那子女间的妒忌毁掉了她因他的辉煌而起的那些快乐和骄傲,很快她便习惯于追随在他左右了——"我只是我弟弟的学生而已,"她会如是谦卑地宣称。

十几岁的时候,通向奇境的门就这样在她眼前砰然关上了。当她的父亲和弟弟数次徜徉在意大利,每次一待就是几个月的时候,囡诺突然被从她有生以来一向都参与的活动中除名了。弟弟的进展给她带来的快乐如今也发生了转移:她由一位参与者变成了看客。虽然在萨尔茨堡有她这个年龄的女性在追求着音乐的道路,她专制的父亲却从没有哪怕一闪念想要培养她成为音乐家。她大概便转而靠近了妈妈,同她在萨尔茨堡彼此关照。玛丽亚·安娜在一次囡诺照例无权参加的旅行中悲惨地离去,于她而言是毁灭性的打击。在舞师之家她一度承担了她母亲的角色,为列奥波德和沃尔夫冈打理家务;她作为室内乐音乐家的天赋在这方寸之地得以施展,为她的听众、她的合作者和她自己带来了巨大的欢愉。但是当沃尔夫冈永远地离开了萨尔茨堡,她再次从他那持续的盛放当中退避。虽然她仍然定期地演奏,也自得其乐,但是她那听命于专横的父亲的人生却变得越发幽闭。

囡诺在三十多岁的时候嫁给了一个比自己年长很多的自私的鳏夫。这场婚姻带着绝望的印记,她走入其中的时候就已经知道婚姻生活的获得意味着音乐生活的失去,但即便已经有了这样的觉知,当她面对自己所选择的苦涩现实时,一定还是措手不及的。对于她的艺术世界而言,圣吉尔根的岁月还有一件事情令她错愕:她根本没有机会演奏,她此时也和弟弟那炫目的世界彻底地切断了。正当她经历着这失去音乐生活的丧乱时,她按部就班地成了一位妻子、母亲和继母,并且被忠诚地、固执地粘在了这个角色上面;同时她也继续行使着作为女儿的责任,直至列奥波德的离世。她和自己孩子们的关系是一言难尽的。在她的长子人生中最重要的早期时光中,列奥波德事实上是霸占了他。日后她又悲惨地失去了自己的两个女儿。她一定深知孤独之味。

丈夫去世以后，囡诺立刻便回到了萨尔茨堡，回到了她所认为的那个"家"。终于，在她静默的孀居岁月中，她看来是找到了平和的感觉。她跟传记作者们以及出版商们配合，并全心地支持尼森庞大的写作计划，通过贡献她的一点力量，她再度经历了自己曾经历的，也再度享受了自己曾享受过的精彩的童年时光。她深受衰老之苦（当童年的她被称为"自然的神迹"，在最后的岁月中却被形容成"自然的凋残"），但是很显然她保持了尊严和优雅。她的侄子小沃尔夫冈的到来，为她提供了抒发爱意的出口，也为她带来同自己过去的和解，或许还赋予了她在沉入自己长眠之前的人生的完满。

圣彼得大寺墓园中的公共
墓穴,埋葬了囡诺和莫扎特
的朋友及同侪米夏·海顿

第五十一章

　　根据她遗嘱附件中的要求,图诺被葬在了圣彼得大寺的墓园里,离她生前所住的公寓不远。她没有选择河对岸的圣塞巴斯蒂安墓园,同家里的其他人在一起。除去六个继养子女和仆人们的一部分遗产,她的儿子小列奥波德(Leopold Alois Pantaleon,1785—1840)继承了剩下的全部财物。图诺也明确提出,遗产中来自莫扎特这一系的所有财物(相对于伯希铎一系的),将来在小列奥波德去世之后将归于莫扎特家族的再下一代。结果,小列奥波德将所有这些财物转让给了康丝坦瑟和她的两个儿子;处理这些事情的时候,他跟她要了一本尼森编辑的传记,此后便从莫扎特家族的叙事中消失了。年轻一代的作为,可谓是极为知礼了。

　　在康丝坦瑟自己的最后岁月里,那本传记的销售成了她的当务之急。她把所有关于行销和分发的通信做了一份记录,即她的《有关莫扎特传记的往来通信的日记》。1828 年这本传记即将出版的消息首度出现,康丝坦瑟的这本记录里面记下了从这以来直至1837 年的每一笔交易。这个生意当中她主要的合作者是莱比锡的布莱特科普夫和黑泰公司、皮尔纳的弗雅施坦、奥芬巴赫的安德雷，以及颇有点意外的一位——柏林的加斯帕雷·斯邦蒂尼（Gaspare Spontini, 1774—1851），此人是她堂弟卡尔·玛丽亚·冯·韦伯的竞争对手。她那本记录中还记下了她同哥本哈根的律师们的往来事宜，主要针对的问题是尼森的资产以及她自己那份频繁修改的遗嘱；还有就是和她的银行——维也纳舒勒银行（Schuller & Co.）——之间的交易。康丝坦瑟俨然已经成了一位生意上的悍妇，她坚定、顽强而锋利。

然而她这本记录还包含有她其他的一些通信。她给遍及欧洲的形形色色的朋友和相识去信，其中包括尼森在丹麦的几个晚辈、她的外甥女约瑟法·洪尼格（她故去的姐姐约瑟法的女儿）及其丈夫卡尔（这些年轻人都在 19 世纪 30 年代早期先于她离世了）。当然还有和她自己的家庭至亲的往来书信。卡尔和沃尔夫冈都保持着跟妈妈的通信，如同所有的母亲一样，她喜欢收到孩子们的消息：1831 年 9 月 4 号她高兴地记录道："6 月 14 号以来我从沃尔夫冈那里收到了十一封来信，真是个好孩子！"[34] 但是她继续为她这个小儿子操心。她定期汇给他一些钱，他在 1838 年终于离开兰贝格（仍是跟约瑟芬和她的丈夫）搬去维也纳之后，她非常替他高兴。就像她对文森特·诺维罗透露的，在那里他的才华至少"可能被更好地了解和欣赏"。对于卡尔她就没有那么操心，他在米兰有稳定的职业，而且安于做他的意大利人。但是 1833 年 3 月她也听到了一个十分沉痛的消息，那就是"他的康丝坦瑟"的离去，这个女孩死于肿瘤。康丝坦瑟立即写信去表达同情。这里就涉及了卡尔的另一段人生。很明显，他也有一段不正当的男女关系，并且产下了一个非婚生女,他以自己妈妈的名字为她命名。如果卡尔可以同康丝坦瑟分享这个女孩的死讯,那么她一定知道她这个孙女的存在,甚至在访问米兰的时候曾经见过她。与此同时,卡尔和小沃尔夫冈都继续来看望他们的妈妈,小沃尔夫冈比他哥哥来得勤一些。莫扎特的两个儿子也的确在萨尔茨堡非常知名,这座城市总算开始计划以他们父亲的名义设立一个长久的基金并安放一座纪念像了。他们甚至开始在那里结交到一些朋友。

　　康丝坦瑟的家庭当中受到她关怀和帮助的其他成员是她两位还在世的姐妹。苏菲当然是和她住在一起,她们两人相互照顾。阿露西娅照旧在维也纳挣扎,她得到康丝坦瑟越来越多的帮衬。1830 年 8 月阿露西娅来到了萨尔茨堡做短期的旅行,同年 11 月在康丝坦瑟的记录中有好几笔钱是给她的。这些贴补中的一部分——通常每笔 12 弗洛林——是通过康丝坦瑟在维也纳的银行转给阿露西娅的,但是更多的却是直接随信寄给她。1831 年阿露西娅给她两个妹妹写信说,她的前夫约瑟夫·朗格去世了。这个消息对康丝坦瑟想必不无触动,不仅是因为将近五十年前她跟阿露西娅以及她们的丈夫一起度过的那些快乐时光的记忆,还因为朗格为莫扎特所画的那副虽未完成但是极为宝贵的画像,这张画到现在还在她那里。尽管康丝坦瑟常常帮助阿露西娅负担生活开销,到 1832 年 7 月更大的危机还是发生了,阿露西娅给妹妹去了一封长信,要求更多的帮助,对方马上就替她落实了。19 世纪30 年代中期,大家一道决定,阿露西娅也应该来萨尔茨堡,就在两个妹妹的左近常住。大约在 1835 年,她搬入了位于如今的三一巷(Dreifaltigkeitsgasse)的公寓,拐个弯就是舞师之家。图诺的一个继子卡尔·约瑟夫·弗朗茨·伯希铎也在同一座房子里住,所以很有可能也是凭借这个家庭的旧关系阿露西娅才能找到这个住处。

于是现在三位在世的韦伯姐妹在莫扎特的出生地聚首了,凭借他们之间亲密的联系,她们三人一道沉浸在他的生活和他的音乐里。阿露西娅是第一个走的:她死于 1839 年 6 月 8 号,时年 79 岁,所以她大概并不知道当时方才兴办起来的以莫扎特名义组织的基金会。1841 年是他逝世 50 周年纪念,萨尔茨堡也将有所表示,并且和他最终和解。这包括筹备一所音乐学院,就是后来所说的莫扎特学院(Dommusikverein and Mozarteum),以及在城市的中心立起一座纪念像。康丝坦瑟自己硬朗的身体现在也日渐衰弱:她脚上的旧伤返回来困扰她,她还受着痛风的折磨。于是她和苏菲就舍弃了她们喜爱的侬贝格巷的房子,一齐到米夏勒广场居住。莫扎特的塑像将会被置于这个广场的中心,康丝坦瑟将能够从她的新居望到它。她十分关注莫扎特学院的筹备,并尽了极大的努力希望卡尔能被委任为这所学院的总监。事实上他并没有得到这个工作,虽然他被得体而婉转地任命为"名誉乐正";阿洛伊丝·陶克斯(Alois Taux)成了这所音乐学院的领导人,他是康丝坦瑟及其两个儿子一生的挚友。在 50 年纪念及纪念像揭幕相关的纪念仪式筹备的过程中,陶克斯一直将情况告知他们。小沃尔夫冈尤其还深度参与了同这些庆典相关的音乐活动。

不巧这些庆典被延迟了一年,因为慕尼黑的路德维克·施万塔勒(Ludiwig Schwannthaler)负责的莫扎特塑像没能够完工。塑像的揭幕最终在 1842 年 4 月得以实现,就伫立在已更名为莫扎特广场（Mozartplatz）的地方。卡尔和小沃尔夫冈为庆典专程赶来萨尔茨堡，小沃尔夫冈的确作为非常重要的参与者亲自指挥了一首学院的校歌，由他自己填词，并以《蒂托之仁慈》的一些音乐片段整合而成。他还演奏了父亲的 d 小调钢琴协奏曲。观众多达两千人，其中许多是从世界各地赶来的。突然之间，整个活动的进程戏剧化地被一个人的出现打断了，据一位观者说，此人是个"身量又高又瘦，形貌怪异的女性，她当即呼喊起来，仿佛是向着观众说话，'我是第一个帕米娜'……起初这位女士从表面上看来，只是到维也纳加入我们的致敬活动。"[35]

在那个他所深爱的、才华横溢的女性表演者的军团当中，来了这样一位代表，这对于莫扎特和他出生地的这次最后的、官方的和解来说，实在是再合适不过了。如果此人真的是安娜·歌特利布，那就更加的合适，因为她和莫扎特共享着同一个中间名（Gottlieb），也曾创造过他歌剧中最年轻的以及他最后一位杰出的女性舞台形象。当天在场的苏菲自然也一定是记得她。希望这几个女人可以坐在苏菲的公寓里，在她们的重聚中分享回忆和旧事，同时俯瞰那新命名的莫扎特广场。

但是康丝坦瑟却不在那里。她死于 1842 年 3 月 6 号的凌晨 3 点 45 分。那是庆典开始的六个月之前。她终年 80 岁。这个曾带给莫扎特最大的人类欢愉的女人，在莫扎特死后生活了超过半个世纪。

第五十二章

康丝坦瑟漫长的一生中没有哪一个阶段是浸染着平庸的色彩的。在她最初的那些岁月里，她和姐妹们便已经脱颖而出。她们的童年不乏动荡和戏剧性：在康丝坦瑟成年以前便经历了三次丧亲的残酷悲剧，先是她两个兄弟的夭折，接着是她17岁时父亲的离去。但她融洽的家庭是可爱和生机勃勃的，尤其被她们共同享有的音乐天赋联结在一起。和勃朗特姐妹十分相似，约瑟法、阿露西娅、康丝坦瑟和苏菲因为她们的创造和艺术的天分而全然不同于她们周遭的孩子。康丝坦瑟一定是被两个姐姐的光芒遮掩了，尤其是家里的经济来源阿露西娅。阿露西娅是迷人、成功、极具天赋的多面手，对所有男人都具有吸引力，她的才华的每一次进展都主导着韦伯一家的去向。1779年她受雇于维也纳，接着她嫁给了这个城市里最负盛名的演员，这令她的姐妹们兴奋异常。但是约瑟夫·朗格戏剧化的个性却无法与莫扎特相比，这团音乐的烈火席卷她们的栖身之所，带走了康丝坦瑟。

莫扎特和康丝坦瑟的婚姻曾遭到后人残酷的诽谤、嘲弄和中伤。尤其是康丝坦瑟曾经被视作天才身边可怜而无能的伴侣,作为一个妻子她被指责是下流、令人分心和充满破坏性的。但是说到婚姻本身,这于他们二人完全是个巨大的成功。和康丝坦瑟一起度过的日子绝不会是沉闷的。她是个爱玩的伴侣,完全匹配莫扎特身体上的需求。在莫扎特的工作中她帮得上忙,人又聪明,对他一向是抱着支持和激励的态度。在没有人能够真的匹配他独特音乐能力的情况下,他们所从事的这门手艺,康丝坦瑟确然拥有着独到的眼光和专业的理解力。根据阿露西娅对玛丽·诺维罗慷慨的描述,康丝坦瑟的这些能力比她本人要强,甚至胜过韦伯家族的所有人。但康丝坦瑟出手打理他们夫妻的生计时(无可否认,她的出手有些太晚了),她真的曾经力挽狂澜;而这些牛刀小试,在她此后的岁月中展现了深远的意义。然而最为重要的是:莫扎特毫无保留地宠爱着康丝坦瑟。他们的婚姻是由巨大的奉献与和谐结成的,它过早地被拦腰斩断,实在是太残酷了。

在丧乱中康丝坦瑟和孩子们挣扎求存,她发现了一个特别的驱力。卡尔和小沃尔夫冈暂且被搁置一旁,康丝坦瑟维持这团莫扎特火焰的执念与日俱增。作为两个小男孩的母亲,她并非是特别亲近的,虽然她带着极大的关爱安排好了两个儿子的教育,但其实也是在听任他们自得其是。他们看上去从来没有因此而埋怨她:如同大多数被送到寄宿学校的孩子们的态度一样,他们从容地接受这样的安排。同列奥波德和沃尔夫冈父子的关系形成了巨大的反差,康丝坦瑟和她的孩子们的关系从来都不是错综复杂的。卡尔和小沃尔夫冈自始至终都是她生命的一部分,即便并非是处于其中心。

康丝坦瑟十分幸运地驶入了格奥尔格·尼森这一安全的港湾。这位睿智和仁厚的男人，同莫扎特的脾气全然不同，他稳健、可靠而安全，并且他也像莫扎特那样宠爱康丝坦瑟。跟他在一起她完全乐意逃离欧洲的主流生活，在哥本哈根生活了多年。在第二段婚姻中她获得了智慧和成熟，并且深化了她所固有的那些秉性。通过尼森，她很可能是提高了自己可观的商业技巧，在生意交接中有着不倦的机警，也使得她的事业极为成功。但是对于这些她下半生取得的钱财，她始终抱着慷慨淡泊的态度，从未错过机会去关心和扶助家庭的其他成员。

这种温暖和关爱的倾向始终是所有韦伯家女孩的特性，那来自莫扎特的"另一个"家庭。这样的特性在她们整个人生当中维系着彼此的亲近：她们在危机的时刻相互扶持，也单纯地享受着相互之间的陪伴。在人生最后的岁月里，她们又被命运带到一起，永远地成就了她们彼此的关爱。能够拥有对方的支持，她们真的是幸运的。在童年时并不出众的康丝坦瑟最终成了当机者和给予者，于是也就成了这个家庭的一家之长。

第五十三章

公开出版的康丝坦瑟离世的声明，署名人是苏菲。她的两个儿子都没有出现在葬礼上。在圣塞巴斯蒂安墓园里莫扎特家族的祖茔，她被埋在尼森的旁边。她可观的遗产分割给卡尔和小沃尔夫冈；对苏菲她也有慷慨的遗赠——家具、衣服、织物和钱——还有给其他人的小小的馈赠。她第一个丈夫离世已经五十余年，正是他荫及了两个家庭的其他成员。

但是他们将仅仅存在于历史中了。在母亲死后仅仅两年，小沃尔夫冈就在 1844 年 7 月 29 号过世了，死时 53 岁。他将所有东西都留给了深爱的约瑟芬，他终生都钟爱着她，而她将所有莫扎特的物件——乐谱、书稿、信件、画像和钢琴——都交给了莫扎特学院。苏菲在 1846 年 10 月 26 号去世，终年 83 岁。卡尔抵抗住了要他到萨尔茨堡常住的敦请（莫扎特学院的陶克斯数次请他到那里去），他更愿意留在意大利。72 岁那年他曾故地重游，在萨尔茨堡参加了 1856 年莫扎特百年诞辰的庆典。像他一向所做的那样，他避开了关注：康丝坦瑟当初把还是孩子的卡尔屏障在舞台的灯光

圣塞巴斯蒂安公墓中康丝
坦瑟的墓碑

之外，她是对的。他回到了意大利，将余生分在卡维萨齐奥朴素的夏日别墅（他自己的侬贝格巷的小屋）和他米兰的公寓里，也是在那里，他的生命——以及莫扎特家族的血脉——在 1858 年 11 月 2 号终结了。

第五十四章

在萨尔茨堡的圣塞巴斯蒂安墓园，没有标记着阿露西娅和苏菲名字的墓碑。但是康丝坦瑟最后的栖身之所，却有另外五个人同她分享。他们的名字都雅致地镌刻在单独的石碑上。这六位居民集结在一处，好像是召集了四代人的混乱支离的莫扎特式"因果游戏"①。这几位如今以石头的形骸团聚在一处的人，包括莫扎特的外祖母伊娃·萝西娜、他父亲列奥波德、他妻子的姊娘盖诺维娃、他的侄女珍妮特、他妻子的第二任丈夫尼森，所处位置最佳的一位是他深爱的妻子康丝坦瑟。如果他们有机缘身处在现实世界的话，这该是多么令人不放心的一场聚会啊。这些石碑同样也在提醒我们，还有一些人在此缺席了。这里没有玛丽亚·安娜，她在巴黎的遗骨早已经随着墓穴清理工作而散失了。这里也没有囡诺，不过此时她正安全而独立地在城市另一边她圣彼得大寺的墓穴里安享永生。最令人觉着心酸的是，这里没有沃尔夫冈·阿马迪乌斯·莫扎特。

① 译注：Consequences，一种古老的客厅游戏，参与的人各在纸片上写下一段限定了语法功能的词语或短句，最后拼接在一起演绎成完整的故事。

尾声

我的曾外祖父曾经跟他妻子也就是我的曾外祖母说过,她后来告诉她的女儿也就是我的外祖母,她又教给她自己的女儿也就是我的妈妈,我妈妈跟我自己的姐姐说:话说得清楚明白是门伟大的艺术,但是同样伟大的一门却是知道在合适的时候停住。所以我该顺着我姐姐的意思,也得谢谢我们的妈妈、外祖母和曾外祖母,不单是停止这离题的说教,也把我这封信就此打住吧。

　　　　　莫扎特写给歌特弗里德·冯·雅坤,1787 年 11 月 4 号

原

注

一、"L"编号代表的信件，出自 *The Letters of Mozart and his Family* 第三版(Macmillan，1985)，编者是 Emily Anderson。(本书中偶有极小程度的修改。)

二、在 Emily Anderson 所编上述书信集以外的信件，由本书作者直接从德文书信集 Mozart，Briefe und Aufzeichnungen(由 W. A. Bauer 等编，Deutsch and Eibl，1962—1975)翻译而成。该书信集在此以"Briefe"代表。

三、Deutsch = O. E. Deutsch，Mozart，Die Dokumente seines Lebens (A. & C. Black Ltd，1965)(English translation by E. Blom，P. Branscombe and J. Noble：Mozart，A Documentary Biography，1966)。

四、其中省略缩写意思如下：WM = 沃尔夫冈；N = 囡诺；LM = 列奥波德；C = 康丝坦瑟；

MA = 玛丽亚·安娜；'B' = "芭思乐"。

《家庭》

1. Full quotation in Solomon，p. 23.

2. This reference to their impoverished union appeared in a letter LM wrote on their twenty-fifth wedding anniversary：L162，LM to MA，21 November 1772.

3. Quoted in Deutsch，p. 9.

4. N's memoir，spring 1792，quoted ibid.，pp. 454 - 62.

5. Schachtner's memoir，in a letter to N，24 April 1792，quoted ibid.，pp. 451 - 4.

6. N's memoir，ibid.

7. L2，LM to Hagenauer，16 October 1762.

8. Quoted in Deutsch, p. 17.

9. L12, LM to Hagenauer, 11 July 1763.

10. L16, LM to Hagenauer, 20 August 1763.

11. From N's travel diary, Briefe 77.

12. L466, WM to the Baroness von Waldstätten, 28 September 1782.

13. L28, LM to Hagenauer, 8 June 1764.

14. From N's travel diary, Briefe 85.

15. Published in Allgemeine Musikalische Zeitung, Leipzig, 22 January 1800; reproduced in Deutsch, p. 493.

16. L31, LM to Hagenauer, 13 September 1764.

17. L39, LM to Hagenauer, 5 November 1765.

18. N's memoir, Deutsch, p. 457.

19. From Grimm's Correspondance Littéraire, 15 July 1766; quoted in ibid., p. 56.

20. Ibid., p. 57.

21. Quoted in Gutman, p. 207.

22. Quoted in Deutsch, pp. 67 – 9.

23. N's memoir, ibid., p. 458.

24. L55, LM to Hagenauer, 3 February 1768.

25. L54, LM to Hagenauer, 23 January 1768.

26. Opera buffa: term used to describe Italian comic operas with recitative as opposed to spoken dialogue.

27. N's memoir, Deutsch, p. 458.

28. L106a, WM to N, 4 August 1770.

29. N's memoir, Deutsch, pp. 458ff, from which all the following quotations have been taken.

30. L71b, WM to N, 14 December 1769.

31. L73, LM to MA, 17 December 1769.

32. L77, LM to MA, 26 January 1770.

33. L99, LM to MA, 27 June 1770.

34. L72, LM to MA, 15 December 1769.

35. L78, LM to MA, 3 February 1770.

36. L79, LM to MA, 10 February 1770.

37. L123, LM to MA, 1 December 1770.

38. L107, LM to MA, 11 August 1770.

39. L110, LM to MA, 1 September 1770.

40. L91, LM to MA, 2 May 1770.

41. L87, LM to MA, 14 April 1770.

42. L125, LM to MA, 15 December 1770.

43. L98a, WM to N, 16 June 1770.

44. For example, L102a, WM to N, 7 July 1770 (retranslated), *et passim*.

45. L92a, WM to N, 19 May 1770.

46. L95a, WM to N, 29 May 1770.

47. L89, WM to N, 25 April 1770.

48. L87a, WM to MA and N, 14 April 1770.

49. L84a, WM to N, 24 March 1770.

50. L92a, WM to N, 19 May 1770.

51. L106a, WM to N, 4 August 1770.

52. L133a, WM to N, 20 February 1771.

53. L136, LM to MA, 18 March 1771.

54. N's memoir, Deutsch, p. 460.

55. L140a, WM to N, 24 August 1771.

56. L141a, WM to N, 31 August 1771.

57. L148, LM to MA, 19 October 1771.

58. L146, LM to MA, 5 October 1771.

59. L149, LM to MA, 26 October 1771.

60. L144a, WM to N, 21 September 1771.

61. L146a, WM to N, 5 October 1771.

62. L140a, WM to N, 24 August 1771.

63. L139a, WM to N, 18 August 1771.

64. L138, LM to MA, 16 August 1771.

65. Quoted in Deutsch, p. 138.

66. L155, LM to MA, 8 December 1771.

67. L161, LM to MA, 14 November 1772.

68. L162, LM to MA, 21 November 1772.

69. L162a, WM to N, 21 November 1772.

70. L164a, WM to N, 5 December 1772.

71. L170a，WM to N，16 January 1773.

72. L166a，WM to N，18 December 1772.

73. L160，WM to MA，7 November 1772.

74. L165，LM to MA，12 December 1772.

75. N's memoir，Deutsch，p. 461.

76. L180，LM to MA，21 August 1773.

77. L181，LM to MA，25 August 1773.

78. L178，LM to MA，12 August 1773.

79. L179a，WM to N，14 August 1773.

80. L178a，WM to N，12 August 1773.

81. L191a，WM to N，16 December 1774.

82. L192，LM to MA，21 December 1774.

83. L194，LM to MA，30 December 1774.

84. L195，LM to MA，5 January 1775.

85. L202a，LM to MA，end February 1775.

86. L197，WM to MA，14 January 1775.

87. Nannerl Mozarts Tagebuchblätter, ed. W. Hummel (Salzburg, 1958).

88. L205，WM to Padre Martini，4 September 1776.

89. L206，WM to Archbishop Hieronymus Colloredo，1 August 1777.

90. Deutsch，p. 163.

91. Quoted by LM in L211，LM to MA and WM，28 September 1777.

92. L208，LM to MA and WM，25 September 1777.

93. L209a，MA to LM，26 September 1777.

94. L209，WM to LM，26 September 1777.

95. L207，WM to LM，23 September 1777.

96. L209a，MA to LM，26 September 1777.

97. L211a，N to MA and WM，29 September 1777.

98. L216a，N to MA and WM，5 [6] October 1777.

99. L216，LM to MA and WM，6 October 1777.

100. L222，LM to WM，15 October 1777.

101. L226，LM to WM，18 October 1777.

102. L230a，LM to MA and WM，27 October 1777.

103. L213，LM to WM，30 September 1777.

104. Ibid.

105. L219，WM to LM，11 October 1777.

106. L219a，MA to LM，11 October 1777.

107. L219b，WM to LM，11 October 1777.

108. L219c，MA to LM，11 October 1777.

109. L224，WM to LM，17 October 1777.

110. L221c，MA to LM，14 October 1777.

111. L228a，MA to LM，23 October 1777.

112. L230，N to MA and WM，27 October 1777.

113. L224a，'B' to LM，16 October 1777.

114. L226b，LM to WM，20 October 1777.

115. L227，LM to WM，23 October 1777.

116. L231，LM to WM，29 October 1777.

117. Ibid.

118. L232a，WM to LM，31 October 1777.

119. L240，LM to WM，13 November 1777.

120. L235，WM to LM，4 November 1777.

121. L265a，N to MA and WM，22 December 1777.

122. L247a，MA to LM，23 November 1777.

123. L256a，MA to LM，7 December 1777.

124. L258a，MA to LM，11 December 1777.

125. Ibid.

126. L238，MA to LM，8 November 1777.

127. L269，MA to LM，3 January 1778.

128. L242，WM to 'B'，13 November 1777.

129. L254，WM to 'B'，3 December 1777.

130. L242，WM to 'B'，13 November 1777.

131. Ibid.

132. L269，MA to LM，3 January 1778.

133. L267a，MA to LM，28 December 1777.

134. L268a，N to MA and WM，29 December 1777.

135. L284a，N to MA and WM，9 February 1778.

136. L257a，N to MA and WM，8 December 1777.

137. L272，LM to MA and WM，12 January 1778.

138. L271，MA to LM，10 January 1778.

139. L277，LM to WM，29 January 1778.

140. L282，LM to WM，5 February 1778.

141. L273a，WM to LM，17 January 1778.

142. L275，MA to LM，24 January 1778.

143. Briefe 412；L278，WM to MA，31 January 1778.

144. L281，WM to LM，4 February 1778.

145. L282，LM to WM，5 February 1778.

146. L285，LM to WM，11 February 1778.

147. L288，WM to LM，19 February 1778.

148. L288a，MA to LM，19 February 1778.

149. L296a，WM to N，7 March 1778.

150. L289a，MA to LM，22 February 1778.

151. L292a，MA to LM，28 February 1778.

152. L293，WM to 'B'，28 February 1778.

153. L299a，MA to LM，24 March 1778.

154. L302，LM to MA and WM，20 April 1778.

155. L301，LM to MA and WM，6 April 1778.

156. Ibid.

157. L300，MA to LM，5 April 1778.

158. Ibid.

159. L303a，MA to LM，1 May 1778.

160. L305，MA to LM，14 May 1778.

161. L307，MA to LM，29 May 1778.

162. L308，LM to MA and WM，11 June 1778.

163. L309，MA to LM，12 June 1778.

164. L311，WM to LM，3 July 1778.

165. L319，WM to LM，31 July 1778.

166. L311，WM to LM，3 July 1778.

167. L312，WM to the Abbé Bullinger，3 July 1778.

168. L315a，WM to LM，20 July 1778.

169. L315b，WM to N，20 July 1778.

170. L319a，WM to N，31 July 1778.

171. L319，WM to LM，31 July 1778.

172. L333，LM to WM，24 September 1778.

173. L337，LM to WM，19 October 1778.

174. L345，WM to LM，18 December 1778.

175. L348，WM to LM，29 December 1778.

176. L322，WM to the Abbé Bullinger，7 August 1778.

177. L354，WM to 'B'，10 May 1779.

178. Nannerl Mozarts Tagebuchblätter，p. 44.

179. Ibid.，p. 71.

180. L369，LM to WM，4 December 1780.

181. L357，LM to WM，11 November 1780.

182. L363，WM to LM，24 November 1780.

183. L376，WM to LM，16 December 1780.

184. L387，WM to LM，1 December，1780.

185. L366，N to WM，30 November 1780.

186. L382a，N to WM，30 December 1780.

187. L359，WM to LM，15 November 1780.

188. L396，WM to LM，4 April 1781.

189. L393，WM to LM，17 March 1781.

190. L409，WM to LM，9 June 1781.

191. L401，WM to LM，9 May 1781.

192. L405，WM to LM，19 May 1781.

193. L415，WM to N，4 July 1781.

194. L491，WM to LM，7 June 1783.

195. L415，WM to N，4 July 1781.

196. L425，WM to N，19 September 1781.

《另一个家庭》

1. L281，WM to LM，4 February 1778.

2. L273a，WM to LM，17 January 1778.

3. L281，WM to LM，4 February 1778.

4. L283a，WM to LM，7 February 1778.

5. L292，WM to LM，28 February 1778.

6. Ibid.

7. L299，WM to LM，24 March 1778.

8. Ibid.

9. L336, WM to LM, 15 October 1778.

10. L318, WM to Aloysia Weber, 30 October 1778.

11. L329, LM to WM, 3 September 1778.

12. L331, WM to LM, 11 September 1778.

13. L333, LM to WM, 24 September 1778.

14. L342, LM to WM, 23 November 1778.

15. Nissen, Biographie W. A. Mozarts, pp. 144 – 5.

16. L348, WM to LM, 29 December 1778.

17. L401, WM to LM, 9 May 1781.

18. L404, WM to LM, 16 May 1781.

19. L405, WM to LM, 19 May 1781.

20. L417, WM to LM, 25 July 1781.

21. L421, WM to LM, 22 August 1781.

22. L405, WM to LM, 18 May 1781.

23. L415, WM to N, 4 July 1781.

24. L418, WM to LM, 1 August 1781.

25. L426, WM to LM, 26 September 1781.

26. L436, WM to LM, 15 December 1781.

27. L438, WM to LM, 22 December 1781.

28. L447, WM to N, 20 April 1782.

29. L448, WM to C, 29 April 1782.

30. L455, WM to LM, 27 July 1782.

31. L453, WM to LM, 20 July 1782.

32. L455, WM to LM, 27 July 1782.

33. L456, WM to LM, 31 July 1782.

34. L457, WM to the Baroness von Waldstätten, late July/early August 1782.

35. L458, WM to LM, 7 August 1782.

36. *The Travel Diaries of Vincent and Mary Novello*, p. 116.

37. L458, WM to LM, 7 August 1782.

38. L471, WM to LM, 19 October 1782.

39. L473, WM to LM, 13 November 1782.

40. L474, WM to LM, 20 November 1782.

41. L484，WM to LM，29 March 1783.

42. L489，WM to LM，7 May 1783.

43. L478*，from Nissen，p. 687.

44. L478，WM to LM，8 January 1783.

45. L486，WM to LM，12 April 1783.

46. L488，WM to LM，3 May 1783.

47. L492，WM to LM，18 June 1783.

48. L493，WM to LM，21 June 1783

49. L495，WM to LM，5 July 1783.

50. L494，WM to LM，2 July 1783.

51. Nannerl Mozarts Tagebuchblätter，p. 89.

52. *The Travel Diaries of Vincent and Mary Novello*，p. 113.

53. L477，WM to LM，4 January 1783.

54. Nissen，p. 476.

55. *The Travel Diaries of Vincent and Mary Novello*，p. 96.

56. L499，WM to LM，31 October 1783.

57. L501，WM to LM，10 December 1783.

58. L513，WM to LM，15 May 1784.

59. L515，WM to LM，9 June 1784.

60. L256，WM to N，21 July 1784.

61. Briefe 801；L517，WM to N，18 August 1784.

62. Quoted back at LM by WM in L441，16 January 1782.

63. L524，LM to N，21 February 1785.

64. L523，LM to N，10 February 1785.

65. Ibid.

66. Ibid.

67. L527，LM to N，16 April 1785.

68. Quoted in Halliwell，p. 505.

69. L528，WM to Professor Anton Klein，21 May 1785.

70. L531，LM to N，3 November 1785.

71. L533，WM to Franz Anton Hoffmeister，20 November 1785.

72. Briefe 881，LM to N，22 September 1785.

73. Reminiscences，p. 128.

74. L471，WM to LM，19 October 1782.

75. L542, LM to N, 17 November 1786.

76. L543, LM to N, 12 January 1787.

77. Briefe 1019; Deutsch, p. 283.

78. L544, WM to Baron Gottfried von Jacquin, 15 January 1787.

79. Ibid.

80. L546, WM to LM, 4 April 1787.

81. L547, WM to Baron Gottfried von Jacquin, cnd May 1787.

82. L548, WM to N, 16 June 1787.

83. As reported to Wilhelm Kuhe, and recorded by him in *My Musical Recollections* (London, 1896), pp. 8 - 9.

84. Deutsch, p. 304.

85. Lorenzo Da Ponte, Memoirs, p. 180.

86. Deutsch, p. 323.

87. Ibid. , p. 325.

88. L554, WM to Puchberg, mid-June 1788.

89. L559, WM to C, 8 April 1789.

90. L561, WM to C, 13 April 1789.

91. L562, WM to C, 16 April 1789.

92. L565, WM to C, 23 May 1789.

93. Deutsch, p. 526.

94. Ibid.

95. L570, WM to C, early August 1789.

96. Ibid.

97. L577, WM to Puchberg, 23 April 1790.

98. Deutsch, p. 362.

99. L583, WM to Puchberg, 14 August 1790.

100. L584, WM to C, 28 September 1790.

101. Ibid.

102. Anton Herzog, *Wahre und ausführliche Geschichte des Requiem von W. A. Mozart*.

103. Ibid.

104. L598, WM to C, 7 June 1791.

105. L599, WM to C, 11 June 1791.

106. Ibid.

107. Ibid.

108. L610，WM to C，6 July 1791.

109. Deutsch，p.510.

110. L614，WM to C，7 - 8 October 1791.

111. L616，WM to C，14 October 1791.

112. Deutsch，pp.524 - 6.

《女人》

1. Nissen，p.272.

2. 'Allgemeines einfaches Grab', as opposed to a communal grave ('gemeinschaftlich').

3. L546，WM to LM，4 April 1787.

4. Briefe 1250，N to Breitkopf and Härtel，4 August 1799.

5. Verzeichnis aller meiner Werke，English facsimile，1990.

6. L440，WM to LM，12 January 1782.

7. L428，WM to LM，13 October 1781.

8. L309a，WM to LM，12 June 1778.

9. Ibid.

10. L339，WM to LM，12 November 1778.

11. L318，WM to Aloysia Weber，30 July 1778.

12. L381，WM to LM，27 December 1780.

13. L499，WM to LM，31 October 1783.

14. L88a，WM to N，21 April 1770.

15. L121，LM to MA，17 November 1770.

16. L125，LM to MA，15 December 1770.

17. L285，LM to WM，11 - 12 February 1778.

18. L95a，WM to N，29 May 1770.

19. L285，LM to WM，11 - 12 February 1778.

20. L164，LM to MA，5 December 1772.

21. C. Burney，*The Present State of Music in Germany，the Netherlands and United Provinces* (London，1775).

22. L163，LM to MA，28 November 1772.

23. L165，LM to MA，12 December 1772.

24. L167，LM to MA，26 December 1772.

25. L168，LM to MA，2 January 1773.

26. L164a，WM to N，5 December 1772.

27. L193，LM to MA，28 December 1774.

28. Burney, op. cit.

29. Ibid.

30. L313，WM to LM，9 September 1778.

31. L367，WM to LM，1 December 1780.

32. L356，WM to LM，8 November 1780.

33. L383，WM to LM，30 December 1780.

34. L245a，MA to LM，20 November 1777.

35. L426，WM to LM，26 September 1781.

36. L494，WM to LM，2 July 1783.

37. L426，WM to LM，26 September 1781.

38. Ibid.

39. L480，WM to LM，5 February 1783.

40. L426，WM to LM，26 September 1781.

41. *Reminiscences*, p. 99.

42. L489，WM to LM，7 May 1783.

43. L528，WM to Professor Anton Klein，21 May 1785.

44. L489，WM to LM，7 May 1783.

45. *Memoirs*, p. 131.

46. L428，WM to LM，13 October 1781.

47. In *An Extract from the Life of Lorenzo Da Ponte* (New York, 1819).

48. *Memoirs*, p. 136.

49. L412，WM to LM，20 June 1781.

50. *Reminiscences*, p. 49.

51. Ibid. , p. 48.

52. Ibid. , p. 118.

53. Ibid. , p. 125.

54. Ibid. , pp. 135 - 6.

55. *Memoirs*, p. 175.

56. Ibid. , p. 159.

57. L345，WM to LM，18 December 1778.

58. To Vincent and Mary Novello, Travel Diaries, p. 94.

《身后》

1. Deutsch, pp. 421 - 2.
2. Ibid. , p. 439.
3. Ibid. , p. 446.
4. Ibid. , p. 426.
5. Ibid. , p. 427.
6. Ibid. , p. 434.
7. L616, WM to C, 14 October 1791.
8. Herzog, op. cit.
9. Ibid.
10. Deutsch, pp. 454 - 62.
11. Schlichtegroll, Nekrolog auf das Jahr 1791 (Gotha, 1793; repr. Ed. J. H. Eibl, 1974).
12. Deutsch, p. 469.
13. Ibid. , p. 471.
14. Ibid. , p. 476.
15. Ibid. , p. 487.
16. The documentation for all this correspondence is to be found in Gärtner, Mozarts Requiem und die Gesch? fte der Constanze (English translation by R. G. Pauly: Constanze Mozart: After the Requiem, 1986).
17. Deutsch, p. 488.
18. Briefe 1263.
19. Ibid. 1269.
20. Ibid. 1271.
21. Ibid. 1275.
22. Ibid. 1370.
23. Gärtner, pp. 69 - 70.
24. Ibid. , p. 139.
25. Briefe 1388.
    notes to pp. 245 - 337 385
26. Gärtner, p. 143.

27. Briefe 1250.

28. Gärtner, p. 143.

29. Ibid. , p. 148.

30. Quoted in Constanze Nissen-Mozart, Tagebuch meines Brief Wechsels, ed. R. Angermüller (1999), p. 24.

31. Gärtner, p. 174.

32. The Travel Diaries of Vincent and Mary Novello, from which all the following quotations are taken.

33. Constanze Nissen-Mozart, Tagebuch, p. 73.

34. Ibid. , p. 105.

35. W. Kuhe, My Musical Recollections (London, 1896), p. 12.
386 notes to pp. 337 – 368

参考书目

直接资料

Hummel, W. (ed.), *Nannerl Mozarts Tagebuchblätter*, Salzburg 1958

Mozart, Leopold, *Versuch einer gründlichen Violinschule*, Augsburg 1656

trans. E. Knocker, *A Treatise on the Fundamental Principles of Violin Playing*, London 1948

Mozart, W. A., *Verzeichnüss aller meine Werke*, facsimile reproduction, London 1990

Nissen, G., *Biographie W. A. Mozarts*, Leipzig, 1828; latest publication with foreword by R. Angermüller, Hildesheim, 1991

Nissen-Mozart, Constanze, *Tagebuch meines Brief Wechsels in Betref der Mozartischen Biographie (1827 - 1837)*, ed. R. Angermüller, Salzburg 1999

信件和文档

Anderson, E. (ed.), *The Letters of Mozart and His Family*, London 1938; revised 3rd edition, S. Sadie and F. Smart, London 1985

Bauer, W. A., Deutsch, O. E., and Eibl, J. H. (eds), *Mozart: Briefe und Aufzeichnungen*, Kassel 1962 - 75

Deutsch, O. E. (ed.) Mozart. *Die Dokumente seines Lebens*, trans. E. Blom, P. Branscombe and J. Noble, *Mozart: A Documentary Biography*, London 1966

Eisen, C., *New Mozart Documents*, London 1991

一般资料

Blom, E., *Mozart*, London 1935, revised 1962

Brauenbehrens, V. , *Mozart in Vienna, 1781 - 1791*, trans. T. Bell, London 1989

Brophy, B. , *Mozart the Dramatist*, London 1964, revised 1988

Clive, P. , *Mozart and His Circle*, London 1993

Crankshaw, E. , Maria Theresa, London 1969

Da Ponte, L. , *An Extract from the Life of Lorenzo Da Ponte*, New York 1819

— *Memoirs of Lorenzo Da Ponte*, trans. E. Abbott, New York 1967

Gärtner, H. , *Constanze Mozart, After the Requiem*, trans. R. Pauly, Munich 1986

Gutman, R. , *Mozart: A Cultural Biography*, New York 1999

Halliwell, R. , *The Mozart Family*, Oxford 1998

Hildesheimer, W. , *Mozart*, Frankfurt 1977; trans. Marion Faber, London 1983

Hodges, S. , *Lorenzo Da Ponte: The Life and Times of Mozart's Librettist*, London 1985

Kelly, M. , *Reminiscences of Michael Kelly*, ed. R. Fiske, London 1975

Levey, M. , *The Life and Death of Mozart*, London 1971

Mann, W. , *The Operas of Mozart*, London 1977

Medici, N. and Hughes, R. , *A Mozart Pilgrimage: The Travel Diaries of Vincent and Mary Novello in the Year 1829*, London 1955

Robbins Landon, H. C. , *Mozart and the Masons*, London 1982

— *1791: Mozart's Last Year*, London 1988

— *Mozart: The Golden Years*, London 1989

— (ed.), *The Mozart Compendium*, London 1990

Sadie, S. and Eisen C. , *The New Grove Mozart*, revised London 2001

Shaffer, P. , *Amadeus*, London 1980

Solomon, M. , *Mozart: A Life*, London 1995

Spaethling, R. , *Mozart's Letters, Mozart's Life*, London 2000

Stafford, W. , *Mozart's Death*, London 1991

— *The Mozart Myths*, Stanford 1991

Steptoe, A. , *The Mozart-Da Ponte Operas*, Oxford 1988

Tyson, A. , *Mozart: Studies of the Autograph Scores*, London 1987

Wheatcroft, A. , *The Habsburgs*, London 1995